大学生创业

基础与实践

主　编　盘　健

副主编　陈肖莹　曾银芳　郭　磊

清华大学出版社

北　京

内 容 简 介

本书共分为十一章，包括大学生创业概述、创业者与创业团队、创业思维、创业机会和创业风险、创业资源、新创企业的市场营销管理、新创企业的财务管理、新创企业的成立、创业计划书、大学生创业政策与法律法规、教育部"互联网+"大学生创新创业大赛纲要等内容。

本书基于作者多年从事创业教育、创业理论研究的经验，广泛吸取了中外创业理论的精髓，探索总结适合中国国情的创业理论与规律。通过大量图表、案例、创业贴士、扩展阅读及知识链接，帮助读者掌握相关的知识要点，以达到实践中学以致用的目的。本书具有以下特点：理论新颖，关注当今创业领域的热点问题，并结合了中国"互联网+"大学生创新创业大赛；注重实践，多角度培养与强化读者的创业意识与能力；系统性强，突出以创业过程为主线。

本书可作为普通高等院校大学生创业的指导教材，也可供社会各类创业者学习阅读。

本书封面贴有清华大学出版社防伪标签，无标签者不得销售。

版权所有，侵权必究。举报：010-62782989，beiqinquan@tup.tsinghua.edu.cn。

图书在版编目(CIP)数据

大学生创业基础与实践 / 盘健 主编. —北京：清华大学出版社，2018（2023.1重印）
ISBN 978-7-302-50812-0

Ⅰ. ①大… Ⅱ. ①盘… Ⅲ. ①大学生－创业－高等学校－教材 Ⅳ. ①G647.38

中国版本图书馆 CIP 数据核字(2018)第 173207 号

责任编辑：王 定
封面设计：周晓亮
版式设计：思创景点
责任校对：牛艳敏
责任印制：朱雨萌

出版发行：清华大学出版社
　　　　　网　　　址：http://www.tup.com.cn，http://www.wqbook.com
　　　　　地　　　址：北京清华大学学研大厦 A 座　　　　　邮　　编：100084
　　　　　社 总 机：010-83470000　　　　　邮　　购：010-62786544
　　　　　投稿与读者服务：010-62776969，c-service@tup.tsinghua.edu.cn
　　　　　质 量 反 馈：010-62772015，zhiliang@tup.tsinghua.edu.cn
印 装 者：三河市铭诚印务有限公司
经　　销：全国新华书店
开　　本：185mm×260mm　　　印　　张：20.5　　　字　　数：448 千字
版　　次：2018 年 9 月第 1 版　　　印　　次：2023 年 1 月第 5 次印刷
定　　价：59.80 元

产品编号：080614-02

编 委 会

前　　言

习近平总书记指出："实施创新驱动发展战略，是应对发展环境变化、把握发展自主权、提高核心竞争力的必然选择，是加快转变经济发展方式、破解经济发展深层次矛盾和问题的必然选择，是更好引领我国经济发展新常态、保持我国经济持续健康发展的必然选择。""我们实施'互联网+'行动计划，带动全社会兴起了创新创业热潮。""大众创业、万众创新"就是要激发全社会创新潜能和创业活力，打造经济发展新引擎，这是国家实施创新驱动发展战略的重要组成部分。

当前，我国正进入经济发展新常态、结构转型升级和动力转换的关键时期，新一轮科技革命和产业变革蓄势待发，创新创业已成为我国经济持续发展动力和国家竞争力的源泉。越来越多的人去讨论创业，这是一件好事，我们无法奢望每一个创业者和创业团队都会成功，但是在数以万计的创业者和创业团队中，一定会产生杰出的科学家、发明家、技术专才、企业家等佼佼者。

顺应时代发展和现实要求的创新创业教育更加强调学生创造意识、创新精神和创业能力的激发与提升，各高校应加快转变教育理念，深刻把握创新创业教育的内涵，把创新创业教育作为高等教育改革的突破口和人才培养的重要抓手，这对推动教育的革新、促进大学生的全面发展和社会进步具有重要的意义。2015 年是我国全面深化创新创业教育改革的发展阶段，到如今，我国的创新创业教育已经取得了重要的进展，形成了系统设计、科学构建、广泛认同的具有中国特色的创新创业教育理念，形成了一批可复制可推广的成果经验，投身创业实践的学生显著增加。

虽然创业成败很难预测，但是创业也有规律可循。通过对创业全过程的体验与实践，进而可以全面、客观地认识自己的创业素质特点，从而有针对性地扬长避短，做好创业前的准备，提高创业的成功率，是本书始终贯穿的基本理念。

本书以体验式教育教学为根本方法，以提升创新精神、厘清创业认识、把握创业规律、掌握创业方法、探索创业实践、解决创业难题等为基本思路，从而设计了本书的框架体系，内容包括：大学生创业概述、创业者与创业团队、创业思维、创业机会与创业风险、创业资源、新创企业的市场营销管理、新创企业的财务管理、新创企业的成立、创业计划书、大学生创业政策与法律法规、教育部"互联网+"大学生创新创业大赛纲要。

本书具有以下特色。

(1) 指导性：特别强调教材中"教"的指导性，着力凸显了"理论指导、案例引领、实训提升"的特色。

(2) 趣味性：每章均有创业案例，能够辅助理解或引起新思考。

(3) 技巧性：通过"创业贴士"中的相关知识、技巧、方法等充实理论知识。

(4) 实战性：每章均有实训练习，以"参与互动、技能训练、实训实战"的体验实现学练结合。

(5) 开放性：通过"扩展阅读"等模块，尽可能收集创新创业的最新认知、实践指引、学术理论等，实操性好。

(6) 前沿性：突出"互联网+"创新创业大赛的纲要解读，启发学生寻找"互联网+"时代下的创业机会。

本书由盘健担任主编，陈肖莹、曾银芳、郭磊为副主编，其中，第一章由洪文泓编写，第二章由钟婉仪、郑晓仪编写，第三章由李金平、吴秀婷编写，第四、八章由陈肖莹编写，第五章由李艳姿、李婧媛、梁颖怡编写，第六章由李婧媛编写，第七章由曾银芳编写，第九章由樊谨超编写，第十章由赖政、梁振新编写，第十一章由曾银芳和陈肖莹编写。此外，参与本书编写的还有崔冬艳、何伟强、黄树杰、麦倩挚、刘冰、张智等人。

本书在编写过程中，借鉴并参考了国内外大量的创业指导与创业教育研究方面的文献资料以及专家学者的理论与观点，书中引用的案例与材料部分来自网络、期刊，在此一并表示感谢。

由于我国的创新创业教育发展时间较短，许多理论和实践问题还处在探索阶段，再加上作者水平有限，书中难免有疏漏之处，恳请广大专家和读者批评指正。

本书课件下载：

编　者

2018 年 5 月

目　　录

第一章

大学生创业概述

【本章提要】

通过对本章的学习，了解创业的概念和意义、大学生创业的优劣势、影响大学生创业的因素，以及创业和创业精神在当今时代背景下的意义和价值、创业精神与个人发展的联系，正确认识并理性对待创业。

【学习重点和难点】

学习重点：创业概念、创业精神、大学生创业的重要性、大学生创业者的准备工作。

学习难点：创业精神与个人发展的联系。

引导案例

大学生创业　你准备好了吗？

在当前的互联网时代，在大学生中，大众偶像不再总是那些歌星、影星，还包括马云、马化腾、李彦宏、雷军等一批企业家，他们的成长经历，他们背后的故事，正深深影响和改变着我们的生活，也让我们当代大学生发现，原来创业离我们是如此近……

当今时代，是一个鼓励创新创业最好的时代，在这个经济、科技发展的新时期，当代大学生有了更多的选择，有了更多的梦想，创新创业为大学生实现梦想插上了飞翔的翅膀。李克强总理在 2015 年政府工作报告中指出"大众创业、万众创新"是中国经济未来发展提质增效的双引擎之一。"大众创业、万众创新"成为中国的国家战略之后，在全国范围内掀起了一股创业创新的风潮。目前，从中央到地方政府陆续出台了一系列优惠政策支持创业创新。例如：教育部在 2014 年年底，正式公布和印发《教育部关于做好 2015 年全国普通高等学校毕业生就业创业工作的通知》，明确提出高校要建立弹性学制，允许在校学生休学创业；要求落实好创业培训、工商登记、税收减免等各项优惠政策，鼓励扶持开设网店等多种创业形态。

有一份创业的激情与梦想，对于大学生已并非个案。面对当前的创新创业热潮，清华大学创新创业与战略系副教授张帏有着更为冷静的思考："大众创业、万众创新"的理念是非常符合时代发展趋势的，但是，这不意味着每一个人都适合创业，都需要去创办企业。在创业的道路上，不全是鲜花和掌声，更多的是荆棘和坎坷。中国人力资源和社会保障部劳动科学研究所在 2016 年发布的《中国青年创业现状报告》显示，青年创业项目超四成盈利外，目前仍有 42.1%盈亏平衡，另有 13.4%处于亏损状态。市场竞争环境中，如何从商海中寻觅市场机会，如何积极寻找融资，需要我们每一位大学生创业者认真思考。因此，作为一位创业者，首先要有良好的心理素质，要有坚韧不拔的勇气，更要有从失败的创业中站起来的坚定信念。

当然，对创业者来说，有了强大的"心脏"还远远不够，我们还必须有丰富的知识，这些知识帮助我们能够根据主客观条件，因地制宜，正确地确定创业的发展方向、目标、战略，以及选择具体实施方案。同时，大学生要创业，首先要从众多的创业目标和方向中进行分析比较，选择最适合发挥自己特长与优势的创业方向和途径、方法。在创业的过程中，能从错综复杂的现象中发现事物的本质，找出存在的真正问题，分析原因，从而正确处理问题，这就要求创业者具有良好的分析能力。

智慧在民间，能量在民间。寻常人中，同样蕴藏着无穷的创造力。大学生创业者作为中国最有知识、活力和激情的一群年轻人，他们有别于其他创业者，他们的创业往往更富有技术含量、更具有想象力和挑战性。例如，上海财经大学大二女生管凌子创业卖"挂科险"，在网络上产生了巨大的反响。北京大学的戴威，与其他 4 名合伙人共同创办 ofo 共享单车，目前是全球较大的无桩共享单车平台。还有清华大学热能工程系学生刘一峰，研制了一种柔性晶硅太阳能材料，难能可贵的是，他和同行者申请下了 7 项国家专利。为了赶上公司成长步伐，开学本该升入大三的刘一峰，决定休学创业。

可喜的是，现代大学生有创新精神，有对传统市场观念和传统商业模式挑战的信心和欲望，而这种创新精神也往往为众多大学生实现创业梦想打下了坚实的基础，成为其成功创业的精神支柱。各高校正通过多种途径积极推进创新创业教育的普及，政府部门出台了一系列的创业扶持政策，社会各单位、部门也积极配合，以创业训练计划竞赛、知识问答等多种形式为大学生创业提供了良好的学习和锻炼机会。此外，大学生还可以通过学习、生活、工作、科研、学科竞赛、毕业实习、社会实践、勤工助学及创业的模拟活动等多种场合、多种形式来积累创业经验，提高对创业的感性认识和培养锻炼创业能力。我们相信，在未来，我们的大学生创业群体里，一定会出现我们自己的比尔·盖茨，自己的乔布斯。

马云有一句话："梦想还是要有的，万一实现了呢？"有志于创业的大学生朋友们，你们准备好了吗？

(资料来源：笔者收集整理)

思考：拜访一位你身边的大学生创业者，探讨一下当代大学生创业有什么重要意义？同时需要做好哪些准备工作？

第一节 认识创业

创业是一个具有吸引力的词语，这两个简单的字组成的词里包含着财富、时间、精力和梦想。创业者往往都是有梦想的，然后在黑暗中去不断地摸索和前行。没有人天生是创业者，每个人都有成为创业者的潜力。其实，现在不少大学生在校期间已经开始参与创业实践活动：参加创业比赛、摆地摊，甚至开网店、做小生意等，但仍有相当一部分的大学生对创业一无所知。只有全面地认识创业，全面有效地提升综合素质，人生才能走得更远、更精彩。

一、创业的概念

创业是一个很古老的概念。"创业"一词最早出现在《孟子·梁惠王下》："君子创业垂统，为可继也。"著名军事家诸葛亮在《出师表》里提出："先帝创业未半而中道崩殂。"这里的创业也可以看成一种广义上的创业。在《现代汉语词典》中对"创业"的解释是：创办事业。而"事业"是指人所从事的，具有一定目标、规模和系统并对社会发展有影响的经济活动。《辞海》对"创业"的解释是：创立基业。"基业"是指事业的基础。由此可见，创办事业是创业的本质。

在经济和科技日新月异的今天，创业与我们的生活离得如此接近，创业正深深影响并改变着我们的生活。创业作为一种具有创新性的活动，它是创业者对自己拥有的资源或通过努力能够拥有的资源进行优化整合，从而创造出更大经济或社会价值的过程。创业是一种创造性的劳动方式，是一种需要创业者运营、组织与运用服务、技术的思考、推理与判断的行为，也是一个实现财富增长的动态过程。创业学大师杰弗里·蒂蒙斯指出："创业是一种思考、推理结合运气的行为方式，它为运气带来的机会所驱动，需要在方法上全盘考虑并拥有和谐的领导能力。"

创业有广义和狭义之分。广义的创业是指人类的创举活动，或指带有开拓、创新并有积极意义的社会活动。它既可以是经济方面的，也可以是政治、军事、文化、科学、教育等各个领域的。

从大的方面来看，毛泽东领导中国人民建立中华人民共和国，邓小平、江泽民、胡锦涛、习近平等几代领导人领导中国人民建设具有中国特色社会主义事业等，都是创业。从小的方面讲，开创家业也是创业；个人开办一个实体小型超市、开办一个网上专卖店，也是创业的一种表现形式。

狭义的创业是指"创造一个新的企业的过程"。一般而言，需要满足以下几个方面。

(1) 创业必须符合法定程序。

(2) 新创企业需要确立适合产品或服务的商业模式。

(3) 创业要求企业能够提供满足市场需求的产品或者服务。

(4) 创业需要组建一个合适团队，并能在团队中进行有效的管理。

(5) 创业需要一定的创业资源，包括人力资源、资金、场地、技术等。

综合国内外学者的观点，在本书中我们将创业定义为：创业者通过各种渠道，寻找和把握各种商业机会，利用已有的知识、技能和其他社会资本，调动并配置相关创业资源，创建一个新的企业，通过为消费者提供产品或服务，以实现财富增长为目的的创新性活动过程。

二、创业的特点

创业的特点可总结为以下几点。

(1) 创业的主体是个人或小规模群体。综观国内外的创业者，基本上都是从小微企业开始的，创业团队往往人数比较少，规模也比较小。

(2) 创业的关键是商业机会的发掘与把握。正因如此，创业者在创业开始时，就应做好市场的调研与开发，通过各种途径寻找创业项目和商机，并整合自身资源优势，把握好创业的机会。

(3) 创业者在创业中居主导地位，其身份是资源(知识、能力、社会资本等)所有者和资源(资金、技术、人员、机会等)配置者。对于一个真正的创业者，创业过程不但充满了激情和挑战，也充满了挫折和彷徨。创业者不同于职业经理人，更需要拥有创业的信心和付出坚持不懈的努力。

(4) 创业需要按照法律的规定，创立新的社会经济单元。为促进社会资源的合理配置和市场的公平交易，我国对创立经济单元有一些法律规定，需要创业者遵守。

(5) 创业的价值实现有赖于将所有提供的产品和服务能够在市场上转化为商品，这些商品能够满足顾客的需要。这就要求创业者在选择项目时，要高度重视顾客的意见；在创业企业中，牢牢树立市场营销观念和顾客满意观念。

(6) 创业是一个创造性的过程，具有创新性和一定的风险。这就要求创业者要有创新精神，不惧怕失败，敢想敢做，不断在创业过程中总结和提高自己的综合能力；同时，要有对创业风险的规避和防范意识。

(7) 创业具有明确的目的性——增加财富，包括个人和社会的物质与精神财富，这也是创业者艰苦创业的精神动力。

三、创业的前提

由创业的概念可知，一个成功的创业主要包含以下前提：创业者、创业资源、商业机会、技术、人力资源、组织设计、产品服务等，如图 1-1 所示。

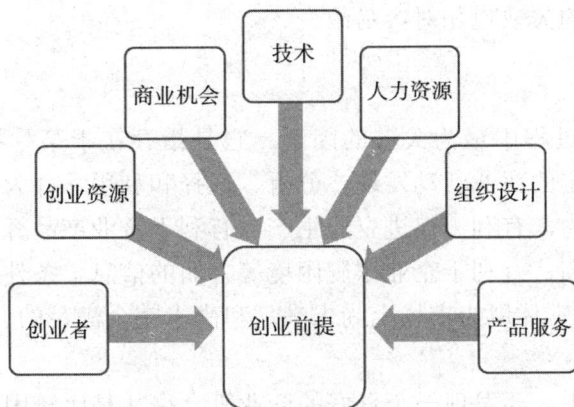

图 1-1 创业前提

(一) 创业者

创业者的素质和能力是创业成功的第一要素。创业者在整个创业活动中处于主导地位，他能将其发现的信息、资源、机会或掌握的技术，以一定的方式，转化、创造成更多的财富、价值，并实现人生追求或目标。创业者的知识素质对创业起着举足轻重的作用，创业者要进行创造性思维，要善于利用各种机会，并快速做出正确决策，他必须掌握广博知识，具有一专多能的知识结构。这些知识主要包括团队建设知识、市场营销知识、财务知识、政策法律知识、行业知识和技术等。

创业者除了需要掌握相关知识外，还需要具有如下能力：组织协调能力，分析决策能力，沟通社交能力，应变能力和管好人、用好人的能力等。

同时，作为创业者，必须具有良好的品德和操守、健康的体魄及良好的心理素质。成功的创业者大多能够做到意志坚定，敢于做常人不敢想、不敢做的事情，遇到挫折不气馁，成功后也不得意忘形，始终保持平和的心态和乐观的精神。

在实践中，并不是要求创业者必须完全具备这些素质才能去创业，但创业者本人要有不断提高自身素质的自觉性和实际行动。提高素质的途径：一靠不断地学习，二靠在实践中不断总结和提高。要想成为一个成功的创业者，就要做一个终身学习者和勇于实践者。

(二) 创业资源

创业资源是新创企业创立和运营的必要条件。它是指新创企业在创造价值的过程中需要的特定的资产，不仅包括有形的物质资产，也包含专利、品牌、信誉等无形资产。它的主要表现形式为人力资源、客户资源、资金资源、技术资源、经营管理资源、行业资源、业务资源、人脉资源、知识资源等。

很多人在初次创业的时候都是十分欠缺资源的，资源不足使创业团队成功的概率降低，但要有完全充分的资源也是不可能的。对于创业者而言，不需要百分百地具备以上资源才能够创业，但至少应具备其中一些重要条件，其他条件可以通过其他途径和方式来获得，例如，创业者如果有足够财务资源，其他资源欠缺也可以弥补；如果有足够的客户资源，其他资源的欠缺也相对容易改变。

（三）商业机会

商业机会是创业过程中最为关键的因素。它是指存在于某种特定的经营环境条件下，企业可以通过一定的商业活动发现、分析、选择和利用，并为企业创造利润和价值的市场需求。我们认为，有利于促进企业生产，有利于企业产品开发和市场开拓，能促进企业经济效益的提高，有利于企业摆脱困境等方面的信息、条件、事件等，都可称为商业机会。商业机会通常体现为市场上尚未满足和尚未完全满足的有购买力的消费需要，也称为市场机会。

在现实创业实践中，要发现一个良好的商业机会往往是比较困难的，这需要团队成员集思广益，进行深入的市场调查，同时要具有较强的市场分析和判断能力。商业机会有时候会稍纵即逝，这就需要创业者早下结论，做事果敢，下定决心的事情就要当机立断地去执行。

（四）技术

技术是指人们为了满足自身的需求和愿望，遵循自然规律，利用现有事物形成新事物，或是改变现有事物功能、性能的方法。技术应具备明确的使用范围和被其他人认知的形式和载体，包括在劳动生产方面的经验、知识和技巧，也泛指其他操作方面的技巧。

当前，技术已成为经济发展最重要的推动力，是第一生产力。在创业实践中，技术是一定产品或者服务的重要基础，是企业的核心竞争力，也是企业不断发展壮大的动力。在创业过程中，拥有独特的技术优势将使企业拥有更好的盈利率和市场竞争力。例如，在农业项目创业中，谁拥有了最先进的种植、养殖技术，谁就能够有效降低企业的经营风险，提高产品的质量和利润率，企业也将更具生命力和活力。

（五）人力资源

人力资源又称劳动力资源或劳动力，是一切资源中最主要的资源。它是指一定时期内组织中的人所拥有的能够被企业所用，且对企业价值创造起贡献作用的员工的教育、能力、技能、经验、体力等。在创业实践中，创业企业能否合理配置和利用好人力资源，形成分工明确的创业团队，制定有力的政策制度和有效的组织结构，建立良好的企业文化至关重要。对创业者来说，首先要组建高效的创业团队，团队成员之间能够互相配合，有着共同的理想和奋斗目标；其次要科学设置岗位，为每个岗位招聘到合适的员工，建立良好的人才资源库；最后再建立起科学的激励机制，发挥和保护好员工的工作积极性，让每个员工都能够各司其职、各尽所能。

（六）组织设计

组织就是在一定的环境中，为实现某种共同的目标，按照一定的结构形式、活动规律结合起来的，具有特定功能的开放系统。简单来说，组织是两个以上的人、目标和特定的人际关系构成的群体。在创业实践中，组织是协调创业活动的系统，是创业的载体，是资源整合的平台。完善的组织结构和制度、强有力的创业领导者是创业型组织最关键的因素。创业者需要科学地建立企业的组织机构,并能够通过组织机构的建立与改革,将企业经营活动的各个要素、各个环节,从时间上、空间上科学地组织起来,提高组织的运作效率,使每个成员都能接受领导、协调行动,保证组织健康、高效、有序运作,最终实现创业目标。一般在创业初期,员工数量不是很多,组织设计往往依赖于创业者或者创业团队尽可能做到决策高效。随着企业的不断发展壮大,在组织设计上要更多依靠制度建设。

(七) 产品服务

产品服务是指以实物产品为基础的行业,为支持实物产品的销售而向消费者提供的附加服务。如果用产品整体概念来解释,产品服务就是指整体产品中的附加产品、延伸产品部分,也称产品支持服务,其目的是保证消费者所购产品效用的充分发挥。

一个创业项目的好坏,很大程度上要看创业者所提供的产品和服务是否有特色,是否能够让消费者满意。因此,在设计产品或者服务时,首先就是要多倾听顾客的建议,注意多收集一些顾客对产品或服务的不满信息,这些信息会帮助提高产品和服务质量。

四、创业的四个阶段

如上所述,创业是具有创业精神的创业者、商业机会、人力资源、创业资源、组织、技术与资金等相互作用、相互配置,以创造产品和服务、满足市场需要的动态过程。识别并成功把握住创业机会是追求创业的核心要素,创业即创业机会的发现与开发、创业资源的积累与整合的过程。

创业者是创业过程中的核心,整个创业过程要受到各种创业环境因素的影响。一般而言,创业过程主要由识别与评估市场机会、准备并撰写创业计划书、获取创业所需资源、管理创新企业四个阶段组成。具体过程如表 1-1 所示。

表 1-1　创业的四个阶段

第一阶段 识别与评估市场机会	第二阶段 准备并撰写创业计划书	第三阶段 获取创业所需资源	第四阶段 管理创新企业
◆ 寻找创意并产生创业想法 ◆ 对创业想法进行 SWOT 分析 ◆ 机会的评估与实际的价值 ◆ 机会的风险与回报 ◆ 个人技能与目标实现 ◆ 产生创业想法	◆ 创业环境分析 ◆ 创业团队建设 ◆ 创业心理准备 ◆ 撰写创业计划书 ◆ 营销计划 ◆ 生产计划 ◆ 财务计划 ◆ 组织设计 ◆ 运营管理 ◆ 风险管理	◆ 创业者现有资源整合 ◆ 资源缺口与目前可获得的资源供给渠道 ◆ 通过一定渠道获得其他所需资源	◆ 管理模式 ◆ 团队建设 ◆ 宏观战略 ◆ 商业模式 ◆ 新创企业的管理 ◆ 组织与人事管理 ◆ 产品与技术管理 ◆ 市场营销管理 ◆ 生产管理 ◆ 财务管理

五、创业的意义

创业是一个伟大的历程，是一个精彩的舞台。创业不仅本身具有极大的魅力，而且可以使创业者创造更多的就业岗位，从而激发创业者、管理者和劳动者提高素质，增添社会发展的动力，创造更多的社会财富。如表 1-2 所示，一方面创业提高了全社会生活水平，维护了社会稳定，推动了人类社会进步与发展；另一方面，创业更坚定了创业者的人生目标，实现了创业者的梦想及人生价值。

表 1-2　创业的意义

社会意义	个人意义
◆ 促进科技成果转化	◆ 增加实战经验
◆ 促进经济繁荣	◆ 增加个人财富
◆ 缓解就业压力	◆ 实现创业梦想
◆ 促进资源合理配置	◆ 提高自身能力
◆ 构建和谐社会	◆ 享受生活和挑战的乐趣

(一) 创业对社会的意义

(1) 经济持续繁荣的基础。创业是拉动经济发展的动力源。20 世纪 90 年代以来，美国经济的高速增长堪称世界当代经济的奇迹，一些著名学者认为在过去的 30 年里美国出现了创业革命，甚至认为创新精神和创新革命彻底改变了美国乃至世界的经济，当今美国财富中超过 95%是在 1980 年之后创造的。美国未来学家约翰·奈斯比特认为，创业是美国经济持续繁荣的基础。美国新经济的兴起与发展离不开硅谷创业企业的大批创立，直到现在，硅谷依旧是美国经济保持以 2%~3%的速度发展的重要支柱。据统计，美国表现最优秀的 50 家高新技术公司有 46%出于麻省理工学院(MIT)的创业计划大赛。因此，从某种意义上讲，美国高校的创业计划大赛已经成为美国经济的直驱动力之一。而中小企业的迅速崛起对推动我国经济发展也发挥了重要的作用。据统计，截至 2014 年年底，中国在工商部门注册的中小企业已达 1023 万户,此外还有数量更多的个体工商户,对 GDP 的贡献超过 60%，对税收的贡献超过 50%，提供了近 70%的进出口贸易额，创造了 80% 左右的城镇就业岗位。全国中小企业工作体系已拥有 120 家省、市、县的中小(民营)企业协会、促进会、联合会，中国中小企业协会会员达到 15 万家。近年来，中国各级政府相继出台了众多扶持中小企业发展的政策，可见创业必将会对中国未来经济发展产生重大的影响。

(2) 有利于政府转变发展观念，改变政府职能，形成更加和谐的社会。近几年来，少数地方政府将抓经济工作等同于"抓一批重大的项目"。为了找项目，有的地方不惜一切代价，违反相关政策给优惠，违反百姓意愿搞拆迁，破坏生态环境搞征地，严重影响了社会的和谐与稳定，给地方经济的发展也留下大量后遗症，这种经济的发展模式被证明也是不可持续的。

在全国范围内鼓励"大众创业、万众创新",则是要让广大草根创业者唱主角,把大众请到经济发展的中心舞台。政府不能再将目光仅仅盯在少数几个大企业、大项目上,必须彻底转变理念,思考如何更好、更广泛和更公平地为广大群众提供公共产品,更加科学地实施政府对市场的监管职能。要做好此项工作,只有破除了不合理的行政审批门槛,创业者才能顺利走进市场;只有提供相对完善的社会保障体系,才能为创业者减少后顾之忧,让他们轻装上阵;只有搭建起社会统一的科技、人才、融资等公共平台,创业创新的社会成本才能降低。鼓励"大众创业、万众创新",保证了人才资源、社会资源的合理流动,给一切有才能、肯拼搏、愿奋斗的人搭建公平的竞争平台和上升通道,给他们人生出彩的机会。这样的机会公平是最大的公平,将在全社会发挥巨大的示范引领作用和精神凝聚力量,最后在整个社会中形成更加良性和谐的社会互动。

因此,可以预见,随着创业创新的国家战略的进一步实施和深化,这股创业大潮将有望促进政府转变经济发展思路,改变社会事务管理方式,这对建设和谐社会、促进经济发展具有更加长远的意义。

(3) 促进科技的进步与成果转化。对众多创业者来说,在创业过程中,要实现企业财富的增长,增加产品和服务的技术含量是提升企业竞争力最为有效的途径,因此他们往往更加具有科技创新的意识和动力,他们的研究成果也更切合市场的需求。综观世界各国的创业事例,我们会发现,许多初创的小微企业正因为掌握了核心科技,才得以在市场上获得巨大的发展。众多小微企业正成为推动我国技术创新的重要力量。截至 2014 年年底,我国科技企业孵化器超过 1600 家,在孵企业 8 万余家,就业人数超过 175 万人;国家高新区 115 家,园区注册企业超过 50 万家,仅中关村新增科技企业达 1.3 万家;全国创业投资机构 1000 余家,资本总量超过 3500 亿元;全国近 30 万项技术成果通过技术市场转移转化。

同时,科学技术平台建设有效降低了创业边际成本,促进了更多社会主体参与进来;大企业通过建立开放创新平台,聚合起大众创新创业者力量;创新创业要素在全球范围内加速流动,跨境的创新创业活动日益频繁;科学技术市场快速发展,促进了技术成果与社会需求和资本的有效对接,促进了整个社会的进步与发展。

(4) 缓解社会就业压力。就业不仅可以有效增加百姓的收入,也是社会和谐稳定的基础。近两年来,我国经济增速放缓,但就业不减反增,其中鼓励创业对就业起到重要的推动作用,特别是在社会上出现了众多小微型创业,小微企业已成为带动就业的主力军。我国现在每一年新登记企业中 90%是小微企业,一家小微企业带动就业平均在七八人。从国际经验来看,等量资金投资于小企业,它所创造的就业机会是大企业的 4 倍。如果一个国家有 99.5%的企业属于小企业,则有 65%~80%的劳动者在其中就业。美国对中小企业的发展一直比较重视,称其为"美国经济的脊梁",美国企业创新产品中 82%来自中小企业。而我国小企业太少,相信随着创新创业战略的进一步深入开展,通过创业来带动就业的实际效果会更加明显。

（5）有利于社会资源更合理地配置。调整优化产业结构是我国经济发展中的一个难题，也是长期以来所寻求的目标。如何调整优化？要依靠增量资源的注入，不断培育新的产业。新创办的企业要想更好地生存和发展，就必须有较强的科技创新和经营管理能力，从而增强竞争力。从行业发展的角度上来讲，新创企业的成功和加入会或多或少地影响现有行业的经营格局，加剧行业经营的竞争态势，造成优胜劣汰的局面。竞争的加剧有利于资源向经营良好、效率较高的企业流动，也就有利于有限的资源更合理地配置，从而产生更好的社会效益，增加社会福利，促进中国社会主义市场经济又好又快地发展。

（二）创业对创业者的意义

（1）主宰自己，发挥才干。许多上班族对自己所从事的工作缺乏耐心，积极性不高，原因之一是给别人"打工"，个人创意、想法往往得不到肯定，个人才能无法真正地发挥，愿望得不到实现，工作缺乏成就感，行事诸多约束。而创业则完全可以摆脱原有的种种羁绊，摆脱在行为上受制于人的局面，能充分施展自己的才华，发挥最大的潜能，使自己的人生价值得到更好的体现。

（2）积累财富，提升追求。进入一家企业工作，薪酬有高有低，但都是有限的，没有太大的提升空间。而摆脱这些烦恼的最佳途径就是，开创一份属于自己的事业，它提供的利润是没有限制的，可任你想象。根据统计资料，在美国福布斯富人榜前 400 名富人中，有 75%是第一代的创业者。而在中国富人榜中，创业起家的人也不在少数。通过创业和艰苦工作，其所获得的回报完全是自己的，而不再是给别人贡献利润，今后企业盈利与发展潜力也是巨大的。

（3）回馈社会，极具成就感。创业者创立的企业一方面为社会提供了产品或者服务，另一方面为个人、社会创造了财富。企业融入社会生产的大循环中，从多个环节为国家和社会做出贡献，这种贡献使得创业者个人能够从中获得巨大的成就感。

（4）从事喜欢的工作，获得乐趣。创业者选择创业项目，通常会从个人感兴趣的领域来入手，将其与自己的知识技能、专业特长等结合起来，干自己喜欢的事业，而做自己喜欢的事情本身就是一种乐趣。

（5）迎接风险，享受挑战。创业充满挑战和风险，同时也充满克服挑战的无穷乐趣。在创业过程中，可以感觉到无穷的变化、挑战和机遇，这是一个令人兴奋的过程，创业者可以通过征服创业过程中的种种困难来丰富自己的人生体验。

总之，创业是实现人生理想和价值、促进社会繁荣与发展的有效途径。

六、创业的类型

创业类型的选择与创业动机、创业者风险承受能力密切相关，也会影响创业策略的制定，因此它是探讨创业管理不可忽视的议题。

（一）依照对市场和个人的影响程度

依照对市场和个人的影响程度，创业可以分为四种类型。

(1) 复制型创业。复制型创业是指复制原有公司的经营模式，创新的成分比较低。例如，某人原本在理发店里担任理发师，后来离职自行创立一家与原理发店类似的理发店。新创公司中属于复制型创业的比率比较高，成功率也比较高，主要原因是创业者对行业情况相对了解，同时往往还有比较好的社会资源。这种创业的模式虽然创新不足，但风险比较低，适合具有一定工作经验的人创业。

(2) 安定型创业。安定型创业更强调的是创业者的创新意识和创业精神，而不是新组织的创造。我国许多创业者利用职业便利和职业优势进行的兼职创业往往属于这种模式，这种创业模式可以先找身边的朋友开发研究一项新的产品，然后进行市场分析，进行小范围的推广，一点点地做大做强。因为这种创业形式没有面临太大风险和改变，做的也是比较熟悉的工作，创业者心态往往比较轻松，没有多大的压力，在实践中成功率也比较高。

(3) 冒险型创业。冒险型创业属于机会型创业中的一种。这种类型的创业，对创业者本身来说，是一个巨大的挑战，由于是从事一项全新的产品经营，个人前途的不确定性很高；对新企业的产品创新活动而言，也将面临很高的失败风险。冒险型创业是一种难度很高的创业类型，有较高的失败率。尽管如此，由于这种创业预期的报酬较高，对那些充满创新精神的人来说仍富有诱惑力，但是它需要创业者高超的能力、适当的创业时机、合理的创业方案及科学的创业管理。

(4) 尾随型创业。尾随型创业是指根据目前市场上已有的热门经营项目，迎合大众需求，快速、小规模地投入经营队伍中。这种创业往往创新成分不太高，能够给少量顾客带来新创造的价值。这种创业模式往往由于市场行情比较透明，因此需要投入的资金比较小，风险也不是很大，但如果一味尾随，不加以创新，企业想在市场中获取较大的份额也比较困难。

（二）依照创业者的动机

依照创业者的动机，创业可以分为生存型创业和机会型创业，如表 1-3 所示。

表 1-3　生存型创业与机会型创业的比较

项目	生存型创业	机会型创业
创业动机	生活所迫	职业选择
成长愿望	满足现状，小富即安	把握机会，做大做强
行业偏好	消费者服务业：零售、餐饮、家政服务等	商业服务业：金融、保险、投资等
资金状况	以独资为主，缺乏资金	以多种方式融资，资金充足
创业者受教育程度	初等或中等教育，少数高等教育	多数高等教育
创业者承担风险的意愿	规避风险	勇于承担风险
创业者所处的阶段	初始创业阶段	二次创业，连续创业
创新潜力差异	小	大

(1) 生存型创业。生存型创业的目的在于谋生，为了谋生而自觉地或被迫地走上创业之路。一般而言，这类创业大多属于尾随型和模仿型创业，规模较小，项目多集中在服务业，并没有创造新需求，而是在现有的市场上寻找创业机会。由于创业动机仅仅是为了谋生，往往小富即安，极难做大做强，但也有"逼上梁山"的成功者。

(2) 机会型创业。机会型创业的出发点并非谋生，而是为了抓住、利用市场机遇。它以新市场、大市场为目标，因此能创造出新的需要，或满足潜在的需求。机会型创业会带动新的产业发展，而不是加剧市场竞争。在我国，机会型创业的比例还不是很高，需要大力支持和发展。

(三) 依照新企业建立的途径

依照新企业建立的途径，创业可以分为自主型创业和企业内创业。

(1) 自主型创业。自主型创业是指创业者个人或团队白手起家进行创业，大体上可以归纳为以下 3 种。

① 创新型创业。创业者通过提供有创造性的产品或服务，填补市场需求的空白。

② 从属型创业。从属型创业大致有两种情况：一是创办小型企业，与大型企业进行协作，在企业整个价值链中做一个环节或者承揽大企业的外包业务，这种方式能降低交易成本，减少单打独斗的风险，提升市场竞争力，且有助于形成产业的整体竞争优势；二是加盟连锁、特许经营，利用品牌优势和成熟的经营管理模式，减少经营风险，如麦当劳、肯德基等。

③ 模仿型创业。创业者根据自身条件，选择一个合适的地点并进入壁垒低的行业，学着别人开办企业。这类企业投入少，并无创新，在市场上拾遗补阙，但逐步积累也有机会跻身于强者行列，创立自己的品牌。

(2) 企业内创业。企业内创业也称为"组织内创业"，是近年来国外兴起的一种新的管理方法，即进入成熟期的企业为了获得持续的增长和长久的竞争优势，为了倡导创新并使其研发成果商品化，通过授权和资源保障等支持企业内一种创业形式。每一种产品都有生命周期，一个企业在不断变化的环境中只有不断创新，不断将创新的成果推向市场，不断推出新的产品和服务，才能跳出产品生命周期的怪圈，不断延伸企业的生命周期。成熟企业的增长，同样需要创业的理念、文化，需要企业内部创业者利用和整合企业内部资源进行创业。

企业内创业是动态的，是通过二次创业、三次创业乃至连续不断创业，企业的生命周期才能不断地在循环中延伸。

(四) 其他分类方式

按创业主体数量，创业可以分为个人创业和团体创业；按创业主体的特殊身份，创业可以分为大学生创业、失业者创业等；按创业的项目，创业可分为传统技能型创业、高新技术型创业和知识服务型创业等；按照不同的创业阶段，创业可以分为初始创业、二次创业与连续创业等。

第二节　大学生创业

经过近几年的实践，创新创业教育改革有力地促进了高校人才培养能力的全面提升，制定了本科专业类教课质量标准，推动了我国高等教育的综合改革向纵深发展，服务了国家驱动创新创业战略。我国的创新创业教育已经成为新时代大学生素质教育的新突破和高校人才培养模式的新探索。

当代大学生绽放自我，展现风采，服务国家的新平台，为引领推动高等教育创新，促进大众创业、万众创新发展发挥了重要作用。根据《2017 年中国大学生创业报告》显示：大学生创业意愿持续高涨，26%的在校大学生有强烈或较强的创业意愿，与 2016 年相比，上升了 8 个百分点，更有 3.8%的学生表示一定要创业。那么，大学生创业群体有何特征呢？又有何优势和劣势呢？有何因素影响大学生创业成功呢？我们为什么鼓励大学生创业呢？

一、大学生创业的含义和特征

（一）大学生创业的含义

所谓大学生创业，是指大学生在学习期间创办事业或毕业以后不选择就业而直接创办事业，是大学生积极融入社会、主动参与社会竞争的一种方式。

大学生创业群体主要由在校大学生和毕业生组成。大学生自主创业是当今时代的一个热门话题，在大学校园里学生创业现象屡见不鲜。近几年，随着我国的大学生就业压力增大，以及国家出台许多政策鼓励大学生创业，一部分大学生通过创业形式实现就业，取得了良好的社会效益和经济效益。大学生创业有开饭店的、开网吧的、开网店的、搞科技发明的、搞农产品种植的等，有的是服务型创业，有的是科技型创业，可谓五花八门，应有尽有。大学生有较多的理论知识，有创新精神，敢于尝试新鲜事物，敢于否定传统的观念，对未来充满希望，朝气蓬勃，这些都是大学生的创业优势。在创建创新型社会的新形势下，鼓励全民创业，特别是鼓励大学生创业引领了一种新的就业潮流，为那些有理想、有胆识的大学生开辟了一条择业新路。这不仅要求大学生能结合专业特长，根据市场前景和社会需求创造出有竞争力的新技术、新产品和新服务，而且要直接面向市场、面向社会，在为社会创造价值的同时，使自我价值也得到充分体现。马云、雷军、华中科技大学的 Dian 团队等，就是这群人中杰出的代表。

（二）大学生创业的特征

(1) 大学生创业主体较为年轻。社会上的创业者很多，大学生创业者是其中的佼佼者。大学生创业者是作为知识型创业者最具有特殊性的一群人。他们年轻，有激情，接受新知识的能力很强，充满活力，敢于挑战，这也是大学生创业受到全社会高度重视和支持的一个重要原因。目前我国的大学生创业者人数越来越多，覆盖面越来越广，不仅包括本科生，还包括专科生、研究生、博士生等，有的已经毕业，有的尚未毕业。大学生创业基本上是以团队进行，而团队成员也基本上是在校或已毕业的大学生，他们往往志同道合，有共同的理想，易于沟通，这也极大提高了大学生创业的成功率。

(2) 大学生创业往往依托本专业。大学生创业很大程度上依靠的是所学的专业技能，从我国大学生的创业实践来看，有相当多的大学生创业与自己的专业密切相关，例如，农学院学生从事农业领域类创业，电子商务类专业学生从事电子商务领域类创业等。从我国大学生创业计划竞赛的参赛作品上来看，大学生的创业作品涵盖网络、电子信息、光机电一体化、生物医药、环境科学、农林和服务行业等几大类。依托互联网技术的电子商务领域，开办网店等方式是当前大学生进行创业的热点。而大学生在创业初期往往是以学校为依托，以专业知识为基础，他们在学习和生活过程中，通过师生交流活动、社会实践、顶岗实习等多种途径，容易发现创业机会和自己的兴趣所在，进而引发创业思考，形成创业思想，产生创业行为。

(3) 大学生创业资金来源主要是自筹资金和小额创业贷款。创业需要一定的资金投入，大学生创业也不例外。由于大学生往往比较缺乏社会经验，新创企业的管理经验也不足，还有一些社会环境因素导致大学生获得风险投资的概率不是很高。因此，向家人朋友自筹资金，是大学生创业者的主要选择之一。据报道显示，2015 年的本科大学毕业生的创业资金近八成来自于个人和家庭的资金。

非常可喜的是，现在国家对于大学生创业有很多的扶持政策。为创业者提供小额创业担保贷款，是国家鼓励创业的主要政策之一。针对大学毕业生自主创业，除了国家的扶持政策，各地也有一些相关的扶持优惠政策，以鼓励高校毕业生自主创业。对创业感兴趣或有创业政策方面的需要的话，可以在当地就业网关注最新优惠扶持信息。

(4) 我国大学生创业成功率相对国外而言比较低。面对就业的压力，很多大学生选择了自主创业这条道路。历年来的调查数据显示，全国大学生每年选择创业的比例为 5%，但成功率不足 5%，与西方国家对比发现，他们的大学生创业的成功率约占 20%。造成我国大学生创业成功率偏低的原因主要有以下几个方面：一是我国的创新创业教育体制还不是很健全，学生在学校学到的创业知识比较少；二是学生在学校的社会实践活动比较少，缺乏实战经验，导致创业能力不足；三是社会对大学生创业的扶持力度不足，包括政策、资金、信息化平台建设等方面。

因此，对有志于创业的大学生而言，富有激情、敢于实践是好事，但也要做好充分的准备，在生活中利用各种机会，培养自己的创新意识及创新思维，提高自己的分析判断能力。此外，各级政府还应加大对大学生创业的扶持力度和宣传力度，让更多的大学毕业生了解相关政策，真正为广大大学生创业者提供各种方便，以解决他们的后顾之忧。

(5) 大学生创业起点相对较高，风险大。在创业实践中，大学生由于受过高等教育，在创业时起点往往较高，很多会选择具有一定技术含量的项目，他们通过研发具有一定科技含量的产品来满足市场的需要，一旦销量达到一定的数目，利润回报将相当丰厚。如果这些企业能够发展壮大，必将产生深远的影响。但高技术含量的创业往往投入的人力、物力和财力比较大，大学生对市场运作方面可能还比较生疏，因此这类创业也存在极大的风险。

二、大学生创业的优势与劣势

作为一个特殊的群体，大学生在创业时既有一定的优势，也存在明显的劣势。

（一）优势

大学生创业的优势具体而言，主要有以下几个方面。

(1) 对大学生创业者来说，他们年纪轻，精力旺盛，对未来充满希望，勇于接受挑战，有"初生牛犊不怕虎"的气势，这些特质是一个创业者所应该具备的基本条件和素质。因此，对整个社会而言，我们应多给予这些创业的大学生关爱，保护好他们这份创业的热情。

(2) 大学生具有高等教育的背景，对事物较有领悟力，有些东西一点即通，自主学习知识的能力强，接受新鲜事物快，许多大学生还成为潮流的引领者。在学校里，大学生学到了很多理论性的东西，如果将这些理论知识运用于创业实践，容易获得成功。这也是相比其他创业者而言，大学生创业更加容易获得社会支持的一个重要原因。

(3) 从大学生素质的角度来看，拥有较高文化水平、学习能力强、头脑灵活，是他们"不同凡响"的一个要素。虽然，许多大学生创业者都面临着缺乏资金、缺乏经验等客观问题，但从小到大培养起来的学习能力、思考和解决问题的能力，甚至他们与高校教授和大学同学的人脉关系，也能帮助其在遇到问题时得到实际有效的帮助。另外，很重要的一点是，这些人不仅会学而且好学，多年的求学经历使得他们乐于接受新鲜事物，对于市场上出现的新兴事物能够快速接受并消化，从而快步跟上市场的需求，找到并满足市场商机。

(4) 现代大学生普遍有创新精神，他们视野开阔，不甘心过平凡的生活，有对传统观念和传统行业挑战的信心和欲望，而这种创新精神成为大学生创业的动力源泉。创业要获得成功，必须有敏锐的市场观察力，必须深入了解顾客，确保自己的产品和服务相对竞争者而言更加受到顾客的青睐和欢迎。要取得更多的竞争优势，可以选择比别人提供更好的产品或服务，或者可以增加更多的用户体验等，这些举措都需要创业者具有非凡的想象力和创新精神，大学生的创新精神对大学生创业来说至关重要。

(5) 大学生信息技术运用能力强，能够在互联网上搜寻到许多信息。当前从我国大学生创业实践来看，大学生利用互联网技术创业的比例越来越大，在创业中相对其他创业者来说更容易上手，同时也更方便获得市场信息，这帮助大学生在创业时更易于发现市场机会，在创业时做出正确的决策。

(6) 大学生普遍无家庭负担，其创业很可能获得家庭或家族的支持。大学生在创业的起初阶段，获得家庭的支持很重要。现在的许多大学生家庭，对大学生创业的支持力度越来越大，他们相信，大学生的创业眼光更好，也更容易获得成功，即使不成功，对大学生来说也是一个提高自己能力、了解社会的机会，对今后的人生道路也是非常有益的。从整个大的环境来看，大学生家庭成员对大学生创业越来越宽容，这些也保证了大学生创业者能够轻装上阵，免除了后顾之忧。

(7) 受过高等教育的大学生思想活跃，他们讲诚信、讲职业操守，这些确保了大学生在创业时，比较容易找到一些志同道合的人，共同组建一个结构合理的创业团队。这个创业团队因为有共同的理想和抱负，团队的凝聚力往往非常强。

(二) 劣势

当然，大学生创业也有一些劣势，具体而言，主要有以下几个方面。

(1) 大学生社会经验不足，缺乏与人沟通的技巧，往往是大学生创业者普遍会遇到的"拦路虎"。有些大学生创业者常常盲目乐观，没有充足的心理准备面对创业失败，心理承受能力差，遇到挫折就放弃，甚至有的大学生在前期听到创业艰难，没有尝试就轻易放弃了。

(2) 大多数大学生局限于本专业学习，缺乏运营、管理、财务、税法和市场营销等方面的知识，这些已成为影响大学生成功创业的重要因素。大学生们虽然掌握了一定的理论知识，但终究缺乏必要的企业经营管理经验。不少创业的大学生有核心的技术、独特的创意，在有了启动资金、合作伙伴后，第一阶段的运营基本可以正常运转。但随着业务量的增多、团队的扩大，可能会在人事、财务、物资等方面出现问题。而由于在学校从未有过处理这些事情的经验，不少大学生创业团队在面对这些问题时变得手足无措，甚至导致创业半途而废。

(3) 大学生创业资源比较少，融资能力还比较弱。综观我国的大学生创业实践，大学生创业者面临的融资难主要体现在集资途径少、集资数额小，他们的创业资金大多来自父母，而父母的钱一般也只够完成学业。这也导致了大学生创业的人数不多，因为即使他们具备创业成功的条件，也常因为没钱而无法去创业，无形中也造成了创业难以成功。国家虽然也为大学生提供贷款，但是数额少，杯水车薪，难以满足大学生创业的资金需要。目前，我国的创业投资机制还不是很健全，融资渠道不仅少，而且不够畅通。对于许多大学毕业生来说，缺少资本和信用记录，也没有固定资产或抵押品，很难从银行获得贷款；同时，对政府相关扶持政策等了解不多，对创业资源的整合能力也有待提高。

(4) 大学生的市场观念较为淡薄，对创业的理解还停留在一个点子或是几个人的突发奇想，但如何将这些想法转化为现实的商业计划常常被忽略，谈到目标市场定位与营销手段组合这些重要方面，则全然没有概念。其实，在创业实践中，投资人不仅仅是看重创业计划技术含量有多高，在多大程度上是不可复制的，更重要的是看产品的市场盈利的潜力有多大，能否比竞争者更有效地给予顾客满意。

三、大学生创业与就业

目前，国家和政府要求对毕业生就业实行公开、公平、择优、自愿的原则，采取国家宏观调控、学校和各级政府推荐、学生和用人单位双向选择的就业模式。大学生属于高级知识人群，经过了多年的教育且背负着社会的种种期望，在适应经济社会发展的同时，自主创业成为其解决就业问题的新的出路。创业相对于就业来说，可以为他人创造更多就业的机会。大学生创业是指大学生个人或者团队主动开创自己的事业，并最终得到创业回报的整个活动过程，具有较大的挑战性。而大学生就业是指大学生个人被雇用或从事某一比较稳定的职业，通过辛勤工作，最终获取工资性收入或劳动报酬的整个活动过程。

创业与就业是大学生选择参与社会竞争的两种完全不同的方式，主要有以下几个方面的差别。

(1) 担当的角色差异。两者在企业中的地位、肩负的责任和使命均有较大的差异：创业者通常处于创新企业的高层，在企业实体的创建过程中，创业者始终是负责人，始终参与其中，当企业实体遇到困难时，创业者往往会选择坚守；而就业者通常处于中低层，到达高层需要一个过程，也不需要对企业的成长负责，只需要做好自己的工作就可以，当个人的理想和发展目标与企业的实际不相一致时，就业者多倾向于跳槽到另外一家企业。

(2) 对技能的要求差异。创业者通常身兼多职，既要有良好的心理素质、战略眼光，也要有具体的经营技能，从而要求其具备相当全面的知识和技能；就业者通常具备一项专业技能，即可开展自己的工作。

(3) 收益与风险差异。就业者主要投入十数年的教育成本，而创业者除了教育成本外，还包括前期准备中投入的人力、物力和资金成本。一旦失败，就业者并不会丧失教育成本，但创业者会损失在创业前期投入的一切成本；相反，一旦成功，就业者只能获得约定的工资、奖金及少量的利润，创业者则会获得大多数经营利润，其数额理论上没有上限。

(4) 成功所依赖因素的差异。就业很大程度上依赖企业实体，但创业更多地要考虑自身的经验、学识与财力，以及各种需求和各种资源占有条件。

当然，创业与就业之间也存在紧密联系：创业是一个推动社会进步的重要源泉，创业主体在创业过程中，在为社会不断创造财富的同时，也在不断开发出新的就业机会。

四、影响大学生创业成功的三个主要因素

在创业实践中，影响大学生创业成功的因素是多方面的。综合来看，影响大学生创业成功的因素可以分为三个层面：个体层面(如创业者的动机、创业意识、创业技能、心态、身体素质等)、群体层面(如创业团队、与创业相关的利益相关者、投资商、供应商、渠道商等)和社会层面(如人口、政治法律、经济、科学技术、文化、自然条件等宏观环境)。每个阶段的成败都会受到这三个层面因素的影响，创业过程也可能因为任何一个阶段出现问题而终止。将这些阶段和影响因素结合起来，构成了图1-2所示模型。

个体层面(如创业者的动机、创业意识、创业技能、心态、身体素质等)

群体层面(如创业团队、与创业相关的利益相关者、投资商、供应商、渠道商等)

社会层面(如人口、政治法律、经济、科学技术、文化、自然条件等宏观环境)

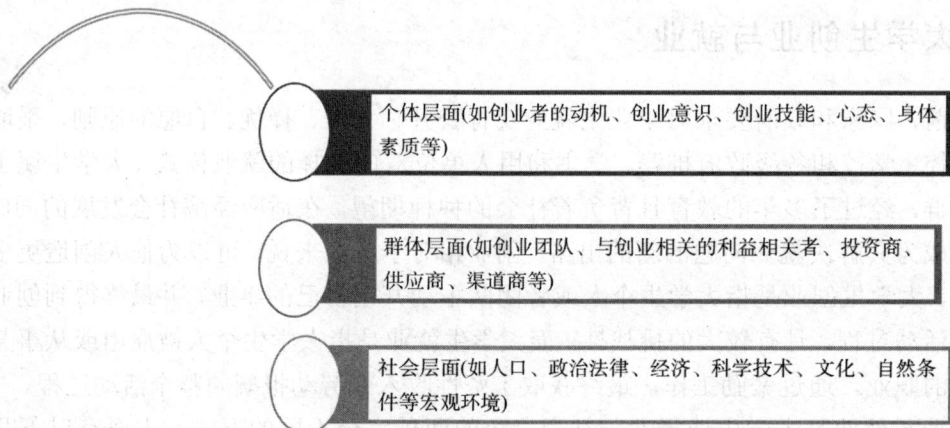

图 1-2　影响大学生创业成功的三个主要因素

五、鼓励大学生创业的重要意义

目前，我国大力支持大学生创业，各高校顺应社会发展要求，通过各种途径来培养大学生的创业能力，为大学生创业提供多方位的支持，取得了巨大的成绩。大学生的创业热情被点燃，更积极和主动地进行创业，创业成功率也大幅度提高。大学生创业对国家、社会和个人都具有重要意义。

(1) 缓解就业压力。大学生创业有利于解决大学生就业难的问题。创业能力是一个人在创业实践活动中的自我生存、自我发展的能力，一个创业能力很强的大学毕业生不但不会成为社会的就业压力，相反还能通过自主创业活动来增加就业岗位，以缓解社会的就业压力。因此，自主创业应作为未来的就业途径之一，它将开辟新的就业渠道，在解决自身就业的同时也为社会创造新的就业机会，有利于缓解国家的就业压力。实践证明，大学生创业对带动整个社会就业的效果非常明显。

(2) 培养创新精神和敢于开拓的创业精神。创新是一个民族的灵魂，是一个国家兴旺发达的不竭动力。大学生作为中国最具活力的群体，如果失去了创新的冲动和欲望，那么中华民族最终将失去发展的不竭动力。大学生的创业活动，有利于培养勇于开拓创新的精神，把就业压力转化为创业动力，培养出越来越多的各行各业的创业者。

创业是就业的另一种模式，所不同的是创业者不是被动地等待他人给自己"饭碗"(就业机会)，而是主动地为自己或他人创造"饭碗"。目前，我国提倡和鼓励大学生自主创业，并为此出台了一系列包括工商、税务等方面的优惠政策。之所以提倡大学生创业，除了创业不失为一条缓解目前就业压力的解决途径外，更重要的是引导大学生要具有一种敢于开拓的创业精神。

(3) 有助于增强实践动手能力，培养积极的人生态度，树立正确的人生目标。大学生就业市场的竞争日益激烈，企业招聘大学生，既要看其理论知识，还要看其实践经验，而实践能力水平的高低成为用人单位选贤任能的重要标准之一。大学生可以通过自主创业这一平台提高自己的实践能力，积累更多实践经验及社会经验，提前为毕业后进入好公司打好基础。

大学生创业，一方面使其较早接触社会，进入社会，对社会中层出不穷的现象及问题有直接认识甚至面对的机会，进而在长期的适应过程中做到处之泰然、得心应手；另一方面可以培养他们积极、乐观、刚强的性格，为他们面对未来漫长的路途确立正确的人生态度。

(4) 有利于促进经济的发展和社会的和谐稳定。创业为我国经济社会发展提供持续动力。从西方发达国家实践来看，各发达国家都非常重视对中小企业的扶持，欧洲国家的中小企业不仅在经济复兴中贡献了力量，更在增加就业中发挥了重要作用。中小型创业型企业作为"小而活"企业的代表，对经济发展的影响力与日俱增。时至今日，创新型中小企业仍是美国经济活力的重要来源。因此，我们应创建良好的创新环境，大力鼓励大学生创办中小企业，充分发挥大学生的创新智慧，将创新技术转化为生产力并最终造福于广大人民，促进我国经济的持续发展和社会的和谐稳定。

链接

大学生寻找创业项目的方向

(1) 研究国家政策和法规。国家对许多行业的发展是非常支持的，大学生创业除了可以享受很多优惠政策外，还可以获得巨大发展的空间。

(2) 研究人们的消费趋势。例如，人们对健康生活的向往，使绿色农业得到了快速发展。

(3) 研究社会热点。社会在发展，热点会层出不穷，如旅游热、房地产热等。对于精明的商人，热点就是商机，就是挣钱的项目和题材。

(4) 研究社会难点。不同的时期，社会上都会出现一些难点问题，曾经外出住宿难、吃饭难、乘车难的问题解决了，如今又出现农民卖粮难、下岗工人就业难、居民住房难等问题，可以采取开发一些途径解决社会难点的方式创造商机。

(5) 研究不同市场和地区的需求差异。不同的地区需要不同的产品和市场，比如外地有些好的产品或项目，本地还没有进行销售和开展业务；本地一些好的项目，外地还没有推广等，这就是商机。

(6) 研究人们生活方式的变化。现在生活节奏越来越快，快节奏的生活方式必然会产生新的市场需求，如快餐业、快递业、家政服务、送货服务、院外医疗、物业管理等行业应运而生。

(7) 研究不同的消费群体。除了女性、儿童，还要研究青年、老年、男性等不同的消费群体，分析其消费心理、消费习惯和购买行为，开发不同群体消费品生产和服务市场。

(8) 研究成功人士在做什么。当今社会，成功的企业家和商人非常多，要认真研究他们成功的奥秘，这对大学生创业选择好的项目非常有帮助。

(资料来源：笔者收集整理)

第三节 创业精神与个人发展

创业精神的培养是高校创新创业教育的主旨，关乎大学生的个人发展。大力培育大学生的创业精神，引导和鼓励大学生自主创业，对大学生在校学习和未来就业都有着重要的意义，是知识经济时代对当代教育的新要求，也是推动我国民营经济快速发展和社会改革的重要举措。

一、创业精神的内涵

创业精神也称"企业家精神"，是企业家特有的才能的综合，也是各种创业人格特质的综合，是创业者在创业过程中表现出来的多种精神的总和。其核心是创新，体现在创业过程中组织和经营的方方面面，是一种特殊而宝贵的精神财富。创业精神就是基于人们发展的需求，在创业过程中运用现有资源，通过资源整合等多种方式，推陈出新，发现或创造新事物和新思想，并能创造价值的品质。它的内涵体现为创新精神、冒险精神、合作精神、拼搏精神及对市场的敏锐度[1]。

(一) 创新精神

创新是一个民族进步的灵魂，是一个国家兴旺发达的不竭动力，也是中华民族最深沉的民族禀赋[2]。在激烈的国际竞争中，唯创新者进，唯创新者强，唯创新者胜。创新精神包括创新意识、创新兴趣、创新胆量、创新决心及相关的思维活动，是一种勇于抛弃旧思想旧事物、创立新思想新事物的精神。例如：不满足已有认识(掌握的事实、建立的理论、总结的方法)，不断追求新知识；不满足现有生活生产方式、方法、工具、材料、物品，根据实际需要或新的情况，不断进行改革和革新；不墨守成规(规则、方法、理论、说法、习惯)，敢于打破原有框框，探索新的规律、新的方法[3]。

培养创新意识的基础是尊重事实、解放思想，这就需要开阔的视野、独特的见解。创新的意识与观念就是先破再立，不破不立。打破陈旧的思维观念与习惯，是创新精神的基础和根本。创新本身是对现实的超越与变革，只有创新性的创业才能使创业立于不败之地，实现企业的可持续发展，正如李克强总理提倡的"创业创新需要弘扬晋商精神"，"晋商精神体现出'无中生有'。……今天你们创业创新，也要凭借头脑中创意'无中生有'。"[4]

---

[1] 杨兴时. 中国传统文化视角下的企业家精神研究[D]. 济南：山东大学，2010.

[2] 人民网. 习近平在欧美同学会成立 100 周年庆祝大会上的讲话[EB/OL]. (2013-10-22)[2018-06-08]. http://cpc.people.com.cn/n/2013/1022/c64094-23281641.html.

[3] 梁爱君，张启龙. 高校思想政治教育功能由再生性向创新性拓展的思考[J]. 昌吉学院学报，2008(2):76-77.

[4] 新华网. 李克强：有人说你们是煤黑子，我说你们是煤亮子[EB/OL]. (2016-01-05) [2018-06-08]. www.xinhuanet. com/politics/2016-01/05/c_1117678226.htm.

（二）冒险精神

创业必须具备冒险精神，因为创业本身就是一种冒险活动，做具有冒险活动的事情必须具备冒险精神[1]。冒险即"冒着风险"，是一种大胆的尝试，但这种尝试并不是盲目冲动的行为，冒险是一种具有系统性、计划性、组织性的活动。冒险与冒进有很大的区别，冒进含有盲目进取之意，是绝不可取的。在创新创业过程中，冒险是创新和创业的必然要求。一方面，如果创业者不能勇于承担风险，畏首畏尾，那么他也不可能积极参与到创新创业活动中，就算是已经开始了创业，他也不可能把自己的事业做大做强。另一方面，创业者即便具备了冒险精神，也并不意味着他们的创新创业活动一定能成功[2]。

（三）合作精神

创业是一个相对浩大的工程，并不是某一位创业者个人所能完成的，不管是个人的创新创业知识与能力，还是可以利用的资源方面，个人的力量总归是有限的，不可能具备各种创新创业知识与能力，也不可能拥有全方面的创业所需的资源。这个时候必须发挥团队的力量，吸纳有共同志向的成员，加入创新创业队伍中。小溪只能泛起小小的浪花，大海才能迸发出惊涛骇浪，这就是团队的力量和同心同德的合作精神。在数量关系上 1+1=2，但在合作的团队中往往能收到 1+1＞2 的效果，团结力量大。团队可以发挥个人所不具有的作用，在创新创业的知识与能力方面，每个人接触的知识领域有所不同，这就使得团队成员各有所长，有利于团队中的成员各有侧重地分配任务，促进思想的交流，相互学习，取长补短。从创新创业所需资源的角度讲，团队中的每个成员，他们接触的人、遇到的事也不尽相同，那么团队合作就有利于资源的整合，助力创新创业活动的顺利进行。同样在精神层面，合作的团队成员可以相互鼓励、相互支持，越是在艰难的时刻，越需要同伴间的相互理解与扶持。团队合作中，难免会出现意见相左的时候，这时团队成员要以大局为重，同心同德的创业团队才会走得更远。

（四）拼搏精神

创业是一项冒险性活动，创业过程会面临各种各样的风险，遇到各种各样的困难，那么，就要求创业者必须具备规避风险、克服困难的决心和意志，需要创业者具备艰苦奋斗、敢想敢做、顽强拼搏的精神，但凡遇到点困难就退缩是不可能创业成功的。自强不息的拼搏精神是创新创业精神的必备素质之一。《周易》云："天行健，君子以自强不息。"尤其是对于新创企业来说，自强不息的拼搏精神，要求创业者在创新创业的过程中保持知难而进、坚韧不拔、锐意进取的精神状态和顽强意志。创业之路不可能一帆风顺，创业之初会因为缺乏各种创业所需的资源而充满各种各样的坎坷，能预见的和不能预见的问题层出不穷，在这个特殊而关键的时期，创新创业会因为这些问题出现瓶颈，导致暂时停滞，甚至面临就此终止的可能。越是在艰难的条件下，越需要创业者保持谦虚谨慎、不

---

[1] 褚汉杰. 企业家人力资本对集群企业创新绩效的影响研究[D]. 杭州：浙江理工大学，2014.

[2] 陈文华. 国际新创企业国际化过程特征研究[D]. 合肥：安徽大学，2010.

骄不躁的作风，越需要勇往直前的意志和斗志，越需要有越挫越勇的心理品质。只有这样，才能坚定自己的创新创业理想，才能在逆境中把握创业的方向，将创业进行到底。

(五) 市场敏锐度

市场敏锐度是指对当前的和未来的市场形势做出的快速反应度。由于市场具有不均衡性，这种不均衡性可能创造出商业机会，机遇无时不有、无处不在。创业者自身所具备的对市场的敏锐度和警觉性是创业精神的一个重要表现，创业者要善于分析市场形势，努力发掘和利用身边的机遇，实现创业创新。

(六) 市场竞争意识

对创业者来说，从创业开始，面对的就是一个充满挑战和机会的市场竞争环境。竞争环境是企业生存与发展的外部环境，对企业的发展至关重要。竞争环境的变化不断产生威胁，也不断产生机会。对创业者来说，如何敏锐发现竞争环境的变化，规避市场威胁，抓住市场机会，成为创业能否成功的关键性因素。目前，我国的市场竞争环境——行业结构、竞争格局、消费者需求、科技发展、全球化战略等都发生了急剧的变化，影响企业经营的不确定性因素增强。任何创业者都必须时刻关注环境的变化，才能趋利避害。对创业者而言，必须树立市场竞争意识，敢于竞争，善于竞争，才能取得事业上的成功。

二、创业精神的特征

(一) 先进性

先进性，也可以称之为超越性。"创业型企业"与"模仿型企业""复制型企业"所表现出来的创业精神有明显的差异。"模仿型企业"与"复制型企业"在新创企业中占的比例较大，但它们的创新成分很低，缺乏创新创业精神的内涵，在市场上，它们虽然带有冒险成分，但是无法实现新价值的创造。而"创业型企业"重在创新，无论是制度创新、管理创新、技术创新、产品创新、功能创新，还是其他方面的创新，它所表现出来的创新创业精神最终以开创性的事业得到体现，创造新价值，想前人想不到的事，做前人做不到的事情[1]。

在当前时代，创业首先要与社会主义市场经济相适应，市场经济崇尚竞争，在市场中要理解竞争规则，在竞争中创新创业；然后要与知识经济的发展相适应，利用知识创造财富，用知识作为创新创业活动的支撑；最后要与社会主义现代化相适应，在建设创新型国家浪潮中创新创业。优化当前企业存在的问题，这是人有我优的超越性；弥补当前领域的空白，这是人无我有的超越性。无论是哪种创新，它所体现的创新创业精神本身必然具有超越历史的先进性，想前人之不敢想、做前人之不敢做[2]。

---

[1] 王冬青，严翠玲，王伟毅. 大企业如何保持创业精神[J]. 商场现代化，2006(23):83-85.
[2] 谷力群. 论大学生创业精神的培养[D]. 沈阳：辽宁大学，2013.

(二) 批判性

从创业精神的内涵来看,创业精神必然表现出批判性的特征。批判的思想意识是实现创新性创业的前提条件,用批判的态度对待事物,在肯定事物存在合理性的同时,发现事物的不足之处,发现不足才能弥补不足,对于已经比较好的事物继续优化,不断更新。批判性的思维方式认为万事万物都有它的相对性,不承认人的认识与实践具有最终性,因此,事物都具有改进、更新和变革的空间。这正是创新创业精神所具有的特性,创新性的创业就是建立在现存事物可以继续改进、更新和变革的基础之上,创造新事物,优化旧事物的某些功能,并实现新价值的创造。批判的思维方法是实现创新创业的一条重要的途径,如果缺乏批判的思维方法很难产生改革创新的想法,更不用说用创新实现创业了。创新来源于问题,以问题为导向,才能在创业活动中实现创新,做到真正的创新创业[1]。

(三) 科学性

创新创业精神具有实事求是的科学性,创新创业活动要立足于现实存在,杜绝凭空的幻想,遵循事物发展的规律,主动挖掘事物之间的联系,尊重科学、利用科学,科学精神是创新创业精神的基石。科学性要求对事物的认识、分析过程中强调以客观实际为基础,通过科学的行为例如实验、实践等,做出符合事实的判断,而不是建立在盲目的感性思维的基础上。它求真求实,反对虚假,要求人们在创新创业活动中以现实为依据,在尊重客观规律的基础上,充分发挥主观能动性,分析现实的可能性,将创新创业精神运用于创新创业实践,自觉开展一系列的思维活动和实践活动,将创新创业的意识与设想转化为创业观念蓝图、创业形象蓝图和创业实践蓝图,然后结合实际的发展现状,落实创业实践蓝图,创造出具有社会价值的实践成果,最终实现创新创业的理想。这就要求创业者具有丰富的创新创业相关知识的积累、科学的思维方式和思维方法。在知识大爆炸的时代,必须有系统的科学知识和科学的工作方法为创新创业的成功提供保证,这样创业者才能够站稳脚跟,脚踏实地地往前走。

三、创业精神培养的意义

目前,我国正处于经济转型的关键时期,需要激发广大人民"大众创业、万众创新"的热情。作为人才培养的前沿阵地,在我国高等院校,创新创业教育得到了前所未有的重视和普及。那么,培育创业精神的意义何在呢?[2]

(一) 创新性国家的应有之义

美国哈佛大学心理学教授麦克里兰(David C. McClelland)的研究表明,一个国家和民

[1] 吴和清,涂国平,黄晓辉. 试论大学生创业意识的培养——基于大学生创业意识的实证研究[J]. 中国大学生就业,2014(2):23-27.
[2] 刘丁慧. 新时期大学生创新创业存在的问题与对策研究[J]. 兰州教育学院学报,2015,31(11):67-68.

族的经济发展与这个国家和民族对于成就的需求强度呈正相关，成就需求推动经济发展的连接点就是创业家。创业家是推动经济健康快速发展的助推器，创业精神则是经济发展的动力源，是创新的精髓[1]。

身处知识经济时代，我们每时每刻都需要面临知识和观念的更新，只有创新才能更快地驱动发展。"创新是一个民族进步的灵魂，是一个国家兴旺发达的不竭动力。"李克强总理在 2014 年 10 月举办的第三届莫斯科国际创新发展论坛上讲到："我们强力推进改革，就是要减少对创新活动的干预，让想创业、能创新的人都有机会、可作为，形成'大众创业、万众创新'的局面。这样可以把人口红利转化为人才红利，让改革成为富民的改革，让创新成为惠民的创新，实现人的全面发展、社会公平发展、经济可持续发展。"而我国"创新型国家"战略的提出和实施，主要依靠具有创新思维、高质量的人才。通过一系列创业教育，培育大学生创业精神，打造一批有想法、会突破、求改革、肯吃苦、能合作的创新型人才，通过创业项目和活动给我国经济发展带来持续动力，助推实现创新型国家建设的目标[2]。

拓展阅读

创业家与创业家精神

创业家一词源于法语 entreprendre，最初的含义是"承担"，最早见于 16 世纪，指的是参与军事征战的人们。18 世纪初，法国人将该词用于形容从事探险活动的人。法国经济学家理查德·坎蒂伦(Richard Cantillon)在其著作中首次将创业家定义为承担某种风险活动的人，并认为每一个从事经济行为的人都是创业家。18 世纪末期，重农学派的代表人物魁奈和鲍杜将从事农业栽培的人称为创业家。19 世纪初，创业家的含义又从农业扩展到了工业及整个经济活动中。萨伊认为创业家是具有判断力、忍耐力等特质，并掌握了监督和管理才能的人。现代意义上的创业家的出现，与生产力和商品经济的巨大发展及股份公司的形成有着密切联系。20 世纪初，著名经济学家约瑟夫·熊彼特(Joseph Alois Schumpeter)认为创业家是实现生产要素组合的人，创业家在经济发展过程中起重要作用。20 世纪末，经济学家卡森提出："创业家是擅长于对稀缺资源的协调利用并做出明智决断的人。"总体而言，创业家是决策和创新的领导者，他们经常寻找机遇来提升和扩展他们的商业，根据市场的需求来生产产品。创业家敢于承担预期的风险与责任，他们对扩张自己的生意和不断地寻找新机遇充满热情。创业家也是追求利益回报的创新者，他们经常寻找更加有效和赚钱的方法做事情。

在英语中，创业家精神与创业采用同一个单词 entrepreneurship。在对创业的研究中，学者们也常常把创业等同于创业家精神，实际上也说明了创业者应该具备创业家精神。

---

[1] 陈晶. 浅谈企业家精神与内源发展[J]. 中外企业家，2011(5):20-22.
[2] 王香丽. 我国高校创业教育存在问题及改进措施[J]. 社会工作与管理，2016，16(5):94-98.

创业家是与创新活动联系在一起的，创业活动本身就是一种创新行为，创业家精神、创业精神和创新精神在本质上是一致的。著名管理大师彼得·德鲁克(Peter F. Drucker)在其《创新与企业家精神》一书中提出：创业家精神是创业家的特殊技能的集合(包括精神和技巧)。或者说，创业家精神是创业家组织、建立和经营管理企业的综合才能的表达方式，它是一种重要而特殊的无形生产要素。在他看来创业家精神包括以下几点：大幅度提高资源的产出；创造出新颖而与众不同的东西，改变价值；开创了新市场和新客户群；视变化为常态，创业家总是寻找变化，对它做出反应，并将它视为机遇而加以利用。

(资料来源：伍刚. 企业家创新精神与企业成长[D]. 武汉：华中科技大学，2012)

(二) 促进个人全面发展的有效途径

马克思的"人的全面发展理论"详细论述了个人在社会生活中要不断实现"人的需要的全面发展、人的活动及其能力的全面发展、人的社会关系的全面发展、人的个性的全面发展"。而全面发展实现的重要条件，便是教育与生产的结合及对精神产品生产的重视。通过创业教育培养大学生的创业精神，将不断激发大学生的创新意识、开拓能力及视野，丰富社会关系，加强团队合作，完善性格。首先，创业活动的进行是实现学生本身个人需求多样性的途径。著名心理学家马斯洛的"层次需要理论"就将人的需要分为五个层次：生理需要、安全需要、归属和爱的需要、尊重的需要、自我实现的需要[1]。其次，通过创业，除了实现简单的个人和家庭的物质需求之外，还将通过个人努力实现个人潜能的完全释放，通过自己感兴趣的事情实现自己的期望和理想。同时，创业活动本身的开展是在各种社会关系和群体中进行的，依赖于个人和团队，既能提高自身的身体素质、心理素质、性格特质和综合能力，还能有意识地发展人与人、人与物的多层次、多角度的社会关系，社会关系的全面发展将对个人需要的实现及能力的全面发展提供重要条件。

通过创业教育培育大学生的创业精神，提高普通大学生对创业的认知和了解，扩大创业的基础和群体规模。更重要的是，创业精神是大学生创业实践活动的重要指导和塔基，它能帮助大学生确立创业实践的目标和信念，获得创业实践的方式方法与技巧。另外，还能够规避一定的创业风险，提高创业成功率。当前，国家高度重视大学生自主创业，以各种优惠政策和条件帮助大学生扩大就业，以创业带动就业。因此，建立健全大学生创业精神培育机制，对国家发展、社会稳定、学生充分就业很有必要[2]。

人才培养质量是高校生存和发展的基础，教育部推进的高校毕业生就业质量年度报告制度将大学生的就业创业状况、大学生创新创业创优能力作为重要内容进行评估，推动高校的人才培养结构优化和培养质量提升。创业精神的培育是大学生通过系统而专业的创新创业教育和实训，增强创业实践过程中的信心和能力，完善自身的知识结构，成

[1] 韩宇. 马斯洛需要层次理论下关于大学生就业价值取向的现状分析及引导机制研究[J]. 现代职业教育，2017(34):238-239.

[2] 张讲宝. 社会资本视角下的大学生创业研究[D]. 南京：南京师范大学，2012.

长为创新型人才。这摆脱了原有的"填鸭式""理论式"教学模式,帮助高校培养更多满足市场需求、适应社会发展的人才,使毕业生由"唯学历"向"唯能力"转变,匹配和适应现阶段经济社会建设现状,解决高等教育大众化阶段用人单位"招聘难"和高校毕业生"找工作难"共存的现象。另外,高校在创业精神培育过程中,可以通过创新创业学科引领,增强专业技能的深化和应用;通过创新创业教育科研搭桥,实现高层次的理论指导和转化验证;通过创新创业教育课程改革及教材修编,启迪学生的创新思维和参与主动性;通过创新创业教育师资队伍组建,增加理论及实践操作的示范;通过创新创业实践孵化,实现模式内涵式发展[1]。

四、创业精神培养与个人发展的联系

(1) 实现个人全面发展是创业精神培养的最终归宿。实现个人的全面发展,不但是衡量社会进步与发展的重要标准,也能体现出社会的进步与发展。大学生创业精神的培养,能够激发创业热情,提升创业潜能,促进个人的全面发展。所以,个人的全面发展是创业精神培养的关键所在,也充分体现了培养创业精神的现实意义。

(2) 创业精神的培养是实现个人全面发展的重要环节。培养大学生的创业精神,能够满足大学生自我实现的需要,实现个人发展与社会发展的结合,不断为社会创造价值,实现个人的全面发展。

(3) 创业精神的培养与个人的全面发展统一于素质教育之中。创业精神的培养,实际上就是倡导大学生进行自由创造、自我实现与自由发展,培养大学生创新创业能力,明确社会责任感,培养强烈的事业感,全面提高个人的综合素养。个人的全面发展也是个人的综合能力的全面发展,加强大学生创业精神的培养,实际上就是培养德智体全面发展的个人,正好与个人的全面发展的最终目标相结合。因此,创业精神的培养与个人的全面发展在本质上是一致的[2]。

链接

扎克伯格与 Facebook

2010 年 10 月 1 日,在美国上映了一部改编自《意外的亿万富翁》的电影——《社交网络》,故事原型正是美国社交网络服务网站 Facebook 的发家史。Facebook 创立于 2004 年 2 月 4 日,总部位于美国加利福尼亚州帕拉阿图,主要创始人是马克·扎克伯格(Mark Zuckerberg)。

扎克伯格从小就具备创造力:12 岁那年,当小伙伴还沉浸在游戏中时,他就已搭建

---

[1] 刘学忠. 大学生创新精神与创新能力的培养路径[J]. 教育研究,2008(1):103-105.
[2] 王长恒. 创业教育中的大学生时代精神培育[J]. 技术与创新管理,2015,36(1):88-91.

了一个家庭网络；上高中时，他设计出了一款具有人工智能的音乐播放器；20 岁的他在哈佛大学读书时，更是在宿舍创建了名为 Thefacebook.com 的网站。如今其麾下的 Facebook 已经成长为拥有超过 8 亿注册用户的社交网络，据《福布斯》杂志保守估计，马克·扎克伯格拥有上百亿美元身家，是历来全球最年轻的自行创业的亿万富豪。

2003 年的秋天，19 岁的扎克伯格在网络上首次向其高中时期的好朋友亚当·德安杰罗吐露了打算创建社交网站的想法，德安杰罗后来成了 Facebook 的第一任首席技术长。2004 年 2 月，扎克伯格和他的三个同学共同创立了 Facebook，起初只针对哈佛学生，之后扎克伯格将之推广到了斯坦福和哥伦比亚等其他大学。2004 年 6 月，扎克伯格将 Facebook 搬至硅谷小镇帕洛阿尔托市。当年年底，由于 Facebook 注册用户越来越多，扎克伯格选择了退学，专注网站业务，据称当时用户数量已经达到 100 万。2005 年，扎克伯格在一次采访中表示，Facebook 的定位是一本互动性的"在线学生字典"，"你想要知道谁的信息，只要输入他们的名字，然后你能获得他们所有的动态"。扎克伯格称，其目的不是想创立一个在线社区，而是想反映出存在于现实生活中的真实社区。2006 年 9 月，他宣布 Facebook 对所有人群开放。

2017 年，扎克伯格到清华大学演讲时表示："我创立 Facebook，是因为我觉得能在互联网上和人连接是非常重要的。那个时候互联网上有很多网站，你可以找到差不多所有的东西，新闻、音乐、书、买东西……但是，没有服务帮我们找到生活上最重要的东西——人。"

大量的用户信息最终被 Facebook 转化为商业价值。2007 年 10 月，Facebook 推出定制广告服务，广告主可以选定特定的投放人群，根据用户的个人信息、爱好及朋友圈等。例如，一名将状态改为"已订婚"的用户能看到来自当地婚纱店的广告推送。Facebook 海量的用户信息帮助广告商精确锁定用户。而当用户使用 Facebook 账户和密码登录其他网站时，Facebook 又能了解到这些用户在这些网站的活动情况。

2011 年 12 月，Facebook 首席运营官谢丽尔·桑德伯格称，Facebook 已经有 230 万广告客户。上述种种，似乎与扎克伯格给 Facebook 下的定义相符：让世界更加开放，更加紧密相连。换句话说，即分享用户信息，创造更多商业价值。

(资料来源：http://31.toocle.com/detail--6800377.html)

第四节　大学生创业者的准备工作

当今时代，人们的就业观念已经发生了深刻的变化，自主择业、自己创业已成为许多有识之士(包括广大的在校大学生和已毕业的大学生)实现自身人生价值的一条有效途径。不难预见，随着我国社会主义市场经济的不断完善，创业教育将在我国高等院校进一步普及，大学生创业环境将不断改善，会有越来越多的大学生走上创业之路。

但我们也要看到，目前的大学生创业成功率还不是很高，造成这一现象的原因有多方面。其中，大学生仅凭创业热情，没有深入研究市场，缺少创业前期准备工作是重要的原因。古有云："运筹帷幄之中，决胜千里之外。"和古代行军打战一样，做好准备工作对创业者来说至关重要。

一、自身条件准备

（一）自我审视

在创业开始之前，创业者需要评估自己的优势和劣势，看看自己是否具备基本的创业素质和能力。可以通过思考以下几个方面的问题，来初步判断自己是否具有创业的基本素质与能力。

(1) 为什么要创业？你适合创业吗？你的策划和组织能力如何？你的决策和综合管理能力如何？你的创业风险(资金风险、竞争风险、团队分歧风险、核心竞争力风险)的规避能力如何？

(2) 你创业成功的核心资源优势是什么？你是否有足够的资金？你是否有足够多的行业经验？你的人脉资源怎么样？你的主要客户在哪里？你的产品有哪些优势？你的产品价格是否有吸引力？你的商业模式是否可行？

(3) 你能够组建一支高效的创业团队吗？你的合作伙伴是谁？他们会和你同甘共苦吗？他们也和你一样，将创业当成自己的事业吗？怎样设计薪酬体系？如何留住能力出众的员工？

(4) 你能长时间保持创业激情吗？当你很长一段时间业务没有进展，当你与员工发生激烈碰撞，员工不理解你、不支持你的时候，这将会使你感到郁闷、孤独，你能够承受吗？你准备如何承受？创业者强烈的创业激情和坚强的意志，能够使其企业成功，并能够在遇到经济衰退等困难和危机的时候帮助他顽强地生存下来。

(5) 你的身体和精神状态适合创业吗？你的身体健康状况是否允许你从事这样的工作？创业过程充满挑战，意味着长时间艰苦的工作。身体健康是承受创业高强度体力和精神压力的前提，因为在创业过程中，有时会使你兴奋愉快，有时会让你沮丧颓唐。这些高强度、高耐力的工作将使你失去许多休息时间，你有没有这样的心理准备呢？

(6) 你的家庭支持你创业吗？创业之初，家庭对你的创业影响很大，能否成功也与你的家庭是否支持有极大的关系，你确信你的家庭会支持你吗？他们支持你的力度会有多大？他们能够容忍你失败吗？

(7) 你准备承受创业初期的风险了吗？创业始终伴随着风险，在确立了创业目标之后，创业者接下来要问的问题就是：创业的风险有哪些？我创业最坏的结果是什么？我能否接受？我怎样才能从最坏的结果中走出来？

（二）心理准备

在你创立个人企业之前，与工薪时期做个比较，就会明白许多道理。个人企业创立开始就相当艰辛，你要努力地工作。因此，在尚未踏入这个领域之前，应先做好充分的心理准备，在个人企业里你要的是什么样的生活？

一般说来，创业之初的一年半载，往往会步履艰难，咬紧牙关渡过难关，才会慢慢有所转机，正如商界中的一句俗语"一年摸索，二年入门，三年见利润"。高校毕业生创业必须有背水一战的精神，熟悉业务，精心谋划，不熟悉的行业切莫盲目进入，遇到不懂之处，多方取经，如请教顾客、父母、老师、同学等。

"贫贱最安稳，富贵险中求。"创业是与风险并存的，创业取得成功有着极大的不确定性，而对于这种风险必须做好充分的心理准备。

二、创业条件准备

创业成功与否，并不在于你是不是大学生，而在于你是否做好了创业的准备，积累了足够多的经验。现实中每个创业失败者都可能会为自己的失败找到无数个理由，但我认为失败的最终根源只有四个字：准备不足。要想创业成功，关键并不在于创业得早，而在于创业的各项准备工作做得扎实充分。只有创业准备工作做得扎实充分，才能保证你的企业茁壮成长。

(一) 了解大学生创业优惠政策

各级政府为了支持大学生创业，相继出台了多项扶持政策，其中包括提供小额贷款、减免税收、员工聘请和培训享受减免费优惠等。高校也纷纷推出鼓励扶持举措，许多高校成立了创新创业中心，统一安排对学生开展创业教育，鼓励学生参加各种类型的创业计划竞赛，一定要利用好这些资源，不断提升自己的能力。对创业优惠政策不仅要理解，在实践中也要学会如何利用好这些优惠政策。

(二) 认真了解自身优势，做到知己知彼

(1) 了解自己想做的是什么，能做的是什么。想做的最好是自己喜欢的，这样才会有源源不断的动力推动自己前进。大部分人不成功不是因为选错行业，而是因为兴趣转移，失去耐心而中途放弃。

(2) 了解自己为什么要创业，是否有足够的决心愿意承担风险，过去的利益是否舍得放弃。

(3) 了解自己是否具备创业者应有的能力与素质，是否能承受挫折，是否具有综合全面的素质，还是有专项技术特长。

(4) 了解自己创业成功的核心资源优势是什么——足够的资本、行业经验、客户资源、技术创新，还是商业运作能力；了解自己与即将面对的竞争对手相比是否有明显的优势。

(三) 做好能力储备

争取父母和亲戚朋友的理解，获得资金支持，建设高效团队，进行科学市场调查和

预测，掌握创业法律知识，开拓市场渠道，团结合作伙伴，争取政府支持，打击竞争对手，争取企业客户，降低营运风险等，这些创业者的日常工作要求创业者具备企管、心理、公关、营销、财税、会计等多方面的知识。而创业者要想具备这些知识，只有通过平时的学习来积累。除此之外，创业者还必须有良好的身体素质。有创业思想准备的大学生，要多开展文体活动，保障今后有充沛的体力投入到工作中。

（四）积极参加实践活动

(1) 组织大学生参加社会实践活动。凡事预则立，不预则废，机会总是给有准备的人。对于准备进行创业的大学生来说，做好社会实践工作尤其重要。在社会实践中，往往许多问题单靠某一方面的知识是难以解决的，需要考虑诸多因素，运用多方面的知识和技能才能解决。社会实践使大学生尽早融入社会，获得大量的感性认识和许多有价值的新知识，同时能够把自己所学的理论知识与接触的实际现象进行对照、比较，把抽象的理论知识逐渐转化为认识和解决实际问题的能力，这对创业者来说，将使其受益匪浅。

(2) 组织大学生参加科研和各种专业竞赛活动。大学生可以参加各种专业竞赛和科研活动，例如，高等院校每年都会开展创业训练项目的组织、申报和评审工作，其主要目的是增强高校学生的创新创业能力。在导师指导下，团队中每个学生在项目实施过程中扮演一个或多个具体的角色，通过编制商业计划书、开展可行性研究、模拟企业运行、参加企业实践、撰写创业报告等工作，对增强大学生创新意识，锻炼和提高观察力、思维力、想象力和动手操作能力都是十分有益的。此外，很多地方为鼓励大学生创业，也会举办各种各样的创新创业大赛。大学生应积极参与竞赛，一方面提高自己的能力；另一方面，也可以通过与其他创业者交流，开阔自己的视野。

(3) 以校内外创业基地为载体，组织大学生参加创业实践。创业教育的落脚点在社会实践。学校应该建立多种形式的校内外创业基地，以此为载体组织学生参加创业实践。一方面，学生能够通过实习环节开展创业实践；另一方面，创业基地与社会建立广泛的外部联系网络，包括各种孵化器和科技园、风险投资机构、创业培训机构、创业资质评定机构、小企业开发中心、创业者校友联合会、创业者协会等，形成了一个高校、社区、企业良性互动式发展的创业教育生态系统，有效地开发和整合社会各类创业资源。

（五）做好市场调查

市场调查是市场营销活动的起点，它是通过一定的科学方法对市场加以了解和把握，在调查活动中收集、整理、分析市场信息，掌握市场发展变化的规律和趋势，为企业进行市场预测和决策提供可靠的数据和资料，从而帮助企业确立正确的发展战略。

所谓没有调查就没有发言权，大学生创业者在创业时，切不可自以为是，凡事多进行市场调查，多研究市场、分析市场。在创业初期，尤其要重视市场调查在科学决策中的重要作用。在没有调查好之前，切不可盲目乐观，武断地下结论。

(六) 进行科学的市场预测

科学的市场预测建立在充分的市场调查基础上。首先，市场预测要对需求进行预测：市场是否存在对这种产品的需求？需求程度是否可以给企业带来所期望的利益？新的市场规模有多大？需求发展的未来趋向及其状态如何？都有哪些因素影响需求？其次，市场预测还包括对市场竞争情况、企业所面对的竞争格局进行预测：市场中主要的竞争者有哪些？是否存在有利于本企业产品的市场空档？本企业预计的市场占有率是多少？本企业进入市场会引起竞争者怎样的反应？这些反应对企业会有什么影响？

(七) 撰写好创业计划书

当创业者选定创业目标与确定创业动机之后，而且在资金、人脉、市场等各方面的条件都已准备妥当或已经累积了相当实力的时候，就必须对欲选择的创业项目进行可行性分析，并撰写一份创业计划书。

创业者可以通过撰写创业计划书，罗列出项目的优缺点，再逐条推敲，对创业项目得到更清晰的认识。在这个创业计划书里，要想清楚如何销售、如何采购、盈利前景、需要多少流动资金、如何筹集创业资金等。根据这些情况，撰写一个可行性报告。

(八) 筹措创业资金

创业资金短缺是目前创业者面临的一个主要问题。当创业者的创业资金不足时，筹钱的方式除了可以向亲友借贷，还可以设法寻求政府、银行、投资基金等相关贷款资源，以解决创业资金不足的问题。企业应先求生存再求发展，扎好根基，勿好高骛远、贪图业绩、罔顾风险，必须重视经营体制，步步为营，再求创造利润，进而扩大经营。

此外，大学生在学校时，可以通过听讲座、听报告等多种形式增加对创业的了解。同时，利用各种空余时间积极参加企业见习活动，企业是一个实际的创业团队，大学生在这个团队里可以深入了解企业的生产、市场运营、人力资源、财务管理等方面的知识。一个人在创业的行业里没有经验的积累，则最好先进入这个行业的某个企业工作，哪怕时间不是很长，也会很有收获。创业者只有具备了行业的基本经验，距离创业梦想才不遥远。

📊 链接

创业 3C 思路分析法 —— 一个检验你是否做好创业准备的方法

创业即自己开创事业，是个人在充分考虑自身条件、经过周密的市场调查和准备后开办小商店、小工厂、小服务部等的过程。创业犹如打仗，存在一定的风险，只有"知己知彼"，才能"百战不殆"，不可不做充分准备。

在发达国家创业家的圈子里，最盛行的创业思路叫 3C(customers，顾客；company，企业；competitors，竞争对手)分析法。综合起来，有如下问题需要考虑。

1. 关于 customers

对顾客的分析包括三个方面的问题，如图 1-3 所示。

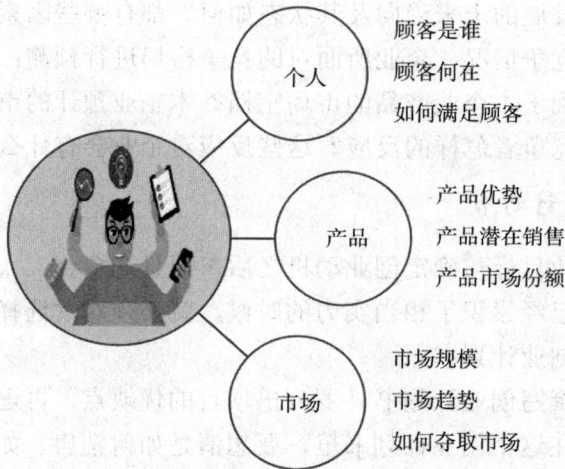

图 1-3　顾客分析

（1）个人。企业最重要的顾客是谁？企业最大的客户群体是哪些？企业的潜在顾客是哪些？是否应该对这些群体区别对待？顾客的购买量与购买频率、购买时间与地点、购买动机、品牌转换情况与品牌忠诚度如何？企业的服务或产品重点解决顾客哪方面的需要？怎样使顾客了解企业的产品或服务？顾客维持成本如何？

（2）产品。产品如何进行市场定位？产品的主要竞争优势是什么？是否有品牌效益？产品的价位优势有多大？产品的卖点在哪儿？产品的生命周期有多长？产品的替代种类有多少？新产品的研发能力如何？

（3）市场。市场的数量规模有多大？预期的成长速度多快？主要的竞争对手都有谁？竞争对手都有哪些主要的营销手段？竞争对手的数量、规模与所占市场份额如何？市场的成熟程度有多高？要夺取该市场，需要首先做好哪些事情？要做好这些事情，需要花费什么样的成本？

2. 关于 company

对企业的分析包括三个方面的问题，如图 1-4 所示。

（1）经济。企业的经营成本是多少？固定成本是多少？平均成本在本行业处于一个什么样的水平？人力资源成本高还是低？企业的利润率高还是低？渠道效率是否高？促销成本的控制做得如何？

（2）战略与政策。企业的外部环境是否有利于企业的发展？企业具备何种发展战略与远景规划？团队建设是否符合企业的发展战略?企业文化建设是否满足企业的发展需要？

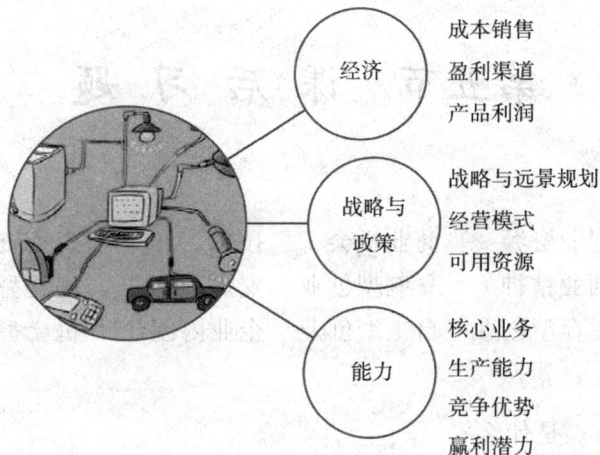

图 1-4　企业分析

(3) 能力。企业需要具备哪些核心业务实力？是否具备核心竞争力？是否有独特的核心竞争力或者竞争优势？如何长期保持这种优势？企业的生产、营销、财务管理等方面是否做得比竞争对手更加出色？

3. 关于 competitors

对竞争对手的分析包括两个方面的问题，如图 1-5 所示。

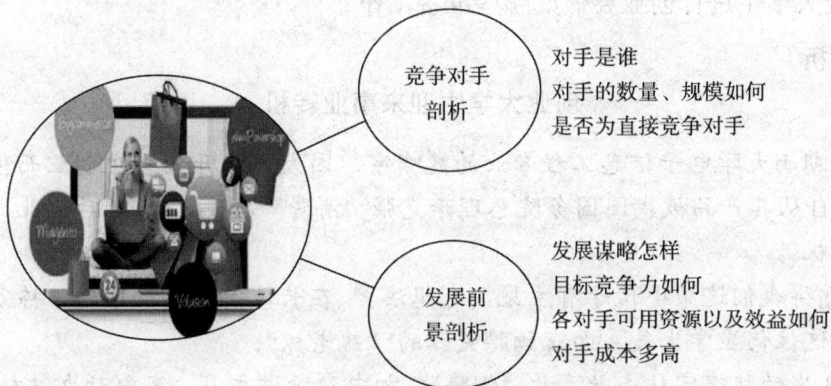

图 1-5　竞争对手分析

(1) 竞争对手剖析。市场中的主要竞争对手是谁？竞争对手的核心产品是什么？竞争对手的数量、规模与所占市场份额是多少？竞争对手是如何进行渠道决策的？竞争对手的主要促销策略是什么？

(2) 发展前景剖析。整个行业的发展状况怎么样？企业在竞争中处于什么样的位置？企业与竞争对手相比经营成本如何？企业与竞争对手相比核心竞争力如何？企业与竞争对手相比规模效益与多元化效益如何？企业与竞争对手相比可以利用的资源都有哪些(包括资金、技术、渠道、促销等)？

(资料来源：笔者收集整理)

第五节　课后习题

一、名词解释

创业　　　　创业资源　　商业机会　　技术　　　　人力资源
产品服务　　创业精神　　复制型创业　安定型创业　尾随型创业
冒险型创业　生存型创业　自主型创业　企业内创业　机会型创业

二、简答

1. 创业的主要特点是什么？
2. 创业分为哪四个阶段？
3. 创业对创业者而言都有哪些重要意义？
4. 简述大学生创业的含义和特征。
5. 简述大学生创业的优势与劣势。
6. 影响大学生创业成功的三个主要因素是什么？
7. 简述创业精神的内涵和特征。
8. 大学生个人发展与创业精神的培养有哪些联系？
9. 浅谈大学生进行创业要做好哪些准备工作？

三、案例分析

创业大学生迎来事业转机

毕业于湖南大学电子信息工程专业的魏啸宇，因大二就开始自主创业而被同学看成"异类"。但自从其产品被我国国务院总理李克强"消费"后，这位 90 后创业大学生迎来了事业的转机。

"他们觉得我们这帮小伙子有主见，有想法。"在长沙河西高校区的一栋复式楼里，记者见到了这位仍显学生气、面露腼腆笑容的"魏老板"。

今年 23 岁的魏啸宇从小就喜欢"倒腾"，初中时卖过文具，高中时办过补习班。"我就是对经济很感兴趣，喜欢从无到有的这个过程。"

2011 年，读大二的魏啸宇从同学手绘的一份湖南大学校园地图里"嗅"出商机，制作了 200 份手绘地图在校园里试销，竟被抢购一空。

良好的市场前景让他和两位同伴一起创立了子非鱼工作室，并在 2013 年年底注册了同名公司，可惜，将盈利模式想得过于简单的魏啸宇没有获得"大丰收"。

不过，在 2014 年 7 月 3 日，魏啸宇迎来了事业转机。当天，李克强总理来到湖南大学参观该校的大学生创业成果展，魏啸宇作为创业代表向总理介绍创业项目。随后，李总理还"明码实价"购买了他和另外一位大学生创业者的文化创意产品，用实际行动支持他们创业。

李克强当时说："我们培养大学生，最终是要通过就业，在社会上发挥价值。而你们比你们的同学们想得更早，胆子更大，敢于创业。"

"在学校你要做求知的思想者，踏入社会，你们要做创业的实践者。"总理说着，话锋一转，"而我呢？就来做你们的消费者！"

李克强对创业者的支持当然绝不仅是"消费者"。2014年以来，国务院大力推进商事登记制度改革等简政放权举措，并出台一系列面向小微企业的定向降准政策，既大幅降低创业门槛，又着力破解创业者的资金难题。

国家工商总局发布的数据显示，2014年，全国新登记注册市场主体1292.5万户，注册资本(金)20.66万亿元，同比分别增长14.23%和87.86%。其中，新登记注册企业365.1万户，注册资本(金)19.05万亿元，同比分别增长45.88%和99.02%。

在夏季达沃斯论坛开幕式上，李克强总理在致辞中承诺，要"打破一切体制机制的障碍"，让每个有创业愿望的人都拥有自主创业的空间，让创新创造的血液在全社会自由流动，让自主发展的精神在全体人民中蔚然成风。

他形象比喻说："借改革创新的'东风'，在960万平方公里土地上掀起一个'大众创业''草根创业'的新浪潮。"

作为"草根创业"的一员，魏啸宇觉得，总理这几句话对所有大学生创业者都是一个非常大的支持和鼓励。在李克强"明码实价"购买创业产品后，魏啸宇团队适时推出了"总理套餐"，立即引爆市场，大受欢迎。魏啸宇告诉记者，2014年，连同"总理套餐"在内的手绘地图、明信片销售额达50万元人民币左右。

更为重要的是，越来越多的企业和机构开始认可这个由大学生创办的公司。

"以前去和企业谈项目，他们都觉得大学生不靠谱，需要花大量的精力去说服他们，让他们相信我们可以做，现在可以直入主题了。"魏啸宇直言，与总理见面的照片和新闻，已经成为公司"信用"的证明，甚至还有单位主动联系他们商谈合作项目。

目前，魏啸宇的公司连他在内只有4名全职员工，另有18名在校大学生。"我们4个全职的，都住在这里。"魏啸宇指着复式楼里写满"2015工作计划"的小黑板说，"受限于人手不足，产品开发的速度跟不上接单的速度，不得不取舍一些。"

记者在小黑板上看到，"2015年工作计划"中出现了"主题邮局""实体店"的字眼。

"我们与湖南省邮政合作开设的第一家以售卖系列明信片等为内容的主题邮局，春节后就会开业。"魏啸宇颇为自豪地介绍说，"除此之外，公司今年还计划在橘子洲、天平街、湖南大学等长沙主要旅游点开设文化生活馆，对外销售手绘地图、明信片等文创产品。"

魏啸宇同时坦言，虽然总理的支持让他们的产品出现火爆的销售局面，但要让更多创业者持续发展，还是离不开国家政策鼓励支持的大环境。

创业伊始，湖南大学就免费为魏啸宇的工作室提供了场地。2014年年底，中国教育部出台了允许在校大学生休学创业的政策。对此，曾因创业被家人视为"无业游民"的魏啸宇拍掌叫好，"这对大学生的多元化发展是十分有意义的"。

"以前大学生毕业后不是读研就是找工作，大家都不敢相信能通过自己的努力直接创业获得成长。但现在有越来越多的人会去思考自己能不能创业，能不能找到自己擅长做的事，把自己最喜欢、最可能有所作为的那一面激发出来。"魏啸宇说，"在'崇尚创业'的当下，已有许多大学生计划去开设计室、画廊、花店、咖啡店，做自己喜欢做的事情，这就是意义所在。"

"现在，我和我的小伙伴们更加坚定了创业的信心。"魏啸宇说，"我们绝不会辜负总理的期待，会通过自己的努力去帮助和影响越来越多的大学生，让就业更加多元化、社会发展更加多元化。"

(资料来源：http://sd.people.com.cn/n/2015/0217/c166188-23944614.html)

问题：

1. 魏啸宇是如何发现市场商机的？他创业取得成功的主要原因都有哪些？
2. 谈谈大学生创业对社会和个人都有哪些重要意义。

四、实训题

1. 虽然没有单一方法来检验创业者的素质和能力，但人们普遍认为成为一名成功创业者需要几个关键特征。巴隆(Robert A. Baron)和谢恩(Scott Shan)提出通过回答下列问题来检验创业者的素质和能力。国内学者杨安等人根据巴隆和谢恩的设问，发展了其提问内容，并予以赋分。请根据每个问题给自己打分，然后让几个熟悉你的人也给你打分。结果或许可以让你很好地了解，你现在就能成为一名优秀的创业者，还是仍需要提高自己的素质和能力。

(1) 你掌握创业相关知识了吗？或者了解其中一项，如技术、营销、人力资源；或者参加过创业培训；或者富有学习精神，准备去掌握这些知识？(1～10分)

(2) 你对新生事物充满好奇和关注吗？你对国家大事、社会生活百态时常留心吗？你是否思考并分析过一些创业人物或企业或身边的店铺经营情况？或者你准备去关心这些事情？(1～10分)

(3) 你能应对不确定性吗？安全(如固定的薪水)对你重要吗？或者你愿意容忍不确定性(经济和其他方面的)吗？(1～10分)

(4) 你精力充沛吗？你是否有精力和健康的身体能够长时间工作？你是否已实现对你而言很重要的目标？(1～10分)

(5) 你信任自己和自己的能力吗？你是否相信，你能够达成你想达成的任何目标，并学会这个过程所需要的东西？(1～10分)

(6) 你能够很好地处理逆境和失败吗？对于不利的结果你如何反应，是灰心丧气还是重新承诺下一次会成功并从错误中学习？(1～10分)

(7) 你对你的目标或愿景充满热情吗？一旦你建立了一个目标或愿景，你是否因为对此充满热情而愿意牺牲所有其他的东西来实现它？(1～10分)

(8) 你善于同其他人相处吗？你能够说服别人像你一样看待世界吗？你能够同他们融洽相处吗？(1～10分)

(9) 你具有针对不同环境的适应性吗？你容易在中途做出改正吗？比如，你能否承认自己犯了错误并退出原来的进程以改正它？(1～10 分)

(10) 你愿意承担风险或相信没有经过证明的事情吗？一旦你树立一个目标，你是否愿意承担合理的风险来实现它？换句话说，你是否愿意尽你所能去减少风险，并且一旦做了就会坚持下去？(1～10 分)

2. 通过查阅资料、实地走访、请教专家，回答表 1-4 所示问题。

表 1-4　环境调查及自我分析表

你身边有创业的人吗？	
你觉得他们创业的主要动力是什么？	
你觉得他们创业是否属于成功的那一类？	
你是否有过创业的想法？	
是什么原因让你觉得创业不是一个好的选择？	
如果你有创业想法，你会选择哪个行业？	
为什么这个行业对你有吸引力？	
你认为这个行业中做得比较好的有哪几家？	
这些做得比较好的，他们有什么样的共同点？	
你认为你会比他们做得更好的理由是什么？	
你觉得你要是创业，你最缺什么？	
你准备如何解决你的创业短板？	

3. 去周围看看，了解一下你学校附近有哪些类型的企业(或门店)已经开办起来(见表 1-5)，初步估计一下同行业中哪个企业(或门店)生意最好？你觉得它生意比较好的主要原因有哪些？最后，分析一下自己在市场中能否找到生存空间。

表 1-5　学校附近的企业(或门店)

零售业	制造业	批发业	服务业
(　)个五金店	(　)个家具和木制品制造商	(　)个谷物玉米和绿豆批发商	(　)个固定餐馆
(　)个电器商品和配件店			(　)个自行车修理铺
(　)个农用物资店	(　)个金属加工厂	(　)个木材经销商	(　)个建筑和办公室清洁公司
(　)个农机店	(　)个裁缝店	(　)个建材经销商	
(　)个药店	(　)个坐垫和墙上挂件商	(　)个饲料和肥料农产品加工商	(　)个有两个医生的门诊部
(　)个肉摊	(　)个小型奶牛养殖场		(　)个储蓄所
(　)个饮料店	(　)个蔬菜种植户	(　)个塑料薄膜、绳子和袋子批发商	(　)个汽车摩托车修理店
(　)个路边服装摊	(　)个大米加工厂		(　)个电子产品、收音机、电视机修理店
(　)个路边水果摊	(　)个调味品制造厂		
(　)个路边小商摊	(　)个面包店		(　)个保安公司

（续表）

零售业	制造业	批发业	服务业
（　）个家具店	（　）个陈设品制造商		（　）个设备租赁店
（　）个加油站	（　）个水泥预制板制造商		（　）个幼儿园
（　）个杂货店			（　）个旅行社
（　）个水果蔬菜店	（　）个砖厂		（　）个路边餐馆
（　）个服装鞋帽店	（　）个家禽养殖场		（　）个旅馆
			（　）个建筑承包商
			（　）个律师事务所
			（　）个印刷厂
			（　）个理发店
			（　）个打印社
			（　）个修鞋修伞店

第二章

创业者与创业团队

【本章提要】

通过对本章的学习，了解创业者的含义，掌握创业者必备的素质与能力；了解创业团队的含义，懂得组建创业团队的重要性，掌握创业团队的常见类型，掌握如何组建团队、管理团队；了解大学生创业团队的内涵与特点，分析大学生创业团队建设的必要性。结合创业案例，掌握大学生创业团队组建的主要影响因素。分析大学生创业团队建设中常见的问题及原因，掌握大学生创业团队的运行机制。

【学习重点和难点】

学习重点：创业者必备的素质与能力；大学生创业团队的特点；大学生创业团队的运行机制。

学习难点：大学生创业团队组建的主要影响因素；大学生创业团队建设中常见的问题及原因。

引导案例

团队合作，也是一种生存技能！

团队合作在人类圈子异常重要，在动物界里也是可见一斑。有一则古老的寓言故事：非洲草原上无时无刻不在上演着生与死的较量。让我们把视角镜头转到非洲草原：在大片草原上，如果看到羚羊在奔跑，那一定是狮子来了；如果见到狮子在躲避，那一定是象群发怒了。这些都还不是最壮观的——如果你见到成千上万的狮子和大象在非洲草原上集体逃命、四处乱窜的壮观景象，你能猜到是什么动物来了吗？

答案是：一大群蚂蚁来了。或许，你的第一反应肯定是比狮子和大象体形更加庞大的动物，但事实上却是不起眼的、看似弱小没有反抗能力的蚂蚁。

在动物界里，非常重视团队精神的另外一种动物，不得不提到大雁。现在让我们把视角镜头再次切换到正在飞行的大雁队伍，它们正在创造鸟类飞行的奇迹。大雁的飞行，呈成群结队的架势，队形的变化从"一"到"人"字形互相切换。资料显示这最符合空气动力学。前面的大雁扇动翅膀在空气中制造出很多小旋涡，后面的大雁利用这些小旋涡获得升力从而最大程度节省体力；当群雁不停地鸣叫，这是强大的大雁在鼓励落后、老弱的成员；当体力不支、虚弱的大雁过于疲劳或者生病掉队时，雁群不会遗弃它们的队友，而是会派出一只健康的大雁陪伴它落在地上休息，一直等待它恢复后继续飞行，重回队伍。

【点评】上面两则故事中的动物行为，启发我们去思考团队文化。蚂蚁虽小，但是凝聚起来就是一股强大的力量。蚂蚁的身形，对比起狮子和大象是何等渺小，看似任何动物都可以不费吹灰之力决定其生死；但是蚂蚁的团队又是何等强大，连兽中之王都要退避三舍。这就是团队团结的重要性。在大雁南飞的过程中，领头雁为整个大雁的飞翔奠定基础，确定好团队要到达的方向，这说明团队领导者发挥巨大作用；雁群的鸣叫对团队的鼓励和支持，说明团队沟通在合作过程中必不可少。一只大雁难以长途跋涉，但是整个雁群可以翻山越岭，创造飞行奇迹。个人能力固然重要，团队合作才是取得长久成功的保障。

当一个人开始走向创业道路，要考虑的问题很多：①创业者本身是否具有创业者的基本素质？②创业者选择单打独斗还是组建队伍？③凭感觉找合作伙伴还是有目的性地寻找搭档？④当代大学生创业团队有哪些成功或者失败的案例？⑤身为大学生，在组建创业团队的时候会遇到哪些困难与诱惑？

(资料来源：https://wenku.baidu.com/view/194520b8fc0a79563c1ec5da50e2524de518d0db.html，

https://wenku.baidu.com/view/82ead159af45b307e87197fe.html，笔者整理修改)

第一节　创　业　者

李克强总理提出："大众创业，万众创新。"创新创业"既可以扩大就业、增加居民收入，又有利于促进社会纵向流动和公平正义"。马云曾说："创业的路上，今天很残酷，明天更残酷，后天会很美好，但绝大多数人死在明天晚上，看不见后天的太阳。"创业的过程不是一帆风顺的，需要创业者及其团队不断提升自身素质与能力，应对创业过程中不同阶段遇到的困难与挫折，从而获得创业成功。

一、创业者的含义

广义上，创业者是指在各种不同领域和行业内创造性地工作并取得业绩的人。因此，广义上的创业者不仅仅是企业家，也可能是工程师、医生、教师、公务员、环卫工及在非营利组织工作的人员[1]。

狭义上，创业者是组织、管理一个企业或一门生意并承担其风险的人。一是指企业家，即在企业中负责经营和决策的领导人；二是指创始人，即将要创办新企业或者是刚刚创办新企业的领导人。

创业者不是特殊人群，但具备一些独特的素质和能力有利于成功创业。创业教育可以培

---

[1]　卢福财. 创业通论[M]. 北京：高等教育出版社，2012:13.

养和提升创业素质和各种能力，从而提高创业成功率，也有助于巩固和深化创业成果。

二、创业者必备的素质

美国著名心理学家麦克利兰在 1973 年的文章 *Testing competence rather than intelligence* 中首次提出"素质模型"概念，他认为传统的性向测验和知识测验并不能预测一个人在工作中一定会取得成功，为此，他试图研究哪些因素能够预测员工素质，从而提高员工的工作绩效。成功的创业者个性特征不尽相同，创业途径各有千秋，然而他们却都具备相似的素质。

（一）理想与信念

列夫·托尔斯泰曾说："理想是指路明灯。没有理想，就没有坚定的方向；而没有方向，就没有生活。"创业者要想成功，必须首先树立远大的理想，明确人生追求的目标。创业路上会遇到许多不确定的因素，会遇到坎坷与挫折，如果没有坚定的理想信念，没有远大的理想抱负，创业只会以失败告终。

（二）勤奋与苦干

阿里巴巴集团主要创始人、阿里巴巴集团董事局主席马云曾说："生活是公平的，哪怕吃了很多苦，只要你坚持下去，一定会有收获，即使最后失败了，你也获得了别人不具备的经历。"辛勤付出，是获得创业成功的必要保障。成功的创业者一般都具备顽强的毅力、吃苦耐劳的品质、忘我的热情、甘于奉献的精神。他们面对任何工作总是全力以赴，以高标准激励自己，持之以恒地努力带领他们走向成功。

（三）忍耐与毅力

中国企业界的传奇人物史玉柱曾说："创业前，很多困难你都不会把它认为是困难，当它突然成为你的困难时，很多人会承受不了压力，就放下了，这样的人一定是不能成功。"很多创业者都是白手起家，在创业路上面临资金、人才、管理、市场等方面变幻莫测的情况，如果没有坚韧不拔的毅力和忍耐，便会在创业大军中淹没。

马云曾说："压力是躲不掉的。一个企业家要耐得住寂寞，耐得住诱惑，还要耐得住压力，耐得住冤枉，外练一层皮，内练一口气，这很重要。武林高手比的是经历了多少磨难，而不是取得过多少成功。"对于创业者而言，历经种种挫折，练就忍耐的本领，是他们获得成功的法宝。

（四）敏锐与谋略

华为技术有限公司主要创始人、总裁任正非认为："企业发展就是要发展一批狼。狼有三大特性：一是敏锐的嗅觉；二是不屈不挠、奋不顾身的进攻精神；三是群体奋斗的意识。"创业不是像无头苍蝇乱闯，创业的成功离不开创业者对市场发展敏锐的直觉，及时把握创业发展机遇，对商业机会和市场变化做出快速反应。面对产品同质化、市场有限化、竞争激烈化的情况下，成功的创业者凭借日积月累的智慧和谋略，练就敏捷的思维，采取有力措施应对。

路德维希·冯·米塞斯认为："成功的创业者与其他人相比最大的区别是，创业者不会受限于过去和现在，而是在对未来判断的基础上追求自己的事业。创业者对历史和现实的看法和其他人没有差异，但是他对未来的预测与大多数人都不同。"成功的创业者对未来的预测，对市场发展趋势的直觉，这与他们平常多阅读、广交友、勤实践密不可分。

创业案例

大学生毕业后种香菇：年产值达 1000 万元

夏至过后，柞水小岭镇金米村王家山树木葱茏，李正森占地 40 多亩的香菇生产基地就坐落在这里，蓝顶白墙的厂房，3000 多平方米的加工包装车间，150 多个玻璃丝骨架大棚，棚上覆罩着巨大的遮阴网，棚内堆放着的一垛垛菌袋，一株株乳白色、灰褐色的香菇，如同新生婴儿伸出的小手，又像一把把撑开的小伞。棚外烈日炎炎，热气逼人，棚内却只有 25℃，清凉舒爽，十多个菇农忙碌地穿梭其间。

"那个腿脚不灵便的是户下的一个叔，除了几位远房亲戚外，在这里打工的都是当地的贫困户。"李正森一一介绍着，好像介绍家庭成员一样。"上半年公司销售 20 多万元，除正出菇的菌袋外，现在着手搞的是反季节香菇，棚内的菌袋已转色，过段时间就可大量出秋菇了。去年栽培香菇、白灵菇、平菇等食用菌 200 万袋，出售鲜菇 70 多万斤，收入达 120 多万元。"说起这些不俗的业绩，李正森露出了灿烂的笑容。

一、初次创业交学费

1986 年出生的李正森从小在农村长大，心地善良、乐于助人，村里老人担水烧柴困难，他总是主动跑去帮忙。每当听到大人们谈论哪个村民无钱看病可怜时，他就幻想着自己将来当了大老板，让那些可怜的乡邻都能在自己的公司上班挣钱。

2009 年，李正森从安徽建筑工业学院毕业，在县城找到了一份建筑工作。由于所学专业对口，加之吃苦耐劳，工作有魄力，很受公司经理喜欢。一天，李正森回老家瓦房口镇看望父母，和同村一个 15 岁的少年同坐一车，这孩子的学习成绩非常优秀，可由于父亲残疾，家里贫困，考上重点高中就没有上。这再次刺激了李正森的那个童年梦想：创业办厂，带领乡亲们一起走上致富路！

2009 年秋，当地政府鼓励大学生回乡创业，村里引进了肉鸡养殖企业。在建筑公司上班仅两个月的李正森辞去工作，信心百倍地搞起了肉鸡养殖，租地、贷款、建棚，他把周边一些留守老人和残疾朋友请来打工，连自己的父母也拉进来帮助管理。令他没有想到的是，第一次购买的 4000 只鸡苗在路上就热死了一半，等到卖成品鸡时，收购经理说 2000只的养殖规模太小，相应的人工成本就会过高，赚不了钱肯定要亏本。第二次购回的 6000只鸡苗总算养大，可市场肉鸡价格大跌，当他拿到卖鸡款看着空荡荡的鸡棚时，眼泪唰唰直流，赔了 20 多万元，他三天三夜没睡着觉。第四天强撑着给村民付工资时，乡亲们都知道他赔了，让他先还银行贷款再说，但他执意先给村民付了工资。李正森回乡首次创业的一腔热情就这样被浇灭了。

二、瞅准项目种香菇

李正森引种香菇纯属偶然。2010 年夏季，李正森为了弥补养鸡的亏损，就跟着一个朋友搞起了猪苓购销。有一次，他到安康宁陕县收购猪苓，看到当地的食用菌产业很红火，就动了栽培食用菌的心思。他发现柞水以前都是用椴木栽培香菇木耳，随着人们对生态环保的重视，当地椴木食用菌产量必然会越来越少，而袋料生产香菇在柞水还很有限，这应该是一个致富商机，李正森瞅准了这一项目。宁陕的一位经理了解到他的创业经历后，被李正森憨厚耿直、富有同情的心所打动，就同意和李正森合作。

2010 年年底，在小岭镇政府的扶持下，李正森在金米村租地 40 多亩，注册资金 300 万元成立了陕西正森农业生态有限责任公司，他还注册了"正森"绿色食品商标。2012 年李正森投资建设玻璃丝骨架大棚 150 个，购买高效灭菌炉、自动装袋机、电动翻料机等食用菌生产配套设备 50 余台，同时配套建设了装袋车间、菌种室、接种室、锅炉房、仓库、冷库和加工包装车间。

金米村既是板栗大村，又是核桃改良大村，每年林木科管会产生大量的树木枝条，还有大量的植物秸秆。自从在金米村建起食用菌公司后，他就从村民手中收购这些树木枝条、废弃秸秆和玉米芯、麸皮、玉米糠等，让这些往日的废弃物变成了钱串串。李正森还在生态循环经营上多动心思，对食用菌进行专业化生产、加工、销售，将食用菌培养基使用后又作为有机肥料还田，整个产业流程确保不给环境造成损害。公司采取"公司+协会+农户"模式，充分发挥龙头企业的示范带头作用，统一培训、统一管理、统一回收、统一正森品牌销售，提高了菇农抗御市场风险的能力，带动周边农民发展优质、高效、生态、安全农业。2012 年 3 月，在陕西正森农业生态有限责任公司的带动下，金米村组建了金米食用菌产业协会，村上 33 户农民加入协会，依托正森农业生态有限公司发展食用菌，仅 2012 年村上生产食用菌 150 万袋，产鲜菇 1750 吨，年产值达 1000 万元。

三、勾画创业新蓝图

在当地，有文化、有知识的农民不多，县上就把李正森聘请为农业科技推广员。每隔一段时间，小岭镇、红岩寺镇、瓦房口镇就要邀请李正森去给农民讲解食用菌种植、科学施肥等实用知识。在他的指导下，公司周边 100 多户村民跟着一起搞起了香菇种植，家家收入可观。久而久之，大家亲切地称他为老师。为了创业和上课，李正森还得花费大量的时间自学。在他简陋的办公桌上，堆放着一摞摞书刊杂志，大部分都是食用菌栽种技术方面和农民创业的书籍，里面密密麻麻地记满了李正森的感受。

2012 年，李正森荣获柞水县"农业产业化经营明星""科普示范带头人"等多项荣誉称号。面对这些荣誉，李正森并不在意，他打算开辟更大的创业天地。中央一号文件鼓励农村土地合理流转，还鼓励农业规模化种植，这更加坚定了李正森圆梦的希望，他加大了经营规模，全力打造一个集农家采摘体验园、食用菌深加工、稀有食用菌研究室等为一体的现代化食用菌工厂。2013 年他又购进原材料 500 吨，设备 20 余台，预计产值达 1500 万元，可增加农民工资性收入 200 万元，户均收入达 2 万元左右。"我就想，利用自己在大学所学的知识，把公司建成农村留守群体、孤残老人共同致富的温馨家园，希望我的未来不是梦。"

（资料来源：http://www.iceo.com.cn/chuangye2013/2013/0724/269194.shtml，笔者整理修改）

【点评】 创业之路坎坷，一次次打击没能使李正森屈服，因为他坚信："不管致富创业的路子有多坎坷，一定要建一个让农村留守群体、孤残老人共同致富的温馨家园"。他并没有因为初次创业养鸡亏损、负债20多万而一蹶不振，而是看到随着人们对生态环保的重视，当地椴木食用菌产量减少，袋料生产香菇还很有限，并且敏锐地抓住了这一致富商机。李正森结合中央相关文件精神与地方实际情况，谋划了企业的发展之路，扩大经营规模，全力打造一个集农家采摘体验园、食用菌深加工、稀有食用菌研究室等为一体的现代化食用菌工厂。李正森的敏锐与谋略促使他创业取得成功。

（五）交际与人脉

有研究发现，创业者的社交能力，即他们与他人有效互动的能力，与他们的创业成果存在正相关关系[1]。成功的创业者善于与他人打交道，善于构建强大的人际关系网络或社会网络。家庭、亲戚、同学、朋友及创业前在就业职场上积累的人脉关系，创业者所获取的丰富资源可以帮助其抓住创业机会，对创业成功可能性做出预评估和判断，并及时调整策略和行动。

创业案例

滴滴出行CEO程维与马化腾：无兄弟不传奇

2016年8月1日，滴滴出行宣布将收购优步，收购后滴滴成了唯一一家由腾讯、阿里巴巴和百度共同投资的企业，而公司估值将达到350亿美元。滴滴出行创始人兼CEO程维将加入Uber全球董事会，成为首位在美国顶级科技公司担任董事的中国人，这在此前没有先例，这也意味着中国的80后企业家正在逐步走入一线企业家行列。年仅33岁的程维只用了四年时间就带领滴滴取得了今天的成就，在这一代年轻企业家里，程维在格局、心胸、眼光、能力等方面都是上上乘。但程维有今天的成就，有一项能力一直被大家忽略，这就是他的情商超高，具有像三国刘备那样招贤纳士的能力，善于交际，建立了强大的人脉关系。程维能迅速取得今天的成就，离不开马化腾的鼎力相助。

2012年，滴滴成立后不到半年，腾讯就向其抛出了橄榄枝，但是，这个时候程维非常犹豫。程维曾经是阿里巴巴的员工，拿腾讯的投资肯定会有心理障碍。而且，一旦拿到这笔战略投资就意味着过早站队，也就是要与阿里系为敌，因为那个时候，阿里已经投资了快的。但是，腾讯似乎是势在必得，2013年春天，腾讯投资部总经理彭志坚首先请程维吃饭进行说服。后来，一件更令程维想不到的事情发生了，腾讯董事局主席马化腾在北京参加两会期间专程请程维吃饭。

[1] 蔡升桂，创业者实践智力构成要素探析——基于Sternberg的成功智力理论[J]. 江西社会科学，2011(6):190.

要知道马化腾对于年轻创业者来说是神一样的人物，这样的一个人要请程维吃饭，不可想象。更重要的是，当时的滴滴在打车市场上太小了，一天才一两千单。我们在这里不得不佩服马化腾的格局、眼光及能力。这顿饭之后，2013 年 4 月，滴滴获得了腾讯集团 1500 万美金投资，程维多了一位大哥马化腾。

程维这位大哥绝对没有白认，2014 年 1 月，马化腾促使微信与滴滴达成战略合作，开启微信支付打车费"补贴"营销活动，在微信巨大流量入口的带动下，滴滴打车的用户到当年 3 月超过 1 亿，日均单达到 521.83 万单。500 多万和腾讯投资前的每天才一两千单相比，此时的滴滴和之前简直是天壤之别，滴滴成为移动互联网最大日均订单交易平台。

随后，在马化腾的主导下，滴滴在 2014 年完成 C 轮 1 亿美金融资，2015 年 7 月，滴滴出行完成了 30 亿美元融资。

但是，如果你觉得马化腾只是在钱上帮助程维这个小兄弟，你就太低估二人的兄弟之情了。我们总觉得为兄弟两肋插刀这样的事情，只会出现在江湖中的哥们弟兄之间，但在马化腾和程维之间也真的就发生了。

2015 年和 2016 年 7 月之前，滴滴出行面临最大的困境是网约车的合法性问题，经常会出现有地方政府查处滴滴车司机扣车的事情。甚至在 2015 年 5 月，还出现了专车和出租车司机对峙街头、公安成立专项活动查处专车，等等。

此时的滴滴出行的处境的确是非常危险，如果政府对私家车参与滴滴出行不合法的靴子最终落地，那么滴滴出行就基本上宣布灭亡。另外，滴滴出行的竞争格局也是非常复杂，国内有易道、神州专车，国外有 Uber，真是内忧外患。

此时的马化腾意识到，必须从更大的格局上来帮助滴滴出行和程维，这才是兄弟情深。

2016 年 5 月，马化腾出手了，在出席贵阳的大数据论坛的时候，马化腾有机会向李克强总理汇报。当时的汇报时间非常有限，但是马化腾提及最多的正是滴滴出行合法性的问题。面对如此重要的场合，马化腾为了兄弟程维也是很"拼命"，"在'互联网+'产业过程最后一公里，还有一个监管的问题，也就是这种业态的变化实际上对传统的业态有很大的冲击，最简单的像私家车能不能进入运营，每个人有闲散资源，有车，有开车的时间和能力能不能成为生产力，这是个问题。现在的政策还没有完全匹配，还需要更多的适配调整，这也是一个蛮大的问题。"马化腾如此解释他为程维、为滴滴、为出行产业向总理进言的原因。

(资料来源：http://www.sohu.com/a/114534118_463912，笔者整理修改)

【点评】滴滴出行发展迅猛，程维如此年轻就获得这样的成就，与他善交际、积累广阔的人脉息息相关。高智慧、高情商的程维被马化腾深深吸引了，两人在合作中结下深厚的友谊。当程维的企业面临危机时，兄弟马化腾义不容辞携手相助。也许不知道结果会如何，但至少尽力帮助就无憾了。幸好马化腾的鼎力相助，滴滴出行才化解了危机，程维非常感激马化腾这位贵人。

(六) 正直与诚信

滴滴出行创始人兼 CEO 程维说："柳传志给我的建议是正直。要想赢，靠聪明，靠能力；要想赢三十年，靠正直。"孔子曰："人而无信，不知其可也。"品德公正刚直，做事坚持公平正义,言而有信,这些宝贵的特质会让员工心甘情愿追随创业者,为企业贡献最大的力量。创业者正直诚信的特质会为企业赢得良好的口碑,赢得更多的客户,真正获得客户的信任。正直诚信的特质还有利于吸引投资商、合伙人、供应商等进行合作,助力企业发展壮大。

三、创业者必备的能力

(一)领导能力

创业者要想获得成功,必须具备一定的领导能力,具备把握企业的使命及动员创业团队成员围绕这个使命努力奋斗的能力。特别是创业团队里的核心人物,能够根据市场需求制定企业短期、中期、长期发展目标;有较强的人格魅力,既能够很好地协调企业内部员工们的利益,又能妥善处理与合伙人、客户、供应商等多方的关系。创业者领导能力强,有利于团队团结一致趋向稳定,决策程序相对简单,组织效率较高。

(二)创新能力

Funley's Delicious 健康食品公司创始人肖恩·孟德尔鼓励将脑子里的"伟大的想法"改变和革新,他曾说:"你的想法很好,但你要明白,在实现的过程中它可能会变得很不一样。它既不会和你的初始想法一样,也不会和第二个版本相像,可能会是无数次听取意见和学习之后的第三个想法。这才是成功可能来临的地方。"创新精神对于创业者创业成功是至关重要的。在初创阶段,市场发展迅速,如何让创业者的想法、产品在激烈的竞争中脱颖而出?创新是关键。新创企业通常会比较混乱,各种各样的问题随时可能发生,这就需要创业者创造性地去解决问题。在企业成长阶段,要想使企业蓬勃发展,同样需要创新,敢于从常规做法、经验中进行变革,充分发挥潜能,开创新的局面。

(三)管理能力

创业者的经营管理能力是创业成功与否的关键因素。经营管理能力包括对人员、资金的管理能力,其中涉及人员的聘用、组合及优化,也涉及资金聚集、分配、使用、流动等。要善于发挥创业团队各成员的特点与优势,形成优劣互补,最大限度调动人员的主观能动性。要善于为创业项目寻找资金,并有效利用资金,从而为创业成功提供强有力的保障。

创业者的资源整合能力是创业成功与否的关键因素。创业者能否成功地抓住发展机会,关键在于他们掌握和能整合到的资源,以及对资源的利用能力。特别是创造性地整合和运用资源,尤其是那种能够创造竞争优势,并带来持续竞争优势的战略资源。整合企业内外资源、个体资源与组织资源、横向资源与纵向资源等,充分发挥这些资源的效能,从而提升企业的竞争力。

创业者的危机管理能力是创业成功与否的关键因素。马云指出:"对所有创业者来说,永远告诉自己一句话:从创业的第一天起,你每天要面对的是困难和失败,而不是成功。我最困难的时候还没有到,但有一天一定会到。"创业之路,布满荆棘,创业者对突发事件、危机事件的管理关乎企业存亡。当突发事件、危机事件发生时，如果创业者能及时应对与处理，使损害降到最低点，企业便可绝处逢生，甚至可以转危为机，化危机为商机。特别在"互联网+"时代，消息传播迅速，创业者在企业面临危机时采取的态度和方法，将会直接影响企业的形象。

（四）自省能力

自省能力包括自我评价、自我反省、自我批评、自我调控、自我教育等。创业的成功不是一蹴而就的，创业者在创业过程中不断探索，难免会犯错和遇到挫折。关键在于及时并且不断地反思创业活动，总结失败的教训和成功的经验，从而果断调整战略和行动。取得成绩不骄不躁，面对挫折冷静面对，才能让创业者在艰辛的创业路上最终获得成功。

（五）学习能力

当代著名管理大师彼得·圣吉认为："未来竞争唯一的优势来自于比竞争对手学习得更快的能力。"创业面对的是多变的市场和激烈的竞争，创业涉及管理、技术、营销、财务、人际交往、资源整合、法律等方方面面，这就要求创业者通过不断学习来解决创业过程中遇到的各种问题。创业者及其团队要懂得"在干中学""在学中干"，既要学习创业相关的理论知识，运用到创业实践中，也要在实践中不断完善知识体系。要有终身学习的意识，只有具备较强的学习能力，才能通过不断学习来修炼和提升自身综合素质。

（六）心理适应与平衡能力

选择创业之路，创业者可能会面临资金缺乏、团队不完善、家人不支持等一些困扰因素，市场竞争激烈，存在很多未知和不确定因素，这些会让创业者产生低落、彷徨、焦虑、无助、患得患失等不良情绪。尤其是在企业面临危机时，创业者更容易出现消极的心理阻碍。因此，创业者必须具备较强的心理适应与平衡能力，培养乐观的心态，掌握心理调适的技巧，当面对困难、挫折时，能通过自身及时调整情绪和状态，积极思考，做出理智的判断，并采取措施解决问题。

创业贴士

创业者纲领

许多企业家认为创业思想在很大程度上对成功大有帮助。我们问一些企业家一个开放式问题：他们认为目前及今后5年经营企业最关键的概念、技能及诀窍是什么？他们的回答很有启发性，多数人提到了思考和行动中的创业思维，而非特殊的技巧或组织概念。我们把这些回答集中在一起，称之为创业者纲领。

1. 做正能量的事情——给自己带来乐趣。
2. 找出正确行事的方法，并加以实施。
3. 说"行"，而不是"不行"或"可能行"。

4. 不墨守成规——韧性和创造力是获胜根基。

5. 如果你相信你能行，任何事都是可能做成的。

6. 如果你不知道这件事不能做，那么你就要继续做下去。

7. 杯子是"半满的"转变为"半空的"，其中孕育着重大的创新机遇。

8. 不满意事情的现状——寻找改进的方法。

9. 以不同方式做事。

10. 不要冒不必要的险——但如果有合适你的机会，要有计划地冒险。

11. 企业失败是成功企业家学习的过程——但要把学费压低。

12. 乞求谅解比开始就要求批准更简单。

13. 执着于商机和结果——而不是金钱。

14. 金钱是在合适的时间、合适商机下，向合适的人提供的工具和计分卡。

15. 赚钱比花钱更有趣。

16. 在他人中塑造英雄——团队可以建立企业，个人只能挣钱度日。

17. 为你的成就感到自豪——自豪感是会传染的。

18. 努力把握对成功起关键作用的细节——细节决定成败。

19. 正直和诚信等同于可长期使用的燃料和黏合剂。

20. 把蛋糕做大——不要把时间浪费在试图分割小块蛋糕上。

21. 为长远目标竞争——快速致富的可能性很小。

22. 别付费太多——但别失去它！

23. 只有登得最高才会看清局面的变化。

24. 成功就是得到你想要的东西；快乐就是想要你得到的东西。

25. 回报所有利益相关者——股东、企业员工、债权人、供应商、零售商、消费者、竞争者、国家、地方政府、社会活动团体、媒体等。

(资料来源：[美]杰弗里·蒂蒙斯，小斯蒂芬·斯皮内利. 创业学(第六版)[M].

北京：人民邮电出版社，2015:161-170)

第二节　创 业 团 队

非洲有一句谚语："一个人可以走得很快，但不能走得很远，只有一群人才能走得更远。"创业需要创业者本身具备多种能力，包括创业者的领导能力、管理能力、学习能力等自身素养的不断增强与提高，创业同样也需要搭建一支持续战斗力强、相对稳定性高、管理机制不断完善的团队。创业团队的形成基于团队成员相同的奋斗目标和共同的未来愿景，正如阿里巴巴的创始人马云曾说："创业要找最合适的人，不一定要找最成功的人。"可见，创业团队的类型与组建也是考验创业者智慧与眼光的一个历练。在创业团队组建的过程中，不会一帆风顺，会经历各个阶段不同的现实冲击，在真正的实践中创业团队也在进行着各种调整与完善。

一、创业团队的含义

创业团队是指两个或者两个以上具有一定利益关系的，彼此间通过分享认知和合作行动以共同承担创建新企业责任的，共同组建形成的有效工作群体[1]。针对创业现实情况，也有学者对创业团队定义为：参与公司创建和发展战略制定及企业管理的两个或以上成员组成的团体，他们一般占有公司股份或享有某种程度的企业所有权[2]。

创业者在创业之初，需要一支具有高度凝聚力、有工作效率的团队来为企业服务。清华大学出版社出版的李家华学者所主编的《创业基础》一书中提过：根据一项关于"128号公路100强"的调查，这些企业中70%有多名创始人。在进一步资料调查中，发现：17%的企业创始人在4位以上，9%的在5位以上，还有一家公司是由8人团队组建。其中，利润较高、盈利明显的创业公司往往是依靠团队，而并非个人。这说明，在创业的过程中，团队创业的成功率会更高一些。

美国著名的管理学教授斯蒂芬·P.罗宾斯(Stephen P. Robbins)深度概括团队概念，认为团队是为实现某一共同目标或者高品质的结果而相互协作的个体组成的正式群体，并在《组织行为学》一书中对团队进行了定义："团队就是由两个或者两个以上的，相互作用、相互依赖的个体，为了特定目标而按照一定规则结合在一起的组织。"[3]

二、创业团队的重要性

创业团队的重要性在于创业者不用孤军奋战，可以集众人所长，避己之短，形成优势互补，强强结合。在当今网络时代，信息爆炸，瞬间万变。创业者面对的是一个环境迅速变化的市场，仅靠一人难以同时做到更新技术、分析同行竞争，也没有足够的时间做到调整学习。创业团队能够在有限的时间里面发挥各类人才的专才和凝聚多人的智慧，提升创业成功率，降低风险，获得更广阔的市场空间。

"草船借箭"的故事众所周知。在这段历史故事中，诞生了"三个臭皮匠，顶个诸葛亮"的名言。当年周瑜约谈诸葛亮，故意刁难诸葛亮，问道："水路交兵以什么兵器为先？"诸葛亮答曰："江上作战以弓箭最为重要。"话毕，周瑜便以军中紧缺弓箭为由，命令诸葛亮在三天之内监造十万支箭。三天造出十万支箭，周瑜明知不可能却让诸葛亮为之，实则为嫉妒诸葛亮的才华，想让诸葛亮难堪，以便借此处置诸葛亮。谁知诸葛亮早已洞悉一切，料想到三天之后必起大雾，想到了用草船向曹军借箭的好方法。当天，诸葛亮便叫三个随从准备二十艘小船，船的两边插上草靶子，用布幔掩盖。三个随从完成任务后，向诸葛亮提出想法："军事神机妙算，不过目前的摆设容易被看出破绽，恐怕曹军不会轻易上当！"诸葛亮一听觉得很有道理，想听具体的建议，可三个随从卖关子，等到第二天晚上才让诸

---

[1] 资料来源：https://zhidao.baidu.com/question/1512637021012122020.html。

[2] 马红民，李非. 创业团队胜任力与创业绩效关系探讨[J]. 现代管理科学，2008(12):45.

[3] 李家华，张玉利，雷家骕. 创业基础[M]. 2版. 北京：清华大学出版社，2015:50.

葛亮看他们的"杰作"——原来三个随从在每艘小船的船头都立着两三个稻草人，套上皮衣皮帽，看起来和真人一模一样。诸葛亮心里想着："真是智者千虑，必有一失，一人难敌三人之智！"最终，曹军在大雾之中慌乱发箭，诸葛亮轻轻松松借到十万多支箭。由于那三个随从是皮匠出身，也就有了"三个臭皮匠，顶个诸葛亮"这句流传至今的名言。

论谋划，三个臭皮匠肯定没有一个诸葛亮聪明。但是须完成一个巨大任务的时候，诸葛亮也难以做到面面俱到，正所谓"智者千虑，必有一失"。有了三个随从的周全想法和皮匠经历，才使"草船借箭"能够万无一失。在创业过程中也是一样的，领导者再能干，也有分身乏术的时候，团队合作能够起到协调合作、优势互补的作用。当今时代，每个人都可以成为一个自媒体。在创业路上，看似可以一人完成，但是从后期运营、平台推广来说，如果只是简单做一个公众号，创业者的确可以仅依靠自身；但是如果想要做成一个"大咖"或者"大 V"，没有一个强大的团队是难以成功的。

（资料来源：https://wenku.baidu.com/view/b7bfd88610a6f524ccbf85f1.html，笔者整理修改）

创业贴士

大学生创业，团队合作究竟有什么作用？

大学生创业是个经久不衰的话题。在人们的传统观念中，几十年寒窗苦读后参加的工作应该与自己的专业相关，至少也应该与自己的专业沾边。实际上，据不完全统计，不到30%的大学毕业生在高校毕业后从事的是与自己专业相关的工作。在目前创业大潮下，很多大学生纷纷投入到创业行列中。大学生运用自己多方面的技能、社交、管理等能力，组建创业团队，在大学校园里俨然已经成为一道美丽的风景线。那么，大学生创业团队究竟有什么作用？

一、利于解决就业难的问题

近几年每到毕业季，新闻媒体上就会出现"史上最难就业年"等字样，这不是危言耸听。随着大学扩招政策实施以来，高校毕业生招生规模扩大，毕业生数量剧增，在市场上形成"供大于求"的局面，如今大学生再也不是传统意义上的天之骄子，大学生面临着更大的就业竞争环境和压力。通过指导大学生创业，组建创业团队，有助于大学生在校期间初步认清社会现实，重新审视自己的能力和社会需求的匹配程度，通过高校的创业基地等帮扶大学生解决创业过程中出现的问题，实现创业带动就业。

二、利于学生综合素质的培养

在创业团队的组建、合作过程中，有利于大学生融合各类专业的人才，实现资源共享。通过专业、实践经验、资金、人脉等多方的资源整合，最大限度地实现大学生创业团队里面各方的资源最优化。同时，随着我国高校扩招以来，学生们经过"黑色高考"，专注于读书考试，大学生创业团队对于学生在学好专业基础上进行认识自身、认识他人、寻找资源、实地实践等能力有显著作用，同时也在潜移默化中指导学生要树立团队合作意识，创业团队比创业者个人有更大的可能性获得创业成功。

三、利于学生自我价值的实现

大学生创业团队的源动力在于学生对自我价值的探索和自我价值的实现追求。通过组建团队自主创业，大学生可以把自己的兴趣爱好与职业紧密结合，真正做到自己感兴趣、擅长但可能与专业不相关的行业，对未来就业渠道多了一份探索与自主权。在解决就业压力的同时，联合高校里面志同道合、有共同理想目标的同学努力实现自我价值。

(资料来源：作者收集整理)

创业案例

北大 90 后 ofo 炼成记

戴威　　　　　　　　　左起：张巳丁　杨品杰　于信　薛鼎　戴威

2017 年，笔者所在的城市几乎每个地铁口都会有 ofo 小黄车。似乎一夜之间，城市就被小黄车给"包围"了。高档商业街、大学校园里、街市菜市场、健身骑行赛道上等有人出现有路可骑的地方，似乎都可以发现小黄车的身影。这个大学生创业团队，以破竹之势看起来顺风顺水，其实历经几年的磨砺才有今天的风采。

ofo 小黄车简介：ofo 小黄车是一个无桩共享单车出行平台，缔造了"无桩单车共享"模式，致力于解决城市出行问题。用户只需在微信服务号或 APP 输入车牌号，即可获得密码解锁用车，随取随用，随时随地，也可以共享自己的单车到 ofo 共享平台，获得所有 ofo 小黄车的终身免费使用权，以一换多。

ofo 灵感来源：2013 年戴威本科毕业后，利用距离研究生入学一年的时间，在公益心的催使下他选择到青海省大通县东峡镇支教，由于支教的地方比较偏远，往返小镇与县城的山路崎岖，一辆山地车成为他的代步工具，陪伴他看遍青海的壮丽风景。支教结束后，他回到北大攻读经济学硕士，并与朋友开始酝酿 ofo 骑游，深度定制化骑行旅游。

ofo 创业团队介绍：光华管理学院 2014 级硕士研究生戴威、马克思主义学院 2015 级硕士研究生薛鼎，以及毕业还不满一年的考古文博学院 2015 届硕士张巳丁、教育学院 2015 届硕士于信。创始团队荣获 "北京大学 2015 网络新青年" 称号。联合创始人为杨品杰，ofo 公司党委副书记。

ofo 创业故事：小黄车起源于北大，五个创始人都是北大的学生。根据北大科技园的官方报道，这五位创始人在开始创业的时候还是在校大学生。当时五人相识于北大骑行社，第一个创业想法是通过出租自行车开展旅游，结果首轮投资 100 万最终剩下 400 元，第一次创业失败。后来，主要创始人戴威萌发了共享单车的想法，把"骑行+共享单车+电子锁"融合在一起，形成现在的小黄车。在创业初期艰苦时候，戴威、张巳丁、薛鼎常常在五道口的办公室冥思苦想，琢磨如何融资。

ofo 城市共享计划大事记：2014 年创立；2015 年 6 月，ofo 共享计划推出，在北大成功获得 2000 辆共享单车；2016 年 1 月完成 A 轮融资；2017 年 1 月 11 日，ofo 宣布覆盖到全国 33 个城市；2017 年 5 月 17 日，ofo 小黄车在北京举行主题为"The one"的 517 品牌日活动，在活动现场，联合国开发计划署与 ofo 小黄车正式宣布在全球范围内启动"一公里计划"。

(资料来源：https://baike.baidu.com/item/ofo 小黄车/20808277；
https://wenku.baidu.com/view/54ac1f2b86c24028915f804d2b160b4e767f816a.html，笔者整理修改)

【点评】ofo 小黄车告诉我们一个道理：创立事业的开始需要能力很强的创始人，但是创业的成功往往依赖一个坚实可靠、强而有力的创业团队。只有一个创始人的不叫团队，团队需要两人或者两人以上。成功的团队必须有一个主导者，成员的职责明确。ofo 创业团队通过一定的利益关系联结起来，五位团队成员之间通过分享彼此的认知和合作行动，共同承担相对应的责任，组成有效的工作群体。寻找合伙人并非是要宣召"最牛"的人，而是在创业阶段找到合适企业的人。优先考虑的是能够把"事情搞定"的有经验的人，从而把沟通和办事成本降低。同时，一个人成了创业者之后，也必须在管理、沟通等方面快速成长，否则个人能力无法匹配快速发展的企业和社会，则无法很好地支持创业团队的成长和运营，创业事业也难以继续。

三、团队的常见类型

从不同的角度、层次和结构上，创业团队的组建没有固定的模式。依据创业团队的组成者来分类，基本上可以分为以下三种不同类型的组建模型：向心型创业团队、网状型创业团队和向心网状型创业团队。

(1) 向心型创业团队。先有一个发起者，该发起者在创业团队中充当核心人物，即领头羊的角色。根据设想建设创业团队，把握创业行为的重大决定和前进方向，核心人物在组织中的行为对其他个体影响巨大，团队里面的其他成员为核心人物提供支持并执行相关的具体任务。该团队具有以下特点：决策效率高，为团队设定目标和要求的过程中决策程序相对简单；容易形成权力专制行为，过分集中的决定权可能导致决策失误的风险增大。当团队出现矛盾冲突时，因为核心人物的特殊权威占主动优势，会导致其他成员没有主人翁意识。在冲突严重时，会导致团队成员流动性大，影响创业团队的稳定性。

(2) 网状型创业团队。此类型的创业团队，在创业初期没有明确的核心人物，团队成员根据自己的特点进行自发的组织角色定位，倾向于协作者或者伙伴的角色。因此，网状型的团队组建往往是由几个关系比较密切的同学、朋友等就某一个创业想法达成共识后开始创业，团队中没有绝对的领导者，成员根据自己的性格能力进行定位和分工。在这种团队中，各成员的地位关系平等，有利于创新、民主及充分发挥每个成员的能力，但团队结构松散，缺乏核心，决策效率低，成员间容易冲突。大部分大学生创业团队往往属于这种类型[1]。

(3) 向心网状型创业团队。基本上融合了向心型和网状型创业团队的特色，是这两种类型的整合。在此类团队中有一个核心的领导能力，与单纯的向心型团队类型不同的是：该领导核心的地位由其他团队成员协商确定，并且具有一定的威信力，同时又可以听取不同团队成员的意见。因此，该类型的决策避免了向心型团队的专制和网状型团队的松散，能够形成一种民主集中制，高效而有凝聚力地完成团队项目。

四、团队的组建

成功的创业团队有共同的特点，但是这并不意味着创业团队可以直接复制成功。实际上，有多少支创业团队就会有多少种团队建立方式，就像"一千个人眼里就有一千个哈姆雷特"。马云曾说："创业要找最合适的人，不一定要找最成功的人。"优秀创业团队的组建，是人与人的交际机缘及团队组建智慧的统一体。

对于创业者来说，万事开头难。大学生创业相比于大型企业在资金、人脉上的优势不足，自身的竞争实力难以与成功的大企业相提并论，并存在初期的资金匮乏、人才招揽不足等问题。但大学生的创业团队也有其独特优势，包括国家鼓励大学生创业的相关政策、大学生创业者的个人魅力、理想信念、公司文化等更加吸引新一代的年轻人，在组建团队的过程中迸发出前所未有的活力与热情。

团队组建有以下三个阶段：创业前期、创业中期与创业后期。

(一) 创业前期

在创业前期，团队组建一般会经历形成阶段和动荡阶段。在创业团队组建的形成阶段，大学生创业团队面临着来自社会、学校、家庭和自身等多重因素的考验。社会因素主要来源于创业项目设立是否得到国家政策的支持、创业形式的好与坏；学校因素主要体现在该高校是否重视大学生创新创业教育，在人才培养计划里面是否考虑到创新创业教育及其学分，学校的就业创业指导中心是否设立"创客"等创业孵化基地，学校是否具备专职的创业课教师及其相关培训课程，学校开设的课程是否能够为大学生创业团队提供针对性的指导与培育；家庭环境主要体现在大学生创业团队成员的家长是否支持学生创业，是否能够给予物质与精神上的鼓励与支持；创业团队的自身因素侧重于创业者的创业决心、动力与各方资源等。

在大学生创业团队组建的前期，团队的成员建设和制度建设也是此阶段的重中之重。团队成员的组建包括团队的核心领导人物，也就是团队的主要发起人，前提条件必须是团队中有威望、有凝聚力和能力的人；其他成员的组建应该考虑优势互补、性格互补等因素，挑选出志同道合、可以齐心协力的队伍。在成员组建的前期，同时建立好团队运营的规章制度，应为创业的企业确定企业名称、团队目标、团队职责、团队基本分工及健全相应的内部制度等。

由于大学生的创业团队自由性和自主性较强，对比于社会企业的劳动合同、就业协议等欠缺合约性，因此创业团队在前期往往同时也是其动荡期。

创业前期出现动荡期主要原因有以下几点。

(1) 心理不成熟。90 后大学生创业团队成员自我独立意识较强，个人色彩比较浓烈，在创业团队搭建的过程中往往出现个人傲慢、不甘臣服于同龄人的特点，团队管理者应注意尊重各个成员的意见，切记出现专制管理。

(2) 决心不坚定。由于大学生在创业过程中，主业仍是高校的学习任务，部分创业大学生在学习和工作上无法平衡，出现学业倒退等现象而影响大学生创业的决心。

(3) 目标不明确。部分大学生创业目标不明确，新旧观念的思想碰撞也会导致大学生在创业初期因为外界因素的影响而引起团队成员的思想斗争。

在这一阶段，团队工作应注意稳住军心，及时寻找创业指导教师及高校创业基地指导帮助，坚定创业队伍成员的创业决心和动力，积极采取措施防止团队人才流失，建立创业团队的向心力和凝聚力，培养团队成员之间的归属感和信任感。

(二) 创业中期

经过初期阶段的形成期和动荡期，创业团队逐渐走向稳定规范。在这个阶段中，团队成员内部形成亲密关系、互相依赖与配合，往往会出现强烈的团队身份认同感和归属感。在这个阶段，需要不断完善团队的创业技能培训、组织架构和团队文化。

(1) 加强创业技能培训。在创业中期，逐渐进入平稳阶段，大学生创业团队创业技能影响创业是否可能取得成功。因此，创业团队在这个阶段，应该从成员建设逐步转向创业团队的技能培训，包括自我学习能力、数据与信息处理能力、团队建设与管理能力、团队协作能力等方面[1]。在大学生创业团队的稳定规范中，特别要注意对企业内部成员业务能力的提升。

(2) 完善组织架构。在创业中期，大学生创业团队要注意进一步完善组织架构。前期的组织架构已经形成，但是大学生创业团队必须根据大学生自身的心理和行为特点，探索出一条具有自己特色、属于大学生创业团队的组织架构，包括对项目的决策、分权及职能等，需要进一步细化各部分的组织架构。

(3) 营造团队文化。先进、积极的团队文化对于创业团队的稳定规范具有举足轻重的作用。进入稳定期，大部分的团队成员基本稳定，人员流动不大，团队内部需要加快形成团队核心文化，让创业团队成员有企业文化的归属感和认同感。

(三) 创业后期

在这一阶段，创业团队迎来创业过程的执行期和休整期。在执行阶段，团队开始发挥整体作用，按照前期和中期既定的目标探索前进。整个团队从开始试图了解其他成员进阶

---

[1] 朱坤龙，薛月娥，张婷文，等. 论大学生如何打造优秀创业团队[J]. 创新论坛，2012(7):6-7.

到互相理解，并各自完成手头上的任务。同时，学会如何在互相尊重的基础上，掌握处理内部冲突的方法技巧。在执行任务的过程中，增进友谊、增强信任。

在后期调整的过程中，大学生的创业团队可能会遇到不同的情形。一种是创业团队经受住前面几个阶段的考验，成为一支业务精、人员齐、战斗力强的创业团队；一种是创业团队由于欠缺成熟的创业项目或者创业时机不佳等因素导致团队成员的流失，需要进行团队的重塑，互相进行配合。

在经历了重重考验之后，创业团队具有一定的抗压能力，也逐步形成自己的团队组织模式，需要进一步地投入创业实践中，在实践过程不断地改善与发展。

五、团队的管理

团队管理来自管理学术语，指在一个组织中，依据成员的工作性质、能力组成各种小组，参与组织各项决定和解决问题等事务，以提高组织生产力和达成组织目标[1]。

新创企业的管理往往会侧重于市场开发、生产管理，而忽视对企业内部的团队管理。其实，团队管理是一个企业的大后方，后院起火的企业怎可安心在商场如战场的前线拼杀？那么，如何管理创业团队呢？

(1) 设立明确目标。创业团队在团队组建初期应根据团队自身情况，通过决策者设立目标或者团队成员共同商讨之后设定明确的创业目标。明确的创业目标能够让团队成员了解自己的团队目标，有终极的成果追求。

(2) 发挥决策作用。决策者就如同大雁南飞的领头雁，对整个创业团队的指引奠定基础。在企业中，决策者往往是由企业的拥有者或者占股最大的股东担任，他们不仅对问题进行决策，也承担相应的决策后果。在决策的过程中需要听取团队成员的意见，对意见相悖的决策方案进行重新审视和适当调整，从而设定好企业发展的长期目标和重要决定。

(3) 责任落实到人。团队成员对于自身的工作职责必须非常明确，才能够做到责任落实到人，这对于创业团队来说非常重要。执行者需要根据公司制定的业务计划和目标，从职能范围进一步细化自己的工作内容，精准到位，从而落实好企业的各项执行任务。

(4) 注重团队合作。决策者的个人能力决定创业项目能否开展，创业团队的合作能力决定创业项目能否取得成功。在创业项目中，每个团队成员都是独当一面的个体，但是创业团队的合作能力能够促使企业成员互相配合，优势结合，强强联合，将团队的成功最大化。

(5) 培养沟通技巧。在创业团队的建设中，培养团队内部成员之间的沟通技巧。在创业团队的梯队里，要培养团队成员之间敢于公开并且诚实地表达自己的想法，互相主动沟通，并且尽量了解和接受别人的意见。

(6) 重视成果分享。在新创企业中，成果分享既包括将公司的股份预留 10%～20% 作为吸引新成员的股份，也包括团队建设中鼓励成员共享工作经验、各类资源，在团队成员因故无法完成预期工作任务时，团队成员愿意共享团队的工作责任。

---

[1] MBA 智库百科. 团队管理[EB/OL]. http://wiki.mbalib.com/wiki/团队管理.

创业实例

中国合伙人

《中国合伙人》的故事原型来源于现实生活中新东方教育科技集团的俞敏洪、王强、徐小平三兄弟的创业故事。该片于 2013 年上映，是一部经典的创业题材电影，由陈可辛执导，黄晓明、邓超、佟大为主演，讲述了"土鳖"黄晓明、"海龟"邓超和"愤青"佟大为在 20 世纪 80 年代到 21 世纪的背景下，创办英语培训学校，借助创业改变自身命运，成为中国培训机构翘楚的励志故事。

1. 团队思考题

小组讨论：俞敏洪是怎样找到他的创业伙伴的？是一开始就寻找到的吗？在组建创业团队的时候，俞敏洪前期、中期和后期分别遇到了什么困难？如果没有合伙人加入创业团队，他能够像现在一样取得成功吗？

2. 团队实践题

要求学生进行分组，成立创业团队，并讨论确定一个创业意向，大体进行创业团队分工，并说明分工的依据。

3. 课后练习题

以小组为单位，上网搜索近五年来大学生创业成功和失败的案例，并从创业团队的视角进行分析。

【方法策略】

团队思考题主要出发点是寻找合伙人，建议从创业者与创业团队的优势进行分析，并从创业团队组建的三个不同阶段进行分析点评。创业团队的合作人应该从优势互补、资源共享、志同道合等角度进行分析。

团队实践题，主要是让学生通过把课堂的理论知识运用到实践，成立创业团队，并根据自身爱好和接触的项目，确定创业意向，在实践操作的过程中体验创业团队搭建的整个过程。

课后练习题目的在于让学生积累大学生创业的案例，分析身边大学生创业典型，通过讨论和调研成功案例和失败案例，从创业团队的视角进行案例分析。

(资料来源：张志，乔辉. 大学生创新创业入门教程[M]. 北京：人民邮电出版社，2016:53)

第三节　大学生创业团队

当代大学生思维活跃，容易接受新事物，勇于尝试，但存在社会经验不足、人脉资源缺乏、财富积累少等问题，因此，大学生以团队合作的方式创业，其成功率更高。大学生创业团队不同于社会创业团队，有其优势与劣势。影响大学生创业团队组建的因素是多方面的，我们要充分认识团队建设中常见的问题，剖析其原因，探索出大学生创业团队的有效运行机制。

一、大学生创业团队的内涵与特点

国外学者研究认为："从创业绩效看，无论是成功率还是新创企业的绩效表现，团队创业都要比个人创业好得多。"[1]新东方教育集团执行总裁陈向东认为："成功来自团队，没有完美的个人，但有完美的团队。"大学生创业团队是指两个或两个以上的大学生为了共同的创业目标开展创业活动而形成的群体。大学生在校园内进行各种创业训练，培养创业能力，毕业后进行创业活动。但是，由于创业涉及技术、经营管理、财务、法律、营销等多方面，大学生社会资源、经验不足，专业技能有限等，很难仅靠自己独自创业成功。所以，组成团队共同创业是大学生创业的主要方式。

我们可以从大学生创业团队的优势与劣势两方面分析大学生创业团队的特点。

优势方面：第一，大学生创业团队成员思维活跃，容易接受新事物，具有较强的创新思维，年轻、有创业冲劲；第二，大学生创业团队成员有一定的专业知识和技能，学习能力较强；第三，国家、省、市对大学生创业政策上支持较大，创业氛围良好。

劣势方面：第一，社会经验不足，对市场的把握不够准确，人脉资源不够丰富；第二，团队稳定性较差，成员实践能力、情商不够强，缺乏核心的专业技术；第三，资金不足，经营管理能力不够强。

创业贴士

优秀创业者团队的七个特征

"幸福的家庭都一样。"研究表明，优秀创业者团队有七个共同特征，可以将其简称为PERFORM。

1. 明确的目标(purpose)

优秀团队所需要的目标必须满足下述要求：团队成员理解和认同共同的目标愿景，并为目标的达成付出努力；目标十分明确并具有一定的挑战性；达到目标的策略是清晰的；团队成员拥有明确的角色分工或者团队的目标已经分解到个人。作为使命，达成共同的目标是团队存在的价值。

2. 赋能授权(empowerment)

优秀团队中的成员能感到个人拥有技能，团队整体也拥有能力；成员有渠道获得必要的技能和资源；策略和方法能够有效支持团队目标；气氛融洽，成员相互尊重并愿意帮助别人。相反，如果团队领袖插手小事，越俎代庖，事必躬亲，既分散了大量精力又没有把事情处理好；或者刚愎自用，做决策从不征求团队成员意见，不能让下属获得参与感。这些做法都可能导致团队成员信心受挫，积极性和主动性受到抑制，无法更好地发挥团队的活力。当然，如果领导者完全放任团队成员，缺乏基本和必要的决策和指导，同样会导致

[1] Lechler T. Social Interation:A determinant of entrepreneurial team venture success[J]. Small Business Economics,2001,16(4):263.

团队失败。因此，在赋能授权给员工的时候，团队领导者也要注意制定权限的范围及合理的规则与程序。

3. 关系与沟通(relation and communication)

在关系和沟通方面，优秀团队表现出的特征是：团队成员愿意公开且真实表达自己的想法，哪怕是负面的；愿意主动了解与接受别人；能够积极主动地倾听他人的意见；不同的意见和观点在团队中都会受到重视。如果团队领导忽视部属的意见和抱怨，不采取恰当的方式及时沟通，不能使团队成员的负面情绪得到有效释放，就可能造成内部伤害。

4. 弹性(flexible)

团队成员能够自我调节，满足变化的需求，这就表现出一种弹性和灵活性。团队成员会根据需要扮演不同的角色并发挥相应功能；当某一个角色不在的时候要求有人主动去补位，分担团队领导者和团队发展的责任。

5. 卓越的生产力(optimal productivity)

优秀团队必须具备清晰的解决问题的程序，这样才能提高决策效率，获得良好的绩效产出及卓越的产品品质。创新能力也是获得卓越生产力的重要条件，组织和团队领导要在团队内部建立起创新氛围，这就需要领导对成员的意见和建议予以重视，并对创新成果及时奖励。

6. 认同与赞美(recognition)

认同与赞美是建立信赖感、实现团结合作的桥梁。优秀团队的成员不仅需要得到组织内外部的认可与激励，而且来自领导者和其他成员的认可和赞美能够极大地满足团队成员的受尊重、自我实现的需求，会大大提升团队的战斗力。

7. 士气(morale)

保持团队士气是领导者的责任。领着一个团队去创业，就像率领着一支部队出征战场一样，作为团队统帅的领导者必须让自己的手下保持高昂的士气，这样才能保证自己的团队能够无往不胜。在优秀团队中，每个人都乐于成为团队中的一员，对自己的工作引以为荣，向心力很强，斗志高昂。

总而言之，相对于团队目标，团队的生产力和士气是衡量团队能否达到高绩效的关键因素。然而，要提升生产力和士气，就必须在赋能授权、关系和沟通、弹性及认可与赞美这四项上下功夫，这也正是上述七个特征的内在联系。

(资料来源：李强. 从优秀个人到卓越团队[J]. 人力资源，2007(9):27-28)

二、大学生创业团队建设的必要性

(1) 大学生创业团队有利于激发创造力。创造力对创业活动至关重要。青春蓬勃的大学生具有较强的创新意识，容易接受新事物。创业团队的形式使得志同道合的一群不同专业的大学生围绕创业目标相互合作，在沟通交流合作中迸发智慧的火花。即使是看似天马行空的想法，创业团队成员也可以通过发挥各自专业特长逐步实现创造性的构想。特别是"互联网+"时代，创业团队成员可以通过网络形式随时随地联系、沟通、交流、合作，共享知识和信息，不断创造出新的创业成果。

(2) 大学生创业团队有利于实现优势互补。组建创业团队，成员之间可以共享信息、知识、技术，发挥各成员在营销、管理、技术、财务、法律、交际、资源整合等方面的优势，同时弥补个人的短板，在创业全过程中互相支持、帮助，从而加强团队成员之间的信任，共享创业成果。当团队成员真正做到在知识、技能、资源等方面互补时，就可以充分发挥 1+1>2 的作用。

(3) 大学生创业团队有利于提升综合素质。大学生社会经验较浅，创业团队成员的领导、组织、管理、营销、交际、专业技术、心理调适等方面的能力有待进一步加强。特别是当代大学生大多数是独生子女，独立性不够强，抗压能力、受挫能力较弱。在激烈的市场竞争中，创业遇到困难和挫折在所难免。以团队的形式创业，有利于成员之间互相帮助，同舟共济，互相勉励，共同提升各方面能力和素质。在团队合作中逐步完善自身不足，从而提升综合素质，提升创业成效。

三、大学生创业团队组建的主要影响因素

(一) 创业领导者

国外有研究指出："核心创业者的能力和思想意识从根本上决定了是否要组建创业团队，以及团队组建的时间和由哪些人组成团队。"[1]创业领导者是大学生创业团队组建的核心人物，他们通常是有丰富学生干部经历的学生干部或具有核心技术的骨干。他们是具有远大目标、能力出众的领导者，具有强烈的创新意识，依靠自身的能力和人格魅力组建团队，搭建团队架构，挖掘有才之士，带领团队开展创业活动。

(二) 目标与价值观

共同、明确的目标是创业团队建立的基础，它为团队成员指明前进的方向。如果没有共同的目标，就无法确定近期目标，这会直接影响创业团队发展的路径，从而降低创业成功率。大学生创业团队成员如果向着共同的目标奋斗形成合力，就会逐渐增加团队凝聚力和工作默契，同时有利于巩固团队的稳定性。另外，积极向上的价值观有利于创业团队成员团结一致，使得志趣相投的成员们携手追逐心中的创业梦想。特别是，如果团队成员具有相似的职业价值观，那么他们对创业的认识和态度、对创业目标的追求和向往也会极其相似，这将有利于加强创业团队的向心力，提高创业成功率。

(三) 创业计划

机会总是留给有准备的人。创业绝非易事，明确、详细、精准的创业计划能较好地凝聚若干大学生组建创业团队。围绕创业目标，大学生创业团队的成员在制订计划时，要预判市场发展，分析创业企业的优势、劣势、机遇及挑战，确定企业发展战略，从而制定商业计划书。创业计划为以后企业发展指明发展方向，同时，大学生创业团队在实践中与时俱进，不断完善创业计划。

---

[1] 杰弗里·蒂蒙斯. 创业者[M]. 周伟民，译. 北京：华夏出版社，2002:66.

（四）团队分工与合作

滴滴出行创始人兼CEO程维认为："没有完美的个人，要建一个完美的团队。互联网是分门派的。阿里运营、营销做得很好，腾讯产品做得好，百度技术做得好，高盛战略做得好，我们要虚心地去学习。必须让自己没有短板，必须能够包容地去学习和整合。所以我们是百度的技术、腾讯的产品、阿里的运营、高盛的战略和投资，这样一个'联合国'部队，靠一个完美的团队去补上个人的短板。"在大学生创业团队里，各成员按照知识背景、能力、专业技能、特长等有一定的分工，分别负责技术、财务、运营、公关、培训、管理、营销等工作内容。同时，大学生创业团队成员之间相互帮助、合作。如果各位成员能团结合作为企业谋发展，那么团队稳定性便较强；如果成员之间各顾各地忙碌，没有相互沟通、帮助及合作，那么团队便趋于松散。正确处理好团队分工与合作的关系，有利于大学生创业团队的稳定与发展。

（五）资金

资金是创业成功的关键要素。大学生创业团队的项目要想得到推进，团队要想继续运营，离不开充足的资金支持。在校大学生或刚毕业的大学生没有稳定的收入来源，也没有一定的财富积累，所以资金短缺成为制约大学生创业团队发展的瓶颈。一般而言，大学生创业团队资金来源于个人资金、亲友资金、商业融资、合作融资等。大学生创业团队可以通过以下方式筹措资金：向家人、亲戚、朋友借款来周转资金；通过参加国家级、省级、市区级各类创新创业比赛赢取奖金和发展资金；吸引企业家、投资公司注资；与其他公司合作融资……在创业初期、中期、后期等不同阶段，大学生创业团队要根据实际情况，通过多种方式筹措资金，以保证团队的运作、项目的推进。

创业案例

宁波这个大学生创业团队厉害了 APP手机秒变遥控器

通过与手机"联动"，用户可在回家前就打开空调、启动洗衣机等。宁波有个大学生创业团队，潜心在物联网领域研发多年，致力于将建筑内的所有电器设备连接云服务，让人们可以轻松实现诸如"回家路上开空调"等智能家居生活。

这个创业团队的领头人叫何金挺，是一位85后，2008年从宁波工程学院土木工程系毕业以后，参加了公务员考试，成为一名公务员，端上了令人美慕的"金饭碗"。

可是，这个不安分的年轻人并不满足。

"创业是我的梦想。"何金挺说。他从小就对科技感兴趣，一直有个科技改变生活的梦，参加工作后这种想法越来越强烈。

2008年，在国内家居市场，智能家居还只是个听起来虚无缥缈的词。普通大众根本不知道什么是智能家居。何金挺却沉醉于研究国外的智能家居技术和发展现状，并大胆地提出了自己对智能家居的构想。

"我在想，开关要是能无线移动，家里的电器能用手机控制该多好。"何金挺说。那时和朋友们吃饭聊天，他经常会异想天开畅谈自己的理想。

身边几个朋友被他的奇思妙想打动了。5个志同道合的年轻人经过一番商量后，决定把"奇思妙想"变成创业项目。

几个人租了一间45平方米的单身公寓，作为创业工作室。何金挺把准备买婚房的数十万元首付款全部投进了工作室。2011年，他们成立了宁波智轩物联网科技有限公司(以下简称"ThinkHome智轩")，并且注册了ThinkHome商标。何金挺辞掉了公务员的工作，正式"下海"。

刚开始，公司的发展并不顺利，光是前期研发，就用了整整4年。

2012年，ThinkHome智轩首次以自主研发的"移动云物联"专利技术，开发了ThinkHome智能家居系统，如控制电灯的开关是无线可移动的，而且是自发电的。

刚开始推广的时候，遇到不少困难，"当时免费给人安装，人家都不愿意。"何金挺说。经过一遍遍苦口婆心的耐心沟通，终于有人愿意尝试安装了，后来又和集成商合作，市场因此才慢慢打开。

公司成立伊始，遇到了资金瓶颈，当时找了很多投资公司，没有人愿意出资，投资公司觉得他们的公司体量小，此外也不看好这个领域。

生死存亡之际，一家投资公司向何金挺递来了橄榄枝，为公司融了200万元，这笔资金丰富了产品生产线，也拓宽了业务的渠道。

2013年，ThinkHome智轩获得了宁波市天使投资引导基金的参股，成为国内首家由政府直接投资科技创业企业案例。

最近几年，ThinkHome智轩的产值以年均超200%的速度快速增长，现已在全国开设门店超过400家。

ThinkHome智轩已率先与国内8家一流房地产公司达成合作。"宁波带有智能家居功能的楼盘大多使用了我们的系统。"何金挺说。

在董事齐荣敏的办公室里，他向记者展示了"给您一个领先十年的家"的概念。轻轻触碰"魔盒"，无论何时何地，让头顶的灯尽在掌控之中。"人们如果有更便捷的方式，就绝不会选择一般便捷的方式。"齐荣敏说，"我们做智能家居，就是要把人解放出来，让他们的生活更轻松自由，同时，让用电大户能更准确地了解能源使用去向，以节能降低成本，以环保为企业担当。"

ThinkHome智轩还曾亮相央视2套《创业英雄汇》。这是该节目自开播以来最高估值的创业项目，且成功获得A轮融资。

作为2013年度宁波市大学生"创业新秀"和宁波市首届大学生"创业成长之星"，何金挺从创业初的5人增加到目前的60人以上，带动大学生就业将超过50人。2016年，该公司投入科研经费230万元，研发经费较上年增长95.01%。

（资料来源：http://zj.people.com.cn/n2/2017/1025/c228592-30856327.html，笔者整理修改)

【点评】以何金挺为创业领导者，组建大学生创业团队，用4年时间做前期研发，围绕科技改变生活的创业梦，制定企业发展战略，根据市场发展需求不断调整创业计划。宁波这个大学生创业团队在市场营销、产品销售、资源整合、资金筹措等方面做得不错，随着团队的壮大还带动大学生就业，取得了一定的创业成果。

四、大学生创业团队建设中常见的问题及原因

大学生是一个精力旺盛、青春朝气、思维活跃、勇于创新的社会群体，也是当前国家大力推行大众创业、万众创新的主力军。大学生创业团队因其群体的特殊性，所以与企业中的创业团队特色及运行机理有不同之处。大学生创业团队建设过程中，往往会出现目标不明确、项目无法落地、人员流动性较大等问题，主要问题及原因有以下几点。

(1) 创业要素匮乏。大学生创业基础要素包括资金、社会资源、人才与技术等。据不完全统计，目前 76%的大学生缺乏创业资金，仅有 8%的大学生筹集了足够的创业资金[1]。大部分的大学生创业资金主要来源于父母亲友的筹借，数量有限，因此启动资金不足。没有足够的创业资金支持，大学生创业无疑是空中楼阁。此外，大学生的社会资源相对有限，主要来源于学校相关创业部门提供的社会资源，市场局限较大，缺乏社会上创业公司的市场运营、市场推销等渠道。在校大学生的创业团队的成员大多数来源于创业者的同学、直系专业的师兄弟及跨学院的同学，欠缺不同领域的优秀人才与相关技能。

(2) 团队成员动荡。大学生创业团队具有特殊的身份——学生，学生的第一要务是学习。在大学生创业团队组建中，由于创业项目影响学习时间导致学习成绩下降，因而放弃创业的同学不乏少数。大学生创业团队成员在面临毕业后直接就业、考研、考公务员、出国留学等多种途径提升自我的时候，部分成员在权衡利弊后动摇创业决心，选择其他的机会。同时，大学生创业团队成员大部分来自于自己的舍友、同学等有亲密关系的熟人，在创业发展初期大家能够齐心协力，但当企业不断发展面临激烈的市场竞争时，团队成员容易发生疲劳和推诿，出现利益分配不均、领导权力争夺等现象，这些问题都会导致大学生创业团队出现动荡等不稳定问题。

(3) 成员职权不清。成功的创业团队往往会挑选业务能力精尖的人才来担任一定的创业角色，如技术、营销和统筹等。大多数大学生的创业团队没有经过严格的工作角色挑选，依靠人际关系进行成员筛选，因此无法满足创业团队对高素质专业人才的需求。由于缺乏严格的管理经验，成员之间权责不清，在企业管理、财务、市场营销方面职权角色不明确，因此容易引发团队成员冲突。

(4) 企业意识缺乏。大学生创业团队在创业发展初期，缺乏明确提出未来具体的企业管理制度，且无具体的利润分配方案。大学生创业团队成员在经历不切实际的创业梦想破灭之后，容易导致心理失衡，缺乏持之以恒的学习能力和坚持不懈的工作品格，导致思想僵化，甚至因为企业意识缺乏而导致创业团队分裂。

[1] 邢晓阳. 大学生创业团队建设的困境与消解路径[J]. 产业与科技力论坛，2015，14(15):196.

五、大学生创业团队的运行机制

企业的运行机制主要是指企业生存和发展的内在机能及其运行方式，是引导和制约企业生产经营决策，并与人、财、物相关的各项活动的基本准则及相应制度，是决定企业经营行为的内外因素及相关关系的总称。大学生创业团队建设机制可从以下几个方面进行调控：绩效管理机制、约束机制、分配机制和激励机制。

(1) 绩效管理机制。现代企业大多采用绩效管理机制进行企业人力资源管理，借助公平、科学、务实的绩效管理能够促进员工积极性、提高公司的生产效率。为了保证公司运营各项目标确实落地，形成奖优罚劣的管理制度，绩效管理机制是行之有效的办法。大学生创业团队的绩效管理机制，可以运用 KPI、360°、BSC 等业绩考核办法，制定符合大学生实际的绩效考核标准，从而实现成员的业绩与贡献挂钩，促进创业团队成员及团队整体绩效的不断提高。

(2) 约束机制。大学生创业团队相比于社会上的创业团队而言，由于缺乏相关的签订合同、协议等因素，导致大学生创业团队出现自由性、随意性较高的现象。设立相关的约束机制有助于大学生创业团队成员在创业事业上有合同意识和契约精神，从而约束大学生创业团队的行为规范。在高校的创业谷或者创客等创业基地，可以通过签订《大学生创业协议书》《大学生创业项目承诺书》，设置创业骨干成员忠诚基金，确定同行竞争保密协议等方式，形成约束机制，降低创业团队成员对创业项目的随意性和任意性，同时也避免骨干力量不稳定及企业核心机密泄露。

(3) 分配机制。大学生创业团队的分配机制，应该在创业初期就考虑到相关的股权分配、企业盈利后利润分配、社会资源等分配制度，在衡量的过程中慎重考虑团队成员的贡献值、奖金分配制度和股票期权制度等。在大学生创业团队中，往往因为早期处于萌芽阶段，还没有出现盈利，因此团队成员利益争夺不明显；当后期发展势头良好，由于分配不均，缺乏可行的分配机制导致大学生创业团队解散、创业项目搁浅的案例也屡屡发生。

(4) 激励机制。激励机制是指通过特定的方法与管理体系，将员工对组织及工作的承诺最大化的过程。该机制是在组织系统中，激励主体系统运用多种激励手段并使之规范化和相对固定化，而与激励客体相互作用、相互制约的结构、方式、关系及演变规律的综合。

大学生创业团队的激励机制应以团队共同愿景为核心，结合大学生创业特点，从薪酬管理、分权策略、员工满足感、团队目标实现等方面，综合运用各种激励手段，根据创业团队不同阶段，建立动态激励模式[1]。在创业初期，企业经营还没有足够的盈利，大学生创业团队的激励机制可以从精神层面上加以鼓励，如多鼓励积极奉献的成员，多聆听其他创业成员的工作想法；在创业的发展阶段，企业经营有剩余盈利，创业团队的激励机制可以从物质上对成员进行鼓励，如实行股权分红、提供晋升机会和开展技能培训课程[2]。

---

[1] 胡俊峰，周龑. 大学生创业团队建设机制研究[J]. 科技创业，2011(12):21.

[2] 胡俊峰，周龑. 大学生创业团队建设机制研究[J]. 科技创业，2011(12):21.

第四节　课后习题

一、名词解释

创业者　创业团队　创新能力　向心网状型团队　决策者　领导者
价值观　绩效管理机制　约束机制　激励机制

二、简答

1. 创业者必备的素质有哪些？
2. 创业者必备的能力有哪些？
3. 创业团队的含义是什么？
4. 如何组建一支优秀的创业团队？
5. 创业团队管理的策略有哪些？
6. 大学生创业团队的优劣势有哪些？
7. 大学生创业团队组建的重要影响因素有哪些？
8. 大学生创业团队的运行机制有哪些？

三、案例分析

三名大学生创业"商盟卡"，演绎校园版"中国合伙人"

他们在武汉城市职业学院奢侈品营销与管理运用专业读大一，他们制作的"商盟卡"可以在五所高校周边的 300 多家商户通用。

（一）"寝室卧谈会"敲定创业

谈起创业初衷，来自湖北郧西、今年 20 岁的张文说，进入大学后，发现武汉各高校周边的生意很旺，一到课余时间，餐馆、理发店、KTV 就人满为患。不少商家为了招揽客源，在门口宣传自己的各种折扣和优惠。

"有一次在学校附近的一家理发店理发时，我发现一位顾客在结账的时候从钱包里翻出了好几张会员卡，结果这家的卡没有带，最后也没有享受折扣。我就萌发了整合这些商家的折扣，做一张'通用会员卡'的想法。"他对学校里的 300 多名学生做了一次调查，结果显示，八成以上的学生乐于接受一张集多家商户的"会员一卡通"。

在 2012 年 11 月的一次"寝室卧谈会"上，张文提出了创业的想法，得到室友聂欣宇与王明玥的认同，大家决定一起创业。

（二）"扫楼""扫街"扫出市场

2012 年 11 月底，在家人的支持下，三人获得了 4 万元的启动资金，并向班主任报告了自己的创业打算。

"大一学生创业，我一开始不是很支持，认为创业时间尚早。但他们三人创业热情非常高，不但拿出了一套经营计划和方案，还保证不旷课，所以我勉强同意了。"该班班主任李庭洋说。

2012 年 12 月初，三人到工商局注册了一家公司，在网上开通了"商盟"网站，并印制了 1000 张银行卡大小的"商盟卡"。同时进行了分工，王明玥负责到学校的宿舍楼"扫楼"推销"商盟卡"，张文和聂欣宇负责游说校园周边的商户加入"商盟"。

"为了宣传，我利用中午和晚上的休息时间，背着十多斤重的传单，到每间寝室挨个敲门。"王明玥说。有几次刚进宿舍楼还没开始发，就被宿管阿姨赶了出来，自己拿出学生证解释了好半天她才勉强同意。面对同学们开门后充满怀疑的打量眼光，自己还要厚着脸皮解释。虽然时值冬季，但每天"扫楼"结束后，自己不但口干舌燥，连内衣都被汗水浸透了。

与王明玥相比，张文和聂欣宇不但要与商家"斗智斗勇"，而且还要"斗耐心"。为说服马湖商业街内的一家药店加入"商盟"，他们一周之内去了 3 次，软磨硬泡终于打动了对方。"一个月下来，我们与校园周边商业区 80 多家商户成功签约，他们同意将我们的'商盟卡'视为会员卡，享受五至八折的会员折扣。"张文说。

为了让定价 32 元一张的"商盟卡"在学生中打开销路，三人决定先在校内的同学中免费试用，只要留下联系电话和身份证号码，就可以免费试用 10 天。10 天后，只有 3 名同学找他们退卡。不到一个月，首批制作的 1000 张商盟卡在校园内销售一空。

商户加入"商盟"后，由于各种原因商家突然退出了怎么办？张文说，在吸纳新的商户加入前，都会与商家签订一份注明合作期限的协议，万一商家单方面退出，则需要赔偿违约金。学生在持"商盟卡"消费时，商家如果没有提供相应的优惠，可以拨打卡上的电话联系他们，并由他们赔付差价。

"商盟卡"在母校大获成功后，张文和他的合伙人开始向周边高校推广。"今年 4 月，我们通过网络，在华农、湖工大、武理工等周边高校推广我们的'商盟卡'。"聂欣宇说。眼下正是毕业季，不少大学生在校外聚餐、K 歌，截至 6 月底，"商盟卡"总共售出了 2000 多张，盈利 6 万多元。

"未来两年内，我们希望能把武汉市所有高校周边的商户都吸纳进我们的'商盟网'，让我们的'商盟卡'像'武汉通'一样，成为大学生出门时的必带品。"张文说。

对大学生合伙创业，全国就业先进工作者、武汉理工大学就业指导中心主任赵北平建议，"合伙创业"的人员不宜过多，分工和权责要明晰合理，遇到问题要勤于沟通，碰到挫折要相互宽容。

(资料来源：http://news.163.com/13/0702/03/92OE3JGE00014AED.html)

问题：

1. "商盟卡"为什么能够在武汉高校打开市场？三名创业合伙人取得成功的主要原因是什么？

2. 结合上述案例，谈谈如何打造一支成功的创业团队。

四、实训题

请根据本章内容，以小组为单位，实地调研两个校内外的中小企业创业团队，了解其团队的组建过程、团队决策机制、企业所有权分配机制及处理创业团队成员之间矛盾冲突的策略。最好选择不同行业领域的两个创业团队进行实地调查，做实地调查前做好充分的相关创业人物访谈工作。

第三章

创 业 思 维

【本章提要】

通过本章学习，了解创意、创新、创业的区别与联系，能更好地帮助学习者学会从不同的角度思考问题；学习创意思维的特点、品质及创意创新思维的培养和训练方法，对开发学习者的创意思维、创新思维有较大的帮助。

【学习重点和难点】

学习重点：创意与创新、创业的区别和联系。

学习难点：创意思维、创新思维的训练方法。

引导案例

搞科研、开公司，佛科院妹子厉害了

——姑娘们的初心：做出"华农酸奶"那样的品牌

在佛山科学技术学院，几乎每个学生都吃过"葛仙冻"，它们是军训时学校派发给新生的见面礼，也是学生成果展示摊位的"常驻嘉宾"。这个诞生于佛科院(佛山科学技术学院的简称，编者注)的"本土产品"背后有一支高颜值的"六奇"团队——5位佛科院女生和她们的指导老师，立志要打造出比肩"华农酸奶"的品牌，拳头产品"葛仙冻"现已销往广州、东莞等地。这群父母眼中的乖乖女成功变身"女强人"，她们是如何闯关的？

"去外面跟客户谈业务，就要当自己是市场部的一个开拓员，而不是一个学生。"佛山科学技术学院北院一间不足20平方米的食品安全实验室内，团队创始人之一彭月欣扭头对几个围观的大一师妹说道。在团队担任副总经理兼生产部经理的彭月欣，目前是食品加工与安全研究生一年级学生。

"师姐们能把自己项目的产品变为现实，真的是太厉害了，我希望能把产品带回家乡茂名。"新进团队的大一新生何锡瑗眼睛发亮，在这些"后辈"们眼里，六奇公司的几个师姐们干练精明，是她们学习的榜样。

一、缘起：实验品"当饭吃"，创出"葛仙冻"

时间倒回4年前，那时彭月欣她们还是一群懵懂的新人。2013年，一个名为"葛仙膏的制作与保鲜技术研究"的课题项目让几个"对食品很感兴趣"的学生聚集在了一起，成立了团队并向学校递交了参赛的计划书和PPT，她们研发出创意产品葛仙冻(与烧仙草类似)。

葛仙冻的生产工艺用专业术语可以总结为：提取仙草粗多糖浓缩液，水洗法提取葛根淀粉的原材料，将仙草粗多糖浓缩液与葛根淀粉混合制作成即食的葛仙冻。而配方优化的过程也是"做实验—吃—做实验"的过程。成品出来之后，组员便开始轮流试吃，写出每个人的意见，然后按梯度不断调整。每次实验的数量也很讲究，"少了没有参考性，多了吃不完。"现在团队中担任市场部经理的利诗韵哭笑不得地说："因为不想浪费，多出来的葛仙冻有时候会直接当午饭吃了，还会叫上同学过来吃。"

项目完成上交报告后，全团队的成员不甘心就此打住。"创业指导老师当时主管实训中心，有一家企业退出正好有店铺空出。"彭月欣回忆道，几个小伙伴决定接手空置出来的店铺作为产品的实践基地，"试试市场反应"。

二、机遇：从实验室到甜品店，"女汉子"上线

说做就做，那年暑假，团队成员们走访店铺、上网查资料、订餐具……经过一系列准备，一家名为"雅蜜"的甜品店在佛山科学技术学院风风火火地开张了，"雅蜜也是英文yummy的谐音，意味着好吃的，主推课题研发的葛仙冻。"

进货员、厨师、客服，大家承包了所有的工作。为了省钱，大家送货、拿货都选最便宜的公交车，每次进货的葛根和仙草上百斤，几个女生轮流用宿舍的行李箱拖着。"一开始我们都觉得自己是小女生，拉不动，后来……后来就习惯了直接拉着走。"彭月欣对这种"蜕变"感受至深。

利诗韵主要负责市场推广、渠道铺设与维护、跟进包装设计、印刷等宣传工作。"一开始创业时大部分时间是在校内活动，首先就是和校内的小卖部、周边学校商店等打好关系。"创业让她从一个"宿舍宅"变成了宿舍最早出门、最迟回来的人，经常跟小伙伴外出"应酬"，回想起当时的情景，几位成员感叹"这就是女汉子成长史啊"。

"老板，来一碗葛仙冻。""好嘞，等一下。"在雅蜜甜品店，两元就可以吃一碗原味的葛仙冻颇受同学们的喜爱，也让团队尝到了创业的喜悦。"特别是夏天几乎天天都坐满，葛仙冻则是销量冠军产品，我们还渐渐添加了布丁、双皮奶、椰奶、广式糖水等。"

三、波折：战胜"散伙"冲击，注册公司做事业

创业光靠激情难以为继，不久学校店铺招商遭遇变动，团队各人的发展方向也开始不同，导致部分一起奋斗的小伙伴离开，对当时的彭月欣等其他成员来说打击不小。"有过想要放弃的想法，剩下三个人根本无法撑起一家公司，特别是课多忙不过来的时候。"

"创业不是让自己的兴趣过了一把瘾就可以了，你们得把这个当作自己的事业去经营。"创业指导老师刘富来的话深深触动了她们。"当时就是被事业这个词语打动了，之前一直觉得事业很高大上，开甜品店也只是想着让计划书上的产品进入市场看看消费者的反应，从来没有想过'事业'这么严肃的词。"

坚持着"不能让大一大二的努力付诸东流"的念头，2015年的8月，导师刘富来带头重新整合的创业团队正式成立；2016年2月，佛山六奇食品科技有限公司注册登记成功。"当时的团队正好是由五个学生和一个指导导师六人组成，故取名为六奇。"彭月欣说。

四、进阶：第五代产品，进入多地自动贩卖机

"市面上的葛仙冻已经是第五代了。"在六奇团队几位女生的眼里，葛仙冻就像她们的孩子，由她们一手"拉扯大"。在导师的引荐下，六奇团队找到了连锁的自动贩卖机的经营者和食品批发商。"只要这个学校有这个品牌的自动贩卖机，我们作为供货商供货，自动贩卖机上架我们的产品，同时批发商会去联系小卖部。"

在这种销售模式下，六奇团队的葛仙冻销往广州大学城、深圳大学、潮汕、东莞等多地。

谈及未来的发展，六奇团队始终记得那份初心——"做成品牌"。"广州有华农酸奶，我们佛山科学技术学院有葛仙冻，这也是我们对母校的一种情怀，希望把学校招牌发扬光大。"彭月欣坦言，今年军训每个新生都收到一份来自六奇公司的葛仙冻，也是包含六奇团队对母校的感恩。"我们是从这里出来，我们的根就在这里。"

五、高招：参加近30场创业大赛筹资金

虽然"雅蜜"甜品店为团队积累了"第一桶金"，但对于初生的创业公司来说，历练和资金依然是"头等大事"，六奇团队的成员一致达成"自己解决，不问家里拿钱"的共识。于是，既能展示项目积累经验从而不断改良产品，又能赢得奖金的创业大赛，成了六奇团队的最佳选择。

"农商杯、创新创业大赛、南海区的沙盘模拟大赛、省创青春挑战杯……校内的、区级的、市级、省级……"对于创业类的比赛，总经理李颖诗如数家珍，已进入"半闭关"状态备考研究生的她对公司发展依然十分上心。据悉，创业初期至今，团队大约已参加了近30场比赛，获得最大的奖励金额达10万元。团队安排食品专业的利诗韵专门负责收集信息、报名参赛。"我们拿过的奖包括高明第二届互联网创新创业大赛、挑战杯创业大赛，获得校级金奖和省级铜奖等。"

六、特写："大学没追过一部电视剧"

"我一开始加入团队就咨询过父母的意见，他们是支持我创业的，也给了我时间让我去验证这一条路是否正确，在时间内他们是支持的。"谈及家人的态度，利诗韵说道。

而彭月欣没有"这么好的待遇"。跟许多思想较为传统的家长一样，彭月欣家人并不太支持自己女儿创业，"我爸妈他们也是创业的，小时候他们经常6点多出去开店，晚上才回来。也正因为深知创业的辛苦，所以更加不想我去冒险。"实际上，彭月欣家人早已经吃过她带回家的葛仙冻，但他们并不知道这"口感顺滑、味道不错"的葛仙冻正是自己女儿公司的产品。"因为不想他们担心，我并没有告诉他们我在创业。"彭月欣右手轻轻拨着头发，眨着眼睛调侃道，"在家里我可是传统的乖女儿。"

在彭月欣家人眼里，如今继续留在佛山科学技术学院读研究生一年级的女儿勤奋乖巧，年年拿奖学金，唯一不好的就是寒暑假经常要留在学校"做实验和项目"。"家是会回的，但不是现在，希望做到一定的成绩再回去，到时候可以给父母更好的生活。"

为了产品研发，包括彭月欣在内的几个团队成员，几乎把大学时期所有的空余时间都贡献给了实验室。彭月欣直言，自己大学的时候没有追过一部电视剧。"因为真的没有时间。今天如果不是约好了采访，我都打算继续写计划书，目前打算带着师弟师妹们一起参加最新一届的创新杯。"

（资料来源：《南方都市报》，2017 年 11 月 8 日 A Ⅱ 版）

一提到创业，广大的青年大学生会说，我一没有创业资金，二没有创业团队，三没有人脉……拿什么去创业？各种质疑确实道出了当代大学生创业的困难，佛山科学技术学院的几个在校大学生创立的六奇食品科技有限公司正是对这些质疑的正面回应。创业最重要的是勇敢地迈出第一步，抓紧机遇、利用优势、调动资源，把创业当作事业来做。

当然，创业并不能蛮干，在充满干劲、目标坚定的情况下，可以多学习、多请教、多沟通、多交流。案例中六奇团队的大学生之所以能够创业初具成效，与她们在校期间所做的科研成果是分不开的，也与她们的努力分不开。当代大学生创业，更应该注重创新思维、创意思维等维度的比重。本章要介绍的创新、创意与创意思维等，可以帮助当代大学生深入了解和区分这些概念，更好地为将来的创业服务。

第一节　创意与创意思维

在日新月异的 21 世纪，工业革命、电力革命及信息技术革命深深影响每个人的方方面面，许多不能适应时代变化的工作岗位已经随着时代变化而消失，许多新的工作机会也展露出来，越来越多的工作已经可以由机械替代，甚至由工业机器人规模化替代，创意正日益成为经济社会发展型的强劲动力，创意现象更是引来人们的普遍关注。无论是理论界还是实务界，都对以"创意"为核心的创意经济、创意产业、创意企业及创意人才等问题展开了一系列研究。

一、创意

（一）创意概念的界定

心理学派对创意的研究起源较早，将创意界定为一种创造力的思维过程。相关研究主要集中在创意心理过程分析及创造力培养方法两个方面。

应用学派认为，创意是一项对创意产品进行构思、甄选和运用的实用性工作，如作家、编剧、艺术家、设计师。

经济学派认为，创意是一种生产要素，能够创造就业、汇聚财富和振兴经济。由联合国贸易和发展会议发布的《2010 创意经济报告》指出，创意是能够引导技术、商业实践或营销手段等方面创新的动态过程，与获得经济中的竞争优势密切关联。相较于心理学派和应用学派的研究观点，主张创意是经济资源的观点摆脱了围绕个体或者某个团体探讨创意机理的线性思维，而是开始将研究视角延伸到对创意价值的探讨上，是对"创意"内涵研究的一次质的突破。

管理学派认为，创意虽然是依托个人的思维创造而产生的行为过程，但由于人类的生存与发展必然也必须与外界发生联系，尤其是与经济组织有关联，因此，创意也就成为产业组织所关注的对象。管理学派的观点一方面延续了经济学派对创意商业价值的认可，同时又突出了企业管理手段对创意的影响作用；既考虑了创意系统本身的复杂性特点，又兼顾了管理机制的能动性，顺应了创意产业发展趋势及现代企业管理焦点的转变，是当前研究创意理论的主流。

总体而言，对于创意的理解可以从不同学科和维度出发，进行不同的定义，我们可以综合各方观点，认为创意是以人类创造力思维为基础，以科技为动力，以文化为背景，以管理为手段的价值创造过程。该定义以"人"为主体，既考虑了创造力产生过程的复杂，又注重了创意工作的特殊性，更重要的是，该定义突出了创意文化价值与商业价值的融合，彰显了现代企业管理的艺术性和系统性，是对创意概念进行界定的一种新尝试。

（二）创意的基本属性

创意的内涵和外延都相当丰富，也正因如此，创意具有其特有的属性。首先，创意具有自主性。创意是一个神经物理过程，这种过程伴随着某种可以大幅提高人类独立思考和实现自我价值。从表面上看，创意产品是为了要给消费者带来心理上的冲击，满足或创造消费者的某种需求；从深层次上讲，创意强调突破常规，力求深入人性的深处来进行原创构思和设计，是一个自我价值实现的过程。其次，创意具有普遍性。创意主要是利用人们的一些普通能力，如想象力、判断力、语言能力、推理能力等，这些能力不仅在目前普通教育体系中被大力强化，甚至在日常的工作中也日益受到重视。再次，创意具有关联性。创意要产生价值、发挥效用，就必须和生产者、消费者及竞争者发生联系，没有任何人能够脱离现实而凭空构造出毫无根据的事物。最后，创意具有系统性。创意思维更多地产生于不同的思维组合，多样性和互补性、妥协和合作是创意工作的另一层要求。创意工作本身也遵循一定的逻辑路径，如创意的准备、酝酿、启发和发生过程等。

（三）创意与创新、创业的辨析

从基本内涵来看，创意是一个从无到有的过程，而创新是对现有事物的更新和改造，创业则是将创意与创新成果转化为现实的活动，是实现创意和创新商业价值的必要手段。从内在结构看，三者都强调"创"的过程，只是表现形式不同，创意突出原创性，创新强调再创性，而创业凸显实用性。

1. 创意与创新

从广义上看，创意和创新都具有较为类似甚至是相同之处。首先，从主体上讲，不论是创意还是创新，两种劳动的主要组织者和承载者都始终离不开人类，都与人脑的创造性思维密不可分。其次，从来源上讲，两者都是建立在一定的知识、技能和经验基础之上。离开了专业知识的积累，缺少了创造技能的支持，远离了生活实践的积累，创意或是创新就成了无源之水、无本之木。最后，从成果上讲，二者带有不确定性。由于产品的设计者或研发人员的创造性工作往往需要打破常规和反复实验，这就必然导致成果在问世之前，能否实现商业价值，能否被受众认可，都是未知数。

从狭义的角度来分析，创意与创新的内涵却有所不同。首先，两者的价值取向不同。从应用层面分析，创新所强调的是实用功能，在处理经济活动和经营方式上往往聚焦于"一次性"的创新，最终效果是通过对生产工艺及流程的改造来降低产品成本和提升劳动生产率。创意虽然也追求经济上的增值，但与创新最典型的区别就是，创意可以被视为一种新的经济资源融入企业生产要素中，能够帮助企业提升产品的价值总量。其次，两者对行为主体的要求不同。创意是一种综合性较高的复杂性劳动，需要文化积淀、知识保障、技术支撑和经验累积。而对于主要集中在传统产业领域中从事技术研发和管理革新等创新工作的劳动者而言，在综合能力要求上，更多地只是强调专业技术水平的精湛和超前，从广度上来讲，远不如创意。最后，两者的表达形式不同。创意劳动者的工作方式首先发起于思维的革新，是内在的、个人的和主观的，而创新工作主要缘起于对既成事物的一种新组合，是外在的、客观的和更加具体的一种劳动。创意往往能通向创新，而创新却较少引发创意。

2. 创意与创业

创业是人类基于创造力思维和创新行为来开创建立新事业的系统过程。创业的内涵已从早期仅关注创业者特质向注重创业过程转变，研究层次也实现了由个体到团队、组织甚至社会层面的转变，同时，创业的系统化研究也日益彰显人、组织与环境的互动关系。创意是创业的源泉，而创业是实现创意的工具，两者相互依赖，密不可分。

首先，行为主体具有多元化和同一性特征。不论是创意还是创业都不是属于某一特定人群的专利，都具有普遍性特征。创意和创业既涉及个体、团队、企业，也与整个社会有关，全民创意、全民创业成为普遍现象。此外，"创意企业家"这一概念的兴起也印证了创意与创业主体的同一性。该概念被用来描述能够将想法转变为社会所需创意产品或服务的企业家角色，文化创业者利用新的思维方式和行为手段，在文化环境和文化组织中寻找新的机会并开创新的事业。

其次，创意的基本内涵是创业的表现形式。在全球化日益蔓延的背景下，文化共用正成为一种潮流。在特定地理区域或虚拟领域内获得的智力资源体系，可以被视为一种文化区域和文化集群的演化。在微博、QQ、电子商务、推特网等新兴数字媒介的推动下，利用虚拟平台来寻找创业机会更成为一种共识，微商、网商成为新兴创业群体。互联网创业依托信息技术工具的支持，创业者通过对原有产品内涵和经营方式的创意和创新开展创业活动。

最后，价值实现的内在机理具有一致性。创意首先是建立在他人想法基础上，通过创业方式来实现创意也必然要求寻找与人合作的机会，协作创意和协作创业已成为一种生存准则。此外，现代创业的价值已经不仅是满足人类的生存需求，在某种意义上，是一种生态创业。与简单的商品交易相比，个人情感的体验需求在创意产品和服务上体现得更为明显，满足消费者的体验需求开始成为创业价值得以实现的保障。

二、创意思维

(一) 创意思维的定义

思维是人脑对客观事物本质属性和内在联系的概括和间接反映。以新颖独特的思维活动揭示客观事物本质及内在联系，并指引人去获得对问题的新的解释，从而产生前所未有的思维成果称为创意思维，也称创造性思维。它给人带来新的具有社会意义的成果，是一个人智力水平高度发展的产物。创意思维与创造性活动相关联，是多种思维活动的统一，但发散思维和灵感在其中起重要作用。创意思维一般经历准备阶段、酝酿阶段、豁朗阶段和验证阶段四个阶段。

(1) 准备阶段。这是在创造活动之前，围绕要解决的问题，收集以往资料，积累知识素材及他人解决类似问题的研究资料的过程。这个阶段的准备工作做得越充分，收集的资料越丰富，越有利于开阔思路，从而受到启发，发现和推测出问题的关键，迅速厘清思路、明确方向、解决问题。因此，在这一阶段，应努力创造条件，广泛收集资料，有目的、有计划地为所规划的项目做充分的准备。为了使创意思维顺利展开，不能将准备工作只局限于狭窄的专门领域，而应当有相当广博的知识和技术准备，然后才能像我国伟大诗人杜甫所说的"读书破万卷，下笔如有神"。

(2) 酝酿阶段。这是在积累一定知识经验的基础上，在头脑中对问题和资料进行深入的分析、探索和思考，力图找到解决问题的途径和方法的过程。这一阶段从表面上看没有明显的思维活动，创造者的观念仿佛处于"冬眠"状态，但事实上思考仍在断断续续地进行着。这个时候在创造者的意识中可能对要解决的问题已不再去思考，转而从事或思考其他一些无关的问题，但在不自觉的潜意识中问题仍然存在，当受到一定刺激的作用，又会转入意识领域。例如，日间苦思不解的问题，夜间睡眠时忽然在梦中出现。可见，创意思维的酝酿阶段多属潜意识过程，这种潜意识的思维活动极可能孕育着解决问题的新观念、新思想，一旦酝酿成熟就会脱颖而出，使问题得到解决。

(3) 豁朗阶段。这是经过充分的酝酿之后，在头脑中突然跃现出新思想、新观念和新形象，使问题有可能得到顺利解决的过程。在这一阶段，百思不得其解的问题，意想不到闪电般便迎刃而解，头脑似乎从"踏破铁鞋无觅处"的困境中摆脱出来，有一种"得来全不费工夫"的感觉，并显示出极大的创造性。这是对问题经过全力以赴的刻苦钻研之后所涌现出来的科学敏感性发挥作用的结果，这种现象称为"灵感"或"顿悟"。许多科学家的创造发明过程中，都曾有过这种类似惊人的现象。

(4) 验证阶段。这是在豁朗阶段获得了解决问题的构想或假设之后，在理论上和实践上进行反复检验，多次补充和修正，使其趋于完善的过程。在这个阶段，或从逻辑角度在理论上求其周密、正确；或是付诸行动，经观察实验而求得正确的结果。创造者需要经过无数次的存优汰劣，才能使创造结果达到完美的地步。

(二) 创意思维的特点

一般认为，创意思维具有想象丰富、观察敏锐、灵感活跃、表述新颖及求异性和潜在性的特点。

(1) 想象丰富。想象是创意思维的重要特征。对想象在发明创造中的作用，爱因斯坦曾有深刻的论述。他说："想象力比知识更为重要，因为知识是有限的，而想象即包括世界上的一切。"想象是人类探索自然、认识自然的重要思维形式，可以说，没有想象就不会有创意。

(2) 观察敏锐。创意思维需要敏锐的洞察力去观察和接触客观事实，并不断地将事实与已知知识联系起来思考，科学地把握事物之间的相关性、重复性及特异性并加以比较，为后来的发明创造提供真实可靠的依据。因此，要特别留心意外现象，通过对意外现象的分析，进一步探索创造活动的新线索，促使创意活动早日成功。

(3) 灵感活跃。灵感是一种突发性的心理现象，是其他心理因素协调活动中涌现出的最佳心理状态。处于灵感状态中的创造性思维，表现为人们注意力的高度集中、想象活跃、思维特别敏锐和情绪异常激昂。灵感是创意思维的重要一环，也是发明创造成功的关键一环。

(4) 表述新颖。新颖的表述是由创意思维的本质决定的。新颖的表述反过来又可以更好地反映创意思维的内容，从而加强新观点、新设想、新方案、新规则的说服力和感染力。

(5) 求异性。人类在认识事物的过程中，特别关注客观事物间的不同性和特殊性，特别关注现象与本质、形式与内容之间的不一致性。这种心理状态常表现为对常见的现象和已有权威结论的怀疑和批判，而不是盲从和轻信。创意思维的求异性一般通过发散思维、转换思维、逆向思维表现出来。

(6) 潜在性。潜在性是一种不自觉的、没有进入意识领域内的思维特性，它与一般思维的不同之处往往被人忽略。其实，潜在性思维往往在解决许多复杂问题中起着极为重要的作用。实践证明，只有在一定松弛的环境中，创意思维才容易贯通。因此，娱乐与消遣常常是灵感的源泉。

(三) 创意思维的品质

(1) 思维的广阔性。思维的广阔性是指思维的全面性。人们在认识问题和处理问题的时候，不要把视线只盯住一点、一线、一面上，而要扩展思维的空间范围，进行全方位的观察和思考。

(2) 思维的深刻性。思维的深刻性表现在善于深入钻研问题，能从纷繁复杂的现象中抓住事物本质和核心，揭示事物变化与发展的根本原因。

(3) 思维的独创性。这是指独立思考、解决问题的程度。善于独创的人，不迷信、不盲从，并且不满足现成的方法和答案，善于找到自己的答案，并表现出果断、坚定、自信的特征。思维的独创性是以思维的批判性为前提的，没有优秀的批判思维，就不会有很高的独创性。

(4) 思维的灵活性。思维的灵活性是指善于随机应变，依据事物发展变化的具体情况，及时提出各种不同的思维、假设方案，同时还能及时地纠正自己的思维，调整自己的认识偏差。

(5) 思维的敏捷性。思维的敏捷性是指能够迅速地对外界刺激物做出反应，表现在善于抓住时机，加快对信息的吸收、筛选和运用。

(6) 思维的预见性。思维的预见性是指不论做什么事情都要着眼于未来，考虑到目标和战略。不仅讲究眼前利益，更要为子孙后代造福，着眼未来与立足现实是辩证统一的。

(四) 创意思维培养的原则

(1) 整体性原则。人的心理是一个复杂的系统，重视心理系统的整体效应，是培养创意思维的重要原则。只有从整体出发，运用系统思维的方法，才能真正把握创意思维的发展规律。

(2) 结构性原则。知识结构和认知的协调发展是培养创意思维的重要途径。

学生的认知结构一旦形成，便具有很大的能动性，影响着学生对新知识的接受和理解能力，制约着知识的加工和运用，也制约着学生创造性地学习及创意思维能力的培养。

(3) 自主性原则。自主性就是使学生成为创造性学习和活动的主人。在创造性活动中，培养学生的自我组织管理能力和自我调控能力，是培养创意思维不可缺少的指导原则。要发展学生的创意思维，就是要使学生的手、嘴、脑都获得真正的解放。

(4) 探索性原则。创造是走前人没有走过的路，解决前人没有解决的新问题。不敢探索、不会探索的人是很难开拓新局面的。要使学生成为勇于探索的人，鼓励学生自己质疑问题，自拟探索计划，通过自己独立思考解决问题，发展创造性思维能力。

(5) 活动性原则。人的心理是人在与环境的交互作用中发生、发展起来的。学生要会用多种感官进行观察，要确立创造的目标，选择思维的材料和方法；提出假设，做出决策，制订创造的计划；还要考虑如何与他人合作等来发展创意思维能力。

(6) 多样性原则。多样性是指让学生的创造个性自由地发展。爱因斯坦指出："由没有个人独创性和个人志愿的统一规格的人所组成的社会，将是一个没有发展可能的不幸社会。"个性多样性的本质在于个性的独创性，社会的发展和个性独创性是相互作用的。

(五) 学生创意思维的培养

(1) 培养学生的观察力。一个人只有善于观察，才能善于创造。培养学生的创意思维，应当从培养学生的观察力入手，这是由于学生认识世界的主要途径是凭借观察。在培养学生观察力时要注意：①观察前要使学生明确观察的目的、任务，使其注意力集中在观察对象上。②培养学生观察的技能和方法，尽量让学生多种感官参与活动。③培养观察的兴趣，养成良好的观察习惯，培养观察的主动性和自觉性。

(2) 丰富学生的知识。任何发明创造都是人们在学习和掌握前人积累知识经验的基础上产生的突破。贝弗里奇说："在其他条件相同的情况下，我们的知识宝藏越丰富，产生重要设想的可能就越大。此外，如果具有有关学科或边缘学科的广博知识，那么独创的见解就更可能产生。"所以说，知识是培养创意思维的基础。在教学过程中，要培养学生的创意思维能力，必须丰富学生的知识。具体来说：一是知识的数量丰富；二是知识的质量提高；三是知识新颖；四是具有健全的知识层次；五是合理的知识结构。

(3) 增强学生的好奇心。好奇心是对新异事物进行探究的一种心理倾向，是推动人们主动积极地观察世界、开展创造性思维的内部动因。好奇心是学生探索活动的前导和创造性思维发展的起点,要珍惜和满足他们的好奇心,使好奇心逐步由不切合实际到切合实际,由对事物外部的好奇发展到对事物内部的好奇,不断提高好奇心的水平,这对培养学生的创意思维是非常有益的。

(4) 激发学生的灵感。灵感是创造性思维活动中出现的一种复杂的心理现象,是在注意力高度集中、意识极度敏锐的情况下,长期思考的问题突然迎刃而解而迸发的思想火花。它是长期艰苦思索的结果。学生创意思维的产生往往需要经历一个曲折的过程。其中,既有长期的知识准备和积累,又有短时间的攻关和突破;既有经久的沉思,又有一时的灵感。

(5) 锻炼学生的意志。创意思维是艰巨的、精细的心理活动,要求智力的高度紧张,投入大量的时间和精力,付出紧张的劳动代价。同时,探索新领域失败的次数是未知的、无数的。因此,没有百折不挠的坚强意志是做不到的。创意思维又具有持久性,要取得成果必须经过持久的意志努力。学生在创意思维的过程中,必然会遇到很多困难,要使创意思维进行下去,就需要意志的力量,才能最终得以成功。创造意志不可一蹴而就,它需要长期、反复的磨炼。

(六) 创意思维的训练

创意思维测试,主要是从思维的流畅性、灵活性、独特性来评定。因此,加强学生创意思维训练,应从这三方面进行。

1. 扩散思维训练

扩散思维是创意思维的主要成分。通过一些有效的方法,对学生进行灵活新颖的扩散训练,有利于开发学生的创意思维。扩散思维训练主要采取以下方法。

(1) 材料扩散。以某个物品为扩散点,设想它的各种用途。例如,回形针的用途——做发夹用;代替领带的别针;拉开一端可以用来穿扎、画图、写字等。

(2) 功能扩散。以某种事物的功能为扩散点,设想出获得该功能的各种可能性。例如,怎样达到照明的目的——点油灯、开电灯、点蜡烛、用镜子反射太阳光、划火柴、开打火机、打手电筒、点火把等。

(3) 结构扩散。以某种事物的结构为扩散点,设想出利用该结构的各种可能性。例如,尽可能多地说出含圆形结构的东西名称并画出来:刚出山的太阳、乌龟、酒杯、眼镜、圆形的门、伞、草帽等。

(4) 形态扩散。以事物的形态为扩散点,设想出利用某种形态的各种可能性。例如,红颜色可以联想到什么东西——红灯、红旗、红墨水、红星、红印泥、口红等。

(5) 方法扩散。以人们解决问题或制造物品的某种方法为扩散点,设想出利用该种方法的各种可能性。例如,用"吹"的方法可以解决的问题——吹气球、吹灭烛火、吹肥皂泡、吹笛子、把热茶吹凉等。

(6) 组合扩散。从某事物出发,以此为扩散点,尽可能多地设想与另一事物联结具有新价值的各种可能性。例如,钥匙圈可同哪些东西组合在一起——同小刀组合、同指甲剪组合、同纪念章组合等。

(7) 因果扩散。以某事物发展结果或起因,设想出这一结果的原因或这一原因可能产生的结果。例如，推测"玻璃杯碎了"的原因——手没抓住掉落到地上碎了；冬天冲开水爆碎了；被动物撞倒砸碎了等。

(8) 语词扩散。说出一个词，让自己连接或造不同的句子，组成更多的词或句子。例如，学生——生活——活力——力量——量表——表扬——扬帆——帆船；用"大楼"一词造句，如"这座美丽的城市大楼林立""我家住在百货大楼旁边"等。

2. 摆脱习惯性思维训练

习惯性思维有时可能阻碍我们的思路，让我们想不到那个本来应该想到的问题，或者思路进入岔道，找不到正确的答案。摆脱习惯性思维的训练，被人称为"创造性思维的准备活动"。其真正意义是促使人们探索事物存在、运动、联系的各种可能性，从而摆脱思维的单一性，以免陷入某种固定不变的思维框架，使思维具有流畅、变通、灵活、独创等特性。

(1) 排除观念定势训练。排除观念定势训练目的在于：训练思考者对任何事都能考虑的各种可能性。例如，爸爸的衬衣纽扣掉进了已经倒入咖啡的杯子里，他连忙从咖啡里拾起纽扣，不但手不湿，连纽扣都是干的，他是怎样取出纽扣的？答案很简单，已经倒入的咖啡是固体粉末。在人们的观念里，总是以为咖啡就是一种液体饮料，而很少会想到它是"固体粉末"，进而导致解决问题的障碍。

(2) 排除"功能固定"训练。排除"功能固定"训练目的是防止思维刻板、僵化，打破思维定势倾向，停止盲目地"尝试错误"，从崭新角度思索问题的新意义。例如，在小韩的房间天花板上，悬挂两根长绳，两绳间距离五米，旁边的桌面上有些小纸条和一把剪刀。聪明的小韩却能站在两绳间不动，伸开双臂，两手各拉住绳子。你知道用的是什么办法吗？小韩是先用一根绳子把剪刀缚住，先用一只手抓住另一根绳子，等缚有剪刀的绳子摆到面前时，另一只手抓住过来的剪刀。剪刀，人们很少能想到用来当重锤。即人们只想到剪刀的"剪"的功能，很少能想到其他功用，使该问题无法解决。排除"功能固定"还可以通过列举事物用途加以训练。

(3) 核检表法训练。为了打破习惯性思维方式，这种技法要求人们把应该考虑的各个要点编成一个表格，进行发散思考时按表格内的要点逐一考虑，从中得到启示，从而提高产生创意思维的效率。

3. 缺点列举训练

缺点列举是一个极为重要的创造技法。对某事物存在的某个或某些缺点产生不满，往往是创造发明的先导。只要把列举出来的缺点想办法加以克服，那么就有所发明、有所创造。例如，尽可能多列举出玻璃杯的缺点：易碎、较滑、盛了开水时手摸上很烫、有小缺口会划破手、活动带在身边不方便等。

4. 愿望列举训练

人们对美好愿望的追求，往往成为创造发明的强大动力。例如，人们希望烧饭能自动控制，结果就发明了电饭锅。愿望列举就是对某个事物的要求——"如果是这样就好了"之类的想法列举出来。它不同于缺点列举，因为缺点列举是不离开物体的原型，愿望列举则是提出积极的希望，不仅仅是克服缺点，还可能产生更好的创意。例如，怎样的电视机才理想，写出你的愿望——看起来像立体的、具有每个人都可以分开看的装置、想看的频道节目会自动出现、能看到全世界的节目等。

5. 想象训练

训练想象力是培养和发挥创意思维的一种极好的方法，它能帮助人们从固定化的看法、想法中解放出来；使人们在思考、解决问题的过程中，学会大胆想象，敢于"异想天开"，创新进取。

第二节 创 新 思 维

创新思维是人们从事科学发明、创造革新及各种高效组织管理活动的思想前提，创新思维是创新活动中十分重要的智力要素。培养创新思维可以开发人的智力，尤其对青年大学生的成长、成才具有特殊的重要意义，是使大学生成为创新型人才不可缺少的重要途径。

一、创新思维的定义

创新思维是指在强烈的创新意识驱动下，创业者通过综合运用各种思维方式，对头脑中的知识、信息进行新的思维加工组合，形成新的观点、新的思想、新的理论的思维过程。换言之，凡是突破传统思维习惯，以另辟蹊径的方式解决问题的思维过程，就可以称为创新思维。如古代"田忌赛马"中孙膑帮助田忌善用自己的长处去对付对手的短处，从而在弱势中反败为胜的故事；如寓言故事"乌鸦喝水"中打破传统思维，通过开动脑筋终于喝到了水的喜悦的故事；如现代"共享经济"通过闲置资源的机构或个人有偿让渡资源使用权给他人，让渡者获取回报，分享者利用分享自己的闲置资源创造价值等，都是创新思维的体现。对于每个个体而言，其成长经历、成长环境、成长背景都会影响他的思维，从而影响行为，并最终决定创新素质和创新能力。

拓展阅读

基于"互联网+"下共享单车的创新思维运用

共享单车是指企业在校园、地铁站点、公交站点、居民区、商业区、公共服务区等提供自行车单车共享服务，是一种分时租赁模式。共享单车是一种新型共享经济。据第三方数据研究机构比达咨询预测：2017 年共享单车市场用户规模将呈现大幅增长，年底将达5000 万用户规模。以摩拜和 ofo 两家共享单车市场份额最大企业为例，共享单车的商业模式具备了创新思维。

1. 战略层面

战略层面描述了企业在产业链上的战略定位、目标市场和客户定位及如何建立并维持客户关系。①战略布局。战略布局侧重企业在产业链上的战略定位。互联网共享单车产业链为：自行车生产厂商→共享单车企业→智能终端→移动支付/GPS 定位等技术支持→用户。从产业链可以看出，对比于传统单车零售市场，共享单车从根本上改变了自行车产业链的固化思维：从出售单车到"出售"服务。而对比于政府主导下的有桩单车，"互联网＋"思维下的共享单车又引入了智能终端和移动支付/GPS 定位等技术支持两大环节，创新了传统自行车行业的商业模式。②客户层面。共享单车的目标市场主要为高校、地铁和小区，因此以高校学生和企业白领为主要目标客户。共享单车作为新兴的以健康、环保、便捷的出行方式为营销理念的商业模式，首先瞄准的自然是接受新兴事物能力较强的高校学生及上班族，从而慢慢渗透社会，向更广阔的潜在消费者市场进发。致力于建立并维护与终端消费者之间的良好客户关系，共享单车一改让客户承担消费者原有的被动接受角色，在平台上建立了反馈模式，消费者可以对功能异常的车辆进行反馈。同时，用户还可以举报共享单车乱停乱放、恶意损坏的行为，让消费者也承担起一部分监管者的角色。

2. 营运层面

营运模式则侧重结合企业内部人、财、物、信息等各大要素，这是商业模式的核心层面，而处理好与合作伙伴的关系，则是商业模式可持续发展的关键要素之一。①营运模式。核心定位技术：摩拜单车的智能锁，支持 3G、4G 网络与云端随时保持通信，利用 GPS 与北斗导航系统(BDS)能够在高楼林立的城市轻松锁定每辆单车，具备低速率、低能耗和高精确度物联网技术的特点。车辆监管平台：为了提高自身的核心竞争力，摩拜单车自主研发了"魔方"这一人工智能平台。该平台通过定位技术与大数据分析，记录了多种数据，包括人流量数据、车辆数据、城市骑行需求数据、智能推荐停放点数据、骑行分布数据以及环境数据，数千万用户积累的大量出行数据，可为未来智慧型城市的规划提供有价值的数据参考依据。②合作伙伴关系。自行车生产商：ofo 与富士达、凤凰等知名自行车制造商相继达成战略合作，加大单车生产规模。共享单车的流行，很大程度上激活了疲软的自行车市场，同时也推动了自行车行业的升级转型。第三方支付平台：在移动互联网普及下的今天，共享单车与第三方支付平台的合作是必然的，同时也是必不可少的。支付共享单车骑行一次 1～3 元的小额费用，通过线上的第三方支付平台能很便捷地完成，这一环节的加入使得共享单车这一产业链形成一个循环往复的闭环。

3. 经济层面

一个企业能持续经营的基本条件便是要能盈利，而对成本的控制是盈利至关重要的一环。①成本结构。共享单车从很大程度上改变了传统的单车成本结构。传统的政府置办的有桩式单车车站折旧和锁桩折旧的费用就已经占到了总成本的 86%，虽然使用年限有所增加，但高昂的固定成本及低频率的单车使用次数使得盈利几乎成为不可能。而共享单车省去了锁桩折旧和车站折旧的大笔费用，成本主要集中在人员运营成本和车身折旧上。②盈利模式。"用户即是财富"：摩拜单车这类面向大众的商业性轻租车(云骑车)模式，短期盈利的点并不是用户每次骑行后支付的 1～2 元费用(有的时候甚至是免费出行)，其未来真正盈利的立足点恰恰是它每天数千万的活跃用户。传统的企业往往把以各种渠道最大程度地销售生产出的产品当作盈利的手段，而在互联网思维盛行的今天，企业开发出的产品的使用用户本身就是企业最有价值的财富，这也是当今互联网巨头成功的原因。押金模式：大部分用户在使用共享单车前都要缴纳押金，骑行完毕后押金并不会主动退还给用户，用户可随时要求退款，但为了下次骑行方便，大部分用户还是会选择保留押金。目前共享单车覆盖了数千万的活跃用户，大额且稳定的押金规模使得金融投资成为盈利的重要手段。

(资料来源：骆秀. 基于"互联网+"思维共享单车的商业模式创新研究[J]. 全国流通经济，2017(11):7-8)

【点评】很多时候，突破既有的思维模式，从不同的角度看待同一件事物，其中也许有着看不到的机会和可能。在"互联网＋"思维的影响下，共享单车将传统单车行业的产业链进行创造性的整合，与移动互联网技术相结合，为自行车产业注入了新的生命力，共享单车的流行与发展都建立在该基础上。

二、创新思维的基本特征

创新思维是与常规思维相对应的一种思维。常规思维是人们根据已有的知识经验，按现成的方案和程序直接解决问题，表现出的是思维的重复与模仿。但创新思维不同，第一，在单位时间内产生新观念所分类型的多少，表明思维的发散程度；第二，产生的新观念稀有、新奇的程度越少见，表明思维越具备独创性；第三，呈现出严谨、缜密、系统和全面的特征。

概括来说，创新思维有以下特点。

(1) 发散性。创新思维是一种灵活多变的、开放发散的思维。它不依常规，寻求变异，对给出的材料、信息从不同角度，向不同方向，用不同方法或途径进行分析和解决问题。它不局限于某种固定的思维方式、程序和模式，当情况与条件发生变化时，表现为可以灵活地从一个思路转向另一个思路，从一个程序进去另一个程序，全方位多角度地解决问题。它可广泛应用于企业产品开发，如鹅的综合利用，除鹅肉外，它的毛还有许多用途：刁翎，可直接出售；窝翎，用于做羽毛球；尖翎，可做鹅毛扇；鹅绒可加工衣、被、枕等产品。此外，鹅血可以加工血粉做饲料添加剂，鹅胆可做胆膏原料，鹅胰可提炼药物，等等。

(2) 独创性。创新思维的独创性体现在面对问题时，创新者对事物具有浓厚的兴趣，善于求异求变，提出的观点新颖，别出心裁，能打破常规，不受习惯思维束缚。据说，篮球运动刚诞生的时候，篮板上钉的是真正的篮子。每当球投进的时候，就有一个专门的人踩在梯子上把球拿出来。为此，比赛不得不断断续续地进行，缺少激烈紧张的气氛。为了让比赛更顺畅地进行，人们想了很多取球方法，都不太理想。有位发明家甚至制造了一种机器，在下面一拉就能把球弹出来，不过这种方法仍没能让篮球比赛紧张激烈起来。终于有一天，一位父亲带着他的儿子来看球赛。小男孩看到大人们一次次不辞劳苦地取球，大惑不解：为什么不把篮筐的底去掉呢？一语惊醒梦中人，大人们如梦初醒，于是才有了今天我们看到的篮网样式。生活中许多时候，我们就需要这样一把剪刀，去剪掉那些缠绕我们的"篮筐"。

(3) 联动性。创新思维要求思维在空间和时间上处于一种联动、开放的状态，具有由此及彼的联动性和从已知推断未知、从现实把握未来的开放性。这种联动性可以表现为：①纵深思考，从现象到本质，遇到问题探究其产生的原因；②逆向思考，发现一种现象，从而想到其反面；③横向思考，能联想到与之相关的事物，以此表现出由浅入深、由表及里、由小及大的思维路径，从而获得新的认识和发现。

(4) 风险性。创新思维还是一种发现未知的思维方式，没有成功的经验可以借鉴，没有现成的套路可以模仿。因此，创造性思维的过程是非常艰难的求索过程，有时可能会无功而返，有时可能得出错误的结论，并不能确保每一次都获得成功。但是，即使结果是失败的，从认识论和方法论上来说，它依然有重要的实践和借鉴意义，它给后来的人们提供少走弯路的教训。因此，从哲学的角度来说，创新思维也是事物曲折性和前进性的统一。

创业贴士

我想要创业，但我不知道做什么项目？

我想要创业，但我不知道做什么项目？这是不少创业者面临的现实难题。产生创意或想法，是创业活动的关键环节。尽管拥有了创新的思维、伟大的想法，但是创业也不一定能成功。但如果产生的是平庸的想法，则更难成就大业。拥有创新思维，能产生好的 idea，是创业者最为关心的问题

在这里，我们要走出两个误区。第一，创新思维有助于产生创业的创意，如果一个人创新思维不突出，是不是就不能产生伟大的创意了？其实，创新思维对创意有着重要的促进作用，但仅靠创新思维并不足以形成伟大的创意，因为能转化为有价值机会的创意，除了新颖，还得具备商业上的可行性和想象力，这需要的是商业思维和技能。第二，产生创意是灵感的浮现，表面上看是偶然事件和随机过程，难以训练和学习。但是事实上，产生创意的瞬间，可以说是一种顿悟，顿悟的背后需要长期的观察和思考。

(资料来源：张玉利，杨俊，等. 创业管理行动版[M]. 北京：机械工业出版社，2017:54)

创业案例

共享 3 万个"最强大脑"

随着人工智能和大数据等技术的落地，数据化转型便是各大科技、金融公司亟须解决的问题。据了解，一家公司要对特定业务做数据分析，至少需要 4~6 名工程师，花费几个月时间和数百万的资金才能完成。这无疑是一笔不小的投入，项目成效也有很大的不确定性。

科赛网是一家通过数据建模竞赛为企业提供数据顾问服务的公司。该公司还推出 K-Lab 系统，旨在帮助数据分析师提高工作效率，降低客户投入成本。目前，平台社区拥有 3 万余名数据分析师和科学家，已为百度、拍拍贷、携程、平安、招商银行等企业提供服务。2017 年年中，公司获得翊翎资本和线性资本的联合投资，并于 2017 年年底入选百度加速器明星企业，与百度建立深度合作。

这家公司最开始是从上海交大男学霸宿舍起步，2014 年 9 月，范向伟收到了数学建模竞赛的成绩——二等奖。这是范向伟和室友三天三夜不眠不休换来的竞赛成果，他觉得这个成绩"还不错"，名次在总参与人数中排前 10%。这次的竞赛题目也很有意思，用数据模型为中国人提供一份食谱。不同的食物对应不同的营养成分，此外还涉及粮食结构、农

业生产等方面。所以这不仅是一个营养学问题，还是一个关于农业进出口、粮食安全的经济学问题。而且最重要的是，"你还得考虑这份食谱好不好吃"。

范向伟参与竞赛时，除了兴奋外，他还有一分意外：抽象的数学在生活中还能解决如此有意思的现实问题。这和他此前的调研形成了鲜明对比。根据他的调研：数学系毕业生在工作中运用数学知识的比例不到 5%。"也正由于'不接地气'，大学四年间同学们对数学的兴趣越来越小。"这让范向伟更加坚定了创业方向——创办一家专门承办和组织数学竞赛的平台。C 端的数据为这一想法提供了支持：每年参加数学建模竞赛的学生，仅上海交大就有 2000 余人。"大部分理工科生有接近一半的学业时间都在学习各类数学课程，而且我们调研发现，数学建模竞赛也被同学们认为是对学业和求职帮助最大的经历之一。" 2014 年寒假，数学建模竞赛网站科赛网第一版在范向伟和 3 名联合创始人的宿舍诞生。

(资料来源：http://www.yidianzixun.com/0IqJu2uz)

三、大学生创新思维的训练方法

思维能力的训练是一种有目的、有计划、有系统的教育活动。人的天性对思维能力具有影响力，但后天的教育与训练对思维能力的影响更大、更深。思维并非神秘之物，尽管看不见、摸不着、来无影，去无踪，但它却是实实在在，有特点、有品质的普遍心理现象。创新思维能力的训练主要目的是改善思维品质，提高思维能力，可以从以下五个方面进行训练。

(一) 属性列举法

属性列举法(attribute listing technique)，也称特性列举法，是美国尼布拉斯加大学的克劳福德(Robert Crawford)教授于 1954 年所提倡的一种著名的创新思维策略。此法强调使用者在创造的过程中观察和分析事物或问题的特性或属性，然后针对每项特性提出改良或改变的构想。将决策系统划分为若干个子系统(即把决策问题分解为局部小问题)，并把它们的特性一一列举出来。将这些特性加以区分，划分为概念性约束、变化规律等，并研究这些特性是否可以改变，以及改变后对决策产生的影响，研究决策问题的解决方法。此法的优点是能保证对问题的所有方面全面地研究。

具体的做法为：第一，将物品或事物分为下列三种属性：名词属性(全体、部分、材料、制法)、形容词属性(性质、状态)、动词属性(功能)；第二，进行特征变换；第三，提出新产品构想，依变换后的新特征与其他特征组合可得到一个新产品。

把事物的特性分为名词特性、动词特性和形容词特性三大类，并把各种特性列举出来，从这三个角度进行详细的分析，然后通过联想，看看各个特性能否加以改善，以便寻找新的解决问题的方案。该法简单，既适用于个人，也适用于群体。

(二) 六项思考帽

六项思考帽是英国学者爱德华·德·博诺(Edward de Bono)博士开发的一种思维训练模式，或者说是一个全面思考问题的模型。它提供了"平行思维"的工具，避免将时间浪费在互相争执上。强调的是"能够成为什么",而非 "本身是什么",是寻求一条向前发展的路,而不是争论谁对谁错。运用德·博诺的六项思考帽,将会使混乱的思维变得更清晰,使团体中无意义的争论变成集思广益的创造,使每个人变得富有创造性。

所谓六项思考帽,是指使用六种不同颜色的帽子代表六种不同的思维模式。任何人都有能力使用以下六种基本思维模式。

(1) 白色思考帽。白色是中立而客观的。戴上白色思考帽,人们思考的是关注客观的事实和数据。

(2) 绿色思考帽。绿色代表茵茵芳草,象征勃勃生机。绿色思考帽寓意创造力和想象力,它具有创造性思考、头脑风暴、求异思维等功能。

(3) 黄色思考帽。黄色代表价值与肯定。戴上黄色思考帽,人们从正面考虑问题,表达乐观的、满怀希望的、建设性的观点。

(4) 黑色思考帽。戴上黑色思考帽,人们可以运用否定、怀疑、质疑的看法,合乎逻辑地进行批判,尽情发表负面的意见,找出逻辑上的错误。

(5) 红色思考帽。红色是情感的色彩。戴上红色思考帽,人们可以表现自己的情绪,还可以表达直觉、感受、预感等方面的看法。

(6) 蓝色思考帽。蓝色思考帽负责控制和调节思维过程。它负责控制各种思考帽的使用顺序,规划和管理整个思考过程,并负责做出结论。

六项思考帽是平行思维工具,是创新思维工具,也是人际沟通的操作框架,更是提高团队智商的有效方法。六项思考帽是一个操作简单、经过反复验证的思维工具,它给人以热情、勇气和创造力,让每一次会议、每一次讨论、每一份报告、每一个决策都充满新意和生命力。这个工具能够帮助人们:提出建设性的观点;聆听别人的观点;从不同角度思考同一个问题,从而创造高效能的解决方案;用"平行思维"取代批判式思维和垂直思维;提高团队成员的集思广益能力,为统合综效提供操作工具。

创业贴士

六项思考帽的运用

在团队应用当中,最大的应用情境是会议,这里特别是指讨论性质的会议,因为这类会议是真正的思维和观点碰撞、对接的平台,而我们在这类会议中难以达成一致,往往不是因为某些外在的技巧不足,而是从根本上对他人观点的不认同造成的。在这种情况下,六项思考帽成为特别有效的沟通框架。所有人要在蓝帽的指引下按照框架的体系组织思考和发言,不仅可以有效避免冲突,而且可以就一个话题讨论得更加充分和透彻。所以,会议中应用六项思考帽不仅可以压缩会议时间,也可以加强讨论的深度。

以下是一个六项思考帽在会议中的典型的应用步骤:

(1) 陈述问题(白帽)。

(2) 提出解决问题的方案(绿帽)。

(3) 评估该方案的优点(黄帽)。

(4) 列举该方案的缺点(黑帽)。

(5) 对该方案进行直觉判断(红帽)。

(6) 总结陈述,做出决策(蓝帽)。

除此以外,六项思考帽也可以作为书面沟通的框架,例如,用六项思考帽的结构来管理电子邮件,利用六项思考帽的框架结构来组织报告书、文件审核,等等。除了把六项思考帽应用在工作和学习当中,在家庭生活当中使用六项思考帽也经常会取得某些特别的效果。

(三) 头脑风暴法

头脑风暴法是由美国创造学家 A. F. 奥斯本于 1939 年首次提出、1953 年正式发表的一种激发性思维的方法。在群体决策中,由于群体成员心理相互作用影响,易屈于权威或大多数人意见,形成所谓的"群体思维"。群体思维削弱了群体的批判精神和创造力,损害了决策的质量。为了保证群体决策的创造性,提高决策质量,管理上发展了一系列改善群体决策的方法,头脑风暴法是较为典型的一个。

头脑风暴何以能激发创新思维?根据 A. F. 奥斯本本人及其他研究者的看法,主要有以下几点:第一,联想反应。联想是产生新观念的基本过程。在集体讨论问题的过程中,每提出一个新的观念,都能引发他人的联想,相继产生一连串的新观念,产生连锁反应,形成新观念堆,为创造性地解决问题提供了更多的可能性。第二,热情感染。在不受任何限制的情况下,集体讨论问题能激发人的热情。人人自由发言、相互影响、相互感染,能形成热潮,突破固有观念的束缚,最大限度地发挥创造性的思维能力。第三,竞争意识。在有竞争意识的情况下,人人争先恐后,竞相发言,不断地开动思维机器,力求有独到见解,新奇观念。心理学的原理告诉我们,人类有争强好胜心理,在有竞争意识的情况下,人的心理活动效率可增加 50%或更多。第四,个人欲望。在集体讨论解决问题过程中,个人的欲望自由,不受任何干扰和控制,是非常重要的。头脑风暴法有一条原则,不得批评仓促的发言,甚至不许有任何怀疑的表情、动作、神色。这就能使每个人畅所欲言,提出大量的新观念。

头脑风暴法又可分为直接头脑风暴法(通常简称为头脑风暴法)和质疑头脑风暴法(也称反头脑风暴法)。前者是在专家群体决策时尽可能激发创造性,产生尽可能多的设想的方法,后者则是对前者提出的设想、方案逐一质疑,分析其现实可行性的方法。

头脑风暴流程为以下内容。

(1) 会前准备:落实参与人、主持人和课题任务,必要时可进行柔性训练。

(2) 设想开发:由主持人公布会议主题并介绍与主题相关的参考情况;突破思维惯性,大胆进行联想;主持人控制好时间,力争在有限的时间内获得尽可能多的创意性设想。

(3) 设想的分类与整理:一般分为实用型和幻想型两类。前者是指如今技术工艺可以实现的设想,后者指如今的技术工艺还不能完成的设想。

(4) 完善实用型设想:对实用型设想,用头脑风暴法去进行论证、进行二次开发,进一步扩大设想的实现范围。

(5) 幻想型设想再开发：对幻想型设想，用头脑风暴法进行开发，通过进一步开发，有可能将创意的萌芽转化为成熟的实用型设想。这是头脑风暴法的一个关键步骤，也是该方法质量高低的明显标志。

(四) 逆向思维法

逆向思维法是指从事物的反面去思考问题的思维方法，这种方法常常使问题获得创造性的解决。例如，印度有一家电影院，常有戴帽子的妇女去看电影，帽子挡住了后面观众的视线。大家请电影院经理发个场内禁止戴帽子的通告。经理摇摇头说："这不太妥当，只有允许她们戴帽子才行。"大家听了，不知何意，感到很是失望。第二天，影片放映之前，经理在银幕上映出了一则通告："本院为了照顾衰老有病的女客，可允许她们照常戴帽子，在放映电影时不必摘下。"通告一出，所有女客都摘下了帽子。

逆向思维法有以下三大类型。

(1) 反转型逆向思维法。这种方法是指从已知事物的相反方向进行思考，产生发明构思的途径。"事物的相反方向"常常从事物的功能、结构、因果关系三个方面做反向思维。比如，市场上出售的无烟煎鱼锅就是把原有煎鱼锅的热源由锅的下面安装到锅的上面。这是利用逆向思维，对结构进行反转型思考的产物。

(2) 转换型逆向思维法。这是指在研究问题时，由于解决这一问题的手段受阻，而转换成另一种手段，或转换思考角度，以使问题顺利解决的思维方法。例如，历史上被传为佳话的司马光砸缸救落水儿童的故事，实质上就是一个用转换型逆向思维法的例子。由于司马光不能通过爬进缸中救人的手段解决问题，因而他就转换为另一手段，破缸救人，进而顺利地解决了问题。

(3) 缺点逆向思维法。这是一种利用事物的缺点，将缺点变为可利用的东西，化被动为主动、化不利为有利的思维发明方法。这种方法并不以克服事物的缺点为目的，相反，它是将缺点化弊为利，找到解决方法。例如，金属腐蚀是一种坏事，但人们利用金属腐蚀原理进行金属粉末的生产，或进行电镀等其他用途，无疑是缺点逆用思维法的一种应用。

(五) 检核表法

检核表法是由美国创新技法之父亚历克斯·奥斯本提出，它是根据需要研究的对象之特点列出有关问题，形成检核表，然后一个一个地来核对讨论，从而发掘出解决问题的大量设想。它引导人们根据检核项目的一条条思路来求解问题，以利求比较周密地思考。

其基本做法是：首先，选定一个要改进的产品或方案；其次，面对一个需要改进的产品或方案，或者面对一个问题，从下列角度提出一系列的问题，并由此产生大量的思路；最后，根据第二步提出的思路，进行筛选和进一步思考、完善。

其实施步骤如下：

(1) 根据创新对象明确需要解决的问题。

(2) 根据需要解决的问题，参照表中列出的问题，运用丰富想象力，强制性地一个个核对讨论，写出新设想。

(3) 对新设想进行筛选，将最有价值和创新性的设想筛选出来。

在实施过程中要注意的是：

(1) 要联系实际一条一条地进行核检，不要有遗漏。

(2) 要多核检几遍，效果会更好，或许会更准确地选择出所需创新、发明的方面。

(3) 在检核每项内容时，要尽可能地发挥自己的想象力和联想力，产生更多的创造性设想。进行检索思考时，可以将每大类问题作为一种单独的创新方法来运用。

(4) 核检方式可根据需要，一人核检也可以，3~8 人共同核检也可以。集体核检可以互相激励，产生头脑风暴，更有希望创新。

第三节 课后习题

一、名词解释

创意　创意思维　创新思维　广阔性　独创性　敏捷性　发散性　联动性
扩散思维　习惯性思维　缺点列举　愿望列举　属性列举法　六项思考帽
头脑风暴法　逆向思维法　检核表法

二、简答

1. 如何辨析创意与创新、创业的区别与联系？
2. 创意思维的定义是什么？
3. 创意思维培养的原则是什么？
4. 创意思维的训练方法有哪些？
5. 创新思维的定义是什么？
6. 创新思维的训练方法有哪些？

三、案例分析

不认字的老干妈有创新精神吗

她没上过一天学，只认得自己的名字，没有任何的财务知识，但她喜欢钻研，记忆力也惊人，不畏艰难，执着于想做的事情，对现金近乎偏执地重视，绝不涉足自己不熟悉的领域，每一次迈出扩张的脚步都慎之又慎。2012 年，她以 36 亿身家登上胡润中国富豪榜。她，就是老干妈陶华碧。

陶华碧出生在贵州省湄潭县一个偏僻的山村。由于家境贫穷，从小到大没读过一天书。1989 年，陶华碧用省吃俭用积攒下来的一点钱，在贵阳市南明区龙洞堡的一条街边，用四处捡来的砖头盖起了一间房子，开了个简陋的餐厅，取名"实惠餐厅"，专卖凉粉和冷面。

为了佐餐，她特地制作了麻辣酱，专门用来拌凉粉，结果生意十分兴隆。有一天早晨，陶华碧起床后感到头很晕，就没有去菜市场买辣椒。谁知，顾客来吃饭时，一听说没有麻辣酱，转身就走。这件事对陶华碧的触动很大，她一下就看准了麻辣酱的潜力，从此潜心研究起来。经过几年的反复试制，陶华碧制作的麻辣酱风味更加独特。很多客人吃完凉粉后，还买一点麻辣酱带回去，甚至有人不吃凉粉却专门来买她的麻辣酱。后来，她的凉粉生意越来越差，可麻辣酱却供不应求。

1996年7月，陶华碧租借南明区云关村委会的两间房子，聘请了40名工人，办起了食品加工厂，专门生产麻辣酱，定名为"老干妈麻辣酱"。大批麻辣酱生产出来后，当地的凉粉店根本消化不了，陶华碧又亲自背着麻辣酱，送到各食品商店和单位食堂进行试销。没想到，这种笨办法效果不错。不到一周时间，试销商纷纷来电，让她加倍送货。结果，她的"老干妈麻辣酱"很快就在贵阳市站稳了脚跟。这时，陶华碧扩大规模，把工厂办成了公司。

1997年8月，贵阳南明老干妈风味食品有限责任公司成立，工人增加到200多人。公司成立后，陶华碧的长子李贵山辞去"铁饭碗"回来帮母亲经营。1998年，在李贵山的帮助下，陶华碧制定了"老干妈"的规章制度。虽然规章制度非常简单，只有一些诸如"不能偷懒"之类的句子，更像是长辈的教诲而非员工必须执行的制度。但是在对内管理上，陶碧华有自己的独门绝招——亲情化管理。

公司2000多名员工，她能叫出60%的人名，并记住了其中许多人的生日，每个员工结婚她都要亲自当证婚人。除此之外，陶华碧还一直坚持她的一些"土原则"：隔三岔五地跑到员工家串门；每个员工的生日到了，都能收到她送的礼物和一碗长寿面加两个荷包蛋；有员工出差，她像送儿女远行一样亲手为他们煮上几个鸡蛋，一直送到他们出厂坐上车后才转身回去。真情，使公司员工们拧成一股绳，为"老干妈麻辣酱"的迅速发展拼搏起来。

公司发展到这个程度后，陶华碧渐渐感觉到产品的对外销售成了大问题。可是，她既不懂什么营销策略，也不懂什么广告策划，甚至连名片都不使用，又怎么开拓市场，争取新客户呢？陶华碧知道自己的劣势，但也坚信条条大路通罗马。只要找到土办法，她照样能做大买卖。可是用什么土办法呢？通过分析对内管理的成功，她觉得对内对外都是与人打交道，都要讲感情。对内，这感情要体现在"真"上；对外，这感情恐怕就要体现在"诚"字上了。只要你赚钱，也保证让别人赚钱；不坑人，不骗人，愿意与你合作做生意的就多，你就能搞好销售。

2001年年初，广州有个销售商把年销售"老干妈麻辣酱"的目标定到了3000万元。陶华碧觉得这目标太高，很难实现，就半开玩笑地说："你如果真实现这个目标，我年终就奖你一辆轿车！"销售商听了也没怎么当真，他知道陶华碧特别节俭——她当了这么大的老板，自己却一直连轿车都不配，平时出门办事大多去挤公汽、中巴，即使是去税务所交税，也是兜里揣上作为中餐的两个馒头，坐着农用车往返，她怎么会舍得奖外人轿车呢？可到了年终，销售商真的完成了3000万元的销售额。这时，陶华碧表态了："人要讲信用，说出去的话就像泼出去的水，不负责任怎么取信于人？"她力排众议，奖了这位销售商一辆捷达轿车。这事传开后，销售商们都感叹道："还是'老干妈'最讲诚信啊！对她这样的人，谁还会忍心骗她！"

凭着诚信，陶华碧在同行中赢得了广泛的信誉，企业不断壮大，品牌广为人知，利润逐年增加。有些人眼红了，一时间，全国各地的市场上竟然每年都有 50 多种假冒的"老干妈"！陶华碧终于对这事不再"讲感情"了，开始花大力气打假。她派人四处卧底调查，但假冒的"老干妈"就像韭菜一样，割了一茬又一茬，她大声疾呼："我才是真正的'老干妈'！"但湖南的一家"老干妈"却继续我行我素。陶华碧不依不饶地与湖南这家"老干妈"打起了官司，一打就是 3 年！最终，陶华碧的"老干妈"打败了湖南的"老干妈"。这一回，陶华碧吃一堑、长一智，2003 年 5 月，她的"老干妈"获得了国家商标局的注册证书。

今天的老干妈依然不是上市公司，不愿意从银行贷款，陶华碧坚持认为不拖欠国家一分一厘，这才是做企业。老干妈没有国债，不欠国家税收，也没有贷款，贴息贷款也都不要，干干净净，一身清白，该赚的钱就赚，不干净的钱不要。

陶华碧说："我也不欠员工一分钱，拖欠一分钱我都睡不着觉。和代理商、供货商之间也互不欠账，收购农民辣椒，或者把辣椒酱卖给经销商，永远是现款现货。我不欠你的你也别欠我的，我用我的质量保证我的市场。对顾客，从原材料到每一道工艺，我们都认认真真去做，保证质量。我教育儿子好生做人、好生经商。千万不要入股、控股、上市、贷款，这四样要保证子子孙孙做下去。"

问题：

1. 老干妈案例中，她在哪些方面体现了创新精神？请结合技术创新、产品创新、品牌创新、服务创新、组织创新、市场创新、渠道创新、商业模式创新等维度写下你的思考。

2. 在手工作坊阶段，老干妈最重要的创新体现在哪个领域？

3. 在小企业阶段，老干妈最重要的创新体现在哪个领域？

4. 在正规化公司阶段，老干妈最重要的创新体现在哪个领域？

四、实训题

聚焦我国民用无人机的使用

无人机是全球新一轮科技革命和产业革命的热点，其产业发展关乎国家利益、公民权益。由于无人机具有成本相对较低、无人员伤亡风险、生存能力强、机动性能好、使用方便等特征，特别是在许多复杂、危险的空中活动中更具备独特优势，在影视航拍、传统农林业、工业作业、灾害救援、公共安全及消费娱乐领域得到广泛应用。无人机代表着未来通用航空业的发展方向，将成为中国经济增长的新动力。

(资料来源：http://uav.huanqiu.com/hyg/2017-09/11232936.html)

请思考以下问题：近年来，无人机技术在我国民用领域的应用范围不断扩大，行业迅速发展的同时也暴露出很多问题。如有报道称，有无人机用户近距离拍摄民航客机飞行的视频，严重威胁客机的飞行安全。请针对人们热议的无人机监管和飞行安全的问题，以小组为单位讨论，无人机企业该如何在不侵犯顾客的隐私及侦用权限的情况下避免这类问题的发生，头脑风暴出至少 3 个富有创造性的解决方案。

第四章

创业机会和创业风险

【本章提要】

通过对本章的学习，了解创业机会的概念及识别、评估、筛选方法；认识商业模式的概念及内在结构，掌握商业模式的设计策略；掌握创业风险的特点和分析方法、创业风险的类别及其应对策略。

【学习重点和难点】

学习重点：创业机会的识别方法；大学生创业风险的路径选择；创业风险的特征、分类及管理流程与方法。

学习难点：商业模式的设计策略；大学生创业风险分析。

引导案例

用积极的心态去发现创业机会

经常听到一些想创业的朋友这样抱怨："别人机遇好，我运气不好，没有机遇。""我要是早几年做就好了，现在做什么都难了。"这都是误解，其实机遇无处不在，就看你能不能识别它。

大家都知道牛仔裤的发明人是美国的李维斯。当初他跟着一大批人去西部淘金，途中一条大河拦住了去路，许多人感到愤怒，但李维斯却说"棒极了"。他设法租了一条船给想过河的人摆渡，结果赚了不少钱。不久摆渡的生意被人抢走了，李维斯又说"棒极了"。因为采矿出汗，饮用水很紧张，于是别人采矿他卖水，又赚了不少钱。后来卖水的生意又被抢走了，李维斯又说"棒极了"。因为采矿时工人跪在地上，裤子的膝盖部分特别容易磨破，而矿区里却有许多被人丢弃的帆布帐篷，李维斯就把这些旧帐篷收集起来洗干净，做成裤子，销量很好，"牛仔裤"就是这样诞生的。李维斯将问题当作机会，最终实现了致富梦想，得益于他有一种乐观、开朗的积极心态及细致的观察力。

著名成功学大师拿破仑·希尔说："一切成功，一切财富，始于意念。"一切想创业的朋友，如果你暂时还没发现机会或抓住机会，不要怨天怨地怨人，先想一想自己的态度是否积极，思想观念、思维方式是否正确？

(资料来源: http://www.u88.com/article/20151230-1055159.html)

思考：李维斯为什么能够发现创业机会？他成功的主要原因是什么？

第一节 创 业 机 会

马克·吐温曾经说过："我极少能看到机会，往往在我看到机会的时候，它已经不再是机会了。"作为创业者，最可贵的在于发现其他人看不到的机会，并迅速采取行动，把握创业机会创造价值。这是对"一个有准备的头脑"的一种"回报"，一个成功的创业者能够在众多的创业机会中选择适合自己的进行创业，所以必须弄清楚以下问题：创业机会在哪里？怎样识别？如何评价？

一、创业机会的含义和特征

(一) 创业机会的含义

随着经济和科学技术的快速发展，会给各行各业带来良机，人们透过这些变化，就会发现能够实现自己创业梦想的机会。

创业机会主要是指具有较强吸引力的、较为持久的、有利于创业的商业机会。创业者据此可以为客户提供有价值的产品或服务，同时使创业者自身获益，实现自己的创业目标。创业机会营造出对新产品、新服务或新业务需求的有利环境。

(二) 创业机会的特征

有的创业者认为自己有很好的想法和点子，对创业充满信心。有想法、有点子固然重要，但是并不是每个大胆的想法和新异的点子都能转化为创业机会，许多创业者因为仅仅凭想法去创业而失败了。那么如何判断一个好的商业机会呢？

《21 世纪创业》的作者杰夫里·A. 第莫斯教授提出，好的商业机会有以下四个特征：

(1) 它很能吸引顾客。

(2) 它能在你的商业环境中行得通。

(3) 它必须在机会之窗存在的期间被实施(机会之窗是指商业想法推广到市场上去所花的时间。若竞争者已经有了同样的思想，并把产品已推向市场，那么机会之窗也就关闭了)。

(4) 你必须有资源(人、财、物、信息、时间)和技能才能创立业务。

二、创业机会的分类

在创业实践中，创业机会主要分为以下三种。

(一) 显性机会

显性机会是指在目前的市场上存在着明显的没有被满足的现实需求，这往往是人所共知共识的机会。例如，随着我国老龄化程度的进一步加剧，老年人市场的需求将显著增加，这就是显性机会。

（二）隐性机会

现有的产品种类未能满足的或尚未完全为人们意识到的隐而未见的需求，就是潜在的市场机会，称为隐性机会。要发现和识别隐性机会比识别显性机会需要更多的判断力和行业经验。另外，隐性机会是通过识别征兆而来的，创业者要能在变化的因素中发现代表未来趋势的征兆，具有创新意识的创业者往往具有对未来趋势准确把握的能力。例如，一次武汉举办足球比赛，一位卖雨伞的批发商早晨听天气预报说下午会有暴雨，于是，他准备了许多雨伞，中午就在球场附近搭台。果然，那天早上天气还很好，下午天色突变，因为这位批发商做了准备，他的雨伞卖得特别好。

（三）突发机会

在现实生活中，有时会有一种突发的变化造成一种不平衡，由此而带来一个新的创业机会，我们把它叫作突发机会，德鲁克把它叫作意外机会。它是指一种由外部的突发性变化而带来的机会，但这种机会往往也是转瞬即逝的。例如，我国在"非典"时期，一些中药材市场的销售出现了井喷式增长。

三、创业机会的来源

我国学者在学习和借鉴国外研究成果的基础上，总结了我国的创业实践，认为当今我国创业机会来源主要有以下七个方面。

（一）顾客需求

创业的根本目的是满足顾客需求，而顾客需求在没有满足前就是问题。例如，大学生难以处理不用的书籍，于是有了二手书市场；有一位大学生发现学生放假时有交通难的问题，于是创办了一家客运公司，专做大学生的生意。这些都是从"负面"寻找机会的例子，寻找创业机会的重要途径是善于发现和体会人们在需求方面的问题或生活中的难处。在顾客需求没有满足前就是问题，把"问题"解决了，就可转化为创业的机会。

菲利普·科特勒教授提出："市场营销的一个根本前提就是分析市场需求，然后基于市场需求生产制造出自己的产品。"创业是否成功，就在于能不能发现潜在需求，并将满意和愉悦及时奉送给有这些需求的人们。找出盲点，需要敏锐的眼光和创新的灵感；找出热点中的热点，财富就离你不远了。

案例

许多人都曾有过打嗝不止的苦恼，因此数百年来人类发明了无数个有望止嗝的民间偏方，却总是治标不治本。不过，这个苦苦困扰人类的问题有可能要被美国康涅狄格州一名年仅13岁的女孩解决了。据美国媒体报道，凭借自己发明的"止嗝棒棒糖"，还在申请高中入学的小女孩马洛里·基辅曼已经成立了一家公司，并亲自担任首席执行官(CEO)和研发负责人。

事实上，马洛里曾多次遭遇打嗝不止的窘境，并尝试了包括吞盐水、倒立喝水、咽白糖和灌腌黄瓜汁在内的多种据传非常有效的止嗝方法，但都不见效。于是，马洛里开始立志研究出一种能够快速止嗝的配方。后来，在试验了近 100 种止嗝方法后，马洛里从中挑出了 3 种她认为最快速、最有效的方法——白糖、苹果醋和棒棒糖，并将它们融合起来，在自家厨房配制出了一款独特的"止嗝棒棒糖"。

(资料来源：http://finance.chinanews.com/life/2012/05-07/3868046.shtml)

(二) 市场变化

在市场上，唯一不变的规律就是变化。创业的机会大都产生于不断变化的市场环境中，环境变化了，市场需求、市场结构必然发生变化。创业者应当积极寻找这种变化，把它转化为商机。世界著名的管理学大师彼得·德鲁克将创业人定义为那些能够寻找变化并积极反应，把它当作机会并充分利用的人。例如，居民收入水平提高，私人轿车的拥有量将不断增加，这就会派生出汽车销售、修理、配件、清洁、装潢、二手车交易、陪驾等诸多创业机会。

案例

小熊是典型的 80 后，富有勇往直前的精神。大学毕业后，小熊和妻子开始了第一次创业，开办了几家网吧。前些年，网吧的效益还不错，但是近几年随着网络的普及化，家家户户基本上都有电脑，生意越来越难做。最后经两个人商量后，决定将几家网吧整合一下，想做一些其他的生意。此时，恰好有朋友问他们为什么不开一家服装厂呢？于是，他们开了一家成人服装店。现在由于放开了第二胎，小熊又开始做婴幼儿服装。婴幼儿服装利润好，价格高，加工简单，已成为小熊公司里最重要的利润来源。

(三) 他人经验

从别人的成功经验中寻找创业灵感，往往能找到不一样的商机。虽说成功者的经验不能放之四海皆准，但一个人的成功必然是诸多因素集结而成的，借鉴其中的长处，必然比毫无头绪、乱闯乱撞要可行得多。学习成功者的长处和优点，可使创业者的视野更加开阔，思路更为清晰明了。

案例

小文是一个回家乡创业的大学生，一次偶然机会，他听说水蛭(俗称蚂蟥)是一种很好的中药材，价格高，市场机会好，而他所在地具有丰富的水资源，蚂蟥资源相对丰富。于是他开始养起了水蛭，水蛭养殖的人比较少，繁殖是一个难题。为了攻克这些难题，小文走过很多地方，也咨询了许多养殖专家。后来，小文的水蛭养殖取得了巨大成功，也带动了当地许多农民一起来创业，增加了农民收入。

(四) 创造发明

知识经济的一个重要特征就是信息爆炸，技术不断更新换代，这些都蕴藏着大量的商机。我们可以通过"知本+资本"的方式发展企业，知本指的是大学生创业者所具备的某一专业、技术特长或成功研制的一项新产品、新工艺，资本指的是投资者的风险投资。这种创业方式主要集中于电子信息、生物技术、高科技农业等技术含量高、知识密集型的行业。比如，有个大学生回家乡创业养鱼，他发现养鱼一个重要的工作是喂食，人工喂食工作很辛苦，效果也不好。于是，他利用自己所学的专业知识，发明了一款全自动喂食机，目前这款机器已实现了产业化。

(五) 细节

在被别人忽略的细节中，往往蕴含着创业机会，如果你时刻留心，你就会比别人更成功。任何一项事物都不可能完美无缺，而任何一项新奇的事物都是一扇创业的大门，如何从不起眼的小事中发掘出重要的商机，你需要耐心、细心并敢于联想。例如，有个大学生发现每年大学开学，一年级的学生都要参加军训，军训结束后，大量的军训服都会被遗弃，于是，他成立了一家专门回收军训服的公司，通过低价买进军训服，然后卖给一些农民工、建筑工等，赚取差价，取得了不错的效益。

(六) 市场竞争

通过市场调查，如果你看出了同行业竞争对手的问题，并能弥补竞争对手的缺陷和不足，这就将成为你的创业机会。因此，平时做个有心人，多了解周围竞争对手的情况，分析出与你有相同服务的竞争对手的优点和缺点，好的要学习和再提高，不好的就要在自己的项目中弥补这些不足，同时看看自己能否做得更好，能否提供更优质的产品，能否提供更周全的服务，如果可以，你也许就找到了创业机会。

(七) 新知识、新技术的产生

一些新知识和新技术的产生，也为创业者提供了创业的机会。例如，现在的手机不仅能打电话、短信、彩铃、上网、照相等功能纷纷出现，这些功能的市场需求，就给拥有这种技术的人提供了市场创业机会，于是就有了利用短信、彩铃、上网等功能来创业的人，有人把它称为"拇指经济"，这一切都来源于新知识和新技术的产生。例如，南京的几个大学生，在手机平台上开发出一款找厕所的软件，该软件实际上最核心的部分就是制作城市厕所地图，这给一些外地人带来了便利。

案例

20秒充满一部手机的"超级充电器"

据英国《每日邮报》报道，来自加利福尼亚州萨拉托加市林布鲁克中学的18岁印度裔女中学生伊莎·卡瑞，凭借自己发明的神奇充电器获得了5万美元大奖。这种"超级电容器"规格很小，据称仅需 20 秒左右就可以充满一部手机，且能长时间保存电量，让充电设备的使用时间更长。

卡瑞只在发光二极管上运用过该充电器，但她预见未来这一发明将可以用于手机、汽车或任何使用重复充电电池的设备。热爱纳米化学的卡瑞在这一发明上充分运用了纳米技术，保证其迷你规格，且能够循环使用上万次，是普通充电电池的 10 倍以上。卡瑞在接受采访时表示："我的手机总是会因为电量不足而关机。"正是这种烦恼成为她研究充电技术的动机。

卡瑞补充说："这种超级充电装置很小，而且很灵活柔韧，可以用在服装或织物等当中。从这些方面来说，它比电池拥有更多不同的应用和优点。"卡瑞小小年纪就取得了这么了不起的成就，解决了不少跨国公司都在研究的技术难题，这不仅为相关产业领域提供了大量的创业机会，而且给她自己带来了很多的机遇。

据悉，卡瑞已被美国著名学府哈佛大学录取，当年 9 月将前往哈佛就读，继续她的科学研究。谷歌公司也正就卡瑞所采用的技术与她积极接触，双方有望展开紧密合作。

（资料来源：http://news.sina.com.cn/w/2013-05-20/143527174522.shtml）

【分析】新知识、新技术的出现已经大大改变了企业间的竞争手段和模式，也使得拥有新知识、新技术的人发现和利用机会的能力大大提高，从而激增了创业机会的出现。近年来，移动互联网、3D 打印、云计算、纳米技术等新技术带来了无限的创业机会。

四、创业机会识别的重要性

机会是具有时间性的有利情况。机会也是一个过程，是一个从开始时未成型但随着时间段的推移变得成熟的过程。创业机会，也称商业机会或市场机会，主要是指具有较强吸引力的、较为持久的、有利于创业的商业机会。创业者据此可以为客户提供有价值的产品或服务，并同时使创业者自身获益。管理学大师德鲁克指出，能使现有资源的财富生产潜力发生改变的任何事物都足以构成创业机会。

创业者在创业的过程中，识别机会并将其转化为成功的企业是非常重要的一步。机会识别是创业过程的起点，也是创业过程中一个重要的阶段。许多好的商业机会并不是突然出现的，而是对于"一个有准备的头脑"的一种"回报"，或是当一个识别市场机会的机制建立起来之后才会出现。

如何发现和开发创业机会是创业研究领域应当关注的关键问题。从创业过程角度来说，它是创业的起点，创业就是围绕着机会进行识别、开发、利用的过程。识别正确的创业机会是创业者应当具备的重要技能。机会对创业的重要性表现在以下三个方面。

(1) 创业机会识别是创业成功的基石和方向。整个创业过程是通过创业机会来展开的，没有创业机会的发现和识别，整个创业就无从展开，没有把握创业机会的创业，失败是不可避免的。所以，创业企业一定要先对市场机会进行研究、调查，有机会才能去创业，如果根本没有发现机会，而只是随着创业潮流而去创业，或者只听说别人说那个业务能赚钱就去做，是很难获得成功的。

(2) 创业机会识别可以大大降低创业成本。创业成功者往往是在创业之前进行机会识别，根据对机会的认知进行深入的调查研究和策略规划。有了深入的研究以后，就可以在创业之初避免很多错误的行为，这样可以大大降低成本，提高企业存活率。

(3) 创业机会识别是创业成功与否的决定因素。你对机会是如何识别和把握的，你的成功就会是什么样的。如果你认为原来是一个大的机会，而最后它只是一个很小的利基，那你就只能在一个极小的市场上取得成功，而很有可能在大市场的激烈竞争中败北。所以，对机会的识别会影响你在市场上能存活多久，有多大成功概率。

创业贴士

大学生如何培养发现创业机会的能力

发现创业机会不是一件容易的事，但也不是高不可攀的。创业者可以在日常生活中有意识地加强实践，培养和提高这种能力。

(1) 要培养市场调研的习惯。发现创业机会的关键点是深入市场进行调研，要了解市场供求状况、变化趋势，考察顾客需求是否得到满足，注意观察竞争对手的长处与不足等。

(2) 要多看、多听、多想。可经常阅读报纸，参加展销会，研究竞争者的产品，召开献计献策会，对消费者展开调查等，寻找、发现或识别未满足的需要，从而增强发现机会的可能性和概率。

(3) 学会亲自整理知识，将知识组织起来。组织起来的知识比没有组织起来的知识更有用，也更能产生好的创意和想法。

(4) 要学会使用互联网平台。目前互联网平台除了方便我们收集各种信息、做好市场调查外，还为创业者提供了更加广阔的市场，有助于降低创业者的创业门槛，有助于发挥创业者的想象力和创造力。

(5) 要有独特的思维。机会往往是被少数人抓住的，要克服从众心理和传统的习惯思维模式，敢于相信自己，有独立见解，不人云亦云，不为别人的评头论足、闲言碎语所左右，才能发现和抓住被别人忽视或遗忘的机会。

(资料来源：http://www.shang360.com/news/66640.html)

五、创业机会的获取途径

《21世纪创业》的作者第莫斯认为，机会识别或感知是创业过程的核心要素，是创业过程的开端，创业者通过识别创业机会来为市场创造或增加具有创新价值的产品或服务。对于机会识别的研究，学者们一般从特质理论和认知理论两个角度进行。基于特质理论的研究，学者主要通过对创业者的个人特征进行研究，来考察创业者与非创业者特质上的差异。基于认知理论的研究，学者主要从心理学出发，通过创业者的认知偏好、心智结构来进行研究。

创业机会的获取主要有三种途径，如图 4-1 所示。

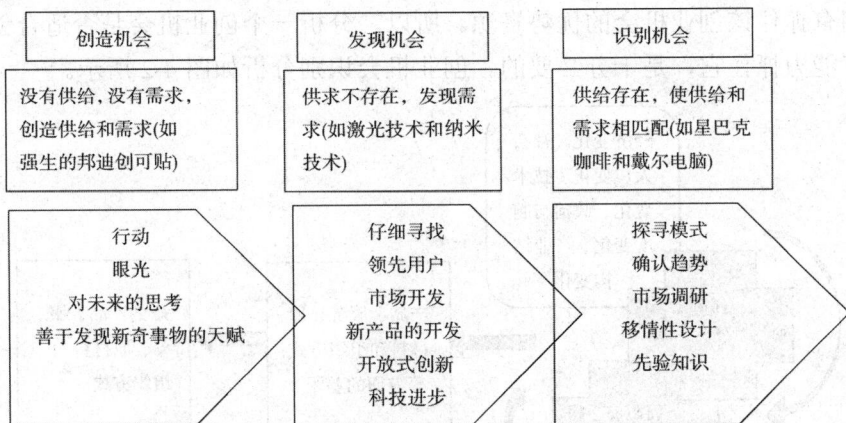

图 4-1　创业机会获取的三种途径

六、创业机会识别的三个阶段

广义的识别过程，是机会的潜在预期价值及创业者自身能力反复权衡的过程，包括机会搜寻和机会评价两个环节。通过搜寻、评价的反复作用，创业者对创业机会的战略定位也越来越明确，最终决定机会的开发。

在机会搜寻阶段，创业者对整个经济系统中可能的创意展开搜索，机会的最初状态是"未精确定义的市场需求或未得到充分利用的资源和能力"。在该阶段，创业者利用自身的能力对潜在的创业机会进行感知，若发现潜在的商业机会，就对该机会进行评价。

创业机会的识别过程是很复杂的，一般认为，创业机会的识别分为三个阶段。

(1) 机会的搜寻阶段。创业机会以不同形式出现，许多好的商业机会并不是突然出现的，而是对于"一个有准备的头脑"的一种"回报"。在机会搜寻阶段，创业者需要弄清楚机会在哪里和怎样去寻找。

(2) 机会的识别阶段。对机会的识别源自创意的产生，而创意是具有创业指向和创新性的想法。在创意没有产生之前，机会的存在与否意义并不大。有价值潜力的创意一般会具有以下基本特征：独特、新颖、难于模仿。要从创意中筛选合适的机会，这一过程包括两个步骤：第一步是通过对整体的市场环境及一般的行业分析，判断机会是否在广泛意义上属于有利的商业机会；第二步是考察对于特定的创业者和投资者来说，这一机会是否有价值，也就是个性化的机会识别。

(3) 机会的评价阶段。主要针对创业机会的市场与效益进行评估，要认真分析企业的市场定位、市场结构、市场占有率、产品成本构成、毛利率、资本回报率等诸多因素，并在此基础上对机会进行综合评价。

将创业机会转化为创业行为，需要付出成本。当把握机会的成本大于机会带来的价值，那这个机会并不是一个有价值的创业机会。一个创业机会可能有巨大的价值，但是出于种种主客观的原因，无法实现创业，那这个机会就不是一个可行的创业机会。当一个创业机会诞生，部分人几乎同时发现该机会，但只有极少数人成功地抓住了该机会，其主要原因是成功者拥有抓住该创业机会的优势资源。所以，分析一个创业机会是否适合创业者，创业者是否有能力抓住它，是十分必要的。创业机会识别分析如图4-2所示。

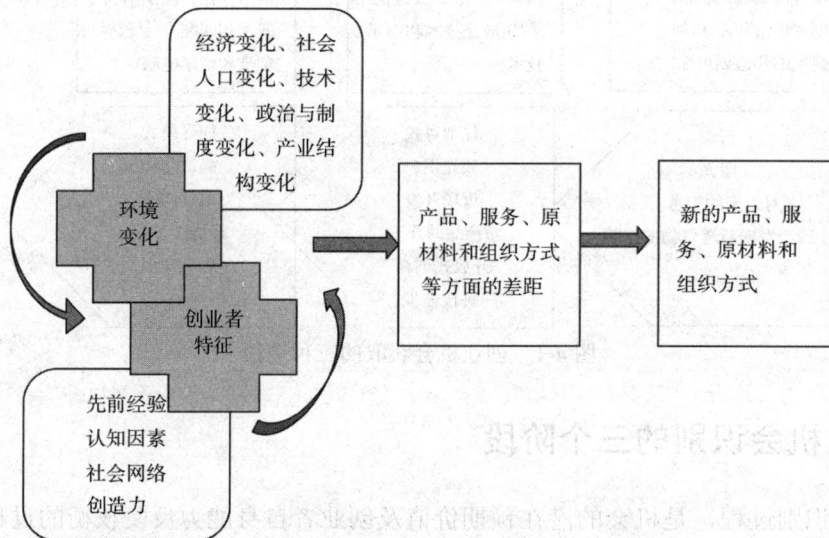

图 4-2　创业机会识别分析

七、创业机会评价

成功地进行机会识别后，便进入机会的评价阶段。对创业者来说，一方面，市场机会的评价类似于投资项目的评估，这对投资能否取得收益无疑是十分重要的；另一方面，也帮助创业者从另一角度来分析其创意是否具有继续发展成为一个企业的实际价值。事实上，有 60%～70%的创业计划在其最初阶段就被否决，是因为这些计划不能满足创业投资者的评价准则。如果创业者能先以比较客观的方式进行评估，那么许多悲剧结局就不至于一再发生，创业成功的概率也可以大幅提升。因此，创业者在利用创业机会之前要对创业机会进行科学评估，然后做出科学的决策。

(一) 创业机会的评价方法

怎么对创业机会进行合理的评价和选择？针对这个问题，国内尚无一套比较全面的评价体系。一般来说，对创业机会进行分析和评价的方法分为定性分析评价方法和定量分析评价方法两类。

1. 定性分析评价方法

定性分析评价方法是指从以下五个方面来选择创业机会：机会的原始市场规模；机会将存在的时间跨度；预期特定机会的市场规模将随时间增长的速度；好机会所具备的特点；特定机会对特定创业者的现实性。

定性分析评价方法分为五个步骤：①判断新产品或新服务的价值、障碍、市场认可度等；②分析风险、机会；③在产品生产中如何保证生产批量和产品质量；④估算新产品的初始投资额，使用何种融资渠道；⑤如何控制和管理可能遇到的所有风险。

2. 定量分析评价方法

被大家公认的创业机会的定量分析评价方法有四种：标准打分矩阵、Westinghouse 法、Potentionmeter 法、Baty 选择因素法，此处仅介绍前三种方法。

(1) 标准打分矩阵。通过选择对创业机会成功有重要影响的因素，并由专家小组对每个因素进行打分，一般进行极好、好、一般三个等级打分，最后求出对于每个因素在各个创业机会下的加权平均分，从而可以对不同的创业机会进行比较，如表 4-1 所示。这种方法比较简单实用，也是目前使用最广的一种方法。

表 4-1 开设一家快餐店的创业机会标准打分

标准	专家评分			
	极好(3)	好(2)	一般(1)	加权平均分
服务质量	7	3	0	2.7
产品质量	8	1	1	2.7
竞争状况	5	5	0	2.5
店面环境	5	5	0	2.5
选址情况	7	2	1	2.6
广告宣传	7	3	0	2.7
物资供应	8	1	1	2.7
销售能力	5	5	0	2.5
交通情况	5	5	0	2.5
财务状况	7	2	1	2.6

(2) Westinghouse 法。它是计算和比较各个机会的优先等级的方法，公式如下：

机会优先级＝技术成功概率×商业成功概率×平均年销售数×(价格－成本)×投资生命周期/总成本

式中，技术和商业成功的概率以百分比表示；平均年销售数以销售的产品数量计算；成本以单位产品成本计算；投资生命周期指可以预期的年均销售数保持不变的年限；总成本指预期的所有投入，包括研究、设计、制造和营销费用。

(3) Potentionmeter 法。这种方法是通过让创业者填写针对不同因素的不同情况，预先设定好权值的选项式问卷方法，来快捷地得到特定创业机会的成功潜力指标。同时，设立创业机会评价指标必须充分考虑到四个方面的因素：①财务因素，创业机会是否能为创业者或股东创造价值(经济回报)；②顾客因素，创业机会是否能为顾客创造持续的价值(使用价值)；③内部因素，即谁去开发创业机会，以及开发创业机会的主体所拥有的资源；④学习和创新因素，创业机会的创新程度和持续性主要是指创业机会的未来价值，即创业机会的战略优势。

（二）创业机会与创业者及团队结合的评价方法

上述方法的缺陷是忽视了创业机会的开发者、创业者及团队的作用。其实，好的创业者及其团队善于发现别人发现不了的机会，甚至可以为自己创造发展的机会。同时，好的机会只有与适当的创业团队相匹配，才能取得良好的创业绩效。著名的创业学研究学者第莫斯在经过大量研究之后，提出了如下的创业机会评价框架。

1. 行业与市场

评估的项目包括客户、附加价值、市场结构、市场规模、可达成的市场占有率等。一个好的创业机会，必然具有特定市场利基，专注于满足客户需求，同时能为顾客带来增值的效果。因此，评估创业机会的时候，可由市场定位是否明确、顾客需求分析是否清晰、顾客接触是否通畅等，来判断机会可能创造的市场价值。新事业能带给顾客越高的价值，则创业成功的机会也就越高。

(1) 市场定位。一个好的创业机会，必然拥有特定的市场，有着一定的消费群体，有着潜在的发展空间。市场定位是否明确，关系到创业项目是否有竞争力，是否有特色和发展前景。越关注顾客的需求，从需求中发现商机，创业机会就越大。

(2) 市场结构。市场结构包括进入障碍、供货商、顾客、经销商和谈判力量、代替性竞争产品等，分析这些可以评估创业机会在未来市场中的定位，以及可能遭遇对手的反击程度。

(3) 市场渗透力。评估创业市场，选择最佳的时机进入市场，做好万全的准备，只待市场需求的缺口打开。

(4) 市场规模。一个有价值、有潜力的市场必然隐藏在深处且正在成长，这通常也是一个极具价值的市场。不要局限于规模大的市场，这种市场往往趋于成熟，成长空间有限。相信自己的眼光，你所发现的是一个正在成长的"巨人"。

(5) 产品的成本结构。产品的成本结构，关系到企业前景是否乐观。成本物料、资源来源及固定成本受外部影响不大，那么企业自主性就越强，越容易在市场扎根。

除此之外，在确立好了目标市场及消费人群之后，可以对即将上市的产品进行目标人群的消费试用，以对产品或服务进行可行性分析。

2. 经济因素

评估的项目包括达成损益平衡所需时间、投资报酬能力、资本需求、毛利、销售成长等。合理的损益平衡时间应该能在两年以内达成，但如果三年还达不到，则恐怕就不是一个值得投入的新创业机会。不过有的新创业机会确实需要经过比较长的耕耘时间，并经由这些前期的投入创造进入障碍，因此保障后期的持续获利。在这种情况下，可以将前期投入视为一种投资，而较长的损益平衡时间可以忽视。考虑到新创业开发可能面临的各项风险，合理的投资回报率应该在25%以上。一般而言，15%以下的投资报酬率，将不是一个值得考虑的新创业机会。资金需求量较低的新创业机会，一般会比较受投资者的欢迎。事实上，许多个案显示，资本额过高其实不利于创业成功，有时还会带来稀释投资回报率的负面效果。通常，越是知识密集的新创业机会，对于资金的需求量越低，投资报酬反而会越高。因此，在创业开始的时候，不要募集太多的资金，最好通过盈余积累的方式来创造资金。

毛利率高的新创业机会，相对风险较低，也比较容易达成损益平衡；反之，毛利率低的新创业机会，风险则较高，遇到决策失误或市场产生较大变化的时候，企业很容易遭受损失。一般而言，理想的毛利率是40%，当毛利率低于20%的时候，这个新创业机会就不值得再考虑。

3. 收获条件

评价的项目包括潜在的附加价值、价值评估模式、退出机制和策略、资本市场环境等。所有投资的目的都在于回收，因此退出机制与策略成为一项评估新创业机会的重要指标。企业的价值一般要由具有客观鉴别能力的交易市场来决定，而这种交易机制的完善程度也会影响新创企业退出机制的弹性。由于退出困难程度普遍要高于进入，所以一个具有吸引力的新创业机会，应该要为所有投资者考虑退出机制及退出的策略规划。

4. 竞争优势

评估的项目包括固定及变动成本、进入障碍等。根据产品的成本结构，也可以反映该项新事业的前景是否光明。例如，由物料与人工成本所占比重之高低、变动成本与固定成本的比重及经济规模产量的大小，可以判断这项新事业能够创造附加价值的幅度及未来可能的获利空间。

5. 管理团队

评估的项目包括创业团队、产业及技术经验、正直性、个人诚信等。由具有卓著声誉的创业者领军，结合一群各具专业背景的成员所组成的创业团队，加上紧密的组织凝聚力与共同的价值观，这种所谓最佳团队组合可以被视为新创企业成功的最佳保障。因此，评价新创业机会，绝对不可忽视创业团队组合的成分及团队整体能够对外发挥的程度。

创业者与他的团队成员对于所要投入产业的相关经验与了解程度的多寡，也影响新事业是否获得成功的概率。一般可以由产业内专家对于创业团队成员的背景经验与专业能力的评价，来获得这项信息。再好的新创业机会，如果创业团队不具备相关产业经验或专业背景，则对于投资者恐怕不会具有任何吸引力。

创业者的人格特质也是一项影响新事业成败的关键因素，尤其是针对创业者的人品与道德观。在业界具有良好声誉的重视诚信、正直、无私、公平等基本为人处世原则的创业者，对于评价新创业机会通常都具有显著加分的效果。

6. 创业者的个人标准

评估的项目包括目标和适合性、机会成本、正面与负面相关议题、欲望、风险与报酬承受程度、压力承受度等。创业过程中遭受的困难与风险极大，因此有必要了解创业者的创业动机，以利于判断他愿意为创业活动付出代价的程度。一般认为，新创业机会与个人目标的契合程度越高，则创业者投入意愿与风险承受意愿自然也会越大，新创业目标最后获得实现的概率也相对越高。因此，一个具有吸引力的新创业机会，一定是一个能充分与创业者个人目标相契合的创业计划。

7. 理想与现实的战略性差异

评估的项目包括适应程度、团队、弹性、科技等。一个具有吸引力的新创业机会，通常都需要具有某些特色，而这些特色往往能够成为新创建的未来成功的企业战略性影响因素。发掘新创业机会的优点与特色，也是新创业机会评估不可或缺的工作。

8. 致命的缺陷

在后续的研究中，第莫斯又增加了另一个重要的指标，即是否具有致命的缺陷。所谓致命的缺陷，一般会因新创业机会的内涵与创业者风险承担能力的高低而有所差异。如下的致命缺陷必须注意：创业者的动机不良，尤其是在人格特质上具有明显的瑕疵；创业团队缺乏相关产业经验与企业管理能力，创业试验期长，导致风险成本太高；新事业看不到市场利基，无法显示创造顾客价值的能力，在市场竞争中也不具有明显优势；新事业的市场机会不明显，市场规模不大或市场实现时间还遥遥无期；新事业的资源能力有限，无法达到可以形成竞争优势的经济规模；看不出来能获得显著利润的机会，包括毛利率、投资报酬率、损益平衡时间等指标，无法达到合理的底线目标；新事业无法具备市场控制能力，关键资源与渠道均掌握在他人手中，随时都有陷入经营危机的风险。

在创业实践中，从指标大类的评价结果来看，除了创业者的个人标准外，资深创业者对其他七类指标的重要性评分结果都高于管理者的评分，分值差距在 0.10～0.31 分，这说明资深创业者对这些指标的认识更为全面，第莫斯机会评价框架更适用于创业者。

第二节　商业模式选择

管理学大师彼得·德鲁克说过："当今企业间的竞争，不是产品之间的竞争，而是商业模式之间的竞争。"而时代华纳前 CEO 迈克尔·邓恩说过："在经营企业的过程中，商业模式比高技术更重要，因为前者是企业能够立足的先决条件。"

百事可乐是卖汽水的，微软是卖软件的，国美是卖家用电器的，7-11 是开便利店的，海底捞是开火锅店的，这些企业的成长和成功说明了什么？无论是高科技企业还是低科技企业，只要能找到适合自己的商业模式，并把商业模式的盈利能力发挥到极致，都能成功。

一、商业模式的概念和本质

(一) 商业模式的概念

早在 1997 年，硅谷最著名的风险投资顾问罗伯森·斯蒂文问亚信公司 CEO 田溯宁："亚信的商业模式是什么？"田溯宁反问："何为商业模式？"罗伯森·斯蒂文认为田溯宁作为 CEO 竟然不知道商业模式，他解释道："一块钱通过你的公司到外面绕了一圈后变成了一块一，商业模式就是这一毛钱是在哪个地方增加的。"

商业模式是企业为了有效盈利和持续盈利，把能使企业运行的内外部资源整合起来，形成一个完整的、高效率的且具有独特核心竞争力的运行系统，向购买者或者消费者提供准确的使用价值。通俗地说，就是企业是如何盈利的。商业模式是一个非常宽泛的概念，与商业模式有关的说法很多，包括运营模式、盈利模式、B2B 模式、B2C 模式、广告收益模式等，不一而足。商业模式是一种简化的商业逻辑，具有"点石成金"的功能。

创业贴士

商业模式制胜

三个人拿同样的一两银子做生意，第一个人买来布料做衣裳，赚了一钱银子；第二个人看到春天来临，买了纸和竹子做风筝，赚了十两银子；第三个人看到人参资源将逐渐枯竭，于是买了很多人参种子，走到人迹罕至的深山播下，七年后收获上好的野山参，收获了上百万两银子。

【点评】

人们付出同样的时间和精力，却收获不同的利润和效果。

第一个人做的是衣食住行的生意，这是必需的需求，总会有市场，每个人都可以做，因此收获一分利，如同现在很多人靠产品与规模取胜。

第二个人做的是吃喝玩乐的生意，跟随的是潮流，目标客户范围扩大百倍，而收获十分利，靠眼光取胜。

第三个人看到的是未来的商机，敢做而善忍，最终创造了数百乃至于数千的生意，靠的是成功的商业模式取胜。

由此可以看出商业模式的重要性。

(资料来源：徐俊祥，徐焕然. 大学生创业基础知识技能教程[M]. 2 版. 北京：现代教育出版社，2017)

(二) 商业模式的本质

从本质上看，商业模式是一系列制度结构和制度安排的连续体，其核心是企业组织的价值产生机制。商业模式的本质包括两方面：一是制度结构的连续提升意味着商业模式的本质是变革和创新，二是价值创造是企业组织存在的根本理由和发展的必要条件，也是经营活动的核心主题。一般主要有三个来源，分别是组织自身价值链、技术变革和价值网络。

客观来看，商业模式最为基本的是由四个相关联系构成的：一是价值发现，即寻找目标客户并充分满足其需求，从而为其创造价值；二是价值创造，即明确业务定位，并有效提供和实现价值构建合作关系网络；三是价值传递，即为客户传递价值的"过程性手段"；四是价值获取，即通过各种收入流获取所创造的财富。以上四要素构成的逻辑关系链，从理论上揭示了商业模式创造价值并实现持续盈利的因果关系，客户价值是基础，伙伴价值是支撑，企业价值是目标。还要注意的是，由于要素之间的不同联系方式和具体特点的不同，相同要素构成的也会是不同的商业模式。

二、商业模式画布

商业模式画布是商业模式价值逻辑的分析，直观、简单而且操作性强，如图 4-3 所示。在创业项目和企业中，商业模式画布具有可以健全商业模式，将商业模式可视化并寻找已有商业模式漏洞的作用，所以商业模式画布常被用于设立创新型项目或打造与众不同的商业模式。

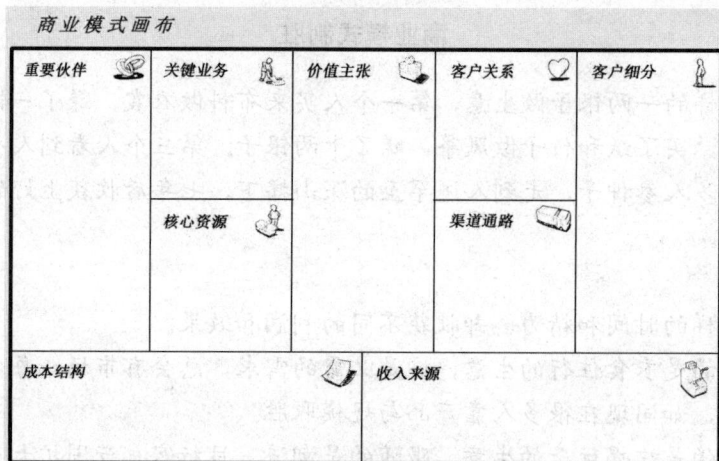

图 4-3　商业模式画布

商业模式画布是会议和头脑风暴的工具，一般分成 9 个模块，模块内容如下。

(1) 客户细分：你的目标客户，一个或多个的集合。

(2) 价值主张：向客户提供最需要的产品或服务，商业上的痛点。

(3) 渠道通路：你和客户如何产生联系，不管是你找到他们还是他们找到你，如网店、中介、实体店等。

(4) 客户关系：客户接触到你的产品或服务后，你们之间应建立怎样的关系。

(5) 收入来源：你如何从你提供的产品或服务中取得收益。

(6) 核心资源：为了更好地提供、销售产品或服务，你必须拥有哪些资源，如资金资源、技术资源、人脉资源等。

(7) 关键业务：商业运作中必须从事的具体业务。

(8) 重要伙伴：哪些机构或者哪些人可以给予你战略支持。

(9) 成本结构：你需要在哪些项目或环节上支付成本。

创业者及团队可以按照以上顺序依次填写，最好以便签条的形式，直到每个模块拥有大量的可选答案，然后，把不好的答案摘掉，留下最好的，最后按照顺序让这些模块内容产生相互的联系，就能形成一套或多套商业模式，一个好项目的开头就是如此。商业画布的优点是使得商业模式的讨论更加高效率、可执行，同时还会产生不止一套的方案，让决策者心中留下了多种可能性，也会产生多种备选方案来应对变化，所以商业模式画布是关于全局的集体智慧与长远设计。

案例

Roseonly 专爱花店

一、背景

在微博上搜索"roseonly 专爱花店",你会发现,几乎都是女孩子幸福洋溢地晒玫瑰花的记录。其实她们晒的不是花,而是爱情唯一的承诺——在 roseonly 买花,提交的收花人将会成为永久的收花人,不得更改。也就是说,这个花店只允许一辈子送花给一个人。roseonly 专爱花店的创始人蒲易表示,roseonly 的品牌价值是,用顶级的玫瑰和服务,承载专一的爱情。他认为,一旦这个品牌内涵在用户心中树立起来,他的生意就离成功不远了。

二、怎么想到这个商业模式?

蒲易在互联网领域投资过大众点评网、梦芭莎和机锋网,并创立了安沃移动广告、实名制医生学术社交平台"白天使"等。在一次飞行旅程中,蒲易看了哈佛大学教授迈克尔·桑德尔写作的《金钱不能买什么》,里面讲到了"幸福",也提到 2010 年美国礼品市场有几百亿规模,因而蒲易开始考察国内的礼品市场。

蒲易的创业导师——乐百氏创始人何伯权认为,中国的鲜花市场有几百亿的规模,虽然从业者很多,但没有品牌。蒲易决定尝试高端鲜花定制电商业务,打造一个鲜花礼品类的高端品牌。他迅速召集团队,并得到了包括何伯权、时尚传媒集团董事长刘江等的天使投资。

三、模式的特色是什么?

roseonly 专爱花店在 2013 年 2 月 14 日情人节当天正式推出,送花需要绑定送花人邮箱等信息,收花人信息则不可更改。在 roseonly 买花,将生成一个由送花人和收花人共有的唯一码,并为二人产生一个独立的页面,以此机制保证"一生只送一人"。

随后,杨幂、李小璐、章子怡等明星在微博上高调展示 roseonly 鲜花和它一生只能送给一个人的理念,roseonly 成了微博热点。蒲易认为,这得益于他从大众点评上学到的用户体验,以及发展意见领袖、做口碑营销的经验。

roseonly 在推出当天仅限售 99 束单价为 999 元的玫瑰,该玫瑰为 12 枝一盒,从厄瓜多尔直运,使用海外设计师所设计的"会呼吸的"盒子。玫瑰需要提前 3 天预订。

在北京地区,roseonly 采用"Miniclubvans+男模"的方式送花;在外地,则与联邦快递合作进行派送。这样的流程带来的好处是,没有库存,且先收钱再送货,现金流比较充裕。

线上鲜花礼品市场鼻祖、目前美国最大的线上鲜花礼品销售商、市值 7 亿多美元的上市公司 1-800-Flowers 的模式是淘宝式的鲜花礼品平台,而且产品全部由自己采购、包装设计和发货。蒲易认为,1-800-Flowers 的模式在中国行不通。况且,做像淘宝、京东这样的电商流量平台在国内已经没有机会了,而小米的方式更可借鉴。

四、下一步计划是什么?

蒲易表示,目前 reseonly 月收入已过百万元并实现盈利,roseonly 专爱花店的品牌定位是做鲜花品牌中的 Tiffany。roseonly 专爱花店目前已经获得了时尚传媒集团的战略投资,很快会启动新一轮融资，计划在北京、上海、深圳、广州和成都等城市推出线下体验店，并将"Miniclubvans+男模"的服务推广到这些地区。还计划推出象征爱情的巧克力、钻戒等高端进口产品。

（资料来源：http://magazine.cyzone.cn/articles/201307/3009.html.）

【分析】

总结 roseonly 成功的原因，主要有三大关键亮点：

(1) 精准的品牌定位。roseonly 花店定位为中国高端品牌花店，玫瑰花均从国外运送，并用顶级包装礼盒送达。他们认为："花是情感消费类产品，应该被认真地对待。"作为故事中的男女主角，送花人与收花人看重的是买花之外的附加值，即便是 999 元或是 1999 元的玫瑰，依然拥有相当可观的用户群体。送花者追求的是真爱无价的品位，收花人享受的是专一自尊的服务，玫瑰传情，唯我独享。roseonly 花店希望通过鲜花及"唯一"的理念打破用户原来的习惯，以品牌立身。

(2) 独特的营销理念。在 roseonly 购买玫瑰，您只能给"唯一的 TA"送达爱。在注册者填写 TA 的资料时，他们将给予提醒：roseonly 的玫瑰，一辈子只能送一位佳人。所以，落笔为证，收花人的姓名将烙在 roseonly 上，无法更改。他们传递的信息是：roseonly 见证，TA 是你此生唯一的爱。此花店的营销理念确实十分有创意，能够触动人心，尤其对于女性，因此可以在众多的网络花店中脱颖而出。

(3) 有力的营销手段。近年，小米手机通过社交媒体成功实现互联网营销的案例，印证了在社会化媒体的时代，通过口碑传播，有助于树立品牌的可行性及创新性。roseonly 的玫瑰花在情人节漂亮亮相，通过微博及微信的运营传播，使得定位"高端"人群的品牌，更具有公信力和号召力。

三、商业模式的创新

从产品定位、核心资源、客户关系、盈利模式等任何一个要素出发，都有可能创新商业模式，而商业模式的创新高手甚至会考虑相邻产业链或横向合作者，在利益相关者中寻找到合作的机会；更有甚者跳出行业范围，高瞻远瞩地思考商业模式创新的方向。以下便是商业模式创新的注意事项。

(1) 提供全新的产品或服务。开创新的产业领域，或把已有的产品或服务以前所未有的方式提供给消费者。如孟加拉乡村银行面向穷人提供的小额贷款产品服务，开辟了全新的产业领域，是前所未有的。

(2) 商业模式要有多个要素明显不同于其他企业，而非少量的差异。相比传统书店，亚马逊的特点有产品选择范围广、通过网络销售、在仓库配货运送等。

(3) 良好的业绩表现体现在成本、营销能力、独特竞争优势等方面。亚马逊新颖的商业模式使其短短几年就成为世界上最大的书店。

(4) 商业模式的创新是创业企业努力发展的结果，而不是起点。创业者在创业初期的重心永远应该是找到消费者的真正需求并满足它。

(5) 商业模式创新的核心是：客户是上帝，投资人不是。把握好市场上客户的需要，才能使你的企业在激烈的竞争中保持可持续的竞争优势。

(6) 信息技术的发展让商业模式的链条从单纯的买卖环节变成多层次的商业逻辑。在信息技术介入之后，报纸的简单新闻服务变成用户的注册(网站的登录)，新闻的浏览、内容的推荐、广告的推送多个环节。

(7) 商业模式的创新是竞争的结果，而不是一开始设计出来的，要以积极的姿态融入市场竞争。成功的例子有美国谷歌和 Facebook，中国的阿里巴巴和淘宝。

(8) 必须紧跟消费者价值取向的变化，适时调整企业的发展方向。互联网的广泛应用，使人们的生活方式进一步转变，用户的消费方式也随之转变。

拓展阅读

几种创新的商业式案例

"成功商业模式"可分为"主要依托产业价值链融合与分解"和"基于技术突破与创新"两类，并在不同的领域与产业价值链条上做出不同程度的创新。成功的商业模式非常一样而又非常不一样。非常一样的是创新性地将内外部资源、盈利模式、经营机制等有机结合起来，不断提升自身的价值、协调性、营利性、风险控制能力、持续发展能力与行业地位等；非常不一样的是更具有个性与独特性，不能简单地拷贝或复制，必须通过不断修正才能保持企业持久的生命力。此外，想要创新商业模式，只研究商业模式是远远不够的，不懂经济法理、不懂时代潮流、不懂人文需求，还是不能创新模式。创新永远是商业模式中商业智慧的核心价值。下面介绍几种成功的创新商业模式案例，供同学们参考。

(一) 大疆——消费级无人机市场的霸主

企业介绍：深圳市大疆创新科技有限公司，成立于 2006 年，是全球领先的无人飞行器控制系统及无人机解决方案的研发和生产商，客户遍布全球 100 多个国家。它占据着全球 70% 的无人机市场份额。

创新性：无人机以前主要是应用在军事方面，而大疆是第一个将无人机应用在商业领域并获得成功的企业。大疆无人机如今已被应用在军事、农业、记者报道等方面，是可以"飞行的照相机"。

案例解读：遥控无人机王国的"愚者"。

短评：这家公司将目标受众从业余爱好者变成主流用户，而且它在这一过程中还能占据市场的主导地位，这种成功的案例在科技行业发展史上实属罕见。

(二) 滴滴巴士——定制公共交通

企业介绍：2015 年 7 月 15 日，继快车、顺风车之后，滴滴快的旗下巴士业务"滴滴巴士"也正式上线。滴滴巴士已经在北京和深圳拥有 700 多辆大巴、1000 多个班次。

创新性：滴滴巴士是第一个尝试将巴士进行多场景应用的定制巴士，比如旅游线路定制、商务线路定制等，扩展了巴士出行的场景。滴滴巴士还是关于定制化出行的城市通勤定制服务，它根据大数据测算并推出城市出行新线路。

案例解读：百花齐放的共享巴士，还是捉对厮杀的共享巴士？

短评：城市通勤定制服务出现的时间并不长，却发展很快。它是关于定制化出行的一种初步尝试。事实上，做定制服务的门槛其实是极高的，而滴滴巴士母公司滴滴出行的互联网技术和用户基础为其创造了有利条件。

(三) 百度度秘——表面它陪你聊天，其实你陪它消费

企业介绍：度秘(英文名：duer)是百度在 2015 年世界大会上全新推出的，为用户提供秘书化搜索服务的机器人助理。

创新性：度秘将人工智能带到了可以广泛使用的场景中，是百度强大的搜索技术和人工智能的完美结合体，可以用机器不断学习和替代人的行为。

案例解读："索引真实世界"度秘时代来了，你跟得上吗？

短评：提起百度就是竞价排名，如今度秘终于可以升级这个原始的广告模式了。2015年百度大会上推出的度秘是"聊天机器人+搜索引擎+垂类O2O"的整合型产品。它把现在互联网最热、最精尖的技术全集合在了一起，百度大动干戈在百度世界大会上发布这款产品，将生态完善化繁为简，满足了"懒人"生平夙愿。

(四) 人人车——"九死一生"的C2C坚挺地活了下来

企业介绍：人人车是用 C2C 的方式来卖二手车，为个人车主和买家提供诚信、专业、便捷、有保障的优质二手车交易。

创新性：它首创了二手车 C2C 虚拟寄售模式，直接对接个人车主和买家，砍掉中间环节。该平台仅上线车龄为 6 年且在 10 万公里内的无事故个人二手车，卖家可以将爱车卖到公道价，买家可以买到经专业评估师检测的真实车况的放心车。

案例解读：二手车就应该这么卖！

短评：C2C 虚拟寄售的模式被描述为"九死一生"，这是因为：第一，二手车属非标品；第二，卖车人和买车人两端需求是对立的；第三，国内一直缺乏第三方中立的车辆评估，鱼龙混杂。因此，二手车 C2C 交易困难重重、想法大胆又天真。人人车不被看好却能逃过"C 轮死"的魔咒，是因为其省去所有中间环节，将利润返还于消费者。创始人李健说："如果我能成功，B2C 都要失业了。"

(五) e 袋洗——力图用一袋衣服撬动一个生态

企业介绍：e 袋洗是由 20 余年洗衣历程的荣昌转型而来的 O2O 品牌，采取众包业务模式，以社区为单位进行线下物流团队建设，即在每个社区招聘本社区中 40、50、60 个人员作为物流取送人员。

创新性：e 袋洗是第一个以洗衣为切入点进入整个家政领域的平台。e 袋洗的顾客主要是80 后，洗衣按袋计费：99 元按袋洗，装多少洗多少。e 袋洗致力于将幸福感作为商业模式的核心和主导，推出新品小 e 管家，通过邻里互助去解决用户需求，满足居民幸福感。小 e 管家在小 e 管洗、小 e 管饭的基础上，计划推出小 e 管接送小孩、小 e 管养老等服务，以单品带动平台，从垂直生活服务平台转向社区生活共享服务平台，以保证 C2C 两端供给充足。

案例解读：怎么把洗衣服变成互联网产品？

短评：e 袋洗在搭建成熟的共享经济平台后，不断延伸出更多的家庭服务生态链，打造一种邻里互动服务的共享经济生态圈。集合社会上已有的线下资源，通过移动互联网实现标准化、品质化转变，帮助人们在生活中获得更便利、个性的服务。

（六）众享网——全球首个多维共享增值服务平台

企业介绍：众享网是一个基于最新的移动互联网科技，颠覆传统商业模式和消费模式的创新型增值服务平台，涵盖 O2O 与 F2C 两大业务板块、结合独特的会员制体系，旨在通过线上线下资源的高效整合与流通，为平台使用者带来便捷、高品质的生活消费体验与长期、稳定、高附加值的复合增值服务。它以众享网 APP 和网上商城、线下体验中心为载体，采用独创的"O2O+F2C+会员制"模式，为全行业的厂家、商家及消费者打造一个多维共享的增值服务平台。

创新性：众享网采用的"O2O ＋ F2C+会员制"的模式，与单纯的 O2O 模式或单纯的 F2C 模式有着明显的区别，更具整合性与黏性。通过对资源的高度整合，能为消费者提供涵盖吃、穿、住、行、教育、医疗、养老等所有生活所需的一切产品和服务。众享网的会员制，是通过将商家的返佣重新分配，二次返利给商家和消费者，这更是将消费者的短期利益与长久增值有机结合起来：会员不仅可以享受折扣优惠，还能获得额外的积分返点。众享平台更是可以根据积分，为会员进行股权投资，帮会员交医疗补充险，解决医疗难这个大问题。

案例解读：《人民日报》评选其为"2015 中国经济最具发展潜力企业"。

短评：什么是"互联网+"？什么是供给侧改革？众享网用它的创新模式给出了答案。当互联网变得无孔不入，单纯的 O2O 与 F2C 都已显得过于局限，唯有跨界的高度整合与共享，才是真正的大格局、大利益。更了不起的是，众享网倡导厂家、商家和消费者通过分享自有产品、服务和信息等，实现资源的共享和增值，构建一个基于"资源共享，消费增值"的良性经济循环系统，将短期利益与长久增值巧妙结合起来，这才是真正的可持续发展，这才是真正的绿色未来！

（七）干净么——餐饮界的 360，免费还杀毒

企业介绍：干净么是一个互联网餐饮安全卫生监管平台，基于移动互联网并连接各个环节、各个部门的第三方卫生监管平台，同政府、媒体、商家、用户等多方互动来进行监管。干净么的 APP 推出之后，已经拥有几百万条数据、15 万家餐厅的食品安全等级评价。

创新性：它是第一家利用互联网思维来打食品安全这场仗的第三方平台，不仅对餐饮商家进行测评、监管，还包含学校、幼儿园、单位食堂等在内，用户可以查阅自己感兴趣商家的卫生安全等级，从而判断是否就餐。

案例解读：剑指大众点评、美团、饿了么三巨头。

短评："干净么"就好比餐饮界的 360，免费还杀毒，目标就是通过扬善惩恶使餐饮行业进入良性竞争循环。食品安全需要社会共治，干净么就是连接政府、媒体和消费者的一个纽带。

（八）很久以前——不久的将来给小费将成为常态

企业介绍：很久以前是北京簋街一家烧烤店，店内推出的打赏制度被各大餐饮集团引用。

创新性：第一家将餐厅给小费的形式进行互联网思维改良的餐厅。打赏制度：打赏金额为 4 元，打赏人是到店里用餐的顾客，被打赏人是前厅员工，包括服务员、传菜工、保洁人员、炭火工。打赏规则：①前厅员工可以向顾客介绍打赏活动，但只能提一次；②前厅员工不能向顾客主动索取打赏。展现形式：店内、餐桌展示牌及员工胸牌上印有活动内容——"请打赏：如果对我的服务满意"，吸引顾客眼光。

短评：可别小看了打赏这个小制度，已经有很多的餐饮连锁巨头开始使用这个制度了。4 元钱顾客买不了吃亏，买不了上当，却买了一个好的服务，也给服务员多一个收入途径。你别嫌少，积少成多可是大大提升了服务员的积极性。

(九) 多点(Dmall)——不是多点少点的问题而是快点

企业介绍：多点是一个以超市为切入口的 O2O 生活服务平台，将日常生活消费和生鲜产品作为突破口。

创新性：多点的创新点与京东到家、天猫超市等截然不同，它与商超之间完成系统上的对接，可以通过深度整合的系统动态地获取商超库存价格等重要数据，同时，多点通过数据分析及供应链控制能力，将 C2B 模式引入商超，可以解决其生鲜进销问题。同时，多点自建物流，有自己的配送员。在用户下单后，多点会和合作商家一起分拣货物，然后送货上门。

案例解读：新时代电商的发展要连接传统商超。

短评：用户从下单到收获，全程所花时间不超过 1 小时。多点可以说是用户的网上超市，只不过模式比较轻，也比较快。

(十) 云足疗——上门服务中的垂直环节

企业介绍：云足疗于 2016 年 1 月正式上线。用户通过云足疗 APP 或微信、电话预约，可以随时随地享受足疗、修脚、理疗服务。用户可以根据云足疗平台上项目、价格、距离、籍贯等信息，选择符合自己要求的服务项目、服务师傅。

创新性：云足疗是第一家也是唯一一家上门足疗 O2O 平台。云足疗砍掉了足疗店等中间环节，让技师和顾客实现无缝对接，不仅解放了长期局限在足疗店的技师们，让他们获得了比同行更高的薪资，同时也让顾客体验到低价便捷的优质上门养生服务。云足疗率先实现了上门足疗服务的标准化，平台通过面试、实名认证、技能考核、系统培训等严格筛选，来保障上线的技师的专业技能和高服务水准。

案例解读：给产品做减法，用足疗进行单点突破。

短评：云足疗属于上门服务中的垂直环节，在 O2O 垂直领域是值得开发的沃土。团队长年服务行业的线下实体店的经验，是其能够在资本寒冬中获得融资的关键。

(资料来源：张志宏，崔爱惠，刘轶群. 大学生创新与创业训练教程[M]. 北京：现代教育出版社，2017)

四、商业模式的评价

一个具有吸引力、独特的、成功的商业模式，往往需要具备某些能够创造价值与竞争优势的特点，而这些能够影响创业企业的成功与否，所以商业模式是需要评价的。

(一) 商业模式的适用性

由于市场环境千变万化,企业自身环境千差万别,商业模式必须突出一个企业不同于其他企业的独特性和特殊性,表现为如何赢得更多的客户、吸引更多的投资者及创造更多的利润。严格来说,一个企业的商业模式仅仅适用于自己的企业,最终体现的是企业的制度和最终的实现方式,不可能原封不动地移到其他企业。在这个意义上看,商业模式没有好坏之分,只有是否适用的区别。

(二) 商业模式的有效性

有效性是商业模式的关键要素,有效的商业模式能够在一定时期、一定条件下,为自己的企业带来最佳效益和盈利战略。

据埃森哲咨询公司的商业模式研究,这种盈利战略组合应当具备以下三个共同点。

(1) 必须是能够提供独特的价值。包括新思想、产品或服务的独特性,要么能够给客户提供额外的价值,要么能够使客户用更低的价格获取同样的、甚至更多的利益。

(2) 必须是难以模仿的。企业要确立与众不同的商业模式,来提高行业的进入门槛,如无与伦比的实力、对客户的悉心照顾等,从而保证客户的满意度,确保利润不受侵犯。

(3) 必须是脚踏实地的,即把商业模式建立在客户购买行为的准确理解和把握上。

(三) 商业模式的前瞻性

前瞻性是商业模式的灵魂所在,实际上是企业为了达到自己的经营目的而选择的运营机制,反映的是企业持续达到其主要目标的最本质的内在联系。企业是以盈利为目的,它的运行机制必然是能够突出并且确保其成功的独特能力和手段。但是,仅仅如此是不够的,因为这只是商业模式的"现在式",而商业模式的灵魂与活力恰恰在于它的"未来式",即前瞻性。也就是说,企业必须在动态的环境中保持自身商业模式的灵活反应、及时修正、快速进步及快速适应。

第三节 创 业 风 险

创业有风险,决策须谨慎。创业是一个充满风险、艰辛与坎坷的过程,也是一个充满激情与喜悦的过程。如何才能尽量规避与防范可能出现的创业风险,使创业过程能够顺利一些,尽快掘得第一桶金,是每一个创业者都十分关注的问题。因此,大学生创业者要认真分析自己在创业过程中可能会遇到哪些风险,这些风险中哪些是可以控制的,哪些是不可控制的,哪些是需要极力避免的,哪些是致命的或不可管理的,一旦这些风险出现应该如何应对和化解。特别需要注意的是,一定要明白最大的风险是什么,最大的损失可能有多少,自己是否有能力承担并渡过难关。在分析可能出现的创业风险的同时,做到未雨绸缪,保障企业的正常运营。

一、创业风险的含义、构成与分类

(一) 创业风险的含义

风险是与不确定性紧密联系在一起的。对于风险的理解，一般有两个角度：一个角度强调结果的不确定性，另一个角度则强调损失的可能性。如果采取适当的措施或者说智慧的认知、理性的判断，继而采取及时而有效的防范措施，那么不确定性也可能会带来机会。

创业风险是指企业在创业的过程中存在的各种风险。由于创业环境的不确定性，创业机会与创业企业的复杂性，创业者、创业团队与创业投资者的能力和实力的有限性而导致的创业活动结果的不确定性，就是创业风险。

(二) 创业风险的构成与分类

1. 创业风险的构成

创业风险是由风险因素、风险事件、风险损失三要素组成。

(1) 风险因素。风险因素是风险事件发生的潜在要素，是造成风险损失的间接或内在原因，还会影响损失的严重程度。根据创业风险因素的性质，可分为物质风险因素(如经济条件的恶化、技术的不确定等)、道德风险因素(故意)、心理风险因素(过失、疏忽等)三种类型。

(2) 风险事件。风险事件是风险因素综合作用的结果，是产生风险损失的直接或外在原因，也是风险损失产生的媒介。风险事件导致创业风险的可能性变成了事实，如金融危机的出现导致了企业的效益下滑，技术的不确定导致了产品研发的失败。

(3) 风险损失。风险损失是非故意、非预期、非计划的经济利益的减少，这种减少可以用货币来衡量。创业风险的损失由于风险事件的出现给创业企业或创业者带来能够用货币计量的经济损失，包括直接损失和间接损失。比如，产品研发失败导致产品无法按时投放市场所带来的经济损失，即销售下降收入减少。

创业风险是由风险因素、风险事件、风险损失三者构成的统一体。风险因素是风险产生的前提条件，是风险事件形成的必要条件；风险事件是风险存在的充分条件，一旦发生始料未及的变动就会导致风险损失的发生。因此，风险因素、风险事件、风险损失三者关系密切，共同构成了风险存在与否的基本条件。

2. 创业风险的分类

(1) 按照风险影响程度的分类。按照风险影响程度可分为系统风险和非系统风险。系统风险主要源于创业企业或创业者之外的，由创业环境所引起的风险，即市场风险(商品市场风险、资本市场风险)，如 2008 年爆发的金融危机就是一次全球范围的系统风险。非系统风险是创业企业或创业者的财务活动、商业活动、技术活动、团队组建等所引发的风险，但在某种程度上可以通过预防、控制、转嫁、分散等方式进行削弱或抵消。

(2) 按照风险来源的主客观性的分类。按照风险来源的主客观性划分，可分为主观创业风险和客观创业风险。主观创业风险是指创业者在创业阶段，受到身体素质与心理素质等主观因素影响所导致创业失败的可能性。客观创业风险是指创业者在创业阶段，受到环境、市场、竞争对手、资金缺乏等外在因素影响所导致创业失败的可能性。

(3) 按照风险内容表现形式的分类。按照风险内容表现形式可分为环境风险、市场风险、团队风险、技术风险、管理风险、财务风险。

环境风险是指创业活动所处的社会受到社会、政治、经济、法律或自然灾害所导致企业或创业者蒙受损失的可能性。市场风险是指市场供需、市场价格的不确定性对企业带来损失的可能性。团队风险是指由于团队的矛盾、分裂、解散导致创业活动无法正常持续进行而给企业带来的损失，甚至面临创业失败、企业倒闭的风险。技术风险是指由于技术与设备的不确定性、不稳定性威胁到企业的生存与发展，导致企业失败的可能性。管理风险是指在经营过程中，由于管理不善、判断失误、信息不对称等影响了管理水平而导致企业失败的可能性。财务风险是指由于创业企业资金使用不当、财务结构不合理或创业者筹措资金不及时造成资金链断裂而陷入危机，导致创业失败。

(4) 按照创业过程的分类。按照创业过程的分类可分为创业机会的识别与评估风险、创业团队组建的风险、创业资源获取的风险、创业计划书准备与撰写的风险、创业企业的管理风险等。

创业机会的识别与评估风险是指由于存在信息不对称、推理偏误、处理不当等多方因素影响而使创业面临着方向选择与决策失误的风险；创业团队组建的风险是指在团队组建过程中，由于人员缺失或选择不当所导致的创业风险；创业资源获取的风险是指资源缺乏、无法正常获得所需资源或获取资源成本过高而给创业带来的风险；创业计划书准备与撰写的风险是指计划书制订者自身能力的限制或在准备与撰写的过程中发生的各种不确定性因素所导致的创业风险；创业企业的管理风险是指由于管理方式、管理手段、企业文化创建等因素不当而导致企业在发展战略的制定、组织、运营等各方存在风险。

二、创业风险的来源

(一) 心理素质不够强大带来的风险

创业不是一个一蹴而就的过程，它需要一步一步地规划、实践、调整、论证，在这些过程中风险与机遇并存，要有良好的心理素质应对这一切。创业者应该有饱满的热情，不要带有负面的情绪。作为创业者，每天以饱满的热情进行工作，不仅可以使自己内心强大，也可以激励员工为实现创业目标共同努力。同时要客观地评估风险和压力，切不可盲目乐观或妄自菲薄。别人说你的菜做得好或是电脑玩得好，不等于你就可以开办餐馆或电脑维修工作室。此外，创业者不能轻言放弃。创业的道路上肯定会有各种坎坷和不顺利，或是创业团队合作问题，或是资金链断裂的问题等，出现这些问题，肯定会令人不愉快。但仍要有信心，大量的创业事例说明了办法总比困难多，在创业路上，谁能够坚持更久一点，谁就有可能成为最后的赢家。

(二) 创业项目选择带来的风险

创业项目选择对创业能否取得成功至关重要，许多大学生创业者在创业项目选择上缺乏思考，项目选择过于草率，结果在创业的过程中发现现实与预想有很大差距，导致创业最终失败。因此，大学生创业者在项目选择上要特别慎重，一定要做好前期的市场调查，特别是做好顾客群体的调查，并且多听取他人的建议。一般来说，大学生创业者资金实力较弱，人脉资源也比较匮乏，在选择项目时不要贪大求全。在创业实践中，创业者往往会发现钱花得非常快，在选择项目时，尽可能选择自己熟悉的领域进行创业，或者是低成本创业。记住，当前许多大企业家也是从低成本创业起步的。

(三) 缺乏创业技能带来的风险

掌握良好的创业技能不仅可以帮助创业者管理好企业，还可以建设一支高效的创业团队，为企业发展带来源源不断的动力。在现实中，因为大学生接触社会非常有限，大学生创业者的创业技能普遍不高，因此作为大学生创业者，需要不断提高创业技能，特别是要掌握好管理技能。为提高创业技能，第一，大学生应去企业打工或实习，积累相关的管理和营销经验；第二，应积极参加各种创业培训，积累创业知识，接受专业创业指导，提高创业成功率；第三，应加强自身学习，加强创业实践，利用好图书馆和各种资源，不断提高自己的创业能力。

(四) 人力资源管理带来的风险

企业最大的资产是人，人才是第一生产力。在企业经营过程中，关键岗位长期空缺或由不能胜任的人担任都会存在管理风险，所以高素质的管理层通常是投资者考虑的最重要的因素，防止专业人才及业务骨干流失应当是创业者时刻注意的问题。创业初期各个成员雄心勃勃，在经营管理中一旦出现较大困难，很容易出现分歧；企业运行良好时，可能会在利益分配方面因为初期约定不明确给企业带来灾难；高层管理人员的流失，也会给企业带来致命的危险；技术骨干的流动，可能会使整个企业的技术开发受阻，造成巨大的经济损失。在那些依靠某种技术或专利创业的企业中，拥有或掌握这一关键技术的业务骨干的流失是创业失败的最主要风险源。还有一种存在的风险是，因为创业者未建立良好的吸引人才及用人的机制，或不能使人才发挥最大的能量而导致人才流失。

(五) 市场营销管理带来的风险

一个好的创业项目，必须有好的市场前景。没有市场需求，创业不可能取得成功。只要是创业，多多少少会遇到市场营销管理所带来的风险，例如，顾客偏好的改变、顾客收入的下降、政策法规的变动等。中国有句古话："防患于未然。"为降低市场风险，在创业初期，一个创业者就应该做好充分的市场调查，多问自己几个问题：我们的顾客在哪里？顾客买我们产品的理由是什么？顾客可以接受的价格是多少？我们的成本是多少？谁是我们的竞争对手？我们的优势在哪里？这个市场有多大的发展空间？……在实践中，太多的创业者总是疏于市场调查，对市场估计过于乐观，对自己过于乐观，同时又缺乏对竞争者的了解，导致创业中途而废。

（六）市场竞争带来的风险

如果创业者选择的行业是一个竞争非常激烈的领域，那么在创业初期就可能受到同行的强烈排挤。一些行业内的大企业为了把同行的小企业吞并或者挤垮，常常会采用低价销售手段。对于大企业来说，由于规模效应或者实力雄厚，降价并不会在短时间内对它造成致命的伤害，而对于初生企业来说，低价可能意味着彻底地覆灭。因此，考虑好同行的残酷竞争是创业企业生存的必要准备。

（七）资金短缺带来的风险

在现实生活中，有好的项目但缺乏流动资金的现象是比较多的，资金风险在创业初期往往显得格外明显。是否有足够的资金创办企业，是创业者遇到的第一个问题。企业创办起来后，就必须考虑建立健全财务管理制度，不断拓宽融资渠道，确保有足够的资金支持企业的日常运作。

许多创业者在没有意识到缺乏流动资金的风险时就贸然创业，创业时立足于做大做全，花钱没有节制，更容易造成资金匮乏，没有流动资金，导致企业的运营十分困难。所以，在创业之初就应该充分重视企业的现金流问题，降低财务风险。现实生活中，其实有很多花小钱赚大钱的创业故事，值得我们学习和借鉴。

（八）政策调整带来的风险

政策风险是指国家和地区有关政策调整、行业整治等因素而导致创业者蒙受损失的可能性。在市场经济的条件下，由于受到价值规律和竞争机制影响，各个企业争夺市场资源都希望获得更大的市场自由，因而可能会触及国家的有关政策，而政策又对企业有相当强的约束力。一旦国家的政策发生调整，而企业的运行状况与国家政策法规不相容时，就会出现反向政策的突变性风险，从而影响企业的生存和运营。这就需要创业者时时刻刻关注国家及地区的政策走向，要做政策允许的事情，紧抓政策方向才有利于开展创业活动。

三、创业风险识别与管理

所谓创业风险识别，是指创业者依据企业活动，对创业企业面对的现实及潜在风险，运用各种方法加以判断、归类并鉴定风险性质的过程，从而有效把握各种风险信号及其产生的原因。风险识别是管理一切风险的基础性工作。

（一）创业风险的识别

1. 创业风险识别的方法

识别风险需要一定的专业知识，必须根据不同性质与条件，按照一定的途径，运用一定的方法或者借助一定的工具来实施。

一般而言，风险识别的方法包括信息源调查法、数据对照法、资产损失分析法、环境扫描法、风险树分析法、情景分析法及风险清单法。有能力的企业也可以自行设计识别的方法，如专家调查法、SWOT 分析法和财务报表分析法等。

(1) 专家调查法。专家调查法是指组织专家进行一线调查，在此基础上为创业提供看法。这种方法可以充分利用好专家的宝贵知识和丰富的经验，在创业初期，更要认真倾听专家的意见和建议，避免走弯路。

(2) SWOT 分析法。SWOT 分析方法是一种根据企业自身的既定内在条件进行分析，找出企业的优势、劣势及核心竞争力之所在的企业战略分析方法，如表 4-2 所示。使用简单是它的重要优点，即使没有精确的数据支持和更专业化的分析工具，也可以得出有说服力的结论。

表 4-2　SWOT 分析表格

S：潜在优势	W：潜在劣势	O：潜在机会	T：潜在威胁
◆ 有利的战略	◆ 没有明确的战略导向	◆ 服务独特的客户群体	◆ 强势竞争者的进入
◆ 有利的金融环境	◆ 设备陈旧	◆ 新的地理区域的扩张	◆ 替代品引起的销售下降
◆ 有利的品牌形象和美誉	◆ 超额负载	◆ 产品组合的扩张	◆ 市场增长的减缓
◆ 被广泛认可的市场领导地位	◆ 超越竞争对手的高额成本	◆ 核心技术向产品组合的转化	◆ 汇率和贸易政策的不利转换
◆ 专利技术	◆ 缺少关键技术的行业资格	◆ 垂直整合的战略形势	◆ 由新规则引起的成本增加
◆ 成本优势	◆ 利润少	◆ 分享竞争对手的市场资源	◆ 商业周期的影响
◆ 强势广告	◆ 内在运作困境	◆ 竞争对手的支持	◆ 客户和供应商杠杆作用的加强
◆ 产品创新能力	◆ 落后的研发能力	◆ 战略联盟与并购带来的超额覆盖	◆ 消费者购买需求下降
◆ 优质客户服务	◆ 过分狭窄的产品组合	◆ 新技术开发	◆ 人口与环境的变化
◆ 优秀产品质量	◆ 市场规划能力的缺乏	◆ 品牌形象拓展	
◆ 战略联盟并购			

(3) 财务报表分析法。财务报表分析法指的是通过分析资产负债表、损益表和现金流量表等报表中的每一个会计科目，确定某一特定企业在何种情况下会有什么样的潜在损失及其成因。由于每个企业的经营活动最终要涉及商品和资金，所以这种方法比较直观、客观和准确。具体的分析方法将在第七章做详细介绍。

2. 创业风险识别的步骤

识别创业风险主要包括以下步骤。

(1) 信息收集。信息收集是信息得以利用的第一步，也是关键的一步。信息收集工作的好坏，直接关系到创业风险的评价。首先，通过调查、问询及现场考察等途径获得相关信息；其次，需要敏锐的观察和科学的分析对各类数据及现象做出处理，在实践中，最好自己亲自整理信息，这样对信息的敏感性就会得到加强，便于更好地决策。

(2) 风险识别。根据信息的分析结果，确定创业中存在的主要风险或潜在风险的范围。

(3) 重点评估。根据量化结果，运用定量分析、定性分析、假设和模拟等方法，进行风险影响评估，预计可能发生的后果，提出可供选择的方案。

(4) 拟订计划。根据评估结果，广泛征询建议，提出处理风险的方法和行动方案。

3. 创业风险识别中要注意的问题

识别创业风险的过程中需要注意以下问题。

(1) 信息收集要全面。只有广泛、全面地搜集信息，才能完整地反映管理活动和决策对象发展的全貌，为决策的科学性提供保障。收集信息可以通过两个途径：一是内部积累或者委派专人负责，二是借助外部专业机构的力量。后者可获得足够多的信息资料，有助于较全面、较好地识别面临的潜在风险。此外，不要只收集正面信息，对创业者而言，负面信息同样有很高的利用价值，它有助于更好地服务顾客，避免犯错误，降低创业风险，提高创业的成功率。

(2) 因素罗列要全面。根据企业在运营过程中可能遇到的风险，逐步找出一级风险因素，然后进行细化，延伸到二级风险因素，再延伸到三级风险因素。例如，管理风险属于一级风险因素，管理者素质属于二级风险因素。

(3) 最终要进行综合分析，既要进行定性分析，也要进行定量分析。

案例

以表4-3为例，运用定量分析法评述方案甲和方案乙的风险性。

表4-3　方案甲和方案乙的风险性评价表　　　　　单位：万元

因素 方案	经济条件	各种条件发生的概率	年效益	期望效益
	(1)	(2)	(3)	(4)=(2)X(3)
方案甲	衰退	0.2	400	80
	正常	0.6	500	300
	繁荣	0.2	600	120
	合计	1.0	—	500
方案乙	衰退	0.2	0	0
	正常	0.6	500	300
	繁荣	0.2	1000	200
	合计	1.0	—	500

从表4-3中可以看出，这两个方案的期望效益都是500万元。但是，期望效益相等并不等于两个方案的风险也相等，这是因为这两个方案的现金效益的变动幅度不相同。方案甲变动的幅度在400万~600万元，而方案乙变动的幅度则在0~1000万元。显然，方案乙的风险比方案甲的风险要大得多。这就是说，方案甲有把握获得400万~600万元的效益；而方案乙虽然有可能得到1000万元的收益，但是也有可能毫无收益，从而要冒很大风险。

(二) 创业风险的管理

在创业风险中，有些风险是可以预测的，有些风险是不可预测的。对于创业者而言，风险发生的时间、地点、形式、内容和损失程度往往具有不确定性，但并不意味着风险是不可捉摸的。事实上，通过市场调研、建立完善信息收集与管理系统、采用科学的预测手段与方法，大多数创业风险是可以管理的。

创业风险的管理是一个过程，一般包括风险识别、风险评估和风险应对三个方面，目的是使可避免的风险成本及损失最小化。

1. 风险识别

风险识别是创业者对创业过程中发生的风险进行感知和预测的过程，创业者应根据风险的分类，从风险产生的原因入手，将风险分解为简单的、容易识别的单元，并找出影响预期目标实现的各种风险。尤其当市场整体活跃、人气鼎沸、需求旺盛的时候，创业者、投资者就会踊跃入市，创业机会多且赢面大的时候，人们的风险意识就会逐渐淡薄，这往往是创业风险将要出现的征兆。创业者可以通过绘制创业流程图、制作风险清单、建立风险档案及通过分解分析、头脑风暴、市场调查等方法进行风险识别。

2. 风险评估

风险评估分为风险估计和风险评价。风险估计是对不确定的风险要素进行充分而系统的思考，确定创业过程中各种风险发生的可能性及发生后的损失程度。风险估计是对风险可能性大小、发生时间、结果范围、损失程度等进行估计。风险评价是风险估计的结果，可用风险评价技术判定风险影响大小、危害程度高低。而风险评价技术可采用定性与定量相结合的分析方法，定性分析方法有专家调查法、层次分析法等定量分析方法有决策树分析法、影像图分析法、敏感性分析法等。

3. 风险应对

风险应对是创业者在风险评估的基础上，选择最佳的风险管理技术，采取及时有效的方法进行防范和控制，用最经济合理的方法综合处理风险，以实现风险安全保障的最大化。常用的风险应对方法有风险避免、风险自留、风险预防、风险抑制和风险转嫁，如表 4-4 所示。

表 4-4　风险应对策略矩阵

	高频率	低频率
高程度	风险避免 风险抑制 风险转嫁	风险避免 风险抑制
低程度	风险避免 风险预防	风险自留

（资料来源：李时椿，常建坤. 创业学理论、过程与实务[M]. 北京：中国人民大学出版社，2016:254.）

- 风险避免是指设法避免风险发生损失的可能性，从根源上消除特定的风险因素或中途放弃某些特有的风险因素。这是一种消极的风险管理办法，通常在某种特定风险所导致的损失的频率或幅度较高时，或者运用的风险管理方法不符合成本效益原则时才会采用。
- 风险自留是指创业者自己承担风险的损失，通常在风险所导致的损失频率和幅度较低时，或是损失短期内可以预测，并且最大损失不影响创业活动正常进行时才会采用。

- 风险预防是指在发生风险损失前为消除或减少可能引发的损失而采取的具体措施，通常在风险损失频率高、损失幅度低时采用。
- 风险抑制是指在风险损失发生时或发生后为了缩小损失幅度而采用的措施，损失抑制通常在损失幅度高且风险又无法避免、无法转嫁的情况下使用，如损失发生后的自救、损失处理等。
- 风险转嫁是指创业者为避免承担风险损失，有意识地将损失和损失后果转给他人去承担的一种管理方式。一般风险转嫁的有效办法有：一是在资金筹集上，如个人独资则承担无限责任，但多人共同投资则承担有限责任，能够分散风险；还可以通过控制资金投入比例的方式，减弱创业风险的影响。二是保险转嫁，通过保险公司投保，对企业的财产和责任、员工的健康和失业提供保障，如为财产投保就是转嫁意外事故风险，许多个体创业者往往忽视了保险，但买保险是"小投入大保障"，必不可少。三是通过租赁设备代替购买设备来转嫁投资风险。

创业贴士

创业风险管理九招

与其老想着预防风险，还不如从积极方面入手，规避风险，尽可能提高制胜概率。规避风险的九招如下。

(1) 以变制胜，适者生存。所谓"适者生存"，强调的就是"变"，经营者要适应外部环境的变化，随时做出调整。

(2) 出其不意，攻其不备。核心是一个"奇"字，用出奇的产品、出奇的经营理念、出奇的经营方式和服务方式去战胜竞争对手。

(3) 以快制胜，当机立断。机不可失，时不再来，比对手快一分就能多一分机会。对什么都慢慢来、四平八稳、左顾右盼的人必然被市场淘汰，胜者属于那些争分夺秒、当机立断者。

(4) 后发制人，稳操胜券。从制胜策略看，后发制人比先发制人更好，可以更多地吸收别人的经验，时机抓得更准，制胜把握更大。

(5) 集中优势，重点突破。这一策略特别适用于小企业，因为小企业的人力、物力、财力比较弱，如果不把有限的力量集中起来很难取胜。

(6) 趋利避害，扬长避短。经营什么产品，选择什么样的市场，都要仔细掂量，发挥自己的优势。干应该干的，干可以干的，有所为，有所不为。

(7) 迂回取胜，曲线获利。小企业与人竞争不能搞正面战、搞阵地战，而应当搞迂回战，干别人不敢干的，干别人不愿干的。

(8) 积少成多，积微制胜。"积少成多"是一种谋略，一个有作为的经营者要用"滴水穿石""聚石成山"的精神去争取每一个胜利，轻微利、追暴利的经营者未必一定成功。

(9) 薄利多销，以廉制胜。"薄利多销"是不少经营者善于采用的一种经营策略。"薄利多销"的前提是能多销，"薄利少销"则是不可取的。

(资料来源：创业中如何进行风险管理[EB/OL]. http://www.shang360.com/news/58167.html，2017-08-16.)

四、创业风险的有效规避

在现实生活中，可以采取以下几个措施对创业风险进行有效规避。

(1) 谨慎选择项目，避免盲目。一般来说，大学生创业者既要客观地分析自身的创业条件，更要冷静地分析创业环境。俗话说："隔行如隔山。"大学生在选择创业项目的时候，要尽量选择与自己的专业、经验、兴趣、特长相符合的创业项目。兴趣是最好的老师，只要你对某项事情感兴趣，一般都容易做到事半功倍，创业项目一定要选择自己感兴趣或者热爱的行业，这样才能够在创业之路上坚持下去。因此，在选择过程中切忌盲目跟风，还要切记一点，做熟不做生，一定要选择自己最熟悉、最擅长、最有经验、资源最丰富的行业来做。

(2) 虚心听取别人的意见，扩大自己的人际交往圈。俗话说："人多好办事。"在这样一个非常重视人际关系的时代，多认识几个人，多交几个朋友，能够极大地方便我们进行创业。在创业过程中，可以通过和一些初创企业家交流，来交换意见，避免走弯路；可以了解前辈创业者的经验，作为参考；也可以与顾客进行交流，通过与他们交流找到自身的不足之处，有利于以更好的产品和服务满足消费者。

(3) 不打无准备之战。"谋定而后动，知止而有得。"在创业之前，要认识思考以下几个问题：你选择的这个行业目前的市场状况及未来的发展潜力，你都了解吗？要想达到成功必须具备哪些条件，你准备得怎么样了？你的产品的核心优势是什么？你的产品出来了，怎么去操作你的市场？预亏期你准备多长时间？只有认真思考这几个问题，你才能做到心中有数。创业是一项庞大的工程，涉及融资、选项、选址、营销等诸多方面，因此在创业前进行细致准备必不可少。例如，参加一些相关的创业培训，增强这方面的基础知识；根据自己的实际情况选择合适的创业项目，并试着写一份出色的创业计划书，包括市场机会评估、盈利模式分析、开业危机应对等，并摸清市场情况，知己知彼，打有准备之战。

(4) 做好创业计划书。对初涉创业的创业者来说，创业计划书的作用尤为重要。一个酝酿中的项目往往很模糊，通过制订创业计划书把正反理由都写下来，然后再逐条推敲，这样创业者就能对这一项目有更清晰的认识。在创业实践中，创业计划书可以作为创业的行动纲领。同时，在现实生活中，做好创业计划书也是吸引外来投资的一个很关键的环节。

(5) 做好资金筹措和财务管理。再好的创业项目也必须有资金支持，创业者一方面要努力筹集资金，另一方面也要合理利用好资金，做好资金预算。创业初期，资金一般不会太多，好钢一定要花在刀刃上，同时加强财务制度建设和管理，实施稳健的财务政策，切不可好高骛远。

(6) 尽快确定企业的核心竞争力。企业生产的产品常常面临着激烈的市场竞争，这种竞争不仅有现有企业之间的竞争，同时还有潜在进入者的威胁。企业可能由于生产成本高，缺乏强大的销售系统，新产品用户的转换成本过高而常常处于不利地位，严重的还可能危及企业的生存。只有下力气寻找产业或行业的市场缝隙，挖掘渠道资源，打造强有力的核心产品和服务，才是规避风险的一剂良方。

(7) 培养团队协作，建立良好的创业团队。创业团队是创业过程中最主要的人才资本，一般情况下，创业团队的力量越大，创业所产生的风险就越小。良好的团队合作精神，可以更好地营造企业员工内部的归属感，有助于员工个人能力的提高，因为他可以从团队其他人的身上获得很好的经验，使自己的个人价值在合作中得到最大限度的发挥，相反对别人亦然。因此，做到知人善任并建立一套有效的激励政策，是创业准备初期应该着重考虑的问题。拥有一个优秀的团队，会让你在后期的创业之路上，免去很多风险。

(8) 注重实践，提高创业实战能力。经验不足，缺乏从职业角度整合资源、实施管理的能力，将大大影响大学生创业的成功率。要成功创业，最好先经历实践，利用业余时间创立一些投资少、见效快、风险小的实体，培养自立自强的创业能力和适应社会的能力，通过实践增加创业体验，熟悉社会环境，学会社会交往。同时，对创业决策要科学，要深思熟虑，该想到的困难要想到，做到心中有数，回避准备不足，以克服决策的随意性。

当然，即使做了万分的准备，作为创业者，把风险降为零的概率基本上也是不现实的。因此，创业的大学生要保持积极的心态，结合大学生既有的特长优势，多学习，多汲取优秀经验，也要学会理性面对这些风险，做好事前预防，把可能发生的情况尽量想周全，慎重筹划，创业就一定会取得比较好的实际效果。

链接

风险承担测试

假设自己处于以下题目所描述的情境中，然后根据下列5种反应选一个最适合的，把代号写在小括号中。

A: 免谈; B: 我不可能加以考虑; C: 如果有人鼓励，我会试试; D: 我可能会做; E: 我绝对会做。

1. 你去看表演，舞台上的催眠师征求志愿者上台合作，你会上去吗？　　　　　　（　　）

2. 在公司最成功的部门中，你的职位既高又安全。有一天老板希望你接任另一个部门的副总经理。不过这个部门的情况很糟，一年之内已换了两个副总，你会不会接下新职？（　　）

3. 你正想集资自己做生意，有个好朋友靠不正当手段发了一笔财，想借此机会也捞一笔，给你集资20万元，只要你肯出2万元。　　　　　　　　　　　　　　　　　（　　）

4. 你有机会可以看到一些密件，里面的资料对你日后的工作前途很有价值，但是你若被发现看了这些资料，会被开除，名誉也会扫地，你会看吗？　　　　　　　　　　　（　　）

5. 你要去赶一班飞机，搭上了就可获得一张赚钱的合约，搭不上可能就会赔掉老本。偏偏你在高速公路上碰上塞车，只有走辅路高速前进才赶得上飞机，你会这么做吗？（　　）

6. 你在公司要升迁，唯一的办法就是暴露公司中一名比你强的人的缺点，但他铁定会展开反击，你会那样干吗？（　　）

7. 你得到一宗内幕消息，对你公司的股票会有重大的影响。做内幕交易是违法的，但很多人都这么做，而且你可以因此大赚一笔，你会做吗？（　　）

8. 听过一位著名的经济学家演讲后，你有问题想发问，但这位经济学家常在大庭广众前给人难堪，你会发问吗？（　　）

9. 你终于存够了钱要实现梦想：到世界各地旅游一年。但就在出发前，有人给你一个工作机会，可以让你这辈子过得相当舒服，但你必须立刻答应并上班，你仍会去旅游吗？
（　　）

10. 你有个表弟古怪又聪明，他发明了一个古怪的茶壶，烧开水比普通茶壶省一半的时间。他需要10万元把它正式做好并申请专利，你会拿钱支持他吗？（　　）

11. 你到国外旅行，当地的人多数不会说中文和英文，当然，你在旅馆吃牛排、马铃薯就没有语言问题；但如果上当地馆子吃带有异国风味的食物，语言可能会有麻烦，你会上馆子吃饭吗？（　　）

12. 假定你有台烘衣机，有一天你发觉烘衣机不动了，可能开关有毛病，你看到开关上只有两个螺丝钉，也许可以旋开螺丝钉看看自己能不能修，你会这么做吗？（　　）

13. 在一群有影响力的人面前高谈阔论可能会令他们不悦，但在一件你认为很重要的事情上，他们的论调你实在不能苟同，你会说出来吗？（　　）

14. 你仍然单身，碰巧在报上看到一则征友启事，各种条件似乎都颇适合你，你以往从未想到要对这种启事有所行动，这次会吗？（　　）

15. 假定你和老板到美国拉斯维加斯参加商展，你和老板正在赌场赌钱，你赢了少许，突然你有一种感觉，如果把赢来的钱统统押红色，你会赢；但如果你输了，却会让老板对你产生错误印象，你会押吗？（　　）

16. 一家博物馆即将开幕，很多明星都会到场，场面非常热烈；但博物馆属私人性质，只有会员才能参加，你正好有合适的服饰穿起来像个大人物，可以蒙混进去，但你可能会被守门的识破，吃闭门羹，会试吗？（　　）

17. 你暗恋你的一位同事，但没有人知道。现在你的同事必须到另一个城市谋求更好的工作，你考虑要表达帮他(她)整理行李的心意，你会说出口吗？（　　）

18. 你在荒郊野外开车，风刮得很大，你看到一个路口，看起来像是捷径，但路口没有标志，地图上也没写明，你会不会走这条"捷径"？（　　）

19. 你和几位做鲨鱼研究的朋友一起度周末，准备潜水作乐。你们发觉附近有鲨鱼出现，你想要留在船上，但朋友却邀你下水，且只要遵守几项简单的原则，就不会有危险，你会下水吗？（　　）

20. 你在公司某部门工作，你有新的想法可以改善部门的效率，但这种想法已被管理阶层拒绝。你正考虑把建议告诉更高阶层，但你知道管理阶层必定会不高兴，你会做吗？
（　　）

【计分标准】

按所填字母记分，A 代表 1 分，B 代表 2 分，依此类推。各项得分相加得出总分。

【结果说明】

总分在 20～45 分：算是得分很低；总分在 46～57 分：算是得分低;

总分在 58～66 分：算是得分中等；总分在 67～72 分：算是得分高。

总分在 73 分以上：算是得分很高。

(资料来源：陈德明，陈少雄，朱国华.大学生创业规划[M]. 广东：广东高等教育出版社，2014)

根据研究，肯冒险的人具有高度的自信心与雄心，他们愿意花更多时间达成自己的目标，而并不是嫉妒别人的成功。很多公司喜欢雇佣那些有自信心、有创造力的员工，并且鼓励员工冒险，偶尔也能原谅员工因冒险而失败，如果能从失败中学习到经验也是值得的事，所以有"完美的失败"这种说法，这是对冒险的肯定。当然，并非每个人都有冒险的需要，该不该冒险必须由自己决定，年龄、忍受力、责任心等都是冒险所应该考虑的，往往年纪大的人更不愿意冒险，因为失败成本太高了。

以上测试中，低分者显然没什么雄心壮志，自我形象也趋于负面和不满意。即使有成功的机会，也会因为需要冒险而裹足不前，心存担忧与害怕。如果你的得分落在此区域，那你必须克服对冒险的恐惧，勇敢去尝试，只有这样才能在商业舞台上与人一较长短。

第四节 大学生创业机会

我国正处于经济发展的快速时期，经济社会的发展带来了大量创造财富的机会，社会分工更加精细，各类行业此消彼长，层出不穷。巨大的消费人口，经济的高速发展，人民收入的增加，也为广大有志于创业的人提供了很好的创业机会。作为我国社会主义建设的主力军，大学生具有很明显的优势，他们年轻，有激情，有知识，接受能力强，正可以利用这些优势进行创业，为社会主义建设做贡献的同时，实现自我人生价值。

但现实是由于大学生缺乏相关的工作经验，缺少人脉资源和资金支持，创业成功的概率还不容乐观。许多地方大学生创业的成功率还不到 4%，远远低于世界先进国家的比率。尽管如此，我们还是在总结一些大学生创业成功的例子的基础上，提出了一些比较好的建议，以帮助大学生今后在创业中少走弯路。

一、大学生寻找创业机会的途径

当前，在国家大力鼓励大学生创业的大环境下，大学生寻找创业机会的途径越来越多，具体到大学生创业实践，其主要有以下七条途径。

(1) 利用课堂学习好创业知识。现在，国家对大学生创业教育非常重视，许多高校也开设了创业课程，大学生可以充分利用校园生活环境和有利的学习条件，学习好相关知识，锻炼好自己的能力，为创业打下坚实基础。目前，高校所开设的创业课程注重培养学生自我创业的意识和企业家精神，其教育内容涉及企业方方面面，如产品设计技术、质量管理、销售、资金筹措、人际关系、商业法规及政府的有关法律章程等。这些知识对大学生今后创业会产生巨大的影响，即使不创业，学习好这些知识也会在工作中受益无穷。

(2) 充分利用好图书馆资源。大学图书馆是大学生获取知识的重要场所，里面有许多关于创业的报纸和图书、杂志，广泛阅读能够增长见识，扩大视野。为今后更好地创业，大学生可以多阅读一些人才类、经济类的杂志或报纸，如《销售与市场》《商务周刊》《21世纪经济报道》等，这些杂志中往往有一些对创业非常有价值的信息。

(3) 利用电视和网络媒介。现在电视网络媒介非常发达，大学生创业者可以在里面学习很多创业知识，例如，中央电视台的《致富经》栏目、专业的创业类网站中的一些内容都是很值得学习的。此外，网络上关于大学生创业的专题网站也有很多，如全国大学生创业网。地方政府为了扶持大学生创业，往往也会建有相应的大学生创业网站，例如，杭州市政府就办有杭州市大学生创业网。这些网站内容丰富，一般都含有创业政策、创业故事、创业新闻等板块，非常值得大学生创业者学习和参考。

(4) 多参加一些社团活动和社会实践活动。社团活动是大学生素质拓展与创业实践的最好途径。积极参加社团活动，可以培养自己的良好品格、锻炼自己与人交往的能力，同时也可以提升自己的组织协调能力，这也是大学生创业所必须具有的能力。此外，大学生要高度重视社会实践工作，在社会实践中学习企业的生产运营、市场营销、人力资源管理等，将社会实践作为创业实践的前期尝试和探索。在创业心理、创业思维、创业知识和创业能力都已经具备的情况下，就可以很从容地进行创业了。

(5) 积极参加创业计划竞赛。现在许多高校都组织了创业计划大赛，这不仅激发了大学生们的创业意识，培养了他们的创新能力，还促进了一些创业构思的诞生。创业计划是学生们走进市场、开展创业活动的第一步。现在许多高水平的创业大赛受到了媒体和投资机构的高度关注，许多项目还获得了风险投资基金的资金支持。比较有影响力的当属"挑战杯"中国大学生创业竞赛，不仅参与的学校多，而且比赛水平高、影响力广。此外，各高校经常举办学科竞赛或者科技项目竞赛等活动，有志于创业的大学生在力所能及的情况下，要抓住这样的机会，提升自己的综合素质，同时也有机会在今后创业中获得资金支持。

(6) 亲朋好友、师长、同学介绍。深处象牙塔的大学生，社会经历相对比较少，他们获取社会知识的一个重要来源就是身边的亲朋好友、师长和同学。这些人往往会站在你的角度去思考问题，为你着想。这些人的介绍对大学生来说是一条重要的创业项目来源。同时，在创业初期，他们介绍的项目更容易获得他们自己的信任和支持，从而创业更容易走上正轨，获得成功。

(7) 积极参加各种社交活动，与商界人士广泛交流。积极参加各种社交活动的人往往是善于交流的人，大学生在学校里应该培养自己良好的交往能力，这是进入职场或进行创业所必需的。在现实生活中，有创业经验的人有很多，他们也愿意将自己的创业经验与人分享，这时你要主动，就可能获得最直接的创业技巧和经验，这些知识往往是大学生在校园里无法得到的。甚至可以通过电子邮件等方式与自己所欣赏的商界人士进行交流，记住一定要谦逊，谦逊总容易得到对方的回应。

总之，创业知识和创业机会广泛存在于大学生的学习和生活中，只要以积极的心态去思考、学习，克服自己畏惧的心理，总能找到有价值的信息和线索，从而为创业打下坚实的基础。

二、提高大学生创业成功率的几点建议

为了提高大学生的创业成功率，国家和高校都做了很多努力，也取得了很明显的效果。例如，浙江省出台了一系列鼓励大学生创业的文件，政府为创业大学生建立了创业孵化园，省内高校将创业教育放在了更重要的位置。正因为措施得力，有数据显示，浙江省大学生创业成功率比全国的大学生创业成功率的平均数要高出很多。我们有理由相信，随着国家、各地方政府对大学生创业的进一步支持，大学生创业的成功率还会进一步提升。

创业教育工作者在认真分析大学生创业现状的基础上，提出了一些好的建议和措施，值得我们学习和借鉴。

(1) 选择好的创业项目。选择好的创业项目就意味着创业成功了一半。大学生创业应该尽量选择自己所熟悉的行业或者领域，这从风险-收益角度来讲，也是为了降低自身投资的风险。另外，自己所熟悉的行业，才能够给自己更大的动力与激情。同时要结合自己的优势寻找项目，如创业项目和自己的人脉圈子相符合，所需要的资金与所筹集到的资金相符合等，能够让自己扬长避短的创业项目才是最好的项目。

目前对理工科学生来说，比较合适创业的领域有软件开发、网页制作、网络服务、手机游戏开发等。这些学生可以利用自己的专业优势和专业技能进行创业，也可以通过技术入股的方式进行创业。对其他专业的学生来说，结合自身优势，进入智力服务业领域也是不错的选择(如家教、家教中介、设计工作室、翻译事务所等)。此外，一些服装店、饰品店、儿童用品店、体育用品店、特产经营店、快餐业、家政服务业、校园小型超市、数码速印站等传统行业因其投资小，资本回报期短，也值得大学生创业者考虑。

(2) 争取最广泛的支持。创业需要很多外在和内在的积累。一个成功的创业过程，需要资金、项目、经验、团队、社会资源等要素的支撑，这些要素往往决定了创业成功率的高低。而在校学生或带着项目初涉商海的硕士生、博士生，往往富有激情，知识储备相对丰富，但是缺少经验、资金、社会资源的支撑。因此，大学生创业者在创业时要获得更多支持，在创业道路上才会走得更顺利。

(3) 为自己营造一个好的创业环境。大学生创业由于缺少社会经验和商业经验，如果把自己独立放到整体商业社会，往往会难以把握，这时可以先给自己营造一个小的商业氛围。一方面，去企业打工或实习积累相关的管理和营销经验；另一方面，积极参加创业培训，积累创业知识，接受专业指导，提高创业成功率。同时，创业者可选择一个能提供有

效配套服务的创业(工业)园区落户,借助其提供的优惠政策、财务管理、营销支持等服务,使企业稳定发展。另外,还可以找一个经验丰富的企业管理咨询师做企业顾问,并学会借助各种资源,学会和各方面的人合作,千方百计给自己营造一个好的商业氛围,这对创业者的起步十分重要。

(4) 创业要有周密的资金运作计划。创业风险极大,稍有不慎,就会面临失败之境地。大学生初入社会,阅历不足,技能也相对薄弱,创业失败的风险会更大。同时大学生的经济基础相对较弱,心理承受能力也相对欠佳,因此,创业应慎之又慎,应充分了解与创业相关的知识及技能,避免创业的盲目。有些大学生在创业时,总希望取得更大的资金支持与资金投入。其实,创业总与风险相伴而生,因此,适当控制创业的风险,也是保障创业成功的关键。这就要求创业时量力而为,结合自己的承受能力,开拓与自身实力相符的事业,而不应贪大求全。否则,一旦创业不利,极易陷入困顿,一蹶不振。

(5) 要关注国家的政策,结合自身优势,进行创业。在政策鼓励的行业中,符合政策导向的创业项目,通常会享受税收、产地、人才、资金等方面的优惠政策,如果一个创业项目符合国家的产业导向,其成功的概率也就越大。受到政策鼓励的行业往往表现出旺盛的生命力,因此大学生创业要重点关注国家的政策鼓励,关注那些有发展前景的行业。

(6) 合理选择创业模式。目前比较常见的大学生创业模式有新创企业、收购一家现存的公司、连锁加盟、技术入股创业、创业孵化、兼职创业、网络创业等。每种创业模式都有其优点和缺点,例如,目前比较受到专家推崇的大学生创业方式有兼职创业方式,这种方式一般是利用自己的专业经验和所在厂商的资源,在上班时间外进行创业尝试和增加收入,好处是没有任何风险,但应该处理好本职工作与创业的关系。

第五节　课后习题

一、名词解释

创业机会　　　　显性机会　　　　隐性机会　　　　突发机会

创业风险　　　　创业机会识别　　　创业风险识别

二、简答

1. 创业机会主要分为哪三类?它们各有什么特点?

2. 创业机会主要来源包括哪几个方面?

3. 创业机会识别分为哪三个阶段?

4. 简述用定量分析方法分析创业风险的具体步骤。

5. 有效规避创业风险的主要途径有哪些?

6. 大学生获取创业机会的途径主要有哪些?

三、案例分析

创业机会识别

小张是一名在校大学生，他发现由于许多高校为了不影响教学秩序，都出台规定快递公司不能送快递进校园，于是他注册了一家公司，专门为住在学校内的大学生送快递，解决快递物流的最后一公里的问题，受到了学生的普遍欢迎。

小王是一名在校大学生，所学专业为会计学，他发现现在创办公司的大学生越来越多，需要很多会计，于是他注册了一家专门从事会计业务的公司，承接了许多创业大学生做账的业务。每到年底，公司业务不断，取得了不错的经济效益。

小李是一名来自西部地区的大学生，在湖北上学，他发现每次从家乡带的一些土特产都特别受同学的欢迎，于是他办起了一家零食店，专门经营西部地区的干果、葡萄干等产品，因为价廉物美，学生都非常喜欢吃。

问题： 小张、小王和小李是如何发现创业机会的？你觉得要发现创业机会，需要做好哪些准备工作？

四、实训题

1. 设计一个创业的项目(如餐饮、微商、水果店、农产品种植等)，填写表 4-5 所示的 SWOT 分析表格。

表 4-5　SWOT 分析表

内部优/劣势　　备选战略　　外部机会/威胁	内部优势(S)： 1._____ 2._____ 3._____	内部劣势(W)： 1._____ 2._____ 3._____
外部机会(O)： 1._____ 2._____ 3._____	SO 战略： 1. 依靠内部优势 2. 利用外部机会	WO 战略： 1. 依靠外部机会 2. 克服内部劣势
外部威胁(T)： 1._____ 2._____ 3._____	ST 战略： 1. 依靠内部优势 2. 回避外部威胁	WT 战略： 1. 减少内部劣势 2. 回避外部威胁

2. 读下段文字，并结合实际，将表 4-6 填写完整。

创业机会无处不在、无时不在，而机会主要来自以下方面。

(1) 问题。创业的根本目的是满足顾客需求，而顾客需求在没有满足前就是问题。寻找创业机会的一个重要途径是善于发现和体会自己和他人在需求方面的问题或生活中的难处。比如，上海有一位大学毕业生发现远在郊区的本校师生往返市区交通十分不便，于是创办了一家客运公司，就是把问题转化为创业机会的成功案例。

(2) 变化。创业的机会大都产生于不断变化的市场环境，环境变化了，市场需求、市场结构必然发生变化。著名管理大师彼得·德鲁克将创业者定义为那些能"寻找变化，并积极反应，把它当作机会充分利用起来的人"。这种变化主要来自于产业结构的变动、消费结构的升级、城市化的加速、人口思想观念的变化、政府政策的变化、人口结构的变化、居民收入水平的提高、全球化趋势等诸多方面。比如居民收入水平提高，私人轿车的拥有量将不断增加，这就会派生出汽车销售、修理、配件、清洁、装潢、二手车交易、陪驾等诸多创业机会。

(3) 创造发明。创造发明提供了新产品、新服务，更好地满足了顾客需求，同时也带来了创业机会。比如随着电脑的诞生，电脑维修、软件开发、电脑操作的培训、图文制作、信息服务、网上开店等创业机会随之而来。即使你不发明新的东西，你也能成为销售和推广新产品的人，从而给你带来商机。

(资料来源：http://news.959.cn/2011/0421/43418.shtml)

表 4-6　机会分析

环境变化、顾客需求、政府政策、创造发明等	带来的商机
全面放开第二胎	
人们追求和享受自然的生活	
互联网技术的进一步普及	
人们追求个性化的生活	
人们对环境保护的关注度越来越高	
城市化发展	

3. 调研 Uber(优步)。

第五章
创 业 资 源

【本章提要】

通过对本章学习，了解创业过程中的资源需求和资源获取途径，认识创业资金筹募渠道和风险，掌握创业资源整合的技巧和策略。

【学习重点和难点】

学习重点：了解资源获取的途径和技能，有限资源的创造性利用。

学习难点：创业所需要的资金测算。

引导案例

陈熠舟的创业历程

陈熠舟是一位 95 后创业者，她创业的初衷是研发智慧教育平台，让更多的孩子享受到优质教育资源，这一想法也得到了学校老师的认可。2016 年 2 月，她在学校支持下注册成立了学校首个教育创业公司，注册资金 100 万元，凭借自主研发的智慧教育双师技术 3 项国家专利，开始了教育创业。现在她已拥有两家教育创业公司，平台拥有 2000 多个学生用户，她也晋级 2016 年国际青年科技创业大赛全球总决赛，获得 2016 年中国教育信息化大学生创新创业大赛一等奖(全国第二名)。与此同时，她还在校内建立在线勤工助学基地，为师大的贫困学子提供勤工助学岗位。

陈熠舟在原先专利平台的基础上，又主持研发了"智慧云"公益平台。2016 年 7 月，她带领团队远赴广西中越边境的希望小学，开展为期一个月的支教；同年 8 月，又带领团队前往贵州遵义继续开拓，探索建立"智慧双师型"在线支教模式。2017 年 2 月和 3 月，团队分别赴青海可可西里、青海果洛及南海三沙的学校搭建在线支教基地。

目前，团队已搭建了包括广西首个"在线希望小学"在内的 4 个实践基地，相隔几千公里的在线支教成为现实。她坚持每周都参与在线支教，已累计为边区孩子上课 200 余节。她还通过书信交流、电话沟通、社会实践等多种形式，帮助那里的孩子。

如今她已加入中国青少年儿童发展基金会专项行动，和社会公益团队合作搭建"中国乡村儿童联合公益平台"。此次公益行动已募集善款 500 余万元，致力于解决偏远山区孩子上学问题，通过在线授课形式，为路途遥远的中小学生提供可移动、智能化的教室。截至 2017 年 10 月，他们已在贵州、新疆、湖北等共 5 个试点地区开展项目工作，其中湖北的基地初步落成，每个教室可容纳 80～100 人。

作为大学生，在寻找创业资源、寻求创业项目的时候，可结合自身所处环境、所学专业，利用好学校、政府提供的平台和资源，让自己的创业梦想一步步地更接近现实。

(资料来源：http://zqb.cyol.com/html/2018-05/08/nw.D110000zgqnb_20180508_1-T02.htm)

第一节　创业资源概述

创业资源与创业者的关系就如同食材与厨师的关系。获取不到创业所需的资源，创业机会对创业者而言则毫无意义。就整个创业过程来说，创业机会的提出来自于创业者依靠自身的资源财富对机会的价值确认。例如，同样的产品或者盈利模式，一些人会付诸行动去创收，其他人却往往放任机会流失。对于后者来说，往往是缺乏必要的创业资源。因此，从这一角度看待，创业就是把创业机会的识别与创业资源的获取结合起来。本节将重点讨论什么是创业资源，以及创业所需的各种资源类型；分析现有的资源状况，以及如何找到适当的途径和适当的时机以获取适当的资源。

一、创业资源的概念

常言道："巧妇难为无米之炊。"同样，没有资源，创业者也只能望(商)机兴叹。资源就是任何一个主体，在向社会提供产品或服务的过程中，所拥有或者所能够支配的能够实现自己目标的各种要素及要素组合。创业本身也是一种资源的重新整合。创业资源是指创业者和其企业在创业过程中所需以及可以动用的资源。这些资源有的是有形的，有的是无形的，它们是创业者和其企业实现目标的必要条件，也是企业竞争力的重要来源。简单地说，创业资源就是创业者所需具备的一些创业条件。

美国著名的企业专家蒂蒙斯教授将资源和机会、团队并列为创业三大要件。在他看来，成功的创业者能够在有限的资源约束前提下创办企业并使之发展壮大。一般来说，创业者是先有资源再去创业，新创企业不可能也不必要拥有创业过程中需要的所有资源，这些资源都需要在创业过程中寻找并进行有效整合。大量创业事实表明，对资源的拥有权并不是关键，关键是对其他人的资源的控制和影响，以及资源的有效整合。现实生活中，优秀的创业者在创业过程中所展现出的卓越的创业技能之一是创造性地整合资源。

在创业实践中，不同的创业活动具有不同的创业资源需求。创业者应该根据创业活动的需要，认识不同类型创业活动的资源需求差异，并且对自身所拥有的资源进行合理的开发和利用，以满足不同创业企业的具体需要。

二、创业资源的类型

为了进一步认识创业资源，我们可以将创业资源进行如下分类。

（一）根据资源要素对企业战略规划过程的参与程度分类

按照资源要素对企业战略规划过程的参与程度，创业资源可以分为直接资源和间接资源。直接资源又可以细分为财务资源、管理资源、市场资源、人才资源。而政策资源、信息资源、科技资源这三类资源要素对于创业成长的影响更多的是提供便利和支持，非直接参与创业战略的制定和执行，因此，对于创业战略的规划是一种间接作用，可以把它们定义为间接资源。根据上述分析，创业资源的概念模型如图 5-1 所示。

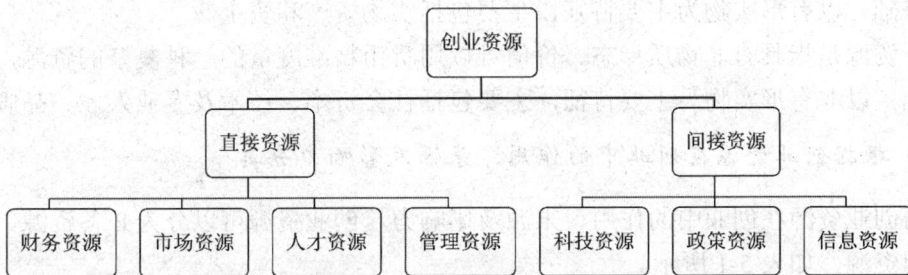

```
                      创业资源
           ┌─────────────┴─────────────┐
        直接资源                    间接资源
   ┌────┬────┬────┬────┐      ┌────┬────┬────┐
 财务资源 市场资源 人才资源 管理资源  科技资源 政策资源 信息资源
```

图 5-1　创业资源的概念模型图

（1）财务资源：是否有足够的创业项目启动资金？是否有资金支持创业最初几个月的亏损？是否有一个完整的规范财务工作的制度体系？

（2）管理资源：是否有能力把先进的管理技术、方法、手段应用于生产经营管理实践？

（3）人才资源：是否有合适的专业化人才来完成企业的工作任务？是否能够科学、合理地使用人才，充分发挥人才的作用，以推动创业企业的迅速发展？

（4）市场资源：是否拥有与市场密切相关的资源要素，包括营销网络与客户资源、行业经验资源、人脉关系、有利的经营许可权、企业现有各种品牌、企业现有销售渠道、企业现有顾客及他们对企业产品或服务的忠诚度等？

（5）政策资源：为支持大学生创业，国家和各级政府出台了许多优惠政策，涉及融资、开业、税收、创业培训、创业指导等诸多方面。可不可以利用这些有利的政策资源来推进创业，比如某些准入政策、鼓励政策、扶持政策或者优惠等？

（6）信息资源：需要什么信息？在创业时依靠什么信息来进行科学决策？从哪里获得决策所需的信息？怎样获得有关创业资源的信息？

（7）科技资源：有什么科技含量高的产品在市场上去参与竞争？为社会提供什么样的产品和服务？核心科技在哪里？如何利用好现有的科技资源？

（二）根据 Barney 分类法

在创业资源中，创业时期的资源最初主要为财务资源和少量的厂房、设备等。根据 Barney 分类法，细分后的创业资源经过重新归纳，主要分为以下几种：①人力和技术资源，包括创业者及其团队的能力、经验、社会关系及其掌握的关键技术等；②财务资源，即以货币形式存在的资源；③生产和经营资源，即在企业新创过程中所需的厂房、设施、原材料等，如图 5-2 所示。

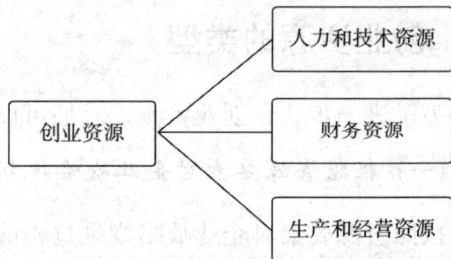

图 5-2　Barney 分类法的创业资源细分概念模型图

（三）根据创业资源的形态分类

根据创业资源的形态，创业资源可以分为有形资源和无形资源。

有形资源是指具有物质形态、其价值可用货币度量的资源，是一种简单资源，它是以产权为基础，以有形实物为主要特征，主要包括实物资产和资金。

无形资源是指具有非物质形态、价值难以用货币精准度量的一种复杂的资源，它以知识为基础，以非有形实物为主要特征，主要包括社会资本、技术及专业人才、品牌等。

（四）根据创业资源在创业中的作用、来源及影响力分类

根据创业资源在创业中的作用、来源及影响力，创业资源可以分为必备资源、支撑资源和外围资源，如表 5-1 所示。

表 5-1　创业资源的分类与内容

资源类型	资源名称	资源内容
必备资源	资金资源	自有资金，亲戚朋友的借款，政策性低息贷款，各种政策与资助扶持的创新基金或者科技基金，风险投资、天使投资及写字楼或者孵化器所提供的便宜的租金等
	场地资源	自有产权房屋、可以租借到的经营场所、科技园或工业园提供的低价场地、各种孵化器或者创业园提供的廉租屋等
	人才资源	创业者自身素质特点、高效的创业团队建设、可以聘请到的管理人才及营销人才、专家顾问团队、优秀的员工等
	管理资源	企业诊断、市场营销策划、制度化和正规化企业管理的咨询
	客户资源	现实的顾客和潜在的客户
	技术资源	对口的研究所和高校科研力量的帮助，与企业产品相关的科技成果，以及进行产品开发时所需要用到的专业化的科技试验平台
	信息资源	完成创业所需要的信息，包括技术、行业、市场及政策信息
	产品资源	创新性产品、具有市场前景的产品等
支撑资源	营销渠道	已有的营销网络，可以使用或租借的营销渠道，营销渠道的效率和效果与产品匹配
	关系网络	个人关系网络，如亲朋好友、老师同学、战友同事等；社会关系网络，如创业前的业务合作伙伴；可以进行利益共享的交换群体；具有弱连接的社会关系等
外围资源	创业环境	涉及市场、行业、经济、环境、政治法律、社会等各个方面，创业环境对创业者来说至关重要

（续表）

资源类型	资源名称	资源内容
外围资源	创业政策	行业准入政策、创业扶持政策、税收减免政策、工商注册支持政策、确保创业者利益的政策
	创业文化	人们在追求财富、创造价值、促进生产力发展的过程中所形成的思想观念、价值体系和心理意识，主导着人们的思维方式和行为方式

创业贴士

创业资源的管理

企业的创业资源主要有资金、时间、人才、市场等方面，而其管理包括这些资源的获取、分配和组织等方面的内容。

(1) 资金管理。这是因为企业创业在内部发生，一般新业务由旧业务的收入来支撑，所以资金来源显得有保障。在这种资金获取办法下，由于新业务本身不但没有收益，反而必须投入大量的资金而导致"新业务招损"，因此，可能打击旧业务员的积极性，对企业发展不利，特别是当企业从专业化向多元化转变时更是如此。解决这个问题的办法有：对新项目使用种子资助资金，采取内部风险投资的方式，或其他有偿使用资金的办法。

(2) 人才分配。企业创业的另一个问题是人才支持。当项目处于种子阶段时，主要由少数几个人在运作和管理，一旦进入了孵育发展阶段，就必须有得力的人才来进行规划管理，因此，这里也存在一个新、旧项目争夺人才的问题。为了使新、旧项目的发展不受人才问题的影响，企业必须注意在发展过程中培养新的人才，稀释各部门的人才密度，给人才施加压力。

(3) 工作时间分配。企业创业相对创业者来说，一个大问题是创业者的工作时间和精力难有保障。一般来说，企业内部的创业者既要完成当前的工作，又要进行开发工作，因此，工作时间分配经常顾此失彼。

为了保障员工有充足的时间来孵化创新性的想法，组织应该从制度上给他们以保证，同时调整他们的工作负担，避免对员工各方面施加过多的时间压力，允许他们长时间解决创新问题。例如，柯达公司的创业者可以将20%的工作时间用于完善创业设想；如果设想可行，创业者可以离开原岗位。

(4) 企业创业的营销资源管理，主要是指营销资源的分配和新市场的开拓。企业创业是一种以市场为导向的活动，市场对新产品的接受程度直接关系到创业成败，但开始时，新产品在市场中几乎不为人所知，因此，企业必须集中销售资源，致力于新产品的市场开拓。这里也存在新、旧项目营销资源竞争的问题。为了解决这个问题，企业必须加大营销投入。

（资料来源：https://baike.baidu.com/item/%E5%88%9B%E4%B8%9A%E8%B5%84 E6%BA%90/6654363?fr=aladdin，笔者整理修改）

第二节 创 业 融 资

对于大多数创业者而言，创业之初最重要的是拥有足够的启动资金，正如"巧妇难为无米之炊"，如果没有资金，那创业就无从谈起。同时，如何维持企业的有效运转和可持续运营，融资是不可回避的关键环节。企业需要多少资金？通过何种方式进行融资？需要创业者根据自身企业的情况进行合理选择。

一、创业融资概述

(一) 创业融资的定义

创业融资，是指创业者为了将某种创业转化为商业现实，采取不同的方式和渠道筹集资金以建立企业的过程。创业融资有广义和狭义之分。狭义的融资，主要是指一个企业的资金筹集的行为与过程，也就是说公司根据自身的生产经营状况、资金拥有的状况，以及公司未来经营发展的需要，通过科学的预测和决策，采用一定的方式，从一定的渠道向公司的投资者和债权人去筹集资金，组织资金的供应，以保证公司正常生产需要，经营管理活动需要的理财行为。广义的融资，也叫金融，即货币资金的融通，指当事人通过各种方式到金融市场上筹措或贷放资金的行为。

创业融资不是一次性融资，而是包括了整个创业过程的所有融资活动。企业融资是企业经常进行的一项经营活动，对企业的生存和发展具有"输血"和"造血"的双重功能。创业者应该根据新创企业在不同发展阶段的资本需求特征，结合创业计划及企业发展战略，合理确定资本结构及资本需求数量。

创业融资按用途可分为固定资产和流动资产的筹集；按资金来源可分为企业内部资金、国内资金和国外资金筹集；按融资对象可分为向个人、政府、银行、其他企事业单位、保险公司及有关金融机构筹集；按时间长短可分短期资金、中期资金和长期资金的筹集，短期资金指 1 年以内，中期资金指 1 年以上、5 年以下，长期资金一般指 5～10 年以上；按资金来源的性质分为债务融资(银行贷款、发行股票和债券、信用担保体系融资等)和权益股资(风险投资、IPO 等)。

(二) 创业融资的重要性

融资是创业过程中的重要环节，特别是对于新创企业而言，在开办企业的过程中，房屋、人工费用、技术研发、新产品的开发、扩大市场规模等都需要大量资金投入，一旦资金流断裂，很容易造成企业危机甚至倒闭。

对创业者来说，一方面，资金既是企业生产经营过程的起点，更是企业赖以生存发展的基础。另一方面，合理选择融资渠道和融资方式，可以降低资金成本，从而降低创业风险。除此之外，科学的融资决策有利于整合资源、开拓市场，提升企业价值和市场竞争力，加速企业的发展。

(三) 创业融资难的原因

新创企业融资难,主要是由于创业环境和新创企业的不确定性大、信息不对称等关键影响因素,由此容易产生创业风险。

(1) 创业环境和新创企业的不确定性大。根据清华大学中国创业研究中心 GEM 项目的研究成果,中国创业环境的重要特征是市场变化大,这意味着创业机会和风险并存。除了中国创业环境的不确定性,新创企业相较成熟的企业而言,在资产、创业者的企业运营经验等方面比较薄弱,存在高度的不确定性。同时,投资者在评价新创企业是否具有投资价值时,往往不能准确全面地获得新创企业的团队能力、产品市场需求、财务绩效等信息,进而影响风险投资提供资本的意愿和方式。创业活动本身的不确定性和新创企业的盈利能力,使得外部投资者难以评估项目的真实价值。

(2) 企业和投资者之间的信息不对称。首先,通常创业者处于信息优势地位,创业者比投资者更了解项目的创意、产品、技术、商业模式、财务状况和市场前景等方面。其次,创业者在融资时,出于保护自我的商业机密及其研发配方,会对相关创业信息进行保密。最后,新创企业在初创期,市场规模较小,经营活动透明度较差,财务信息具有非公开性。这些特征加大了投资者对项目价值评估的时间和成本投入,投资者在有限信息的条件下难以准确地评价项目优劣,很大程度上影响其投资决策。

创业者如果团队成员素质不高、技术有缺陷或者产品不适销对路容易造成信贷风险,而投资者对于创业者的行为难以监控,创业者可能稀释股权、进行关联交易和高风险投资,增加道德风险,这些归根结底都是信息不对称带来的风险。

(3) 创业融资难的其他原因。与发达国家相比,我国市场对企业上市的要求较高,产权交易市场不够发达,高素质的投资群体尚未形成,在一定程度上限制了创业企业的融资。此外,创业企业在融资时很难向金融机构提供证明其信用水平的信息;缺少甚至没有资产和有效抵押物无法进行抵押和担保;融资成本较高;社会担保体系不健全等增加了融资风险,导致融资难。

二、创业所需资金的测算

制定了企业战略和财务战略后,准确测算创业所需资金,有利于确定企业财务需求,控制资金成本。新创企业投入运营之后,在公司经营达到收支平衡之前,创业者必须准备足够的资金来保证各项业务的顺利运转,企业融资过多会造成资金闲置,缺乏融资又会导致资金链断裂。因此,可以通过预编财务报表来进行盈亏平衡分析,测算资金需求。

创业所需资金包括投资资金和营运资金。

(一) 投资资金的测算

创业企业投资资金包括固定资产投入(购置厂房、设备等)、流动资金投入(员工工资、各项管理费用等)及开办费用所需要的资金投入(企业注册费用、培训费等)。通常采用分类列表,将投资资金的项目一一列出,可以清晰合理地估算创业企业所需投资资金,如表5-2所示。

表 5-2　创业投资资金估算表

类别	项目	数量	单价	金额
固定资产	房屋、建筑物(装潢装修)			
	设备(机器、工作设施、车辆等)			
	办公家具			
流动资金	办公用品			
	存货的购置支出			
	创业者工资			
	员工工资			
	广告费			
	水电费			
	电话和宽带费			
	保险费			
	软件费			
	市场推广费			
	物业管理费			
	设备维护费			
开办费	登记注册费			
	市场调查、咨询费			
	培训费、技术资料费			
	……			
	合计			

值得注意的是，创业者在估算投资资金时，应避免漏掉一些需要支出的项目，要尽可能考虑所需要的各种项目支出来充分测算所需资金。同时，由于创业初期需要大量资金，而筹集资金较难，所以创业者应从长远角度考虑，想方设法减少各项投资资金，如通过租赁厂房、购置二手设备、减少人力成本等途径来节省资金。

(二) 营运资金的测算

营运资金也叫"运用资金"，国外称为营运资本，是指企业流动资产总额减流动负债总额后的净额，也就是企业在经营中可供周转、运用的流动资金净额。如流动资产不变，流动负债增加，就意味着营运资金的减少；如流动负债不变，流动资产的减少，就意味着营运资金的减少。营运资金管理包括流动资产管理和流动负债管理。

流动资产是指企业可以在一年或以上的一个营业周期内变现或运用的资产，其具有占用时间短、周转快、易变现等特点。如果企业拥有的流动资产较多，可以在一定程度上降低财务风险。流动资产的内容包括货币资金、短期投资、应收票据、应收账款、预付费用和存货。流动负债是指需要在一年或者超过一年的一个营业周期内偿还的债务，具有成本低、偿还期短的特点。企业必须认真管理流动负债，否则将给企业带来较大的风险。流动负债主要包括短期借款、应付票据、应付账款、应付工资、应付税金及未交利润等。

一个企业要维持正常的运转就必须拥有适量的营运资金，一般至少要准备企业开办头6个月所需的流动资金。运营资金的估算需要通过财务预测的方式，依据企业未来的销售收入、成本和利润情况来确定。

(1) 测算新创企业的营业收入。营业收入是从事主营业务所取得的收入，指在一定时期内，商业企业销售商品或提供劳务所获得的货币收入。对新创企业营业收入的测算是制订财务计划与编制预计财务报表的基础，也是估算营运资金的第一步。新创企业在测算营业收入时，因为没有销售业绩可以参照，创业者只能依据其试销情况，重点开展市场分析，尤其是行业营业现状分析，结合时间序列分析、推销人员意见综合预测、专家咨询等方法，进行产品定价和预测销量，以此估算每个会计期间的营业收入。营业收入是主营业务收入和其他业务收入之和，也可以按照产品销售量(或服务量)和产品单价(或服务单价)之积。

(2) 编制预计利润表。利润表也称为动态报表、损益表、收益表，是反映企业在一定会计期间(如月度、季度、半年度或年度)的经营成果的财务报表。该表依据"利润=收入-费用"的会计方程式，把企业在某一期间的所有收入、成本、费用进行对比，从而计算出营业利润和净利润。通常，企业的利润表在实现收支平衡前按月编制，达到收支平衡后则按季度、半年或者年度编制。企业预计利润表的格式如表5-3所示。

表5-3 预计利润表　　　　　　　　　单位：元

项目	1	2	3	4	5	6	……	合计
一、营业收入								
减：营业成本								
营业税金及附加								
销售费用								
管理费用								
财务费用								
二、营业利润(损失以"-"号填写)								
加：营业外收入								
减：营业外支出								
三、利润总额(损失以"-"号填写)								
减：所得税费用								
四、净利润(损失以"-"号填写)								

(3) 编制预计资产负债表。资产负债表亦称财务状况表，表现企业在一定日期(通常为各会计期末)的财务状况(即资产、负债和业主权益的状况)的主要会计报表，是企业经营活动的静态体现。资产负债表根据"资产=负债+所有者权益"这一会计方程式，依照一定的分类标准和要求编制而成，是揭示企业在一定时点财务状况的静态报表，也是会计上重要的财务报表，其最重要的功用在于确切反映了企业的营运状况和企业需要外部融资的数额。预计资产负债表如表5-4所示。

表 5-4　预计资产负债表　　　　　　　　　　单位：元

项目	1	2	3	4	5	6	……	合计
一、流动资产								
货币资金								
应收款项								
存货								
其他流动资产								
流动资产总计								
二、非流动资产								
固定资产								
无形资产								
非流动资产总计								
资产合计								
三、流动负债								
短期借款								
应付款项								
应交税费								
其他应付款								
流动负债总计								
四、非流动负债								
长期借款								
其他非流动负债								
非流动负债总计								
负债合计								
五、所有者权益								
实收资本								
资本公积								
留存收益								
负债和所有者权益总计								
六、外部融资额=资产总计-负债和所有者权益合计								

创业实训

　　以小组为单位，根据你们的创业项目，测算创业所需的资金。

　　要求：绘制创业投资资金估算表，编制预计利润表、预计资产负债表。

三、创业融资渠道

融资渠道主要由社会资本的提供者及数量分布决定，融资渠道是指企业筹集资本来源的方向与通道，体现资本的源泉和流量。创业者想要获得成功，就需要整合各种资源，尽可能地拓宽融资渠道，有效筹集创业资金。一般来说，目前我国创业融资渠道主要包括私人资本融资、机构融资、风险投资、政府扶持基金、知识产权融资。

(一) 私人资本融资

私人资本包括创业者自我融资、亲朋好友融资、天使投资等。

(1) 自我融资。自我融资是指创业者将自己的部分甚至全部积蓄投入到新创企业中，主要包括个人储蓄、人寿保险、房屋或者汽车抵押等。创业者应尽将可能多的自有资金投入新创企业中，一旦成功将获得较大的创业回报，而且投入越多，创业者在日后的经营中会投入更多的时间和精力，同时也更容易获得投资者青睐。

就我国的现状而言，家庭是市场经济的三大主体之一，以家庭为中心形成的亲缘、地缘、商缘等社会网络关系，对包括创业融资在内的许多创业活动起着十分重要的作用。因此，创业者及其团队成员的家庭储蓄一般归入自我融资的范畴。利用团队成员的个人积蓄也是创业者最常用的筹资方式之一，创业者可以通过转让部分股权的方式从合伙人那里取得创业资金，创办合伙企业或通过公开或私募股权的方式，从更多的投资者那里获得创业资金。

值得注意的是，自我融资虽然是新企业融资的一种途径，但对于新创企业，特别是大规模企业或资本密集型的企业来说，其帮助是十分有限的，并不是创业资金的根本解决方案。

(2) 亲朋好友融资。对于新创企业而言，除了自我融资，获得资金的另外一个重要来源是亲朋好友的资金。由于其与创业者的特殊关系，向亲朋好友融资具有快速、灵活、对投资者的自我激励大的优点，同时约束也大，而且通常筹集到的资金也较少。

创业者在向亲朋好友融资之前，要考虑到创业的风险较大，应该将日后可能产生的有利和不利方面告诉亲朋好友，特别是创业风险，以便将来出现危机时对亲朋好友的消极影响最小化。

俗话说"亲兄弟也要明算账"，在向亲朋好友融资时，为了减少日后不必要的纠纷，创业者必须用现代市场经济的游戏规则、契约原则和法律形式来规范融资行为，保障各方利益。首先，创业者要明确所获得集资金的性质是债权融资还是股权融资，如果融资属于亲朋好友对企业的投资，则是股权融资；如果融资属于亲朋好友借给创业者或创业企业的，则属于债权融资。任何贷款都应该明确利率、合理的利息和偿还计划。其次，无论是借款还是投资款项，创业者最好能够通过书面的方式达成协议，有助于避免将来可能出现的矛盾。

(3) 天使投资。天使投资(angel investor)是风险投资的一种形式，指具有一定净财富的人士，对具有巨大发展潜力的高风险的初创企业进行早期的直接投资。也是指个人出资协助具有专门技术或独特概念而缺少自有资金的创业家进行创业，并承担创业中的高风险和享受创业成功后的高收益。

"天使投资"一词源于 1978 年纽约百老汇，特指富人出资资助一些具有社会意义演出的公益行为。对于那些充满理想的演员来说，这些赞助者就像天使一样从天而降，使他们的美好理想变为现实。从某种意义上说，他们为新生命的成长提供翅膀。之后，天使投资被引申为对高风险、高收益的新兴企业的早期投资。天使资本主要来源于曾经的创业者、传统意义上的富翁、大型高科技公司或跨国公司的高级管理者。在部分经济发展良好的国家中，政府也扮演天使投资人的角色。天使投资的特征有以下三点：一是直接进行权益投资；二是除资金外，还带来关系网，提供其他资源支持；三是投资程序简单，短期内资金可到位。

拓展阅读

天使投资的类型

美国规定天使投资人的总资产一般在 100 万美金以上，或者其年收入在 20 万～30 万美金。可以依据项目投资量的大小参考选择天使投资的种类，其种类如下。

(1) 支票天使——他们相对缺乏企业经验，仅仅是出资，而且投资额较小，每个投资案投资额为 1 万～2.5 万美元。

(2) 增值天使——他们较有经验并参与被投资企业的运作，投资额也较大，为 5 万～25 万美元。

(3) 超级天使——他们往往是具有成功经验的企业家，对新企业提供独到的支持，每个个案的投资额相对较大，在 10 万美元以上。

根据具体的所有拿到的项目资金选择合理的对象，这是很关键的。

(资料来源：https://baike.baidu.com/item/%E5%A4%A9%E4%BD%BF%E6%8A%95%E8%
B5%84/3738940?fr=aladdin#3)

(二) 机构融资

和私人资本相比，机构拥有的充足的资金，其被投资对象审查的程序也比较正规，所以企业一旦获得机构融资，能增加企业的可信度，有效提升企业的社会地位。机构融资的途径有银行贷款、非银行金融机构贷款、交易信贷和租赁等。

(1) 银行贷款。银行贷款是一种常见的融资方式，能够补充初创企业创业资金的不足。银行在评估贷款项目时，遵循安全性、盈利性、流动性的原则，主要审查贷款人的资信、经营能力、资本、担保物价值和事业的连续性等方面。

银行贷款主要包括抵押贷款、担保贷款、信用卡透支贷款、政府无偿贷款担保、中小企业间互助机构贷款。虽然银行贷款需要创业者提供相关的抵押、担保或保证，对新创企业来说比较难，但如果创业者能够提供银行规定的资料，尽可能缩短贷款期限，降低银行风险，并准备一份好的计划书，让银行相信企业能良好运营，想要获得贷款也并不困难。

(2) 非银行金融机构贷款。非银行金融机构指以发行股票和债券、接受信用委托、提供保险等形式筹集资金，并将所筹资金运用于长期性投资的金融机构。根据法律规定，非银行金融机构包括经中国银行监督管理委员会批准设立的信托公司、金融资产管理公司、企业集团财务公司、金融租赁公司、汽车金融公司、货币经纪公司、境外非银行金融机构驻华代表处、农村和城市信用合作社、典当行、保险公司、小额贷款公司等机构。创业者从这些非银行金融机构筹集资金相比银行贷款门槛较低、获得贷款周期短，但费用较高。

(3) 交易信贷和租赁。商业信用指企业在商品交易中由于延期付款或预收货款所形成的企业间的信贷关系，具体形式包括应付账款、应付票据、预收账款等。企业在筹办期及生产经营过程中，均可以通过商业信用的方式筹集部分资金。例如，企业利用双方之间的信用，通过延期付款的方式购置设备或原材料，可以在一段期间里免费使用供应商提供的资金；在销售商品或服务时采用预收账款的方式，免费使用客户的资金等。

融资租赁是目前国际上最为普遍、最基本的形式，指出租人根据承租人(用户)的请求，与第三方(供货商)订立供货合同，根据此合同，出租人出资购买承租人选定的设备。同时，出租人与承租人订立一项租赁合同，将设备出租给承租人，并向承租人收取一定的租金。资产的所有权最终可以转移，也可以不转移。融资租赁是集融资与融物、贸易与技术更新于一体的新型金融产业。由于其融资与融物相结合的特点，出现问题时租赁公司可以回收和处理租赁物，所以在办理融资时对企业资信和担保的要求不高；并且融资租赁属于表外融资，不体现在企业财务报表的负债项目中，不影响企业的资信状况，所以非常适合中小企业融资。

据统计，西方发达国家创业企业固定资产的四分之一都来自于租赁。初创企业通过融资租赁的方式取得如大型设备等长期性资产的使用权，获得相当于租赁资产全部价值的债务信用，大幅度减少企业创业初期的资金支出，将资金用于主营业务的经营来创造更多的现金流；同时，融资租赁分期付款的性质可以使企业保持较高的偿付能力维持财务信誉。

(三) 风险投资

风险投资(Venture Capital，VC)简称风投，又称为创业投资，是指向初创企业提供资金支持并取得该公司股份的一种融资方式。风险投资公司是专业的投资公司，由一群具有科技及财务相关知识与经验的人所组合而成，经由直接投资被投资公司股权的方式，提供资金给被投资公司。风投公司的资金大多用于投资新创事业或未上市企业，并不以经营被投资公司为目的，只是提供资金及专业上的知识与经验，以协助被投资公司获取更大的利润为目的，具有追求长期利润、高风险高报酬的特点。美国的创业资本70%投资于高新技术领域，中国的风险投资不仅投资高科技项目，也投资于传统领城(如教育、消费服务业、医疗健康)。世界著名风险投资企业有红杉资本、日本的软银投资公司等。

(1) 创业者寻求风险投资的步骤。通常企业创业者寻求风险投资需要3～5个月的时间，历经以下十个步骤：创业者准确测算企业自身资金需求；深入了解并分析创业投资市场和风投机构；确定有利于企业未来发展的投资机构，寻求获得风险投资；准备创业计划书等相关资料；联系接洽创业投资机构；确定合作的创业投资机构；接受创业投资机构的背景调查和评估；就企业估值和融资的股权架构进行谈判；签署投资协议等相关法律文件；获得风险投资方参与企业管理，并对创业企业进行监管。

(2) 创业者获得风险投资的渠道。创业者获得风险投资的渠道主要有以下四种：一是比较简单的方法，直接给投资人发邮件来获得投资者的关注；二是参加行业相关会议或者通过创业类赛事进行项目路演，尽可能展示项目亮点，接触并吸引更多的风险投资者；三是请亲朋好友介绍相关资源；四是通过投行或融资中介，寻求融资顾问的帮助。

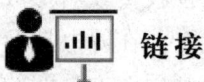

链接

国内十大 VC 投资公司排名

VC 是一个风险投资的概念，国内主要指创业投资，是一种具有高风险、高潜在收益的投资手段。中国 VC 投资公司近年来如雨后春笋般诞生，为国内创业型公司发展做出了不可磨灭的贡献。创业者在选择 VC 投资公司的时候要看两点：投资公司实力和价值观。

1. 深圳创新投

深圳创新投是国内资本规模最大、投资能力最强、最具竞争力的内资创业投资公司，注册资本 16 亿元人民币，可投资能力超过 60 亿元人民币。公司致力于培育民族产业，主要投资于中小企业、自主创新高新技术制造业和新兴产业企业，投资金额逾 90 亿元，投资企业近 400 家，有 80 家企业在全球 17 个资本市场上市。2010 年 IPO 上市 24 家，创造了一年内 IPO 数量的创投世界纪录。

2. IDG 资本

IDG 资本（IDG Capital Partners，原 IDGVC）于 1993 年开始在中国进行风险投资，是最早进入中国的国际投资机构之一。截至 2013 年，IDG 资本已在中国扶植了 300 余家中小型高新企业，其中有超过 70 家企业在中国及海外市场上市或实现并购，给中国市场经济带来了无穷的潜力。

3. 红杉资本中国基金

红杉资本于 1972 年在美国硅谷成立。在中国，红杉资本中国团队目前管理约 20 亿美元的海外基金和近 40 亿人民币的国内基金，用于投资中国的高成长企业，在科技、消费服务业、医疗健康和新能源/清洁技术等投资了众多具有代表意义的高成长公司。红杉中国的投资组合包括新浪网、阿里巴巴集团、京东商城、唯品会、豆瓣网、高德软件、乐蜂网、奇虎 360、大众点评网等。

4. 金沙江创投

金沙江创业投资基金专注于投资立足中国，面向全球市场的高新技术初创企业。金沙江创业投资目前旗下管理共计 3 亿美元的基金，并且和美国硅谷"最老牌"的创业投资基金 Mayfield Fund 建立有长期的战略合作关系，并共同管理 Mayfield China 的业务。投资项目包括晶能光电、爱波网、深圳国微、百合网等。

5. 高瓴资本

高瓴资本是一家专注于长期结构性价值投资的投资公司，由张磊于 2005 年创立，现已成为亚洲地区资产管理规模最大的投资基金之一。高瓴资本目前已在消费与零售、科技创新、生命健康，金融科技、企业服务及先进制造等领域内投资了一大批国内外优秀企业，其中包括百度、腾讯、京东、携程、Airbnb、Uber、美的、格力、惠每医疗等。

6. 达晨创投

深圳达晨创业投资有限公司成立于 2000 年 4 月，是第一批按市场化运作设立的内资创业投资机构。公司成立 18 年来，聚焦于文化传媒、消费服务、现代农业、节能环保四大投资领域，截至 2016 年 1 月，达晨创投管理资金 110 亿元人民币，投资企业累计近 180 家，其中 27 家企业成功 IPO，投资项目包括中南传媒、同洲电子、哎呀呀、生意街等。

7. 君联资本

君联资本是联想控股旗下独立的专业风险投资公司，成立于 2001 年 4 月，总部在北京，并在上海、深圳设有办事处。截至 2016 年 1 月，君联资本资金规模合计逾 200 亿元人民币，重点投资于运作主体在中国及市场与中国相关的创新、成长型企业。截止到 2014 年年底，君联资本注资企业 200 余家，其中 30 家分别在美国纽交所、纳斯达克、香港联交所、台湾柜买中心、上交所、深交所中小板和创业板上市。

8. 经纬中国

经纬中国正式成立于 2008 年，旗下共管理 5 只基金，总值约 13 亿美金。经纬中国关注投资领域主要包括移动社交、交易平台、O2O、电商、智能硬件、文化、医疗、互联网金融等。经纬在国内已经投资超过 220 家公司，明星企业包括陌陌、快的、口袋购物、饿了么、猎聘网、nice、e 袋洗、美柚等。

9. 创新工场

创新工场由李开复博士创办于 2009 年 9 月，是一家致力于早期阶段投资，并提供全方位创业培育的投资机构与创业平台，旨在培育创新人才和新一代高科技企业。创新工场的投资方向将立足信息产业最热门领域：移动互联网、消费互联网、电子商务和云计算。截止到 2016 年，创新工场已经投资了 273 个项目，累积投资额近 40 亿元人民币，有 20 个项目的估值超过了 10 亿元人民币，如美图秀秀、豌豆荚、摩拜单车、知乎、暴走漫画等。

10. 今日资本

今日资本成立于 2005 年，是一家专注于中国市场的国际性投资基金。今日资本独立管理着 6.8 亿美元的基金，主要来自英国政府基金、世界银行等著名投资机构。截止到 2017 年，共投资了 53 个项目，其中 25 个项目估值超过了 10 亿元人民币，如瓜子二手车、益丰大药房、蚂蜂窝、京东商城、知乎、携程、三只松鼠等。

（资料来源：http://www.askci.com/news/chanye/20171128/142140112854.shtml；

https://www.touzi.com/news/021084086-51771.html，笔者整理修改）

（四）政府扶持基金

政府的资金支持是中小企业资金来源的一个重要组成部分。随着我国经济实力的增强，"大众创业、万众创新"的兴起，政府对创业的支持力度逐年上升，如科技型中小企业技术创新基金、中小企业国际市场开拓资金，还有众多的地方性优惠政策等。创业者可以通过政府扶持政策获得融资支持，主要包括税收优惠、财政补贴、贷款援助、风险投资等。

(1) 科技型中小企业技术创新基金。科技型中小企业技术创新基金于 1999 年经国务院批准设立，是用于支持科技型中小企业技术创新的政府专项基金。创新基金由科技部主管、财政部监管，以无偿资助、贷款贴息和资本金投入三种方式，通过支持成果转化和技术创新，培育和扶持科技型中小企业，加快高新技术产业化进程。创新基金以创新和产业化为宗旨，以市场为导向，上联"863""攻关"等国家指令性研究发展计划和科技人员的创新成果，下接"火炬"等高技术产业化指导性计划和商业性创业投资者，重点支持产业化初期（种子期和初创期）、技术含量高、市场前景好、风险较大、商业性资金进入尚不具备条件、最需要由政府支持的科技型中小企业项目。

(2) 中小企业国际市场开拓资金。自 2001 年起，国家正式设立"中小企业国际市场开拓资金"，该项政策以广大中小企业为扶持对象。中小企业国际市场开拓资金是指国家财政用于支持中小企业开拓国际市场各项业务与活动的政府性预算基金和地方财政自行安排的专项资金，主要支持参加境外展览会、管理体系认证、产品认证、国际市场宣传推介、创建企业网站、广告商标注册、境外市场考察、国际市场分析、境外投(议)标、境外展览会(团体)项目、企业培训这 11 个方面的内容。

(3) 地方性优惠政策。各省市为支持当地创业企业的发展，纷纷出台创业优惠和扶持政策，主要有人力资源和社会保障部设立的开业贷款担保政策、开业贷款担保、小企业担保基金专项贷款、大学生科技创业基金等。创业者应结合企业自身情况，熟悉并利用好相关政策，获得更多的支持来降低融资成本。

(五) 知识产权融资

知识产权融资也是创业者值得关注的融资方式，在国内外已有诸多成功案例。知识产权融资可以采用质押贷款、知识产权引资、技术入股、知识产权融资租赁等方式。

(1) 质押贷款。质押贷款是一种相对新型的融资方式，是指企业或个人以合法拥有的专利权、商标权、著作权中的财产权经评估后作为质押物，向银行申请融资。知识产权质押贷款融资在欧美发达国家已十分普遍，而我国则处于起步阶段，目前尚需完善相关机制。

(2) 知识产权引资。知识产权引资指企业通过知识产权吸引合作第三方投资，企业通过出让股权换取第三方资金，共同获利。

(3) 技术入股。技术入股是指拥有专利技术或专有技术的企业或者个人，通过知识产权的价值评估后，与拥有资金的第三方机构合作成立新公司的一种方式，使得拥有专利技术或专有技术的企业或者个人获得企业股权；也指企业股东或者法人将自主拥有的专利技术或专有技术，通过知识产权的价值评估后，转让到企业，从而增加其持有的股权。

(4) 知识产权融资租赁。与传统行业中的设备融资租赁类似，在租赁期间，承租方获得知识产权的除所有权外的全部权利，包括各类使用权和排他的诉讼权。租赁期满，若知识产权尚未超出其有效期，根据承租方与出租方的合同约定，确定知识产权所有权的归属。知识产权融资租赁在我国大陆区域属于尚未开拓的全新融资方式。

四、创业融资的选择策略

创业者在了解了创业融资的相关理论后，测算出创业所需资金，并熟悉创业融资的不同渠道和融资过程，要综合分析企业自身情况，深入分析融资的收益和成本，充分比较股权融资和债券融资的优劣，做出科学的融资决策。

(一) 股权融资决策

股权融资是指企业的股东愿意让出部分企业所有权，通过企业增资的方式引进新的股东的融资方式，总股本同时增加。股权融资所获得的资金，企业无须还本付息，但新股东将与老股东同样分享企业的盈利与增长。股权融资的特点决定了其用途的广泛性，既可以充实企业的营运资金，也可以用于企业的投资活动。广义上的股权融资包括内部股权融资和外部股权融资，内部股权融资主要是企业的内部积累，外部股权融资的方式包括个人积蓄和合伙人资金、亲友资金、天使投资等。

股权融资是创业企业最基本、首选的融资方式。创业者在进行股权融资决策前应掌握获得股权融资的方法，进行股权融资决策时应综合考虑投资机构的领域和资源优势。股权融资的数量会影响债权融资的数量，股权融资的分布会影响创业企业未来利润的分配与可持续发展。

(1) 股权融资需考虑的问题。创业者是否要通过合伙或组建公司的形式筹集资金，对于企业的股权分配和长远发展有着重大影响。合伙企业既是资合又是人合，所以对于合伙人的挑选显得十分关键，需要综合分析合伙人的专长、经验和资源优势，以便合理分工，人尽其用，实现团队价值的最大化。在向投资机构融资时，创业者要仔细分析投资者对于项目的支持度、投资者的声誉、投资的领域及优势资源，选择利于企业未来发展的投资者。

无论通过何种方式吸引股权投资，对合作者的专长和特质都要进行充分了解，以期寻求更长久的合作，谋求企业更好发展。另外，对企业控制权的把握也是创业者必须考虑的因素，转让多少控制权能够既吸引投资又有利于对企业日后经营的控制，是创业者必须慎重选择且关乎企业健康发展的重要问题之一。

(2) 增加获得股权融资的机会。创业者在吸纳合伙人出资、获得风投时，要想加大获得股权资本的概率，需要注意三个方面。首先，有一个好的创业项目，吸引投资人的注意。其次，加大对创业项目的投入，包括资金和精力等，保障债权人权益的同时更容易获得融资。最后，有较高的逆商，具备足够的应对拒绝和应付挫折的勇气。

(二) 债权融资决策

债权融资是指企业通过借钱的方式进行融资，债权融资所获得的资金，企业首先要承担资金的利息，另外在借款到期后要向债权人偿还资金的本金。债权融资的特点决定了其用途主要是解决企业营运资金短缺的问题，而不是用于资本项下的开支。常见的债权融资方式有向亲友借款、向银行借款、向非银行类金融机构借贷、交易信贷和租赁、向其他企业融资等。

创业者可以根据企业需要，结合筹集资金的目的，选择筹集长期或短期的资金，保证偿债能力的同时尽量降低资金的募集成本。

(1) 债权融资需考虑的问题。创业者如果想通过借款的方式筹集资金，首先要考虑经营过程中的获利是否能够超过借款的利息支出及其他费用支出，如果企业在日后的经营过程中赚取的利润能够支付借款的利息和其他费用支出，且还有剩余，则借款经营对企业较为有利，可以给创业者带来财务杠杆收益。其次要慎重考虑借款期限和借款金额。创业者在借款前一定要对其风险和收益进行充分权衡，要考虑是长期借款短期还是借款，借入资金的归还期限应与其投资的资产回收期限相匹配，依据资金需求量确定借款金额，保证企业偿债能力的同时，不影响企业的正常运营。最后，创业者应事先熟练掌握各大银行的风险承受力、贷款政策等信息，选择最适合的银行进行借贷。

(2) 增加获得债权融资的机会。创业企业要有优秀的创业团队、好的可行的创业项目，做好完善的商业计划书等材料的准备工作后，还需要了解债权人在发放贷款时主要考虑的因素，包括借款人的信用、贷款类型、还款期限、贷款目的和用途、资金的安全性，有针对性地进行应对，增加获得债权融资的机会。此外，如果创业者或其团队成员拥有高质量的抵押资产或者取得担保，可以大幅提高获得贷款的机率。

案例

阿里巴巴的融资始末

阿里巴巴，中国最大的网络公司和世界第二大网络公司，是由马云在1999年创立的B2B网上贸易市场平台。2003年5月，阿里巴巴公司投资1亿元人民币建立个人网上贸易市场平台——淘宝网。2004年10月，阿里巴巴投资成立支付宝公司，面向中国电子商务市场推出基于中介的安全交易服务。阿里巴巴在香港成立公司总部，在中国杭州成立中国总部，并在海外设立美国硅谷、伦敦等分支机构、合资企业三家，在中国北京、上海、浙江、山东、江苏、福建、广东等地区设立分公司、办事处十多家。

阿里巴巴从成立至今经历了以下几次融资。

(1) 创业伊始，第一笔风险投资救急。

1999年年初，马云决定回到杭州创办一家能为全世界中小企业服务的电子商务站点。回到杭州后，马云和最初的创业团队开始谋划一次轰轰烈烈的创业。大家集资了50万元，在马云位于杭州湖畔花园的100多平方米的家里，阿里巴巴诞生了。

这个创业团队里除了马云之外，还有他的妻子、他当老师时的同事、学生，以及被他吸引来的精英。比如阿里巴巴首席财务官蔡崇信，当时抛下一家投资公司的中国区副总裁的头衔和75万美元的年薪，接受马云几百元薪水的聘请。

他们都记得，马云当时对所有人说："我们要办的是一家电子商务公司，我们的目标有三个：第一，我们要建立一家生存102年的公司；第二，我们要建立一家为中国中小企业服务的电子商务公司；第三，我们要建成世界上最大的电子商务公司，要进入全球网站排名前十位。"在某种意义上来说，狂言狂语只是当时阿里巴巴的生存技巧而已。

阿里巴巴成立初期，公司是小到不能再小，18个创业者往往是身兼数职。好在网站的建立让阿里巴巴开始逐渐被很多人知道。来自美国的《商业周刊》和英文版的《南华早报》最早主动地报道了阿里巴巴，令这个名不见经传的小网站开始在海外有了一定的名气。

有了一定名气的阿里巴巴很快也面临资金瓶颈：公司账上没钱了。当时马云开始寻找一些投资者，但他并不是有钱就要，而是精挑细选。即使囊中羞涩，他还是拒绝了38家投资者。马云后来表示，他希望阿里巴巴的第一笔风险投资除了带来钱以外，还能带来更多的非资金要素，如进一步的风险投资和其他海外资源，而被拒绝的投资者并不能给他带来这些。

就在这个时候，现在担任阿里巴巴CFO的蔡崇信的一位在投行高盛任职的朋友为阿里巴巴解了燃眉之急。以高盛为主的一批投资银行向阿里巴巴投资了500万美元。这一笔"天使资金"让马云喘了口气。

(2) 第二轮投资，挺过互联网寒冬。

更让他意料不到的是，更大的投资者也注意到了他和阿里巴巴。1999年秋，日本软银总裁孙正义约见了马云。孙正义当时是亚洲首富，他直截了当地问马云想要多少钱，而马云的回答却是他不需要钱。孙正义反问道："不缺钱，那么来找我干什么？"马云的回答是："又不是我要找你，是人家叫我来见你的。"

这个经典的回答并没有触怒孙正义。第一次见面之后，马云和蔡崇信很快就在东京又见到了孙正义。孙正义表示将给阿里巴巴投资3000万美元，占30%的股份。但是马云认为钱太多了，经过6分钟的思考，马云最终确定了2000万美元的软银投资，阿里巴巴管理团队仍绝对控股。

从2000年4月起，纳斯达克指数暴跌，长达两年的熊市寒冬开始了，很多互联网公司陷入困境，甚至关门大吉。但是阿里巴巴却安然无恙，很重要的一个原因是阿里巴巴获得了2500万美元的中小企业融资。

那个时候，全社会对互联网产生了一种不信任感，阿里巴巴尽管不缺钱，但业务开展却十分艰难。马云提出关门把产品做好，待到春天再出去。冬天很快过去了，互联网的春天在2003年开始慢慢到来。

(3) 第三轮中小企业融资，完成上市目标。

2004年2月17日，马云在北京宣布，阿里巴巴再获得8200万美元的巨额战略投资。这笔投资是当时国内互联网金额最大的一笔私募投资。2005年8月，雅虎、银软再向阿里巴巴投资数亿美元。

之后，阿里巴巴创办淘宝网，创办支付宝，收购雅虎中国，开发阿里软件，直到阿里巴巴上市。

2007年11月6日，全球最大的B2B公司阿里巴巴在香港联交所挂牌上市，正式登上全球资本市场的舞台。随着这家B2B航母登陆香港资本市场，此前一直受外界争论的"B2B能不能成为一种商务模式"也有了结果。2007年11月6日10时，港交所开盘，阿里巴巴以30

港元，较发行价 13.5 港元上涨 122% 的高价拉开上市序幕。小幅振荡企稳后，一路单边上冲。最后以 39.5 港元收盘，较发行价上升 192.59%，成为香港上市公司上市首日涨幅最高的"新股王"，创下香港 7 年以来科技网络股神话。当日，阿里巴巴交易量达到 14.4 万多宗。输入交易系统的买卖盘为 24.7 万宗，两项数据都打破了工商银行在 2006 年 10 月创造的纪录。按收盘价估算，阿里巴巴市值约 180 亿美元，超过百度、腾讯，成为中国市值最大的互联网公司。

在此次全球发售过程中，阿里巴巴共发行了 8.59 亿股，占已发行 50.5 亿总股数的 17%。按每股 13.5 港元计算，共融资 116 亿港元(约 15 亿美元)。加上当天 1.13 亿股超额配股权获全部行使，融资额将达 131 亿港元(约 16.95 亿美元)，接近谷歌纪录(2003 年 8 月，谷歌上市融资 19 亿美元)。

阿里巴巴的上市，成为全球互联网业第二大规模中小企业融资。在此次路演过程中，许多投资者表示，错过了谷歌，不想再错过阿里巴巴。

马云评风险投资：VC 永远是舅舅。

马云的口才很好。马云说："跟风险投资谈判，腰挺起来，但眼睛里面是尊重。你从第一天起就要理直气壮，腰板挺硬。当然，别空说。你用自己的行动证明，你比资本家更会挣钱。我跟 VC(风险投资家)讲过很多遍，你觉得你比我有道理，那你来干，对不对？"

马云认为："创业者和风险投资家是平等的，VC 问你 100 个问题的时候，你也要问他 99 个。在你面对 VC 的时候，你要问他投资你的理念是什么？而我作为一个创业者，在企业最倒霉的时候会怎么做？如果你是好公司，当七八个 VC 追着你转的时候，你让他们把对你投资的计划和方法写下来，同时你的承诺是什么也要写下来，这是互相的约束，是婚姻合同。跟 VC 之间的合作是点点滴滴，你告诉他我这个月会亏、下个月会亏，但是只要局势可控 VC 都不怕，最可怕的是局面不可控。所以跟 VC 之间的沟通交流非常重要，不一定要找大牌。在与 VC 沟通的过程中，不要觉得 VC 是爷，VC 永远是舅舅。你是创业这个孩子的爸爸妈妈，你知道把这个孩子带到哪儿去。舅舅可以给你提供建议、给你钱，但是肩负着把孩子养大职责的人是你，VC 不是来替你救命的，只是把你的公司养得更大。"

(资料来源：邢会强，孙红伟. 狂赚 71 倍：软银投资阿里巴巴[J]. 国际融资，2009(6):43-45)

【分析】资金，对于任何一个创业者来说都是不可或缺的。俗话说："兵马未动，粮草先行。"无论是创业初期、中期还是后期，资金是企业生存发展的基础，贯穿了企业的整个经营管理过程，推动企业的发展壮大。而融资在降低企业创业风险的同时，有利于企业的可持续发展。怎样在创业前期搞好融资，得到第一桶金对创业者来说是很重要的，也是对于每个创业初期企业的最大挑战。

創業貼士

创业融资：五种融资方式

1. 银行贷款

银行贷款是创业者在资金筹措不足的情况下最先会想到的融资方式。目前银行也在不断扩大对个人创业的信贷支持力度，贷款种类越来越多，条件也不断放松，创业者可视情况选择适合自己的。

2. 典当贷款

典当贷款是以实物为抵押，以实物所有权转移的形式取得临时性贷款的一种融资方式。典当物品的范围包括金银珠宝、古玩字画、有价证券、家用电器、汽车、服装等私人财物。

3. 贷款担保

贷款担保有保证、抵押和质押。这些担保方式可以单独使用，也可以结合使用。很多地区还成立了担保基金、协会、中心等，为个人创业贷款筹资提供担保。

4. 合伙入股

合伙创业不但可以有效筹集到资金，还可以充分发挥人才的作用，并且有利于对各种资源的利用与整合。

5. 特许经营

特许经营是指特许者将自己所拥有的商标、商号、产品、专利和专有技术、经营模式等以合同的形式授予被特许者使用，被特许者按合同规定，在特许者统一的业务模式下从事经营活动，并向特许经营者支付相应的费用，现阶段连锁经营已成为一种引领市场潮流的营销模式。

(资料来源：https://baike.baidu.com/item/%E5%88%9B%E4%B8%9A%E8%9E%8D%E8%B5%8

4%EF%BC%9A%E4%BA%94%E7%A7%8D%E8%9E%8D%E8%B5%84%E6%96%B9%E5%

BC%8F/18345381，笔者整理修改)

创业案例

从网瘾少年到游戏公司 CEO　大学生创业获千万融资

12 岁制作的《地图英雄争霸 1.0》，发布到网上后总下载量达 15 万；17 岁到游戏公司实习；22 岁成立公司，获得近千万种子轮融资……他是迷之游戏有限公司总裁吴德堪，今年只有 22 岁，是宁波大红鹰学院一名大学生自主创业者。

然而，几年前，吴德堪曾是老师眼里的"问题学生"、曾经历过痴迷打游戏想放弃高考的挫折，在经历人生低谷后，吴德堪从游戏中寻找自己的未来，曾经被指"不务正业"的男孩正在用他的方式证明，这并不只是一场游戏。

1. 贪玩少年游戏中萌发兴趣

吴德堪清瘦、高个，小麦肤色，还是宁波大红鹰学院软件工程专业大四在读生，说起话来不急不躁，条理清晰，显得颇为沉稳老练。

吴德堪告诉记者，自己从小就是个痴迷打游戏的叛逆小子，成绩只能勉强过得去。不管老师多次严厉批评，禁止他再踏足网吧，还是家中父母整日唠叨劝诫，吴德堪仍我行我素，一度让老师和家长头疼不已。

就在家长和老师对他束手无策时，谁都没注意到，吴德堪已经对游戏产生了新的想法。当时，他最热衷一款游戏名叫《魔兽争霸》，游戏有内置的对战地图，在打完所有地图后，吴德堪便开始用游戏自带的地图编辑器设计新地图，并且兴趣越来越浓厚。那段时间，在网吧，他不同大家一起打游戏，而是窝在一边悄悄地设计游戏。

常年与游戏打交道，也耗去了大量的时间，当时，身边所有人都认为吴德堪在高中紧张的学习情况下还坚持设计游戏是"不分轻重，不务正业"。面对质疑，原本打算赌气放弃高考的吴德堪，倔脾气一下子就上来了："谁说'做游戏'是不务正业？谁说'做游戏'就考不上大学？我偏要考上大学给你们看看！"

最终，吴德堪用他的大学录取通知书，改变了大家对他的偏见。

2. 大学遇伯乐坚定理想

进入大学后的吴德堪，像是一条游入大海的小鱼，活泼开朗的个性与丰富多彩的大学生活一碰撞就激起了火花。"大学改变了我的人生。"临近毕业的吴德堪深有感触。

吴德堪爱跳街舞，是街舞社最用功的学员之一，几乎每天都会去练习，他说："因为热爱所以坚持。"大学的图书馆也给他打开了一扇门，一有空便去图书馆阅读游戏设计的相关书籍。"书看得越多，越是觉得自己会得太少了，庆幸还好没有放弃高考。"

在大学的校园里，吴德堪遇到了欣赏他游戏才能的伯乐——周春良老师。在周老师的指导下，吴德堪放开手脚投入到游戏设计制作中，并且屡获大奖。2014年，获得宁波网页设计大赛游戏组第一名；2015年，获得浙江省第十四届"挑战杯"大学生课外学术科技作品竞赛一等奖。2015年年初，吴德堪筹备成立公司，周老师不仅帮他跑前跑后联系沟通，还提供了不少人力和物力帮助。曾经被指"不务正业"的男孩正在用他的方式证明，这并不只是一场游戏。

3. 成立公司获近千万种子轮融资

2015年，大四的吴德堪开始创业，并成立了迷之游戏有限公司，利用一学期的课余时间制作开发出了Sc2Dota。公司的11位成员大多是95后，其中有不少是吴德堪身边的同学。

就在游戏行业融资处于冰点的时候，公司参加了2015年8月22日盛宴·NBJOY游戏专场投融资会的路演，吴德堪的沉稳、幽默与朝气，让在场的游戏投资大佬们青睐有加，获得近一千万种子轮融资。中国首家专注游戏产业的锋人院孵化器也决定与盛世方舟联合孵化迷之游戏。

"我做游戏并不纯粹为了金钱，我更想让玩家游戏时感到开心。"吴德堪对自己的公司已经有了计划。"明年4月左右，将会把自己设计的游戏项目推向市场。这款集魔幻画风、3D画面于一身的MOBA(多人在线战术竞技)游戏，会有着非常精细的剧情设置。"

尽管成了游戏公司CEO，实现了从小的愿望，但吴德堪的梦想依然没有停步。吴德堪说，他还有两个梦想：一是想努力成为游戏界最有影响力的游戏首席设计师，再则是想成为街舞冠军，并设计一款街舞游戏。

(资料来源：http://nb.ifeng.com/app/nb/detail_2015_12/12/4651067_0.shtml)

思考： 结合案例，谈谈应该如何向投资人介绍自己的创业项目。

第三节　创业环境评估与利用

　　创业活动的开展受到创业环境的影响，创业者需对创业环境进行分析与评估，以更好地利用创业环境、提高创业的成功率。

　　创业环境中存在影响创业行动的一切因素，创业者可借助一系列分析模型对创业环境进行评估。通过对环境的分析，创业者对外部环境有所了解，使其与内部环境的认识相匹配，并以此形成企业的愿景和使命，明确企业战略和方向。

一、GEM

　　GEM(Global Entrepreneurship Monitor)是全球创业观察的英文简称，是英国伦敦商学院和美国百森学院共同发起成立的一个旨在研究全球创业活动态势和变化、发掘国家创业活动的驱动力、创业与经济增长之间的作用和评估国家创业政策的研究项目[1]。在研究中，关于创业环境的部分，GEM 将创业环境分为 12 个方面：金融支持、政府政策支持与关联性、税收与行政政策规定、学校创业教育、继续创业教育、研发转移程度、商业与法律基础配套、市场动态、市场准入管制、物质基础设施、政府项目、文化与社会规范[2]。

创业贴士

　　《GEM2017/2018 全球报告》指出，在中国，对创业活动最具影响力的因素是：国内市场动态、基础设施、继续创业教育、创业教育与培训、政府项目、政府政策。应注意的是，不同类型企业受环境影响有所不同，创业者所关注的侧重点也有所不同，应该具体问题具体分析，根据企业的实际情况，借鉴 GEM 提供的模型对创业环境进行分析，并加以利用。

　　了解更多关于 GEM 研究及中国创业环境分析有利于创业活动开展，具体可关注 GEM 官网(http://www.gemconsortium.org)。

二、PESTEL 分析

　　PESTEL 框架是分析宏观环境的有效工具，有助于创业者识别总体环境的机会与风险。PESTEL 从政治因素(political)、经济因素(economic)、社会文化因素(sociocultural)、技术要素(technological)、环境因素(environmental)和法律因素(legal)六个维度对于外部环境的影响因素进行分析。

---

[1] GEM：What is GEM?，http://www.gemconsortium.org/.

[2] GEM：GEM 2017/2018 Global Report，http://www.gemconsortium.org/report.

(1) 政治因素：是指对组织经营活动具有实际与潜在影响的政府介入的力量，具体包括税收政策、劳动法、环境法、贸易限制、关税等商业政策规定。

(2) 经济因素：是指组织外部的经济增长、利率、汇率、通货膨胀率、经济结构、产业布局、资源状况、经济发展水平及未来的经济走势等。

(3) 社会文化因素：是指组织所在社会中的人口数量、年龄结构、地理分布、职业态度、收入分布、健康意识、历史发展、文化传统、价值观念、教育水平及风俗习惯等因素。社会文化因素是构建社会的基石，通常是人口、经济、政治、法律及其变化的动力，企业需根据社会趋势调整企业发展战略。

(4) 技术因素：包括与企业生产有关的研发活动、新技术、新工艺、新材料、互联网应用等发展趋势及应用前景。

(5) 环境因素：包括天气、气候、气候变化等可能制约、影响企业发展的生态和环境因素。

(6) 法律因素：包括消费者法、反垄断法、劳动法、安全生产法组织外部的法律、法规、司法状况和公民法律意识所组成的综合系统。

PESTEL 分析的环境因素会在不同程度上对企业运营、成本、产品需求产生影响，创业者需要加以分析，合理利用环境，有效规避不利因素，将有利因素转化为竞争优势。

三、波特五力模型

波特的五力模型(Poter's Five Forces Model)是用于分析行业环境的常用工具。行业环境是指生产几乎可以互为替代的产品、竞争过程中相互影响的一类企业所组成的具有竞争性的环境。如何在行业中生存和发展也是创业者需要研究的课题。

在行业环境中存在着决定竞争规模和程度的五种力量，分别为：同行业内现有竞争者的竞争能力、新进入者的威胁、替代品的威胁、供应商的讨价还价能力、购买者的讨价还价能力。

(一) 同行业内现有竞争者的竞争能力

对于大多数行业来说，竞争对手的强度是行业竞争力的主要决定因素。竞争一般是在价格、售后服务和创新等方面展开。了解行业竞争对手对于成功推销产品至关重要。因此，创业者必须意识到其竞争对手的营销策略和定价，并使自己的产品与竞争者差异化，以此获得竞争优势。

(二) 新进入者的威胁

新企业进入一个行业，会瓜分行业内的市场份额，与行业内原有企业产生资源竞争，将有可能削弱原有企业的盈利能力，甚至影响原有企业的生存。而企业进入新行业受两个因素影响：进入壁垒和现有企业对于进入者的预期反应情况。

(1) 进入壁垒。即阻止新进入者进入行业的障碍，包括规模经济、资本要求、转移成本、政府政策、产品差异化、分销渠道、成本劣势。

(2) 现有企业对于进入者的预期反应。现有企业可能会对新进竞争者采取反击策略，反击的大小取决于原有企业的实力，原有企业实力越强，新进入者所面临的阻碍越大。因此，创业者在进入一个行业之前，需要综合研究行业内原有竞争对手的情况，预判现有企业的反应。基于此理论，对创业者的建议是：要定位于行业内被现有企业忽视的利基市场(又称高度专门化的需求市场)，有利于新进入者避开与现有企业正面竞争，实现"错位发展"。

(三) 替代品的威胁

市场上存在其他商品或服务使用不同的技术来解决相同的经济需求。替代品的例子有肉类、家禽和鱼类；固定电话和手机；航空公司、汽车、火车和轮船；啤酒和葡萄酒；等等。替代品越多、替代能力越大，新进入者所面临的进入壁垒越高。建议创业者在价格、质量、售后服务、销售渠道等方面实施差异化战略，以此降低替代品对顾客的吸引力。

(四) 供应商的讨价还价能力

生产与服务提供离不开原材料、技术、劳动力、资金等成本的投入，这些物质的拥有者就是供应商。在供应商的立场，他们总是希望通过提高销售价格和降低投入成本来达到利润最大化；与之相反，创业者却希望供应商降低销售价格，以此来节省创业成本。因此，创业企业进入行业的壁垒高低，与供应商讨价还价的能力大小有关系。

(五) 购买者的讨价还价能力

企业希望得到利润最大化，而消费者却希望通过最低的价格来获取尽可能高质量的商品。如果市场上有许多相似的产品，消费者有很多选择，那么消费者讨价还价的权力很大，把企业置于相对被动的境地；相反，如果市场上可选择的产品不多，消费者讨价还价的权力不大，企业就处于相对主动、有利的境地。

创业贴士

GEM 创业环境分析、PESTEL 分析、波特五力模型的区别与用途

GEM 创业环境分析：着重研究创业活动，有助于创业者对影响创业环境的因素进行全面、综合的分析。

PESTEL 分析：管理学中常用的研究组织外部环境的工具，六大维度清晰明了，便于分析总体环境。

波特五力模型：针对行业环境中五种力量进行竞争分析，从而预判企业在行业环境中所面临的威胁、机会及企业的竞争力。

三种分析工具旨在为创业者提供分析创业环境的思路，创业者可借鉴分析工具的框架，对三种工具综合运用，达到全面分析、灵活利用创业环境进行创业活动的目的。

四、内部环境

创业内部环境是指经营战略、资源、文化、组织结构、规章制度、财务状况、研发能力、营销能力等企业内部相对可控的因素的总和。创业者需对所创办企业的内部环境进行扫描分析，找准优势与劣势，结合外部环境分析结果，发挥优势，克服劣势。

案例

基于 PEST 模型的长三角地区大学生创业环境分析

1 大学生创业的政治环境

政府政策扶持，近年来，上海、苏州、浙江等地都相继出台了多项政策扶持大学生创业，要求各大高校加强对学生创业教育的理论教育与实践指导，积极引导高校毕业生进行自主创业。本文就其中具有重要意义的做法进行如下分析说明。

1.1 对创业大学生采取税收减免

以江苏省为例，为了倡导高校毕业生自主创业，企业符合小型微利企业条件的，小微企业的企业所得税按 20% 的税率征收。为了积极引导高新技术企业的开办，江苏省所出台的相关政策规定大学生创业举办的企业经省高新技术企业认定管理机构按相关认定办法，按 15% 的税率征收企业所得税。

1.2 免收行政事业性收费政策

对于符合个体经营条件的毕业生，为了给他们创业营造较为宽松的外部环境，政府出台了免收行政事业性收费的扶持政策。其中，苏州市创业扶持计划正在开展中，对大学生创业者的扶持力度很大，解决了资金、场地等创业者格外关心的问题。杭州市出台《杭州市工商局支持大学生创业的若干意见》，其中最引人注意的是"三零"政策，即"零首付""零门槛""零收费"。大学生创业企业首期出资可放宽为实缴注册资本为零，注册资本两年内到位，且享受"零首付"的同时允许申请取冠市名，降低大学生创业成本的同时鼓励其做大做强。

1.3 设立风险基金，有助于大学生融资问题的解决

2006 年，"天使基金"在上海成立，该基金会为大学生创业提供创业基金，帮助大学生解决创业资金问题。基金会为开办企业的大学生提供 5 万～30 万元的创业资金。基金会将根据大学生的创业计划以及项目的具体情况进行评估，基于评估结果进行不同数量的资金帮助。这些资金将通过股权的形式进行资助，若企业创业失败，该笔资金也不需要偿还。

截至目前，该基金共投资了 293 家大学生创办的企业，其中销售收入稳定、市场发展前景广阔的企业有 50 多家。

虽然风险基金的设立给大学生创业提供了一定帮助，但仍存在申请条件严苛、手续复杂等问题，进而导致部分大学生创业资金难以落实的问题。

2 大学生创业的经济环境

大学生创业是宏观经济环境中的一个微观个体，宏观经济环境的发展决定了个体企业发展战略的制定。就长三角地区来说，据有关数据显示，2014 年长三角地区的 16 个核心城市共计完成地区生产总值 10.6 万亿元，规模以上工业总产值突破 19 万亿元，固定资产投资突破 5 万亿元，社会消费品零售总额 3.95 万亿元，进出口总额 1.29 万亿美元。报告指出，在 2014 年这个经济形势不稳定的情况下，根据长三角地区的各项经济指标显示，该地区的经济情况仍然呈稳步增长的趋势。

由此可见，长三角地区具有扎实的经济基础，其良好的经济环境为大学生创业提供了经济条件，提高了大学生成功创业的比例。

3 大学生创业的社会环境

对大学生创业构成影响的社会环境因素主要包括人口、教育水平、文化传统和价值观念等。本文主要就人口数量和教育教学进行分析。

长三角地区高校密集，其中包括 7 所"985"高校，占全国"985"高校总数的 17.9%；"211"高校 21 所，占全国"211"高校总数的 20%，并且，长三角地区大学生数量仅占全国大学生数量的 7%。教育资源的丰厚和高质量的教学，为培养高素质创业人才提供了重要保障。可据了解，在长三角地区，创业教育课程仅作为自主选修课，并未作为基础必修课来开设，部分高校甚至并未开设创业教育课程，仅以开展一两次创业讲座的形式代替课程，并未系统地进行创业教育。

4 大学生创业的技术环境

长三角地区高校人才密集，科研创新力量雄厚。《中国区域创新能力报告 2014》中指出，2014 年区域创新能力综合排名中，江苏省第一名，上海第四名，浙江第五名，整个长三角地区的创新能力、创新环境优势显著。并且，长三角地区高校密集，人们对教育、研发的重视和高投入为该区域提供了源源不断的知识基础和创新动力。

(资料来源：韩晗，韩菁菁. 基于 PEST 模型的长三角地区大学生创业环境分析[J]. 中国商论，2015(26):181-183, 186)

创业实训

每个小组选择一个企业(或你创办的企业)，通过文献查阅、资料搜集、实地调查等方式，完成以下任务：

(1) 对该企业进行外部环境分析(要求：分别利用 GEM 创业环境分析、PESTEL 分析、波特五力模型进行分析)。

(2) 对该企业进行内部环境分析。

(3) 综合分析：结合内部、外部环境分析结果，对内外部环境因素进行整合，为该企业提出不少于 5 条的环境利用建议(策略)。

第四节　创业资源的获取途径

是否拥有上述创业资源就可以创业？是否没有这些创业资源就不能创业？答案是不一定。创业关键在于发现机会，有效地利用和整合这些自己拥有或者别人拥有且自己可以设法去支配的资源，从而将各种资源为我所用，发挥资源的效力。

从创业过程来看，多数人不清楚自己到底想要干什么，难以描述项目的具体内容，至于这个项目到底需要什么知识、未来的发展前景如何，更是一头雾水。这就需要大学生创业者在大量考察和分析的基础上，选定一个或几个可能的项目，深入调研和考察之后选定一个作为主攻方向，进而研究创业项目的具体内容。至于需要哪些资源，这需要根据具体项目而定。

- 如果是实业创业，比如开发某项产品，除了产品本身需要的技术之外，还要熟悉产品设计、工艺设计、包装设计等。
- 如果是服务创业，例如成立大学生家教、市场调研等智力类咨询公司的话，那就需要了解从事这行需要什么样的知识，如何才能做好服务工作等。
- 如果是高科技创业，在创业实践中，技术创业者许多是自己拥有某项技术，将技术投入市场二次开发直至产品面世。越来越多的"海归"选择技术创业之路。如果创业者自己没有相关技术，只是看好某个方面的技术和市场，他们通常会通过直接购买或联合开发来获取技术。这里有一个重要的前提是，他们对此项技术的内容操作和前景相当熟悉，唯有如此，才能开展以技术为主要依据的创业工作。

无论从事的是何种创业，创业者必须对创业有大概的了解，并且知道创业所需要的关键性资源。这些均需要具备与创业项目相关的知识、技术和技能，分析市场前景及发展趋势。尽管创业者本人未必是此领域的专家，但至少熟悉和了解这个项目，倾心这个项目，否则创业难以成功。

一、获取技术资源的途径

获取起步项目所依赖技术的途径方式有以下几个。

(1) 吸引技术持有者加入创业团队。

(2) 购买他人的成熟技术，并进行技术市场寿命分析等。

(3) 购买他人的前景型技术，再通过后续的完善开发，使之达到商业化要求。

(4) 购买技术同时引进技术持有者。

(5) 自己研发，但这种方式需要时间长、耗资大。

随时关注各高校实验室、老师或者学生的研发成果，定期去国家专利局查阅各种申请专利，养成及时关注科技信息、浏览各种科技报道、留意科技成果的习惯，以从中发现具有巨大商机的技术。政府机构、同行创业者或同行企业、专业信息机构、图书馆、大学研究机构、新闻媒体、会议及互联网等，都是获取这些信息的渠道，可以根据自己的实际情况与各种方式的特点，选择一种或多种方式，尽可能获取有效的需要的信息。

二、获取人力资源的途径

这里的人力资源不是指创业企业成立以后需要招募的员工，而是指创业者及其团队拥有的知识、技能、经验、人际关系、商务网络等。

创业前，如果有可能，可以在学习期间做一些产品的校园或者地区代理，不管是热水袋、拖鞋、牛奶、化妆品，还是手机卡、数码产品、婚纱店、美容店、家教中心等，都可以去尝试。这个过程中既能赚些钱，增长关于市场的知识，还可以锻炼组织能力，因为往往要组织2~3人的小团队(不超过5个)；也可以考虑进入一个企业为别人工作，通过打工的经历学习行业知识，建立客户资源渠道，了解企业运作的经验，学习开拓市场的方法，认识盈利模式。为了创业而到一个公司工作，应该选择什么样的公司呢？是世界五百强之类的大公司还是小公司呢？在这一点上，迪士尼公司总裁加里·威尔逊·沃特的观点为："在一个小公司的资深层任职，可给你一种广阔的视野并向你提供更具创意的机会，涉猎范围广泛，有利于为大公司发展经营战略打下良好的基础。"

三、获取营销网络的途径

营销网络将帮助新创企业产品或者服务走向市场，换回用户的"货币选票"。一般情况下，新创企业可通过以下途径拥有未来的营销网络。

(1) 借用他人已有的营销网络，使用公共流通渠道。

(2) 自建营销网络与借用他人营销网络相结合，扬长避短，使营销网络更适应新创企业的要求。

四、获取外部资金资源的途径

对于外部资金的获取，一般可通过以下5种途径获得。

(1) 依靠父母及亲朋好友筹集资金，双方形成债权债务关系。

(2) 抵押、银行贷款或企业贷款。

(3) 争取政府某个计划的资金支持。

(4) 所有权融资，包括吸引新的拥有资金的创业同盟者加入创业团队，吸引现有企业以股东身份向新企业投资、参与创业活动，以及吸引企业孵化器或创业投资者的股权资金投入等。

(5) 拟订一个详尽可行的创业计划，以吸引一些大学生创业基金甚至风险投资基金的目光。

五、获取专家资源的途径

(一) 书籍和研讨会

不要低估了好的商业书籍、DVD或研讨会的力量，这种力量能启发你、指导你，并且能把你从因缺乏经验而导致的失误中解救出来。这类选择很多，如《销售与市场》《商务周刊》《IT 计算机世界》等商业书籍，或者各地创新创业培训班等。这些资源可以提供基本的商业原则和案例，还可以提供一般的咨询建议，如撰写商业计划书、创业项目的选择和评估等。

（二）商业教练

自助资源可以提供一般性的建议，而商业教练可以针对公司问题提供一对一的指导服务。他们一般按月收取固定的费用，服务项目包括固定的咨询时间和特定的项目计划。好的商业教练拥有多年经验，他们能够分析企业的业务模式，找出缺点，提供改进建议，发现日常问题并给予解决，以及对销售、营销、招聘和团队管理等领域进行调整。

选择商业教练时最好找当地人，他可以直接观察公司的运营，提供培训支持，并且可以随叫随到。要确保你们的关系融洽，以使他们的专业系统和方法论能充分帮助到企业。这类合作是长期关系，需要良好的沟通和相互尊重。选择一个商业背景丰富的商业教练，而不是仅仅懂得你所在行业的人，要想创造性地解决问题，他必须摆脱你所在行业的固有观念的束缚。

（三）咨询顾问

对于策略性问题，如建立会计系统或者突破产品制造瓶颈等，要求助于具备相关知识的外部咨询顾问。顾问通常按小时收费，并会提前告诉你要花多少钱。

在寻找咨询顾问时，尽可能从类似项目的客户那里得到推荐或者介绍，并且准确估计工作时间。还要让顾问们提供相关文档，以备日后解决类似问题时参考或避免重复他们的工作。

在恰当的时候获得专家建议，可以在创业初期避免代价昂贵的错误，如过于乐观的销售预测、盲目的市场战略等。专家建议还可以根据顾客反馈、市场环境变化和公司内部问题等提供中期修正。从长远来看，正确的指导可以让企业避免长达数月的糟糕业绩，以及其他的预算失误。

（四）政府部门专家

当前各地政府和社会均非常关注和支持大学生创业，许多地方出台了相关政策，组建专门的创业顾问团，对大学生创业者实行"一对一"的辅导，整个辅导是免费的，专家往往具有丰富的工作经验，咨询他们可以让你获得巨大的帮助和支持。

（五）高等院校创业指导教师

近些年，各高校基本上都成立了大学生创新创业中心，并委派专人对大学生的创业进行指导，这些指导基本上是无偿的。各高校提供的创业帮扶主要包括技术指导、信息交流、创业资金申请、创业经验分享、创业政策宣讲等。在创业时，一定要注意多和学校相关专家教授交流，这会让我们的创业之路越来越宽、越来越平坦。

张展耀：越努力、越幸运

2013年9月，怀着对未来的憧憬，张展耀来到佛山职业技术学院，主修汽车相关专业，兼修团队管理与市场运营相关课程。一次小小的机遇让其赚了几千元，也为他打开了创业的大门。

如今，24岁的张展耀创业已有5年，担任3家公司的法人及总经理，同时担任广州驾来也科技有限公司董事长，核心运营项目为驾来也学车APP，拥有驾来也商标权和驾来也APP软件著作权。另外，他还担任学塘网华南大区负责人。

2014年移动互联网概念满天飞，到处充斥着移动互联网的创业机遇，张展耀听得最多的就是"站在风口上，猪都能飞起来"。"或许我有机会成为那只'猪'。"他想。于是，他参与创办了曾一度风靡大学校园的"学塘网"，担任华南大区总监职位。

本着"扶持大学生创业，帮助商家走进校园"的宗旨，在一年多的时间里，学塘网覆盖了全国508所高校，与100多个品牌进行合作，其中不乏百事可乐、去哪儿网、阿里巴巴等知名品牌，帮助以及带动了全国超过2000名大学生创业，并于2016年获得500万元天使投资。

2017年是张展耀人生中重大的转折点。那一年，他开始筹备"驾来也"项目。之前一年多，他一直在查找驾考市场的痛点，寻求行业解决方案。

据调查，2016年全国有近4000万人学车考驾照，整个驾考行业每年市场规模在1千亿元以上。目前国内持有驾照的人数为3.2亿，预计10~15年内会增长到7亿~8亿，驾考市场仍是朝阳产业。多数学员都是学车以后第一次购车用车，其后续所需购置汽车及养护汽车的市场价值空间巨大。创业者可继续对其进行跟踪服务。终于，基于学塘网的核心成员，通过大量的勘察调研，4月10日张展耀正式创立"驾来也"学车项目。

针对传统驾考行业效率低、服务差的痛点与教练个体作坊式经营的行业现状，"驾来也"率先提出"互联网驾考"概念，针对性地建立了平台担保代收管学费分阶段支付教练；教学信息化管理一键约车约考；教练工资学员发，倒逼服务提升的互联网驾考运营模式，形成了透明、效率、服务的驾考新体系。

通过驾考平台这个入口，张展耀进一步切入陪驾、汽车团购、用车等市场，打通整个汽车互联网产业链。经过近半年的发展，"驾来也"已形成以广州为总部，其他城市为直营的运作模式。截止到2017年12月，"驾来也"已在全国13个城市开设分公司，营业额超过9000万元，目前已启动A轮2000万元融资。

张展耀坚信，驾来也项目必将成为中国互联网驾培改革的领导者。未来，驾来也项目将会接入更多的商业模式。

在外人看来，张展耀的创业道路一帆风顺，但自己吃的苦只有自己心里清楚。在项目最艰难的时候，工资发不起、生活费难以解决，很多核心成员甚至要靠女朋友的补贴才能坚持。5年的创业生涯，团队股东成员走了一批又来一批，经历了接近10次的团队重组，能一直坚持下来的人寥寥无几。

张展耀认为，创业就是要逼着自己不断地去成长、不断地去自我突破。"以前读汽车专业的时候，我可以不理解商业、运营。学了一个学期的汽车，我只知道汽车里面有什么。当然创业也会犯很多错，这是正常的，我也犯很多错，但是犯错，必须知道我们错在哪里，我们才能去改正。"

"很多人说，大学生创业成功率极低，甚至只有 1%，我认为这是客观的，经过 5 年的创业经历，创业的道路确实是太难了，但我相信我能成为那其中的 1%。"张展耀说。

(资料来源：http://zqb.cyol.com/html/2018-05/08/nw.D110000zgqnb_20180508_1-T02.htm)

创业实训

假设你要开发一个 APP(请说明你想要开发的 APP 的内容、功能、服务对象)，怎么从多方面获取资源以帮助 APP 的开发与运营？

第五节 创业资源的整合

任何一个创业者不可能在创业之初就把创业中所涉及的问题都解决好，也不可能把一切创业资源都备足，关键在于要学会进行资源整合。因此，资源整合不仅是创业计划中的一个重要原则，也是创业中借势发展、巧用资源、优势互补、实现双赢的重要方法。

大部分创业者在创业之初都受到环境资源的约束，资金不足，资源缺乏，没有经验，不会经营，可以说每一步都可能"洒下一把泪，碰出一头疙瘩"。在这种情况下，掌握创业资源整合的能力，并以之为武器去进行各种创业要素的最佳整合，就能突破资源约束、成功创办企业。

对于创业者来说，只要是对其创业项目和创业企业的发展有所帮助的要素，都可以归入创业资源的范畴。创业资源中最基本的资源是资金和人力资源，除此之外还包含诸如技术支持、销售渠道、潜在客户、咨询机构甚至是政府机构在内的各种各样的内容。创业者既要积累个人资源，也要善于创造性地整合社会资源。

一、创业资源整合的概念

所谓的资源整合是指企业对不同来源、不同层次、不同结构、不同内容的资源进行识别与选择、汲取与配置、激活与融合，使之具有较强的柔性、条理性、系统性和价值性，并对原有的资源体系进行重构，摒弃无价值的资源，以形成新的核心资源体系的一个复杂的动态过程。

在资源整合中，分为以下几种重点资源的优化利用：政策资源、信息资源、资金资源、人才资源、管理资源、科技资源。企业在创业过程中，要想取得好的成效，就得在这几个重点资源的利用上进行优化配置，达到资源最大化利用效率。

二、创业资源整合的意义

资源整合对大学生创业者而言,具有重要意义。具体而言,主要有以下几点。

(一) 有利于发现市场机会

资源整合的过程,实际上是一个创业者自我审视、自我评价的过程,也是一个对整个行业发展进行深入分析和研究的过程。通过资源整合,创业者能够发现企业自身的优势和劣势,清楚哪些事情是可以做并且能够做的,哪些是市场空白点,企业在哪些领域是具有较强的市场竞争力的,这样可以帮助企业发挥资源优势,在市场上获取竞争优势,同时也有利于创业者进行科学的规划和决策。

(二) 提高企业核心竞争力

资源整合是企业竞争力的主要源泉,市场竞争优势常常属于那些善于进行资源整合的企业,而不是那些拥有大量资源的企业,也不是那些投入巨资进行开发新资源的企业。也就是说,竞争优势的真正来源是企业对资源的整合能力,这种能力使得企业高层管理人员能够基于对未来发展趋势的正确预测判断而有效地识别与选择、汲取与配置、激活与融合企业内外部资源、新旧资源、个体与组织资源、横向与纵向资源,通过持续不断的资源整合,企业能提升其竞争优势。因此,在企业资源管理任务中,在重视对企业资源整合的同时,应该采取相应的整合策略,以提高企业资源整合能力,这样才能有效地提高企业整体的资源竞争力,从而增强企业竞争优势。创业者资源整合形成创业竞争力的过程如图5-3所示。

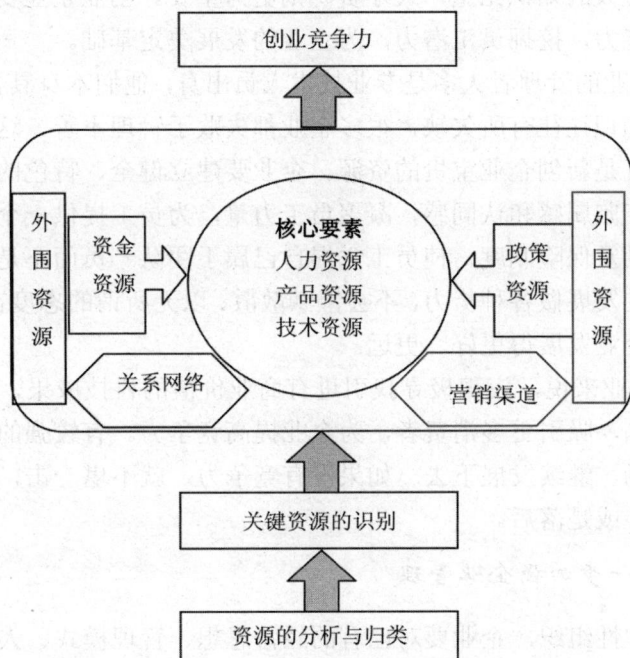

图 5-3 创业者资源整合形成创业竞争力的过程

(三) 促进企业可持续发展

创业之初，创业所需的各项资源往往只能依靠创业者通过自身努力获取。由于新创企业的高度成长性，在其迅速成长扩张的过程中，组织规模很快就发展到一定规模之上，创业者发现通过自身努力获取的资源远远不能支持企业的发展，为了使企业能够继续发展，创业资源也就是外部环境给予企业的资源是相当必要的。

(1) 从我国的创业环境看，创业活动需要相应的政策扶持，只有在政策允许和鼓励的条件下，企业才能获得更多的国内外人才、贷款和投资、各种服务与优惠等，这就需要创业企业随时关注国家政策的变化。在创业过程中，不要因为对眼前利益的追求，而忽视了长远利益，与国家相关政策不符，将会使企业发展受阻。

(2) 新创业的企业，由于是新进入者，在对于信息资源的把握广度和深度上将会处于劣势，由于竞争十分激烈，就更加需要丰富、及时、准确的信息，以争取到更多的生产要素资源，为创业者制定研发、采购、生产和销售的决策提供指导和参考。对于各种市场信息的充分了解，可以为企业带来可预见性的市场趋向，为企业的各种工作开展提供一个较安全的环境，促进企业持续发展。

(3) 资金资源对于任何一个企业都非常重要。对于新创企业来说，无论是进行产品研发，还是生产、宣传、销售，都需要大量的资金，如何有效地吸收资金资源是每个创业者都极为关注的问题。这需要企业做好自己的各种优势报告，抓住海内外投资者的眼光，获得其投资；并且充分利用现有的各种资金，不能花冤枉钱、做无用功。

(4) 高素质人才的获取和开发，是现代企业可持续发展的关键，特别是技术要求高的创业企业，因为其更大的知识比重，人才资源则更为重要。创业企业要善于对员工进行培训，培养员工创新能力，挖掘员工潜力，为企业的发展奠定基础。

(5) 一些新创企业的管理者大多是专业技术人员出身，他们本身具备较强的科研能力，但是对于企业管理知识往往有所欠缺，很多企业都失败于管理不善，这意味着拥有一套完整而高效的管理制度是新创企业宝贵的资源。企业要建立健全、特色的符合本企业发展的企业文化，培养员工归属感和认同感，凝聚员工力量，为员工提供一个好的发展、创新氛围；采取合理的激励及保险制度，使员工觉得自己属于团队一员而不是局外人，他们才能不遗余力地为公司的发展做各种努力，不会懒懒散散、以无所谓的态度在公司等着发工资。只有这样，才能让企业发展得更好、更远。

(6) 对于新创企业来说，应积极寻找引进有商业价值的科技成果，充分利用科技促进企业创新，推出新品，吸引更多消费者，为企业提高竞争力。有较强的竞争力，才能在激烈的竞争中占住市场，继续发展下去。如果没有竞争力，就不堪一击，企业在竞争中处于劣势，发展将会止步或是落后。

(四) 有利于进一步加强企业管理

企业是一个管理性组织，企业要对已有的经营思想、管理模式、人事制度等内部资源进行整合，因地、因时制宜，以适应经济全球化的需要。不能墨守成规地坚守着以前陈旧的管理模式，让企业管理跟不上外部资源更新脚步，失去获得更好的外部资源的机会。这就需要管理者根据时代经济发展的新潮流趋势，提高自己内部管理的科学性、合理性，以获得外部关注、获得发展。在经济全球化过程中，企业外部市场环境和内部资源对于企业制定和实施战略都是十分重要的，资源整合是企业绩效的重要源泉。通过对企业内外资源、传统资源与新资源、个体资源与组织资源、横向资源与纵向资源等实施有效的整合，企业可以充分发挥这些资源的使用效能并创造出新的资源，从而提升企业经营绩效。

在创业企业发展过程中，对各种资源进行有效的整合利用，是其发展的一大重要因素。如果没有好好地进行资源整合利用，企业本身自己拥有的和从外部获得的各种资源就是一种浪费，则这些资源就发挥不了作用，为企业带来不了促进作用，相反还可能影响企业的形象。在这个各种竞争激烈的社会经济进程中，空有丰富资源却无法使其发挥效益，使得外界质疑企业能力，将会影响企业发展。企业要学会对外部资源进行整合利用，使其发挥最大作用，提高企业竞争力；对内部资源进行合理的整合利用，使内部运作合理化，没有资源闲置，推进企业发展。现今企业之间的竞争，就是看谁能用企业拥有的资源和可运用的资源为企业带来最大的利益，资源整合能力的较量已成为企业之间一个新的竞争角度。

三、创业资源整合的过程

资源整合过程可以分为四个子过程，即资源扫描、资源控制、资源利用和资源拓展，如图 5-4 所示。这四个子过程在时间上并不是完全分离的，而是相互影响、相互衔接的。

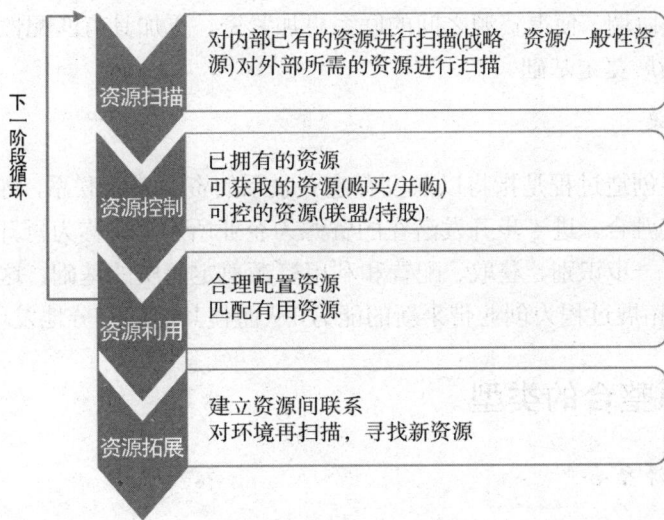

图 5-4　资源整合的过程

(一) 资源扫描

创业者要知道自己的资源禀赋及企业拥有的最初资源，将已拥有的资源识别出来，包括内部所有有价值的有形资产和无形资产，如人才、技术、设备、品牌等，找到自己的资源优势和不足，认清战略性资源和一般性资源，确认资源的数量、质量、使用时间及使用顺序。扫描内部已有资源的同时，也要对外部的资源进行扫描，及时发现新创企业所需资源，所缺资源如何获得，以及谁拥有这些重要的资源，对资源拥有者的利益需求进行深度分析，并与自己所拥有的资源进行比较，找到利益的契合点。这通常需要创业者具有行业知识和一定的社会关系，创业者在创业初期会利用与自己关系较近的资源网络，随着业务的向前发展而逐渐扩充这一网络。

（二）资源控制

资源控制的范围包括创业者自身拥有的资源、通过交易等获取的资源，以及通过社会网络等形式可以控制的资源。创业者自身拥有的资源(教育、经验、声誉、行业知识、资金和社会网络)在许多情况下存在于社会团队中。在特定的行业中，创业团队成员的社会网络资源和技术对于企业的成功至关重要。在获取资源的过程中，要判断这种资源的获取对实现企业的目标是否关键，并且创造性地设计出双赢的合作方案，形成长期互利的关系。

（三）资源利用

企业资源在未整合之前大多是零碎的、低效的，要发挥这些资源的最大使用价值，使其产生最佳效益，就必须运用科学的方法对各种类型的资源进行细化、配置和激活，将有价值的资源有机地融合起来，使它们相互匹配、互为补充、互相增强。资源在整合并转化为企业内部的独特优势之后，创业者需要协调各种资源之间的关系，匹配有用的资源，剥离无用的资源，通过协调，使得资源之间的联系更加紧密，更加具有匹配性，形成1+1>2的局面，并为下一步拓展奠定基础。

（四）资源拓展

对资源的拓展创造过程是指将以前没有建立联系的资源建立联系，将新获取的资源与已有的资源进行链接融合，进一步开发潜在的资源为企业所用，又称为再开发，即开拓资源的范围和功能，为下一步识别、获取、配置和利用资源奠定坚实的基础，这也是企业持续竞争优势的根本来源。拓展过程为创业带来新的能力，从而使其能够充分地发现和掌握创业机会。

四、创业资源整合的类型

（一）人脉资源整合

著名的成功学大师戴尔·卡耐基说过："专业知识在一个人成功的作用中只占15%，其余的85%取决于人际关系。"斯坦福研究中心的一份调查报告指出："一个人赚的钱，12.5%来自知识，87.5%来自关系。"在创业中，如何整合好人脉资源，借力发力，是创业能否取得成功的关键因素。

人脉资源根据重要性程度可以分为：核心层人脉资源(家庭成员、老板、顶头上司、重要客户等)、紧密层人脉资源(其他领导、一般下属、次重要客户、有影响的同学等)和松散备用层人脉资源(公司未来可能的接班人选、一般客户、同学等)。在创业过程中特别要重点依靠核心人脉资源。

在创业实践中，人脉资源整合的途径主要有：参与社团活动，扩张人脉链条；参加培训，搭建人脉平台。同时要不断积累自己的人脉资源，给他们细心呵护和关怀，随着创业的进一步深入，人脉资源的整合力度将越来越大，这将为企业的发展提供强大的支持。

(二) 信息资源整合

在信息爆炸时代，如何整合信息成为创业者的一大挑战。整合好信息资源，不仅有利于创业者发现市场机会，也有利于其进行科学的决策。

要加强信息资源整合，首先，要努力了解、分析包括竞争对手、政府、行业、合作伙伴、客户等在内的周边环境的变化信息。其次，要认真研究这些信息，分析哪些信息是有价值和有意义的，特别要关注哪些信息组合在一起将会有什么样的结果。最后，要建立一整套的信息管理系统，在创业实践中不断去完善。

(三) 技术资源整合

对于许多新创企业来说，最关键的创业核心竞争力是技术。技术在很大程度上决定了所需创业资本的大小、创业产品的市场竞争力和获利能力。技术资源的主要来源是人才资源，重视技术资源的整合也就是注重人才资源的整合。

(四) 行业资源整合

创业的一个主要成功类型，就是做自己熟悉的行业，熟悉本行业企业运营、熟悉竞争对手。作为创业者，要了解和掌握某个行业的各种关系网，如业内竞争对手、供货商、经销商、客户、行业管理部门等。如果对某个行业不太了解，或者根本就不了解，只是觉得可以赚钱就盲目跟进，那么，就很有可能半途而废。行业好并不一定就代表着每个创业者进去都会成功。

(五) 政府资源整合

掌握并充分整合创业行业的政府资源，努力享受政府的扶持政策，可以使创业少走许多弯路，达到事半功倍之效。政府的各种创业扶持政策主要包括财政扶持政策、融资政策、税收政策、科技政策、产业政策、中介服务政策、创业扶持政策、队伍经济技术合作与交流政策、政府采购政策、人才政策等。

五、创业资源整合的方法

创业者能否成功地开发出机会，进而推动创业活动向前发展，通常取决于他们掌握和能整合到的资源，以及对资源的利用能力。许多创业者早期所能获取与利用的资源都相当匮乏，而优秀的创业者在创业过程中所体现出的卓越创业技能之一，就是创造性地整合和运用资源，尤其是那种能够创造竞争优势并带来持续竞争优势的战略资源。尽管与已存在的进入成熟发展期的大公司相比，创业企业资源比较匮乏，但实际上创业者所拥有的创业精神、独特创意及社会关系等资源，却同样具有战略性。因此，对创业者而言，一方面要借助自身的创造性，用有限的资源创造尽可能大的价值，另一方面更要设法获取和整合各类战略资源。

(一) 善用资源整合技巧

创业总是和创新、创造及创富联系在一起。一位创业者结合自身创业经历提出了这样的观点：缺少资金、设备、雇员等资源，实际上是一个巨大的优势，因为这会迫使创业者把有限的资源集中于销售，进而为企业带来现金。为了确保公司持续发展，创业者在每个阶段都要问自己，怎样才能用有限的资源获得更多的价值创造？

1. 学会拼凑

拼凑是指在已有元素的基础上，不断替换其中的一些要素，形成新的认识。

很多创业者都是拼凑高手，通过加入一些新元素，与已有的元素重新组合，形成在资源利用方面的创新行为，进而可能带来意想不到的惊喜。

创业者通常利用身边能够找到的一切资源进行创业活动，有些资源对他人来说也许是无用的、废弃的，但创业者可以通过自己的独有经验和技巧，加以整合创造。例如，很多高新技术企业的创业者并不是专业科班出身，可能是出于兴趣或其他原因，对某个领域的技术略知一二，却凭借这个略知的"一二"敏锐地发现了机会，并迅速实现了相关资源的整合。

整合已有的资源，快速应对新情况，是创业的利器之一。拼凑者善于用发现的眼光，洞悉身边各种资源的属性，将它们创造性地整合起来。这种整合很多时候甚至不是事前仔细计划好的，而往往是具体情况具体分析、"摸着石头过河"的产物，而这也正体现了创业的不确定性特性，并考验了创业者的资源整合能力。

2. 步步为营

步步为营指在缺乏资源的情况下，创业者在多个阶段投入资源，并在每个阶段投入最少的资源的方法。美国学者杰弗里·康沃尔指出：在有限资源的约束下，采用步步为营办法整合资源，不仅是最经济的方法，而且是一种获取资源满意收益的方法。由于创业者难以获得银行、投资家的资金，为了使风险最小化、审慎控制和管理、增加收入等，采用步步为营法有以下作用。

(1) 在有限资源的约束下，寻找实现创业理想目标的途径。

(2) 最大限度地降低对外部资源的需要。

(3) 最大限度地发挥创业者投入在企业内部的资金的作用。

(4) 设法减低资源的使用量等，以降低成本和经营风险。

(二) 发挥资源杠杆效应

杠杆效应就是以尽可能少的付出获取尽可能多的收获。美国著名的投资银行家罗伯特·库恩说过："一个企业家具有发现价值和创造价值的能力，就具有在沙子里找到钻石的功夫。"利用别的企业的资源来完成自己创业的目的,用一种资源补足另一种资源,识别一种没有完全被利用的资源,能看到一种资源怎样被运用于特殊的方面,说服那些拥有资源的人让渡使用权,这意味着创业者并不被他们当下控制的或支配的资源所限制,他们用大量的创造性的方式撬动资源。杠杆资源能力体现在以下方面:能比别人更加长久地使用资源;更充分地利用别人没有意识到的资源;利用他人或者其他资源,产生更高的复合价值;利用一种资源获得其他资源。

(三) 设置合理利益机制

资源通常与利益相关,创业者之所以能够从家庭成员那里获得支持,是因为家庭成员之间不仅是利益相关者,更是利益整体。既然资源与利益相关,创业者在整合资源时,就一定要设计好有助于资源整合的利益机制,借助利益机制把潜在的和非直接的资源提供者整合起来,借力发展。因此,整合资源需要关注有利益关系的组织或个人,要尽可能多地找到利益相关者。同时,分析清楚这些组织或个体和自己及自己想做的事情有无利益关系,利益关系越强、越直接,整合到资源的可能性就越大。

共同利益的实现需要共赢的利益机制做保障,共赢多数情况下难以同时赢,更多是先后赢,创业者要设计出让利益相关者感觉到赢而且是优先赢的机制。在创业实践中,对于在长期合作中获益、彼此建立起信任关系的合作,双赢和共赢的机制已经形成,进一步的合作并不很难。

创业贴士

资源的整合与获取

资源整合是商业活动的重要内容,成功的、有创意的资源整合事例很多,只要留意并认真分析,从中获得启发,有助于提升资源整合能力。资源流动是经济全球化的重要特征,资源整合可以突破空间、组织和制度等方面的限制,在更加广阔的范围内开展。要成功地整合资源,创业者必须有创新的思维,要兼顾利益相关者的利益,达到多赢。

社会经历较为欠缺的大学生创业者获取资源相对较难,但不一定是坏事。一方面,资源约束可以促使大学生创业者养成步步为营的资源整合意识;另一方面,可以利用大学生特殊的身份来获取更多的创业资源。例如,在财务、物质资源方面,近几年,政府和高校相继出台一系列专门针对大学生创业的优惠政策。大学生创业者申请小额创业贷款比中小企业相对容易;大学生通过参加创业大赛、苗圃创业谷等项目也可以获得相关创业资金、物质等的支持。在人力资本和社会资源方面,大学生可以通过积极参加专业学习、创新创业活动、社会实践、学生活动等方式,培养创新思维、储备知识,锻炼组织和管理能力,扩大社交活动范围,积累社会资源。

(资料来源:张玉利. 创造性地整合资源[J]. 市场周刊:理论研究, 2008(7):3-4.

倪克垒,胡庄方. 大学生创业资源及获取途径分析[J]. 吉林省教育学院学报旬刊, 2015(9):140-141)

【创业实训】

以小组为单位，寻找一个创业者整合资源的例子，并回答一下问题：

(1) 案例中创业者获取、整合了哪些资源？

(2) 案例中创业者具体采取了哪些策略获取和整合创业资源？

第六节　课后习题

一、名词解释

创业资源　　管理资源　　政策资源　　资源整合　　创业融资　　投资资金　　天使融资

知识产权融资　　波特五力模型　　创业资源整合　　步步为营　　杠杆效应

二、简答

1. 如果你要创办一家网吧，需要哪些资源？

2. 按照资源要素对企业战略规划过程的参与程度，创业资源可以分为直接资源和间接资源，其中直接资源包括哪些主要内容？间接资源包括哪些主要内容？

3. 必备资源在创业资源中居于最重要的位置，它主要包括哪些主要内容？

4. 创业融资的渠道主要有哪些？

5. 大学生如何正确选择融资渠道？

6. 在创业实践中，资源整合有什么重要的意义？

7. 资源整合过程可分为哪几个子过程？

8. 资源整合的主要方法有哪些？

三、案例分析

众筹成大学生创业融资新玩法

2014 年 11 月 23 日，华南农业大学(简称华农)第 3 届大学生创业集市互联网专场在该校行政楼广场及图书馆学术报告厅举行，来自中山大学、华南理工大学、暨南大学、深圳大学、广东中医药大学以及华南农业大学的 12 个大学生落地企业及 30 个学生创业团队参与展会，"众筹"成为大学生创业融资新玩法，年仅 19 岁的大学生张议云拿到了 200 万元风投。

本次创业集市是华农校团委举办的第 3 届该类活动，众多创投机构和孵化器负责人出席，多个项目达成融资意向。随着移动互联网的异军突起，不少大学生利用互联网创业门槛低、效率高的特点，纷纷做起"小老板"，不少校内"小发明"通过商业运作，直接进入市场。

学生除了通过商业路演寻找风投之外，"众筹"也成为他们解决资金问题的有效途径。来自华农信息学院的大四学生曾少龙已经是"黄小吉""归客驿站"和"拾光清吧"3 个门店的老板，他的这些创业项目都是通过众筹的方式来获得资金。如今，只做一款外卖的"黄小吉"在五山高校大学生中已经家喻户晓，而他们最近正在筹建的"拾光清吧"从发布创业计划到招募股东也仅用了不到两周的时间，就筹集了近 30 万元启动资金。

"领着 95 后的身份证，有着 80 后的成熟和稳重，善于和 70 后的行业大佬们博弈。"在本届创业集市上，年仅 19 岁的大学生张议云这样介绍自己，并分享了他的创业项目——口袋兼职 APP。张议云的第一桶金来自于 13 岁时自学编写的一个"免杀木马"程序，从 2008 年开始他就没再向家里要过生活费，高中时跟网友一起合办的"黑客"培训基地使他获得每个月 1 万多元的稳定收入。上大学以后，张议云马不停蹄地投入了口袋兼职项目，也正式接触资本市场，成功获得了 200 万元的风投。

不少创业团队认为，他们的项目距离落地就差一个资本市场的杠杆，而创业集市有助于他们获得这样的机会。目前，华农已加大力度建设大学生创业孵化基地、创业加速器，21 家在校大学生初创企业已经落地。

(资料来源：http://news.sina.com.cn/c/2014-11-25/042031196601.shtml)

问题：

1. 查阅相关资料，谈谈你对众筹的认识。
2. 通过众筹的方式进行融资需要做好哪些基础工作？

四、实训题

1. 在进行融资时，创投机构经常提出如表 5-5 所示的问题，将你的回答填写在该表中。

表 5-5　创投机构常问问题

问题	你的回答
你的公司愿景是什么	
你的市场预期有多大	
你的技术研发能力怎么样，产品和服务有什么特色	
你的顾客是谁，如果我是你的顾客，请给我一个买你产品的理由	
你的商业模式是什么	
你的竞争对手是个什么情况	
你对整个行业了解多少	
你是如何进行销售的	
你的融资情况怎么样	
你的团队和合作伙伴情况怎么样	
你企业的主要经营风险在哪里，如何规避这些风险	
你认为你会成功的主要因素是什么	
你的企业最薄弱的环节在哪里	
你如何制订还款计划	
其他问题(比如你的生活、你的创业经历等)	

2. 曹操有句名言："宁让我负天下人，勿让天下人负我。"但他却整合到了很多优质资源并完成霸业，试对此进行分析。

第六章

新创企业的市场营销管理

【本章提要】

通过对本章学习，全面了解和掌握企业营销环境、市场调研、目标市场营销战略、营销的定义及产品策略、价格策略、渠道策略、促销策略的内容，帮助大学生制订创业营销计划，熟练运用营销各种战略组合，并结合案例深入理解营销的魅力，让学生能够根据实际创业情况开展营销活动。

【学习重点和难点】

学习重点：了解企业营销环境，掌握市场调研，学会市场细分、正确选择企业的目标市场和市场定位。

学习难点：产品策略、价格策略、渠道策略、促销策略。

引导案例

海底捞的营销策略

近年来，在餐饮行业掀起了一股以优质服务为需求的用餐体验风潮，而掀起这股风潮的餐饮企业，正是近年来在全国各地大红大紫的餐饮企业——海底捞。

从 1994 年成立到现在，海底捞已经发展成为在北京、上海、杭州、深圳、韩国、日本、新加坡、美国等城市和国家有百余家直营店、员工 15000 余人、年营业额 30 亿元的大型连锁餐饮企业。

1. 市场定位

海底捞始终遵循"绿色、健康、营养、特色"的经营理念，在继承四川饮食文化"麻、辣、鲜、香、嫩、脆"特色的基础上，致力于火锅文化的研究、开发、创新，以醇正、独特、鲜美、营养的口味赢得了消费者的大力推崇，在消费者心目中留下了"好火锅自己会说话"的良好口碑。海底捞始终秉承"服务至上、顾客至上"的理念，改变标准化、单一化的传统服务，提倡个性化的特色服务，致力于为顾客提供愉悦的服务体验。

2. 产品策略

海底捞主打"可以喝的锅底"，为消费者提供麻辣猪骨汤锅、豆花海鲜锅等数种味道鲜美的创新锅底，并且都可以做成鸳鸯锅或者四味锅。海底捞为消费者提供七大类一百多种菜品，品种繁多、物美价廉，并且所有的菜品都可以点半份，这样就可以品尝更多种类的菜品，也不用担心吃不完。海底捞还为消费者提供自助调料和自助饮料，特色酱料不限量任君搭配，各式鲜美小菜、新鲜水果及口味香甜的柠檬水、自磨豆浆、酸梅水不限量任君挑选，充分满足了各种消费者的口味需求。

海底捞不仅努力维持现有产品的绝佳口味，还一直致力于开发新产品，更推出了咖喱锅、脱骨鸭掌、蓝莓山药等一系列新产品，以此吸引消费者不断前往消费，同时促进其他产品的销售，赢得竞争优势，促进企业发展。

3. 定价策略

海底捞的消费价格在火锅行业中属于中高层次，人均消费 100 元左右。但是，很多消费者前往用餐并不只是为了品尝可口的美食，还为了体验其独特的优质服务。这样的定价策略不仅可以从消费者身上获得更大利益，还能为消费者提供更高质量的服务，使得双方都能受益。

海底捞还采取地理定价策略，在一线城市和二线城市分别采取不同的菜单价格，适应不同市场的消费水平，赢得竞争优势，获取价格歧视的更大利益。

4. 分销策略

海底捞只走所有权式垂直分销渠道结构的直营店，不接受加盟店的申请，从而提高品牌的附加值，统一营销策略，降低经营成本，完成低成本扩张，保证优质服务招牌不被破坏。

2010 年，海底捞在其官网推出 Hi 捞送外卖服务，正式开启海底捞的火锅外卖时代。Hi 捞送指派专人将电磁炉和接线板等炊具送到家中，让顾客享受与到店用餐同样的热情服务。同年，海底捞又在天猫商城推出海底捞一捞派官方旗舰店，出售火锅底料、酱料等产品，在一年之内就拓展出了除了直营店之外的其他两种分销渠道。

5. 促销策略

(1) 营业推广。海底捞的竞争优势在于优质服务，有时员工会采用营业推广的方法促进消费者的购买行为，为消费者留下美好的用餐体验，增强了消费者对于海底捞的品牌忠诚度。比如，当服务员发现顾客非常喜欢餐厅提供的爆米花时，就会免费为顾客打包几桶爆米花带走；当服务员发现当天是某位顾客的生日时，就会免费为顾客提供生日蛋糕和水果；当服务员发现顾客对这一餐不满意时，就可以利用自己的权力为顾客换菜、送菜、打折甚至免单……

(2) 公共关系。近年来，随着网络营销的兴起，微博营销逐渐成为企业在营销模式上的新尝试。从 2010 年起，海底捞的优质服务在微博上掀起了一股"人类已经无法阻止海底捞了"的热烈讨论，各大新闻媒体争相报道海底捞的成功秘诀，各大企业和科研组织争相学习海底捞的成功模式，微博用户对海底捞赞不绝口的口口相传更是成为海底捞的制胜法宝。

6. 服务营销策略

海底捞的每家门店都设有摆放着舒适座椅的等位区，顾客除了可以免费享受擦鞋、美甲等服务和上网、报刊、棋牌等休闲活动，还可以享受免费的水果、点心、茶水；专门为儿童设置的游乐区还有专人陪玩；用餐前，服务员会为顾客提供围裙，会为顾客的手机套上手机袋，会为戴眼镜的顾客提供眼镜布；卫生间也有专人服务，还为顾客提供各类化妆品……此外，海底捞的服务员还可以根据自己的想法，为顾客提供一些超出正常服务范围的服务，不断超出顾客的期望，让顾客获得惊喜和感动，将服务至上的经营理念做到了极致。

(资料来源：http://e.xianzhi.net/cyyxch/6794.html，http://www.xdsyzzs.com/shichangyingxiao/1448.html，
http://www.sohu.com/a/141194946_498759，http://www.siilu.com/20170828/244280.shtml，
https://www.iyiou.com/p/52700，http://www.xueshu.com/zhongguoshichang/201430/7645053.html，
http://bbs.xiaomi.cn/t-13319941)

第一节　新创企业营销环境分析

企业并不是生存在一个真空内，作为社会经济组织或社会细胞，它总是在一定的外界环境下开展市场营销活动。任何企业都是在不断变化着的社会经济环境中运行的，都是在与其他企业、目标顾客和社会公众的相互关联(合作、竞争、服务、监督等)中开展市场营销活动的，企业的营销活动受到各种客观条件的影响和制约。因此，企业必须重视对市场营销环境的分析和研究，全面、准确地认识市场环境的现状和未来趋势，监测、把握各种环境力量的变化，这些对于企业扬长避短、审时度势、趋利避害，从而有效地开展营销活动，实现企业的营销目标具有重要意义。

但对企业而言，环境是不可控制的因素，营销活动只有适应环境的变化，企业的营销活动才能够得以正常运行。营销管理者的一项重要任务就在于适当安排营销组合，使之与不断变化着的营销环境相适应。许多企业的发展壮大，就是因为善于变化而适应市场。而在市场经济发展中，也有部分企业，往往对市场环境变化的预测不及时，或者预测到而没有采取相应的措施，结果造成企业不能适应市场，重者破产倒闭，轻者经济受损。

因此，营销者必须注重对市场营销环境的调查、预测和分析，然后根据各数据确定营销组合和策略，相应地调整企业的组织结构和管理体制，使之与变化环境相适应。大量市场营销实践证明：适者生存。

一、宏观营销环境分析

根据环境因素对企业营销活动的作用方式不同和企业的营销活动受制于营销环境的紧密程度不同，市场营销环境可分为微观营销环境和宏观营销环境。微观营销环境，也称直接营销环境，是指与企业关系密切、能够影响企业服务顾客能力的各种因素，可细分为供应者(提供本企业生产经营活动所需货物和劳务的其他企业或个人)、营销中介(中间商、物流企业、融资企业及其他营销服务机构)、顾客、竞争对手及企业内部影响营销管理决策的各个部门。宏观营销环境，也称间接营销环境，是指能影响整个微观环境和企业营销活动的广泛性因素，包括政治法律、经济、社会文化、人口、自然及科技状况，如图 6-1 所示。

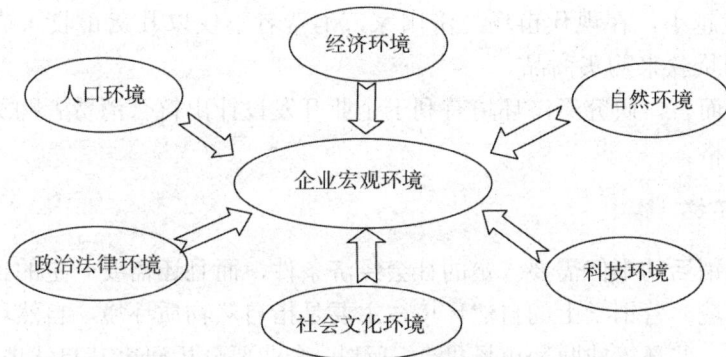

图 6-1　企业营销宏观环境示意图

(一) 人口环境

人口因素是宏观营销环境分析的首要因素，因为市场是由人构成的。营销学意义上的市场是指具有购买欲望和购买能力的人的总和，因而人口规模、地理分布、人口构成、人口流动、出生率和死亡率、家庭结构等人口统计资料，构成了企业营销活动的人口环境。人口环境对企业的市场需求规模、产品的品种结构和档次及用户购买行为等市场需求的变化有重要影响，是企业开展营销活动所必须关注的。把握人口环境的发展变化，是企业根据行业特点和资源条件，正确选择目标市场、成功开展市场营销活动的重要决策依据之一。

在创业实践中，选择一个人口密集的区域开展市场营销无疑是非常明智的选择，这样做不仅有利于吸纳更多的顾客，也有利于降低企业的营销成本。

(二) 经济环境

创业实践中，直接影响新创企业营销活动的经济环境主要有消费者收入和支出情况，储蓄和信贷情况等。

(1) 消费者收入和支出情况。市场消费需求指人们有支付能力的需求。仅仅有消费欲望，没有消费能力，并不能创造市场。只有既有消费欲望又有购买能力，才具有现实意义。消费者收入是指消费者个人从各种来源中所得的全部收入，包括消费者个人的工资、退休金、红利、租金等收入。消费者收入水平的高低制约了消费者支出水平。

消费者支出模式和消费结构的变化，对企业的营销活动会产生一定的影响。随着消费者收入的变化，消费者支出模式也会发生相应的变化，继而使一个国家或地区的消费结构也发生变化，西方经济学家常用恩格尔系数来反映这种变化。恩格尔系数的计算公式为：恩格尔系数＝食物支出总额/个人消费支出总额。消费者收入水平的高低，制约了消费者支出的多少和支出模式的不同，从而影响了市场规模的大小和不同产品或服务市场的需求状况。恩格尔系数与人们的生活水平呈反比，每一次恩格尔系数的下降都意味着人们生活水平的提高。

(2) 消费者储蓄和信贷情况。消费者的购买力还受储蓄和信贷的影响。消费者的个人收入总以一定的形式储存起来，这就是一种推迟了的潜在的购买力。当收入一定时，储蓄越多，现实消费量就越小，但潜在消费量越大；反之，储蓄越少，现实消费量就越大，但潜在消费量就越小。在现代市场经济国家，消费者不仅以其货币收入购买他们需要的商品，而且可用贷款来购买商品。

对新创企业而言，研究经济环境有利于企业开发设计出符合消费者购买能力的产品，合理制定产品价格。

(三) 自然环境

企业市场营销活动不但需要一定的社会经济条件，而且还需要一定的自然条件，即企业面临的自然环境。营销学上的自然环境，主要是指自然物质环境。自然环境的发展变化也会给企业造成一些环境威胁和市场机会，所以，企业要分析研究其自然环境方面的动向。关注环境问题不再只是环境保护专家应负的责任，而是全世界人们尤其是生产制造商们更应重视的问题。

对新创企业而言，由于人们的生活水平越来越高，健康环保的产品会越来越受到消费者的喜爱。同时，在生产、销售产品时，一定要注意不能破坏自然环境，力争做到高效节能。

(四) 科技环境

科学技术是社会生产力中最活跃的因素。第二次世界大战以来，以电子技术为核心的新技术信息革命的兴起，对经济和社会的发展产生了深刻的影响，也为企业的营销活动带来了巨大的机会和挑战。具体而言，新技术主要引起企业市场营销策略产生如下变化。

(1) 产品策略的变化。随着科学技术的迅速发展，新技术应用于新产品开发的周期大大缩短，产品更新换代加快，要求企业营销人员不断寻找新市场，时刻注意新技术在产品开发中的应用，开发出给消费者带来更多便利的新产品。

(2) 分销策略的变化。由于新技术的不断应用和技术环境的不断变化，使人们的工作及生活方式发生了重大变化，引起了分销实体的变化。运输实体的多样化，提高了运输速度，增加了运输容量及货物储存量，使现代企业的实体分配出发点由工厂变成了市场。此外，在互联网时代，网络营销给实体店销售带来了巨大的冲击。

(3) 价格策略的变化。科学技术的发展应用，一方面降低了产品成本，使产品价格下降；另一方面使企业能够通过信息技术，加强信息反馈，正确应用价值规律、竞争规律来制定和修改价格策略。

(4) 促销策略的变化。科学技术的应用引起促销手段(尤其是广告媒体)的多样化和广告宣传方式的复杂化。

(五) 政治法律环境

政治与法律是影响企业营销的重要的宏观环境因素。政治因素像一只有形之手，调节着企业营销活动的方向，法律则为企业规定商贸活动行为准则。

政治环境对企业营销活动的影响主要表现为国家政府所制定的方针政策，如人口政策、能源政策、物价政策、财政政策等，都会对企业营销活动带来影响。例如，国家通过降低利率来刺激消费的增长；通过征收个人收入所得税调节消费者收入的差异，从而影响人们的购买；通过增加产品税，如对香烟、酒等商品的增税，抑制人们的消费需求。法律环境是指国家或地方政府所颁布的各项法规、法令和条例等，它是企业营销活动的准则。企业只有依法进行各种营销活动，才能受到国家法律的有效保护。

在创业实践中要关注的政治法律环境主要有国家关于创业的政治制度体制方针、消费者保护法、环保立法、反不正当竞争法、对外国企业态度及相关法律法规等。

(六) 社会文化环境

社会文化是指一个社会的民族特征、价值观念、生活方式、伦理道德、教育水平、语言文字、社会结构等的总和。它主要由两部分组成：一是全体社会成员所共有的基本核心文化；二是随时间变化和外界的因素影响而容易改变的社会次文化或亚文化。每个人都生长在一定的社会文化环境中，并在一定的社会文化环境中生活和工作，他的思想和行为必定要受到这种社会文化的影响和制约。新创企业的市场营销人员应分析、研究和了解不同地区的社会文化环境，以针对不同的社会文化环境制定不同的营销策略。

二、微观营销环境分析

微观营销环境是指对企业服务其顾客的能力直接构成影响的各种力量，包括企业本身及其市场营销渠道、市场、竞争者和各种公众。微观营销环境是直接制约和影响企业营销活动的力量和因素，企业必须对微观营销环境进行认真分析。可以毫不夸张地说，微观营销环境分析的质量如何将直接影响到最终的营销策划效果。

(一) 企业内部环境

任何一个企业的市场营销工作，不仅取决于企业市场营销机构自身的努力，同时还取决于与企业领导层及各个职能部门相互协调的密切程度。企业在制定决策时，不仅要考虑到企业外部环境因素的影响，而且要考虑企业内部环境状况。企业内部环境指企业营销部门以外的其他部门，包括企业的最高领导层、生产部门、研发部门、财务部门、劳资部门等的活动及其力量的总和。例如，在营销计划的执行过程中资金的有效运用，资金在营销部门和制造部门之间的合理分配，可能实现的资金回收率等都同财务管理有关；而新产品的设计和生产方法是研究和生产部门集中考虑的问题。因此，营销管理者在制订营销计划时，必须考虑到与企业其他部门的协调，如与财务、研发、生产、销售等部门的协调。只有这些部门同营销部门的计划和活动之间保持协调关系，才能保证营销活动的顺利开展。

(二) 营销中介

营销中介主要包括供应商和营销中间商。

(1) 供应商。供应商指向企业提供生产经营所需资源(如能源、设备、原材料等)的组织或个人。供应商对企业营销活动的影响主要有以下几个方面。

① 供货的及时性与稳定性。供应商是否能够及时准确地提供企业所需资源，直接决定了企业各项活动是否能够顺利完成。

② 供货的质量水平。

③ 供货的价格水平。供应商的供货价格会直接影响企业进行成本预算和核算，也会直接影响企业的定价决策。

(2) 营销中间商。营销中间商包括分销商、物流公司、财务中介机构、营销服务机构等。

① 分销商是介于生产者和消费者之间，专门从事商品由生产领域到消费领域转移业务的经济组织或个人。分销商又分为商人分销商和代理分销商。代理分销商包括代理人、经纪人等，他们的工作是寻找顾客，并促成企业和顾客交易的达成。这类分销商的主要收入来源是在为企业推销商品或者在寻找客户签订合同的时候收取一定金额的代理费或佣金。

② 物流公司帮助企业把原材料从原产地运往加工工厂，把制成品运往销售地，有时企业还需要专门的仓储公司提供仓储服务。

③ 财务中介机构包括银行、信托中心、保险公司等。这些机构是企业融资扩大经营规模的重要渠道；是在以信用为前提的新的交易方式下，企业收取货款的重要保障；也是消费者维护个人权益的重要保障。

④ 营销服务机构包括调研公司、广告公司、咨询机构等。

(三) 竞争者

任何企业的营销活动都要受到竞争对手的挑战，这是市场营销的又一重要微观环境。企业竞争对手的状况将直接影响企业的营销活动，因此，企业在制定营销决策前必须搞清楚竞争对手数目、竞争企业的规模和能力及竞争对手的营销策略等。从消费需求的角度划分，企业的竞争者包括愿望竞争者、一般竞争者、产品形式竞争者和品牌竞争者。

一般来说，企业在营销活动中需要对竞争对手了解、分析的内容包括以下几点：①竞争企业的数量有多少；②竞争企业的规模和能力的大小强弱；③竞争企业对竞争产品的依赖程度；④竞争企业所采取的营销策略及其对其他企业策略的反映程度；⑤竞争企业能够获取优势的特殊材料来源及供应渠道。

竞争者主要可以分为潜在竞争者和现有竞争者，他们对企业的营销所产生的影响存在差异。市场上各企业之间的竞争表现在产品、价格、质量、服务等各个方面，这种竞争影响企业目标的实现。因此，竞争对手分析应是企业战略分析的最重要任务。

(四) 顾客

顾客是企业销售产品的对象，市场营销最重要的任务是研究顾客的需求，并根据调研结果确定生产的产品及产品价格等。

顾客分析就是根据各种客户信息和数据来了解客户需要，分析客户特征，评估客户价值，从而为客户制定相应的营销策略与资源配置计划。同时，可以发现潜在客户，从而进一步扩大商业规模，使企业得到快速的发展。

在营销策划实践中，企业可以从以下几个方面入手，对顾客数据信息展开分析。

(1) 分析顾客的个性化需求和消费特点。"以客户为中心"的个性化服务越来越受到重视，实施 CRM 的一个重要目标就是能够分析出客户的个性化需求，并对这种需求采取相应措施，同时分析不同客户对企业效益的不同影响，以便做出正确的决策。

(2) 分析顾客购买行为。企业可以利用收集到的信息，跟踪并分析每一个客户的信息，不仅知道什么样的客户有什么样的需求，同时还能观察和分析客户行为对企业收益的影响，使企业与客户的关系及企业利润得到最优化。

(3) 分析有价值的信息。利用顾客分析系统，企业不再只依靠经验来推测，而是利用科学的手段和方法，收集、分析和利用各种客户信息，从而轻松地获得有价值的信息。例如，企业最受欢迎的产品和原因，哪些客户是最赚钱的客户，售后服务有哪些问题等。客户分析将帮助企业充分利用其客户关系资源，为顾客提供更好的产品和服务，从而提升企业的市场竞争力。

(五) 社会公众

公众能够对企业目标的实现施加影响，有的时候能够帮助企业完成自己的使命，实现目标，但有时候也会给企业营销造成障碍和压力。公众对市场营销活动的规范，对企业及其产品的信念等有实质性影响：金融机构影响一个企业获得资金的能力；媒体对消费者的行为有导向作用；政府机关决定政策方针的动态，影响企业营销策略；一般公众的态度影响消费者对企业产品的看法等。

第二节 市 场 调 研

如今市场竞争日趋激烈，面对日益紧缩的市场，不断增加成本投入导致大批企业面临着生存的危机。但同样的市场环境下，有一些创业者却能准确地把握营销各个阶段，使企业能够可持续发展，受到的市场冲击最小，竞争反而为其提供了最好的市场发展机会。同样的市场环境，怎么会有迥然不同的发展前景呢？是什么让那些企业在激烈的市场竞争中处于优势地位呢？其实，应对复杂的市场环境的秘诀在于进行充分的市场调研，精准把握市场需求。

一、市场调研的含义

现代营销之父菲利普·科特勒认为，营销调研是系统地设计、收集、分析和提出数据资料，以及提供跟公司所面临的特定的营销状况有关的调查研究结果。

根据美国市场营销协会(American Marketing Assocaiton，AMA)的定义(1988)，市场营销调研是通过信息的运用，把消费者、公众和营销者联系在一起的一种职能，是为了提高决策质量以发现和解决营销中的机遇和问题而系统地、客观地识别、收集、分析和传播信息的工作。

市场调研是指个人或组织为了给市场营销决策提供依据，针对某一特定的市场营销问题，运用科学的方法和手段，系统地判断、收集、整理和分析有关市场的各种资料，反映市场的客观状况和发展趋势的活动。

对新创企业而言，做好前期的市场调研非常重要，许多创业者由于对市场过于乐观，总是相信自己的判断，不深入一线进行市场调查，这就容易导致决策上出现失误。

二、市场调研的内容

(一) 市场环境调研

任何企业的营销活动都是在一定的市场营销环境中进行的，因此，企业必须对目标市场的营销环境的现状及未来的可能变化情况进行调查了解，包括对目标市场的政治、经济、社会、文化、法律、科技、教育等环境因素的现状进行研究和分析，并预测和估计其发展的趋势，判断目标市场环境变化的规律性及变动特点。

(二) 市场需求调研

市场需求调研包括市场容量调研、顾客调研和购买行为调研。市场容量调研，主要是指现有和潜在人口变化、收入水平、生活水平、本企业的市场占有率、购买力等。顾客调研，主要是了解购买本企业产品或服务的团体或个人的情况，如民族、年龄、性别、文化、职业、地区等。购买行为调研，是调研各阶层顾客的购买欲望、购买动机、兴趣爱好、购买习惯、购买时间、购买地点、购买数量、品牌偏好等情况，以及顾客对本企业产品和其他企业提供的同类产品的欢迎程度。

(三) 产品调研

产品或服务是一个企业向市场提供和传递价值的最基本载体和关键要素。产品调研包括多种类型，常见的有产品创意检测、新产品测试、包装测试、品牌研究等内容。具体来说，产品调研主要包括以下内容。

(1) 产品设计的调研，包括功能、用途、使用方便和操作安全设计，以及产品的品牌、商标、外观和包装设计等。

(2) 产品和产品组合的调研，包括产品的价格、销售渠道、广告宣传等。

(3) 产品生命周期的调研，主要指产品是处在成长期、成熟期或衰退期等。

(4) 对老产品改进的调研，包括消费者对老产品质量、功能的意见等。

(5) 对新产品开发的调研，包括消费者对产品包装、服务、花色、品种、规格、交货期、外观造型和式样的喜爱偏好等。

(6) 对于如何做好销售技术服务的调研。

(四) 价格调研

价格调研主要是调研价格对商品需求的影响，重点调查商品价格的成本构成、价格变化的趋势、价格变动对商品销售带来的影响、影响价格变动的各种因素、商品价格的需求弹性、相关产品或代用品的价格、竞争者的价格及企业的价格策略等。

(五) 分销调研

分销调研主要包括商品销售区域和销售网点的分布、潜在销售渠道、销售点服务品质、铺货途径、商品运输线路、商品库存策略。

(六) 促销调研

促销调研的目的主要是支持企业的促销战略和战术决策，使促销组合达到最佳，以最少的促销费用达到最佳的促销效果，并就出现的问题及时对促销方式进行调整和改进。促销调研主要包括广告、人员销售、销售促进、公共关系等方面的调研。具体内容有广告媒介、广告效果评估、广告策略，以及优惠、赠品、有奖销售等促销方式对销售额的增加幅度和市场占有率变化的影响等。

(七) 市场竞争调研

市场竞争调研的目的主要是支持企业营销的总体发展战略，做到知己知彼，发挥竞争优势。主要是侧重于本企业与竞争对手的比较研究，以识别企业的优势和劣势，判断出本企业所具备的与竞争对手相抗衡的条件或可能性，确定企业的竞争策略，以达到以己之长克他之短的功效。其内容主要有：了解行业的竞争结构和变化趋势，了解竞争者的战略目标、核心能力、市场份额、产品策略、价格策略、销售渠道策略、促销策略等。

(八) 用户满意度研究

用户满意度研究越来越受到企业的重视，企业通过顾客满意度研究了解顾客满意度的决定性因素，测量各因素的满意度水平，从而为企业比竞争对手更好地满足消费者提供建议。

在用户满意度研究中，需要调查、了解和分析以下几方面。

(1) 用户对有关产品或服务的整体满意度。

(2) 用户对特定品牌或特定商店产生偏好的因素、条件和原因。

(3) 用户的购买动机是什么，包括理智动机、情感动机和偏好动机，以及产生这些动机的原因。

(4) 用户对各竞争对手的满意度评价。

(5) 用户对产品的使用次数和购买次数，以及每次购买的数量。

(6) 用户对改进产品或服务质量的具体建议。

三、市场调研的设计

调研设计是保证调研工作顺利进行的指导纲领，其主要内容有确定资料的来源、搜集的方法、调查问卷设计、抽样设计等。

(一) 内容设计

内容设计是根据调研的目的确定调研的范围及信息资料的来源。

调研的范围是根据调研的目标，确定所需信息资料的内容和数量。例如，是调查企业营销的宏观经济环境，还是调查企业的市场营销手段；是一般性调查，还是深度调查等。

信息资料的来源是指获取信息资料的途径。市场营销调研所需的信息资料可以从企业内部和企业外部两方面得到。如果企业已经建立了市场营销信息系统，则可以通过数据库得到信息资料。除此之外，还要确定搜集信息资料的地区范围。

（二）方法设计

市场调研的方法多种多样，方法适用面不同，究竟采用何种调研方法，要依据调研的目的及研究经费的多少而定。

（三）工具设计

在确定调研方法之后，就要进行工具设计。所谓工具设计是指采用不同的调研方法需要准备不同的调研工具。例如，采用访问法进行调研时，需要使用调查问卷，调查问卷设计中关键的是确定提什么问题、提问的方式等。又如，采用观察法中的行为记录法进行调研时，需要考虑使用何种观察工具(如照相机、监视器等)。

（四）抽样设计

抽样设计是根据调研的目的确定抽样单位、样本数量及抽样的方法。在其他条件相同的情况下，样本越多越有代表性，样本数量的多少影响结果的精度，但样本数量过大也会造成经济上的浪费。

（五）方案设计

调研方案或计划是保证市场营销调研工作顺利进行的指导性文件，它是调研活动各个阶段主要工作的概述。调研计划虽无固定格式，但基本内容应包括课题背景、研究目的、研究方法、经费预算和时间进度安排。

四、原始资料收集的市场调研方法

原始资料收集的市场调研方法主要包括访问法、观察法、实验法和网络调查法。

（一）访问法

在原始资料的收集过程中，访问法运用得最为广泛，例如，入户访问、拦截访问、电话调研、邮寄调研和留置调研等都是具体的访问形式，如表 6-1 所示。

表 6-1　访问法的类型及优缺点

类型	含义	优点	缺点
入户访问	调研者进入被访者家中或单位进行调研	保证调查的完成质量，灵活性大	费用高，访问调查周期较长；匿名性较差，难以收集个人敏感性问题的资料
拦截访问	在人流量大的地方随机拦截路人所进行的个人访问	访问进程快，成功率高，成本低廉，实效性强	干扰因素多，样本的代表性存在误差，回访较难
电话调研	以电话通信的形式向被调查者征询有关意见和看法	成本低，速度快，不必面对面接触，容易合作	调查内容难以深入，接话率不足，访问时长有限，缺乏视觉媒介

（续表）

类型	含义	优点	缺点
邮寄调研	将问卷通过邮寄的方式送达给选定的调查对象，被调查者按规定的要求完成问卷，然后在规定的时间将问卷寄回	地理灵活，成本低，应答时间充裕，应答者匿名，回答更客观	回收率低，耗时，质量难以控制
留置调研	调查员按面访的方式找到被调查者，说明调查目的和填写要求后，将问卷留置于被调查者处，约定在一段时间后，再次登门取回填好的问卷或请求被调查者将问卷寄回	匿名保密性强，问卷回收率高	成本高

（二）观察法

观察法是由调查员直接或通过仪器在现场观察调查对象的行为动态，并加以记录而获取信息的一种方法。观察法在市场调研中用途很广，它分人工观察和非人工观察。观察法可以观察到消费者的真实行为特征，但是只能观察到外部现象，无法观察到调查对象的一些动机、意向及态度等内在因素。观察法的优缺点如表 6-2 所示。

表 6-2　观察法的优缺点

优点	缺点
● 能够客观、真实地反映被调查者行为 ● 不存在被拒绝或不配合的现象 ● 可以消除语言或问题理解等方面的误差 ● 简便、易行、灵活性强 ● 不干扰顾客	● 调查耗时长、费用高 ● 只能反映客观事实，难以获得深层次信息 ● 对调查人员的素质及业务水平要求高 ● 观察到的事物可能存在某种假象

（三）实验法

实验法是指在控制的条件下，对所研究的对象从一个或多个因素进行控制，以测定这些因素间的关系。在因果性的调研中，实验法是一种非常重要的工具。

采用实验法的好处是：方法科学，能够获得比较真实的信息资料。但是此种方法也有其局限性：大规模的现场实验，难以控制市场变量，影响实验结果的有效性；实验周期较长，调研费用较高等。

实验法主要用于因果关系的判断，在消费行为研究中得到了广泛应用。试销就是一种使用较多的实验法。在产品大规模进入市场前对消费者的购买意愿、感兴趣的内容、购买方式等信息通过试销进行测试，可以为企业确定市场规模和制定适当的营销方案提供依据。此外，实验法还可用于测试各种广告的效果，研究品牌对消费者选择商品的影响，研究颜色、名称对消费者味觉的影响，研究商品的价格、包装、陈列量等因素对销售量的影响等。

(四) 网络调研

网络调研又称联机市场调研，它是通过网络进行的有系统、有计划、有组织地收集、调查、记录、整理、分析有关产品、劳务、广告及市场等信息，客观地测定及评价、发现各种现象和事实，用以解决市场营销的有关问题，并可作为各种营销决策的依据。网络调研的范围很广，包括市场营销的各个方面。

网络调研的特点是具有实时性、双向互动性、方便性和准确性甚至娱乐性等。因此，它具有传统调研所无法比拟的优势，是符合现代商业节奏和环保意识的理想调研方式。具体来说，网络调研的优点表现在以下几个方面：更加准确的统计效能；更高的效率；更低的成本；更好的接触效果；调研结果比较真实；调研的周期较短；不受时间、地域的限制。但是，也有一些缺点：样本数量难以保证；问卷设计限制较大；人口统计信息的准确性有待评估；被调查者可能存在作弊行为。

第三节　目标市场营销战略

消费者是一个极其庞大和复杂的群体，顾客个体由于在受教育程度、经济收入、消费心理与购买习惯及自身所处的地理环境、人文环境等诸多方面存在差异，导致其需求具有复杂多样性。任何一个企业，不论其规模有多大，实力有多雄厚，面对一个大市场，它是没有能力也没有必要提供足以满足整个市场所有消费者需求的商品和劳务的。因此，企业应选择它能有效地提供服务、对其最具吸引力的一个或几个细分市场。正确地选择企业的目标市场，明确企业在市场中特定的服务对象和服务内容，是制定企业营销战略的首要内容和基本出发点。

一、市场细分

(一) 市场细分的概念

所谓市场细分，又称市场区隔、市场分片、市场分割，就是营销者通过市场调研，依据购买者在需求上的各种差异(如需求、欲望、购买习惯和购买行为等)，把某一产品的市场整体划分为若干消费者群的市场分类过程。在这里，每一个消费者群就是一个细分市场，亦称子市场、分市场、亚市场或市场部分。每一个细分市场都是由具有类似需求倾向的消费者构成的群体，所有细分市场之总和便是整个市场。由于在消费者群内，大家的需求、欲望大致相同，企业可以用一种商品和营销组合策略加以满足；但在不同的消费者群之间，其需求、欲望各有差异，需要企业以不同的商品采取不同的营销策略加以满足。因此，市场细分实际上是一种求大同、存小异的市场分类方法，它不是对商品进行分类，而是对需求各异的消费者进行分类，是识别具有不同需求和欲望的购买者或用户群的活动过程。

(二) 市场细分的要求

(1) 要有明显特征。用以细分市场的特征必须是可以衡量的，细分出的市场要有明显的特征，各子市场之间有明显的区别，各子市场内部具备共同的需求特征，表现出类似的购买行为。

(2) 要根据企业的实力，量力而行。在细分市场中，企业所选择的目标市场必须是自己有足够的能力去占领的子市场，在这个子市场中，能充分发挥企业的人力、物力、财力和生产、技术、营销能力的作用。

(3) 要有一定的利润空间。在市场细分中，企业选中的子市场必须具有一定的规模，即有充足的需求量，足以使企业有利可图，并实现盈利目标。同时，子市场规模也不易过大，不然企业无法"消化"，结果也是白费工夫。因此，企业所选择的子市场的规模必须恰当，使企业能够合理盈利。

(4) 要有发展潜力。企业所选择的目标市场，不仅要能给企业带来目前利益，还必须有相当的发展潜力，能够给企业带来较长远的利益。因此，企业在市场细分时必须充分考虑目标市场不能是正处于饱和或即将饱和的市场，不然，就没有多少潜力可挖。

(三) 市场细分的标准

市场细分是以顾客特征作为基础的，市场细分的出发点是消费者对商品和服务的不同需求。市场细分的标准，对于消费者市场和产业市场，存在着很大的差异。

1. 消费者市场细分的标准

市场细分是根据不同类型消费者需求的差异性和同一类型消费者需求的相似性对消费者群体进行划分的。对于消费者市场进行细分的关键是确定细分的标准，划分的标准不同，所确定的细分市场也不同。消费者需求受到多种因素的影响，如自然的、社会的、经济的、文化的，这些影响消费者的不同因素及其组合就构成了市场细分变量体系，即市场细分的标准，如表 6-3～表 6-5 所示。

表 6-3 消费者市场细分的标准

细分标准	具体标准
地理因素	国家、地区、自然气候、地形、资源分布、人口密度、城市大小、交通运输条件等
人口因素	年龄、性别、家庭、收入、职业、教育程度、宗教信仰、民族、社会阶层等
心理因素	生活方式、性格特点、个人偏好、消费者追求的利益、购买动机等
购买行为因素	购买时机、使用频率、使用状态、品牌依赖程度、购买准备、消费者态度、偏爱程度、了解程度、敏感因素等

表 6-4 按照年龄对消费者进行市场细分

生命周期	优先需求	主要品需求
10～19 岁	自我、教育、社会化	时装、汽车、娱乐、旅游
20～29 岁	事业、婴儿	时尚品、衣物与服饰、家居用品、育婴用品、保险

(续表)

生命周期	优先需求	主要品需求
30～59 岁	小孩、事业、中年危机	婴儿食品、食品、教育、交通工具
60～69 岁	自我、社会关系	家具与服饰、娱乐、旅游、豪华汽车、投资商品、游艇设施
70～90 岁	自我、健康、孤独	健康服务、健康食品、保险、便利商品、电视和书籍、服务

表 6-5　对行为细分变量的再细分

行为细分变量	细目
购买时机	节假日、季节、平时、非正常工作时间
追求的利益	质量、价格、服务、炫耀、名誉
使用者情况	非使用者、曾经使用者、潜在使用者、初次使用者、经常使用者
使用频率(数量细分)	大量使用者、一般使用者、少量使用者
品牌忠诚程度	坚定品牌忠诚者、随机品牌忠诚者、非忠诚者
待购阶段(购买准备阶段)	不知道、已知道、有兴趣、已了解、欲购买
对产品的态度	热爱、肯定、冷淡、否定、厌恶

创业贴士

市场营销是一种经营理念，其核心思想是以消费者为中心，满足和引导消费者的需求。企业的经营活动自始至终要围绕消费者、服务消费者、满足消费者的需求。企业要实现自己的经营目标，就必须以消费者为中心，对消费者需求进行分析，了解消费者的需要。以消费者的需求为导向，根据消费者的需要，选择目标。面对不断变化的环境，做出正确的反应，适应消费者不断变化的需求。

2. 产业市场细分的标准

产业市场细分的标准主要有产品最终用户、用户地点、用户规模、相关采购因素及购买者追求的利益等，如表 6-6 所示。

表 6-6　产业市场细分的标准举例

细分标准	具体细分标准
产品最终用户	军用、民用、商用等
用户地点	地区、交通、气候等
用户规模	企业资金、规模、销售额
相关采购因素	关键采购标准、采购战略、采购的重要性
购买者追求的利益	质量、价格、服务等

二、目标市场选择

目标市场与市场细分既有联系，又有区别。目标市场是根据市场细分标准选择一个或一个以上细分市场作为企业进入并占领的市场，它不仅是企业营销活动所要满足的市场，而且也是企业为实现预期目标而要努力进入的市场。可见，企业选择目标市场是在市场细分的基础上进行的。市场营销就是针对目标市场的顾客运用营销策略的过程，选择什么样的目标市场作为企业的营销对象并且针对这些顾客选择什么样的营销策略非常重要。

企业确定目标市场的方式不同，选择的目标市场范围不同，其营销策略也就不一样。一般来说，目标市场选择策略有三种：无差异性目标市场策略、差异性目标市场策略和集中性目标市场策略。

(1) 无差异性目标市场策略。当企业面对的是同质市场或同质性较强的异质市场时，便可以采用这一策略开展市场营销活动。即企业把整个市场看作一个大的目标市场，不细分市场，只推出一种产品，试图吸引尽可能多的顾客，为整个市场服务。无差异性目标市场策略强调购买者的需求共性，为整个市场生产单一的标准化产品，追求规模经济效益。但这种策略缺乏针对性，对于创业型小企业来说，通常不适宜采用。

(2) 差异性目标市场策略。实行差异性目标市场策略的企业，通常是把整体市场划分为若干细分市场，并都作为其目标市场。针对不同目标市场的特点，分别制订出不同的营销计划，按计划生产营销目标市场所需要的商品，满足不同消费者的需要，不断扩大销售成果。采用该策略可以扩大销售额，提高竞争力，但缺点是成本较高，一般适用于大中型企业。

(3) 密集(集中)性目标市场策略。密集性目标市场策略也称集中性目标市场策略，是指企业把整个市场细分后，选择一个或少数几个细分市场为目标，实行专业化经营，即企业集中力量向一个或少数几个细分市场推出商品，占领一个或少数几个细分市场的策略。这种策略特别适用于资源有限的创业型小企业。优点是如果选择了适合的细分市场，可以获得很高的投资回报。缺点是如果目标市场情况发生变化，企业有可能陷入困境。

三种目标市场策略的示意图如图 6-2 所示，三者之间的比较如表 6-7 所示。

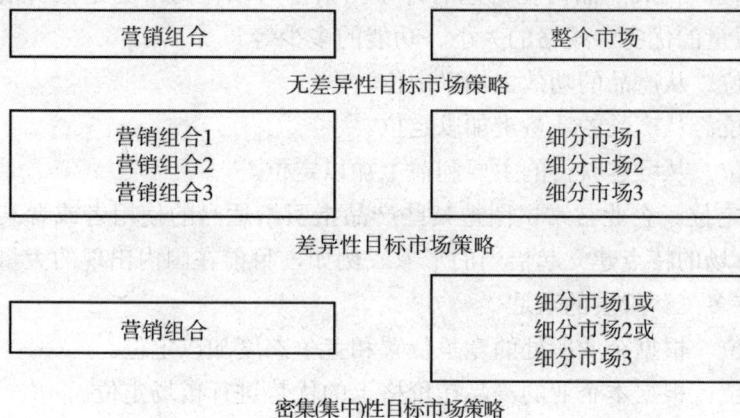

图 6-2　三种目标市场策略示意图

表6-7　三种目标市场营销策略的比较

营销策略	追求利益	营销稳定性	营销成本	营销机会	竞争程度	管理难度
无差异性策略	经济性	一般	低	易失去	强	低
差异性策略	销售额	好	高	易发展	弱	高
密集(集中)性策略	形象和市场占有率	差	低	易失去	强	低

三、市场定位

(一) 市场定位的概念

市场定位是指企业根据目标市场上同类产品市场竞争状况，针对顾客对该类产品不同特性重视程度的差异与需求状况，并结合企业现有条件与产品在市场上所处的位置，为自己的产品塑造既能使消费者明确感知又能很好地与竞争者的产品区别开来的特定品牌形象，进而通过特定的营销模式让顾客接受该产品，以确定本企业及其产品在目标市场的位置。例如，新创企业从事生态养殖，就可以主打环保牌，通过展示企业产品的生产过程，吸引消费者，并制定出消费者可以接受的合理高价。

(二) 市场定位的步骤

创业企业的市场定位工作一般包括三个步骤。

(1) 调查研究影响定位的因素。适当的市场定位必须建立在市场营销调研的基础上，即必须先了解有关影响市场定位的各种因素，其主要包括竞争者的定位状况、目标顾客对产品的评价标准和目标市场潜在的竞争优势。

(2) 选择竞争优势和定位战略。企业通过与竞争者在产品、促销、成本及服务等方面的对比分析，了解自己的长处和短处，从而认定自己的竞争优势，进行恰当的市场定位。市场定位的方法有很多，且还在不断开发中，一般包括以下7个方面。

① 特色定位。构成产品内在特色的许多因素都可以作为市场定位所依据的原则，如价格的高低、质量的优劣、规格的大小、功能的多少等。

② 功效定位。从产品的功效上加以定位。

③ 质量定位。从产品的质量上加以定位。

④ 利益定位。从顾客获得的主要利益上加以定位。

⑤ 使用者定位。企业常常试图把某些产品指引给适当的使用者或者某个细分市场，以便根据细分市场的特点建立起恰当的形象。例如，目前在国内出现的大量经济型连锁酒店，就受到了许多工薪阶层的欢迎。

⑥ 竞争定位。根据企业所处的竞争位置和竞争态度加以定位。

⑦ 价格定位。根据本企业的产品在价格上的优势进行市场定位。

(3) 向市场传播和表达自己的市场定位。这一步骤是企业要通过一系列的宣传活动，将企业选定的竞争优势通过各种营销手段准确地传递给目标顾客并在消费者脑海中留下深刻的印象。这需要企业做好三个方面的工作：一是建立与市场定位一致的形象；二是强化顾客对市场定位的信念；三是防止误导信息传播，当企业营销组合运用不当时，可能会在顾客中造成误解。

案例

米勒酿酒公司

在 20 世纪 60 年代末，美国米勒酿酒公司为提高市场占有率，决定采取积极进攻的市场战略。公司首先进行了市场调查，按使用率对啤酒市场进行细分，将啤酒饮用者细分为轻度饮用者和重度饮用者。前者人数虽多，但饮用量却只有后者的 1/8，可以忽略。重度饮用者有着以下特征：多是蓝领阶层；年龄多在 30 岁左右；每天看电视 3.5 小时以上；爱好体育运动。米勒公司决定把目标市场定在重度使用者身上，并果断决定对米勒的"海雷夫"牌啤酒进行重新定位。

重新定位从广告开始。他们首先在电视台特约了一个《米勒天地》的栏目，广告主题变成了"你有多少时间，我们就有多少啤酒"，以吸引那些"啤酒坛子"。广告画面中出现的都是些激动人心的场面：船员们神情专注地在迷雾中驾驶轮船，钻井工人奋力止住井喷，年轻人骑着摩托冲下陡坡等，他们甚至请来了当时美国最著名的篮球明星张伯伦来为啤酒客助兴。

结果，"海雷夫"的重新定位战略取得了很大的成功。到了 1978 年，这种牌子的啤酒年销售达 2000 万箱，仅次于 AB 公司的百威啤酒，在美国名列第二。

【分析】

米勒酿酒公司营销成功的关键是对啤酒市场进行了准确的市场细分和市场定位，并针对目标顾客群体进行广告营销。

(资料来源：https://baike.baidu.com/item/美国米勒酿酒公司/4039195)

第四节　产品策略

影响企业营销活动效果的因素有两种：一种是企业不能够控制的，如政治、法律、经济、人文、地理等环境因素，称为不可控因素，这也是企业所面临的外部环境；另一种是企业可以控制的，如生产、定价、分销、促销等营销因素，称为可控因素。企业营销活动的实质是利用内部可控因素适应外部环境的过程，即通过对产品、价格、分销、促销的计划和实施，对外部不可控因素做出积极动态的反应，从而促成交易的实现和满足个人与组织的目标，用科特勒的话说就是"如果公司生产出适当的产品，定出适当的价格，利用适当的分销渠道，并辅之以适当的促销活动，那么该公司就会获得成功"。所以，市场营销活动的核心就在于制定并实施有效的市场营销组合。经麦卡锡概括，现已形成了现代市场营销学中的 4P 理论，包括产品、价格、渠道和促销，如表 6-8 所示。

表 6-8　营销组合变量涉及的关键决策

营销组合变量	关键决策
产品	产品质量、品牌、包装、售后服务，产品的一致性、可维修性，产品线的长度、宽度和关联性等
价格	定价影响因素分析、定价目标、定价方法、价格调整等
渠道	批发商和零售商的组合使用，批发商或零售商的类型，分销渠道的宽度、长度、地理覆盖区域、物流和配送
促销	人员推销策略、广告策略、销售促进的主要方式、公关策略等

在营销组合策略中，产品策略处于基础地位。通过对我国创业者的调查，他们大多数认为，创业要取得成功，起决定性作用的就是要研发、生产或销售能够满足消费者需要的产品。本节重点介绍产品策略。

一、产品整体概念

新创企业在制定营销策略时，首先要决定研发和设计出产品或服务来满足顾客的需求。在营销中关于产品的概念是非常广阔的，产品的概念已经远远超越了传统的有形实物，不再只是人们传统思想中的狭义的产品概念。从销售方的角度来说，产品就是货，是能够变成钱的东西；但对消费者而言，产品还有更深层次的东西，例如，对一些奢侈品消费而言，消费者买的往往不是产品的实际功效，而是一种用户体验、一种生活方式。因此，企业对产品的思考必须超越有形产品或服务本身，转而从消费者的角度来认识和理解它，也就是说，应该明确消费者购买产品或者服务想真正从中获得什么。

现代市场营销理论认为，产品整体概念包含核心产品、有形产品、期望产品、延伸产品和潜在产品五个层次。

(1) 核心产品。核心产品也称实质产品，在产品整体概念中是最基本、最主要的部分，是消费者购买某种产品时所追求的利益，是顾客真正要买的东西。消费者购买某种产品，并不是为了占有或获得产品本身，而是为了获得能满足某种需要的效用或利益。例如，买自行车是为了代步，买汉堡是为了充饥，买化妆品是希望美丽、体现气质、增加魅力等。因此，在产品策划中必须以核心产品为出发点和归宿，设计出真正满足消费者需要的东西。

(2) 有形产品。有形产品是核心产品借以实现的形式，即向市场提供的实体和服务的形象。要满足消费者追求的利益，必须通过有形产品体现出来。可以说，有形产品是核心产品的转化形式。产品的有形特征主要指质量水平、产品款式、产品特色、品牌及包装。例如，冰箱的有形特征不仅指电冰箱的制冷功能，还包括它的质量、造型、颜色、容量等。

(3) 期望产品。期望产品是指购买者购买某种产品通常所希望和默认的一组产品属性和条件。一般情况下，顾客在购买某种产品时，往往会根据以往的消费经验和企业的营销宣传，对所欲购买的产品形成一种期望。如果没有满足顾客的期望，会影响顾客对产品或服务的评价，带来负面影响。

(4) 延伸产品。延伸产品是顾客购买有形产品时所获得的全部附加服务和利益，包括提供信贷、免费送货、质量保证、安装、售后服务等。延伸产品的概念来源于对市场需要的深入认识。因为购买者的目的是满足某种需要，因而他们希望得到与满足该项需要有关的一切。可以预见，在未来的市场竞争中，产品所能提供的延伸价值会成为一个关键。

(5) 潜在产品。潜在产品是指一个产品最终可能实现的全部附加部分和新增加的功能。许多企业通过对现有产品的附加与扩展，不断提供潜在产品，所给予顾客的不仅仅是满意，还能让顾客在获得这些新功能的时候感到喜悦。所以，潜在产品指出了产品可能的演变，也使顾客对于产品的期望越来越高。潜在产品要求企业不断寻求满足顾客的新方法，不断将潜在产品变成现实的产品，这样才能使顾客得到更多的意外惊喜，更好地满足顾客的需要。

以宾馆为例，宾馆所提供的核心利益就是为顾客提供休息和睡眠，有形产品就是房子、床、被、毛巾等，期望产品就是顾客所期望的干净的房屋、整洁的床被和安全的居住环境，附加产品就是宾馆所提供的专车接送、机票预订等，潜在产品就是如何用创新方法满足顾客的需要。

二、产品品牌策略

品牌是用以识别某个销售者的产品或服务，并使之与竞争对手的产品或服务区别开来的商业名称及其标志，通常由文字、符号、标记、图案、颜色等要素或这些要素的组合构成。品牌不仅是用于区分企业产品或服务的名称与符号的一种识别标志，更是企业产品与服务价值的核心体现。对新创企业而言，品牌可以极大提升产品的附加值。例如，七匹狼公司最初是一个由七个年轻人创立的服装公司，经过多年的发展，"七匹狼"这个品牌价值成倍增长，目前，七匹狼公司开展了多元化经营，获得了巨大成功。

对新创企业来说，为企业选择一个好的名字至关重要。一般而言，选择品牌名称应该遵循以下几个原则。

(1) 简短明了，易读易记，如可口可乐、SONY、3M 等。

(2) 暗喻功能，启发联想，如"柯达"读起来使人联想到按动快门的声响，"红豆"象征纯洁的爱情，"雪碧"则联想到清凉爽洁等。

(3) 个性突出，风格独特，例如，万宝路——森林、骏马、牛仔的粗放个性；IBM——理性、尖端、成熟的蓝色巨人个性；麦当劳——快乐、善良、高效的热情个性；长虹——产业报国、志为民族昌盛的责任个性；喜之郎——温馨、浪漫、活泼的个性。

三、产品包装策略

对新创企业而言，产品有一个好的包装是很重要的。包装除了能够吸引消费者注意外，还可以起到保护商品、促进销售、增加产品档次的作用。企业常用的包装策略主要有以下几种。

(1) 类似包装策略。类似包装策略，又称统一包装策略，是指企业生产的各种产品在包装上采用相同或相似的图案、标志和色彩，以体现共同的特征。其优点在于能节约包装的设计和印刷成本，树立企业形象，有利于新产品的促销。该策略一般只适用于品质较为接近的产品，如果企业的各种产品品质过分悬殊，有可能影响到优质产品的声誉。

(2) 组合包装策略。组合包装策略，又称配套包装策略，是指按照人们消费的习惯，将多种相关产品配套放置在同一包装物中出售，如工具箱、救急箱、化妆包、针线包等。这种策略可以方便消费者的购买和使用，有利于促进企业产品销售。但要，注意不能把毫不相干的产品搭配在一起，更不能乘机搭售积压或变质产品，坑害消费者。

(3) 再使用包装策略。再使用包装策略，又称多用途包装策略、复用包装策略，是指原包装内的商品用完后，包装物还能移作他用，例如，喝完之后可以作为水杯使用的啤酒瓶、果汁瓶等。这种策略可以节约材料，降低成本，有利于环保；同时，包装物上的商标、品牌标记还可起到广告宣传的作用。

(4) 附赠品包装策略。附赠品包装策略，是指利用顾客的好奇心和获取额外利益的心理，在包装物内附赠实物或奖券，来吸引消费者购买。这种策略对儿童尤为有效，例如，在儿童饮料或食品包装中放入图片或小型玩具等。我国某企业出口的"芭蕾珍珠膏"，在每个包装盒内附赠珍珠别针一枚，顾客购买 50 盒就可以串成一条美丽的珍珠项链，这使得珍珠膏在国际市场十分畅销。

(5) 等级包装策略。等级包装策略，又称多层次包装策略，是指将企业的产品分成若干等级，针对不同等级采用不同的包装，使包装的风格与产品的质量和价值相称，以满足消费者不同层次的需求，例如，对送礼的商品和自用的商品采用不同档次的包装等。这种策略能显示出产品的特点，易于形成系列化产品，便于消费者选择和购买，但包装设计成本较高。

(6) 绿色包装策略。绿色包装策略，又称生态包装策略，是指包装材料可重复使用或可再生、再循环，包装物容易处理或对环境影响无害化。随着环境保护浪潮的冲击，消费者的环保意识日益增强，绿色营销已经成为当今企业营销的新主流。而与绿色营销相适应的绿色包装也成为当今世界包装发展的潮流。实施绿色包装策略，有利于环境保护及与国际包装接轨，易于被消费者认同，例如，某食品企业将产品包装由塑料包装改为纸包装等。

四、新产品的开发策略

新产品开发是一项复杂又极具风险的工作，它直接关系到企业经营的成功与失败。据统计，开发新产品从构思到投入市场，成功率只有 1%～2%。因此，为了提高新产品开发的经济效益，必须按照一定的科学程序来进行。新产品开发的主要流程如下。

(1) 产品构思。产品构思是指企业对准备向市场推出的可能产品加以研究、发展。新产品的开发工作始于产品构思，即寻求一种能够满足某种需要或欲望的产品。构思过程不是一种偶然的发现，而是有计划探索的结果。

(2) 筛选构思方案。新产品构思的好坏，对新产品开发能否成功影响很大。产生新的构思以后，还要进行抉择和取舍，即组织构思的筛选。

(3) 建立产品概念。这是开发新产品过程中最关键的阶段，目的在于把产品构思转变为使用时安全、能增进消费者利益、制造上经济、具有为顾客乐于接受的物质特征的实际产品。产品概念具体包括针对选定的细分市场设计可以转化为多个不同的产品概念。

(4) 商业分析。一旦生产者决定了产品概念，接着进行的是评价该产品在商业上的吸引力。商业分析是指对预计的销售额、成本和利润进行审视，判断其是否与生产者的目标相符合。如果确能令生产者满意，则进行下一阶段的开发研制工作。

(5) 开发研制。经过市场商业分析以后，由产品概念进入实际研制过程，这一阶段企业要试制出新产品样品或实体模型。一般来说，样品生产要经过设计和实验、再设计和再实验的反复过程，还要进行品牌和包装设计，一直到符合生产和市场营销的要求为止。若是实体模型，既要具备产品概念中所描述的特征，又要以经济的成本和可行的技术制造出来。

(6) 市场试销。产品样品经过实验室试验以后，还要经过消费者或用户的试用，以帮助企业进一步修改产品设计和确定新产品是否值得投入市场。

(7) 正式上市。试销成功后的新产品，即可以批量生产，正式推向市场。

新产品开发这一典型流程提示我们，新产品开发的创意与策划过程应该从产品构思开始，经评价筛选变成初步的方案，再经过不断检测，最后变成正式的优秀方案。至于是否成功，企业还需在上市时间、上市地点、上市目标等方面做出精心的营销策划。

第五节　价格策略

价格策略就是根据购买者各自不同的支付能力和效用情况，结合产品进行定价，从而实现最大利润的定价办法。在营销组合中，价格是唯一能产生收入的因素，其他因素表现为成本。

厂商面对卖者的三种主要的定价决策问题：对第一次销售的产品如何定价？怎样随时间和空间的转移修订一个产品的价格，以适应各种环境和机会的需要？怎样调整价格和怎样对竞争者的价格调整做出反应？对新创企业产品而言，其定价必须考虑目标市场上的竞争性质、法律政策限制、顾客对价格的可能反应，同时也要考虑折扣、折让、支付形式、支付期限、信用条件等相关问题。价格得不到顾客的认可，市场营销组合的各种努力将是徒劳的。

一、定价的影响因素

由于产品价格受到企业内外部诸多因素的影响，因此企业在进行产品定价时要充分考虑这些影响因素。从企业内部看，企业营销目标、影响组合战略、生产成本、产品性质和企业组织等都会对产品价格产生影响，从企业外部看，市场和需求的性质、竞争和其他环境因素也会对企业产品价格产生影响。正是由于这些因素的共同作用，才使产品定价成为一项系统工作。

（一）产品成本

成本是构成产品价格的最基本、最主要的因素。根据产品的成本与产量之间的关系来划分，产品成本可以分为固定成本和可变成本。其中，固定成本是指在一定限度内不随产量或销售量的变化而变化的成本，可变成本是指随着产量或销售量的变化而变化的成本。两者之间的总和就是产品的总成本。成本是影响企业定价的主要因素，也是产品价格的最低界限，产品价格只有高于成本，企业才能补偿生产上的耗费，从而获得一定盈利。但这并不排斥在一段时期内，在个别产品上价格低于成本。

平均成本由固定成本分摊和变动成本两部分构成。固定成本是指在短期内不能随企业产量和销售收入的变化而变化的生产费用，如厂房设备的折旧费、租金、利息等，固定成本与企业的生产水平无关。变动成本是指随生产水平的变化而直接变化的成本，如原材料费、工资等，如果企业不开工生产，变动成本即为零。

（二）市场需求

价格会影响市场需求。正常情况下，市场需求会按照与价格相反的方向变动。价格上升，需求减少，价格降低，需求增加，所以需求曲线是向下倾斜的，但就威望高的商品来说，需求曲线有时呈正斜率。例如，黄金和房地产提价后，其销售量却有可能增加。当然，如果提得太高，需求将会减少。

因此，企业在进行产品定价时必须考虑产品的市场需求弹性，即了解市场需求对价格变动的反应。价格变动对需求影响大，则叫作需求有弹性；价格变动对需求影响小，这种情况称为需求无弹性。需求弹性大的产品，价格过高就会导致需求量减少。当产品的需求有弹性时，在不考虑竞争者的情况下，新产品入市可以采用略低的价格，以刺激需求，促进销售，增加销售收入，增强企业的盈利能力。

在一些条件下，如替代品很少或者没有替代品，消费者对价格不敏感，改变购买习惯和寻找较低价格时反应迟缓等，需求可能缺乏弹性，此时进行产品定价时可以确定较高些的价格。

（三）竞争者的产品与价格

市场竞争是影响价格制定的另一重要因素。市场竞争不激烈或无市场竞争时，企业可以制定较高的价格；而市场竞争激烈时，为了争夺市场份额，企业一般会参照各竞争对手的价格，并适当降低价格水平。这就要求价格策划人员必须熟悉市场竞争的态势，熟知企业竞争者产品的价格，对产品的特性和质量等进行详细分析。在开放的市场中，企业总是面对各种各样的竞争，因此市场竞争也是企业定价及实施相应价格策略的参考依据。在市场竞争中，同类产品质量相当，就要通过价格优势取胜，正所谓物美价廉。

（四）目标消费群的消费水平与习惯

在实践中，我们经常会发现有些商品价格上涨了反而导致需求量上升这种违背经济规律的现象。造成这一现象的主要原因就是消费者心理，如果这个产品价格上涨了，可能会引起消费者的猜测：①是不是市场出现了恐慌；②是不是产品即将停产，以后买到的机会越来越少；③价格还将进一步提升。而且，价格经常被认为是质量高低的指示器，消费者往往认为价格高的产品拥有更好的质量。同时，一部分消费者往往通过消费高档商品来显示自己的消费层次和社会地位等，此时，高价反而会刺激需求的增长。

除了以上影响因素以外，产品价格还会受行业发展阶段、市场环境状态及企业自身品牌、市场定位、推广费用、渠道建设情况、产品包装、产品规格等因素的综合影响，因此在进行产品定价时也必须予以考虑。

二、新创企业如何制定定价策略

新产品的定价直接关系到新产品能否顺利进入市场，能否站稳脚跟，能否取得较大的经济利益。目前，国内外关于新产品的定价策略主要包括撇脂定价策略、渗透定价策略、满意定价策略和差别定价策略。

(一) 撇脂定价策略

撇脂定价策略，即新产品上市之初，将价格定得较高，在短期内获取厚利，尽快收回投资。就像从牛奶中撇取所含的奶油一样，取其精华，因此称之为"撇脂定价法"。

这种方法适合需求弹性较小的细分市场，其优点是：①新产品上市，顾客对其无理性认识，利用较高价格可以提高身价，适应顾客求新心理，有助于开拓市场；②主动性大，产品进入成熟期后，价格可分阶段逐步下降，有利于吸引新的购买者；③价格高，限制需求量过于迅速增加，使其与生产能力相适应。缺点是：获利大，不利于扩大市场，并会很快招来竞争者，会迫使价格下降，好景不长。

(二) 渗透定价策略

渗透定价策略，即在新产品投放市场时，价格定得尽可能低一些，其目的是获得最高销售量和最大市场占有率。

当新产品没有显著特色，竞争激烈，需求弹性较大时，宜采用渗透定价法。其优点是：①产品能迅速为市场所接受，打开销路，增加产量，使成本随生产发展而下降；②低价薄利，使竞争者望而却步，减缓竞争，获得一定市场优势。

对于企业来说，采取撇脂定价还是渗透定价，需要综合考虑市场需求、市场竞争、市场供给、市场潜力、价格弹性、产品特性、企业发展战略等因素。

(三) 满意定价策略

满意定价策略，又称平价销售策略，是介于撇脂定价策略和渗透定价策略之间的一种定价策略。撇脂定价由于定价偏高，容易引起消费者的不满，极有可能遭到消费者的拒绝，具有一定的风险；渗透定价策略定价偏低，虽然容易得到消费者的认可，但企业的利润率偏低，当总体的顾客群体数量偏少时，容易导致企业亏损，资金的回收期也比较长，若企业资金量不足，将很难承受；而满意定价策略采取适中价格，基本上兼顾供求双方，让大家都比较满意。

(四) 差别定价策略

差别定价策略，又称价格歧视策略，就是企业按照两种或两种以上不反映成本费用的比例差异的价格销售某种产品或服务。差别定价主要有四种形式，包括顾客差别定价、产品形式差别定价、产品部位差别定价、销售时间差别定价。这种定价方式在现实中经常采用，但要注意不能让消费者感到不公平或者是被欺骗。

拓展阅读

尾数定价法

心理学家的研究表明，价格尾数的微小差别，能够明显影响消费者的购买行为。一般认为，5元以下的商品，末位数为9最受欢迎；5元以上的商品末位数为95效果最佳；百元以上的商品，末位数为98、99最为畅销。尾数定价法会给消费者一种经过精确计算的、最低价格的心理感觉；有时也可以给消费者一种是原价打了折扣、商品便宜的感觉；同时，顾客在等候找零期间，也可能会发现和选购其他商品。

【分析】

企业在定价时可以利用消费者心理因素，满足消费者物质的和精神的多方面需求，以扩大市场销售，获得最大效益。但要想真正地打开销路，占有市场，还是得以优质的产品作为后盾，过分看重数字的心理功能，或流于一种纯粹的数字游戏，只能哗众取宠于一时，从长远来看却于事无补。

第六节　营销渠道策略

营销渠道策略的制定，是企业面临的最复杂和最富挑战性的决策之一。在商品经济时代，产品通过一系列的买卖活动不断转移其所有权实现商品流通。市场上的多数产品是经过执行各种功能的营销中介机构(批发商和零售商、经纪人和代理商、服务机构)到达最终消费者手中，从而产生了市场营销渠道的概念。

一、营销渠道的含义

营销渠道是指某种货物或劳务从生产者向消费者移动时，取得这种货物或劳务的所有权或帮助转移其所有权的所有企业和个人。因此，一条营销渠道主要包括个人、中间商(因为他们取得所有权)和代理中间商(因为他们帮助转移所有权)等。

对于一个新创企业来说，营销渠道除了可以帮助完成商品到资金的转化，还承担着获取市场信息、融资、风险分担的职能。新企业在设计渠道的时候，除了要确保以最经济的方法把产品推向市场外，还要用最便捷的方式满足消费者的需求，实现渠道效率最优化。对于新企业来说，分析、研究营销渠道中的各个成员，科学地进行营销渠道决策，不仅能加快产品流转、提高流通效率、降低流通费用、方便消费者或客户购买，而且有利于整个渠道成员的互利共赢。

二、营销渠道的类型

营销渠道可按不同的依据划分为若干类型。按是否使用中间商，可以分为直接渠道与间接渠道；按使用中间环节的多少，可以分为长渠道与短渠道；按各环节使用同种类型中间商数目的多少，可以分为宽渠道与窄渠道。

(一) 直接渠道与间接渠道

1. 直接渠道

直接渠道也称零层渠道，是生产者将其产品直接销售给消费者或用户。直接渠道是产业用品分配渠道中的主要类型，适用于以下几种情况。

(1) 产品用途单一，生产厂家根据用户的特殊需要组织加工和供应。

(2) 产品技术复杂，许多高技术产品的服务要求高，需要一条龙服务体制。

(3) 产品用户集中，购买批次少、批量大。

(4) 鲜活食品、手工业制品等传统产品，邮购、电话电视购物、计算机网络销售等新兴服务业。

2. 间接渠道

间接渠道是生产者将其产品通过中间商销售给消费者或用户。间接渠道是消费品分配的主要类型，也用于许多产业用品的销售。中间商在间接渠道中起着调解产销矛盾、提高营销效益的重要作用。根据中间商层次的多少，间接渠道可分为以下几种类型。

(1) 一层渠道。制造商和消费者(或用户)之间，通过一层中间环节，这在消费者市场是零售商，在产业市场通常是代理商或经纪人。

(2) 二层渠道。制造商和消费者(或用户)之间经过二层中间环节，这在消费者市场是批发商和零售商，在产业市场则可能是销售代理商与批发商。

(3) 三层渠道。在批发商和零售商之间，再加上一道批发环节，因为小零售商一般不可能直接向大批发商进货。

此外，还有层次更多的渠道，但较少见。

(二) 宽渠道与窄渠道

分析渠道的宽窄取决于渠道的每个层次中使用同种类型中间商数目的多少。确定中间商数目时，有三种可供选择的战略，如表6-9所示。

表6-9 独家分销、密集分销及选择性分销的比较

分销类型	含义	优点	不足
独家分销	在既定市场区域内，每一渠道层次只有一家经销商运作	市场竞争程度低，厂家与经销商的关系较密切，适用于专业产品的分销	因缺乏竞争，顾客满意度可能会受到影响，经销商对厂家的反控制力较强
密集式分销	凡符合厂家要求的经销商均可参与分销	市场覆盖率高，比较适用于快速消费品的分销	经销商之间的竞争容易使市场陷入混乱，如窜货，甚至破坏了企业的营销意图；渠道管理成本相对较高
选择性分销	从入围者中选择一部分分销商	优缺点通常介于独家分销和密集式分销之间	

(1) 独家分销。独家分销是指生产者在一定的地区内只选择一家中间商销售自己的产品，独家买卖。这种策略主要适用于特殊产品，具有专利技术、专门用户、品牌优势等，如钢琴、轿车、钻石饰品等。采用这种策略，有利于生产者控制市场和价格，激发中间商经营的积极性，提升企业形象。

(2) 密集式分销。密集式分销是指运用尽可能多的中间商分销，使渠道尽可能加宽。消费品中的便利品(卷烟、火柴、肥皂等)和工业用品中的标准件、通用小工具等，适于采取这种分销形式，以提供购买上的最大便利。

(3) 选择性分销。选择性分销是指在同一目标市场上，选择一个以上的中间商销售企业产品，而不是选择所有愿意经销本企业产品的中间商，这有利于提高企业经营效益。一般来说，消费品中的选购品和特殊品、工业品中的军配件宜采用此分销形式。

三、营销渠道的适用范围

在创业实践中，营销渠道的适用范围如表 6-10 所示。

表6-10 营销渠道的适用范围

营销渠道	适用范围
直销	1. 专用产品，如按照顾客需要定制的产品； 2. 顾客数量较少的产品，如专门为移动通信制造商生产特殊的光电子器件； 3. 价格昂贵、顾客不经常买的产品，如高档越野汽车； 4. 为产品提供专门的配套服务，如挖掘机的维修部门
零售	1. 标准化产品，这些产品往往有固定的规定、尺寸和样式，如花露水、餐具； 2. 顾客经常购买的廉价日用产品，如毛巾、饮料等
批发	1. 以非常大的产量生产标准化的低价产品，如餐巾纸批发市场； 2. 顾客分布范围非常广泛，并在当地有一定产业集群，如调味品批发市场、服装批发市场

对新创企业而言，由于资金有限，一般适合做零售业，当企业发展到一定规模后，可以考虑做批发和直销。

四、营销渠道的设计

一般而言，营销渠道设计的基本标准在于它是否以最快的速度、最好的服务质量、最少的流通费用，把商品送到消费者手中，实现经营者的利益。因此，企业非常有必要按照一定的程序进行渠道设计，在理想的渠道和现实可能实现的渠道之间做出选择。

(一) 分析顾客需要的服务产出水平

分销渠道的服务产出主要表现在以下几个方面。

(1) 批量大小。批量是分销渠道在购买过程中提供给顾客的单位数量。

(2) 等候时间。即顾客等候收到货物的平均时间，顾客一般喜欢快速交货渠道，快速服务要求高的服务产出水平。

(3) 空间便利。即顾客购买产品所提供的方便程度。

(4) 产品品种。即分销渠道提供的商品花色、品种的宽度。一般而言，顾客喜欢较宽的花式品种。

(5) 服务支持。即渠道提供的附加服务，如信贷、交货、安装、修理等，服务支出越强，渠道提供的服务工作越多。

(二) 确定渠道的目标与限制

渠道目标是指企业预期达到的顾客服务水平及中间商应执行的职能等。渠道设计的中心问题是确定到达目标市场的最佳途径，每一个生产者都必须在顾客、产品、中间商、竞争者、企业效果和环境等因素的限制下确定其渠道目标。

(三) 明确可供选择的渠道方案

1. 中间商的类型与数目

考察中间商要从以下三个方面着手。

(1) 经营能力：表示中间商实力的大小，包括资金能力、人员能力、营业面积、仓储设备。

(2) 经营水平：是中间商市场活动能力的表现，反映经营成效。适应力、创新力、吸引力程度的高低是评价中间商经营水平的标准。

① 适应力：经营是否灵活多变，适应力强。

② 创新力：是否不断提高服务质量，在各方面给予用户和消费者以更大的满足。

③ 吸引力：是否研究顾客心理，符合市场需求。

(3) 周转能力：包括资金周转能力、偿债能力、筹集资金的能力、资金合理利用的能力，反映中间商与银行、其他企业及运输部门的合作关系。

2. 渠道成员的特定责任

渠道成员的特定责任主要有以下几项。

(1) 价格政策。如生产企业定出价格目录和折扣标准。

(2) 销售条件。它指付款条件和生产者保证，如对提前付款的经销商给予现金折扣，对产品质量的保证，甚至对产品市场价格下降时的承诺保证等。对价格不下降的保证可用来诱导经销商大量购买产品。

(3) 经销商的区域权力。企业对于中间商的区域权力，要相应明确，尤其是在采用特许经营和独家代理等渠道形式时，更应当明确双方的义务和责任。企业在邻近地区或同一地区特许经营人的多少，以及企业对特许经营人的特许权的允诺，均会影响中间商的销路，也会影响中间商的积极性。

(4) 各方应执行的服务项目。通常制定相互服务与责任条款，特别是在选择特许经销和独家代理渠道时更应如此。

(四) 评估渠道方案

分销渠道评估的实质是从那些看起来似乎合理但又相互排斥的方案中选择最能满足企业长期目标的方案。因此，企业必须对各种可能的渠道选择方案进行评估。评估标准有三个，即经济性、控制性和适应性。

(1) 经济性标准。经济性标准是最重要的标准，这是企业营销的基本出发点。在分销渠道评估中，首先应该将分销渠道决策所可能引起的销售收入增加同实施这一渠道方案所需要花费的成本做比较，以评价分销渠道决策的合理性。

(2) 控制性标准。企业对分销渠道的设计和选择不仅应考虑经济效益，还应该考虑企业能否对其分销渠道实行有效控制。因为分销渠道是否稳定，对于企业能否维持其市场份额，实现其长远目标是至关重要的。对分销渠道的控制应讲究适度，应将控制的必要性与控制成本加以比较，以求达到最佳的控制效果。

(3) 适应性标准。在评估各渠道方案时，还有一项需要考虑的标准，那就是分销渠道是否具有地区、时间、中间商等适应性。

第七节　促销策略

在现代营销中，对一个企业来说，促销的作用是极其重要和广泛的，正确制定并合理运用促销策略是企业在市场竞争中获得较大经济效益的必要保证。创业企业初期，由于资金、资源、社会认知度受限，想要以最小的投入获得最大的效用，必须采取有效的促销手段和销售方法，扩大市场份额。

一、促销的概念及方式

促销是促进销售的简称，指企业通过信息传播和说服活动，帮助消费者认识商品或服务所能带来的利益，从而引起消费者的兴趣，激发消费者的购买欲望及购买行为的活动。促销的本质是营销者与消费者之间的信息沟通。

促销有多种方式，主要包括广告、公共关系、营业推广、人员推销。不同的促销方式各有特点，具体如表 6-11 所示。

表 6-11　不同促销方式的比较

促销类型	沟通方式	促销功效	优点	缺点	时效性
广告	靠媒介进行传播，单向沟通	提高企业及产品的知名度	传播范围广，形式多样，可控，人均成本低	信息传播量有限，总成本高	中长期
公共关系	间接促销手段，双向沟通	树立良好的公众形象	客观，可信度高	可控性差	长期
营业推广	直接促销手段，单向沟通	短期内增加销售量	直接，见效快，可控性高	某些推广形式成本高	短期
人员推销	面对面，双向沟通	与顾客建立良好关系	针对性强，灵活性大，见效快	成本高，覆盖范围有限，预算困难	中长期

相同的促销工具在不同的消费品市场和组织市场的意义不一样。消费品公司通常更多地使用拉引战略，将资金更多地投入广告，其次是营业推广、人员销售和公共关系。相反，工业品公司则往往更喜欢利用推动战略，将其资金更多地使用在人员销售方面，其次是营业推广、广告和公共关系。一般来讲，人员销售更多地用于那些价格昂贵、有风险的商品，以及卖主偏少、偏大的市场之中。

二、促销策略的基本程序

促销策略也就是制定促销的战略部署图，让促销得以成功达到目的谋划与设计。一般而言，要通过以下基本程序。

(1) 确定目标市场。即确定产品或服务针对的消费者，只有认准了消费者，才能针对目标消费者的特征采取有效的促销手段，与他们进行营销沟通，并在沟通过程中传达最适合他们的营销信息。

(2) 确定促销目标。这里的促销目标就是期待目标市场对促销活动所做出的反应，如促使他们获取购物优惠券并进行购物。

(3) 确定促销信息。促销信息实质上就是在与目标市场沟通时用以吸引目标市场所采用的文字和形象设计，它是促销方案搬到市场上的外在形象。

(4) 选择促销手段。作为信息的发送者，必须选择最有效的促销手段，以便准确传达促销信息，这是促销策划的关键步骤。

(5) 确定促销预算。促销预算是促销方案当中的费用部分。促销活动是为了刺激消费，而如果促销活动造成了企业的负担就得不偿失了。

(6) 确定促销总体方案。当促销总体方案确定下来以后，必须自始至终协调和整合总体方案中所采用的各种不同的促销手段，这一点对实现预期促销目标来说显得非常重要。制订详细的推行计划，是保障促销方案顺利实施的前提。

(7) 评估促销绩效。对促销总体方案做出评估和调整，其目的不仅是调整那些效果不佳的促销手段，同时也是使以后的促销总体方案能够更有效地为实现促销目标服务。

三、人员推销策略

(一) 人员推销的含义

人员推销是指通过推销人员深入中间商或消费者进行直接的宣传介绍活动，使中间商或消费者采取购买行为的促销方式。它是人类最古老的促销方式。在商品经济高度发达的现代社会，人员推销这种古老的形式焕发了青春，成为现代社会最重要的一种促销形式。一般而言，人员推销的基本要素为推销员、推销产品、推销对象。

(二) 人员推销的主要形式

(1) 上门推销。上门推销是最常见的人员推销形式。它是由推销人员携带产品样品、说明书和订单等走访顾客，推销产品。这种推销形式可以针对顾客的需要提供有效的服务，方便顾客，故为顾客广泛认可和接受。此种形式是一种积极主动的、名副其实的"正宗"推销形式。

(2) 柜台推销。柜台推销又称门市推销，是指企业在适当地点设置固定门市，由营业员接待进入门市的顾客，推销产品。门市的营业员是广义的推销员。柜台推销与上门推销正好相反，它是等客上门的推销方式。由于门市里的产品种类齐全，能满足顾客多方面的购买要求，为顾客提供较多的购买方便，并且可以保证产品完好无损，故顾客比较乐于接受这种方式。柜台推销适合于零星小商品、贵重商品和容易损坏的商品。

(3) 会议推销。会议推销是指利用各种会议向与会人员宣传和介绍产品，开展推销活动。例如，在订货会、交易会、展览会、物资交流会等会议上推销产品。这种推销形式接触面广、推销集中，可以同时向多个推销对象推销产品，成交额较大，推销效果较好。

(三) 人员推销的工作步骤

不同的推销方式可能会有不同的推销工作步骤，通常情况下，人员推销一般包括以下七个相互关联又有一定独立性的工作步骤。

1. 寻找顾客

寻找顾客是推销工作的第一步。寻找潜在顾客有很多途径，可以通过现有顾客或其他销售人员介绍，以及寻找工商名录、电话号码簿等寻找潜在顾客。

2. 事前准备

在走出去推销之前，推销人员必须知己知彼，掌握以下三方面的知识。

(1) 产品知识。关于本企业和本企业产品的特点、用途、功能等各方面的情况。

(2) 顾客知识。包括潜在顾客的个人情况，所在企业的情况，具体用户的生产、技术、资金情况，用户的需要，购买决策者的性格特点等。

(3) 竞争者知识。即竞争者的能力、地位和它们的产品特点，同时，还要准备好样品、说明材料，选定接近顾客的方式、访问时间、应变语言等。

3. 接近

接近即登门访问，与潜在客户面对面交谈。这一阶段推销员要注意以下几点。

(1) 给顾客一个好印象并引起顾客的注意，因而，穿着、举止、言谈、自信而友好的态度都是必不可少的。

(2) 验证在准备阶段所准备的全部情况。

(3) 为后面的谈话做好准备。在接近时，注意使自己有一个正确的心态——友好、自信。友好是指确信自己与对方是进行利益交换，是互惠互利的交换；自信是指你不是低人一等地求别人，你的企业产品是能经得起考验的。

4. 介绍

介绍是推销过程中的重要一步。任何产品都可以也必须用某种方法进行介绍，即使那些无形产品(如保险、金融、投资业务)，也可以采用图形、坐标图、小册子等形式加以说明。介绍要注意通过顾客的视觉、听觉、触觉等感官向顾客传递信息，其中视觉是最重要的。在介绍产品时，要特别注意说明该产品可能给顾客带来的利益，要注意倾听对方的发言，以判断顾客的真实意图。

5. 推销障碍处理

推销障碍指顾客提出的有关产品或服务等推销内容的不同意见和看法。推销人员应欢迎顾客提出异议，并相信能够解决异议，努力防患于未然，事先解决可能的异议，消除顾客的各种不满意感，说服顾客同意或接受自己的观点，促使顾客最终购买企业的产品和劳务。

6. 达成交易

达成交易即推销人员要求对方采取行动，即订货购买阶段。有经验的推销人员认为，接近和成交是推销过程中两个最困难的步骤，在洽谈、协商过程中，推销人员要随时给予对方能够成交的机会。有些买主不需要全面的介绍，介绍过程中如发现顾客表现出愿意购买的意图，应立即抓住时机成交。在这个阶段，推销人员还可以提供一些优惠条件，以尽快促成交易。

7. 售后追踪

达成交易不是推销的结束，而是下一轮推销的起点。如果推销人员希望顾客满意并重复购买，希望他们传播企业的好名声，则必须坚持售后追踪。售后追踪访问调查的直接目的是了解顾客是否满意已购买的产品，发现可能产生的各种问题，表示推销人员的诚意和关心；另外一个重要的目的是促使顾客传播企业及产品的好名声，听取顾客的改进建议。

四、广告策略

(一) 广告策略的含义

所谓广告策略是根据企业的营销策略，按照一定的程序对广告活动的总体战略进行前瞻性规划的活动。它以科学、客观的市场调查为基础，以富有创造性和效益性的定位策略、诉求策略、表现策略和媒介策略为核心内容，以具有可操作性的广告策划文本为直接结果，以广告活动的效果调查为终结，追求广告活动进程的合理化和广告效果的最大化，是企业营销运作的一个重要环节。有效的广告策划，是广告宣传达到其预期目的的强有力保证，因此它是决定广告活动成败的关键。

(二) 广告媒体

对新创企业来说，要制定科学的广告策略，首先必须了解不同的广告媒体及其特点，我国的广告媒体主要分为以下三类。

1. 大众广告媒体

大众广告媒体的类型及优缺点如表 6-12 所示。

表 6-12　大众广告媒体的类型及优缺点

媒体形式	优点	缺点
报纸广告	灵活、及时，本地市场覆盖面大，能广泛地被接受，可信性强	保存性差，复制质量低，相互传阅者少
杂志广告	读者对象明确，针对性强；印刷精美，表现力强；保存期长，传阅者多	广告购买前置时间长，传阅速度慢，存在发行量浪费、版面无法保障的情况
广播广告	大众化宣传，地理和人口方面的选择性强，成本低	只有声音，不如电视引人入胜，信息保存性差
电视广告	综合视觉、听觉和动作，富有感染力；传播面广，影响深远	成本高，干扰多，转瞬即逝，观众选择性少

2. 小众广告媒体

小众广告媒体的类型及优缺点如表 6-13 所示。

表 6-13　小众广告媒体的类型及优缺点

媒体形式	优点	缺点
销售点广告 (POP 广告)	直接面向消费者，针对性强；营销造势效果明显	接触面局限于现场，对设计人员要求高；竞争者效仿，干扰因素多
户外广告	灵活，广告展露时间长，费用低，竞争少，区域性强，提醒性能强	可传递的信息有限，针对性差
直邮广告	广告诉求直接，针对性强，人情味较重	传播范围较小，可能造成滥发"垃圾邮件"的印象
交通广告	填补了其他媒体的空白，传播效果好	传播的范围有一定的局限，传播的信息有限

3. 新兴广告媒体

(1) 楼宇广告：主要是针对高层建筑人口密度高、群体特征明显及干扰因素少等特点发展起来的一种媒体形式。高层建筑主要有两种：商业楼宇，社区公寓。媒体集中在三个位置——电视广告媒体、楼梯间、地下停车场等，表现形式有海报、框架、液晶显示屏等。银行理财产品、体育赛事广告、旅游广告、通信产品等是该媒体的投放热点。

(2) 手机广告：指的是借助手机及其他通信设备传递产品和服务信息的活动过程。一般有两种做法：一种是根据用户数据库做 WAP PUSH 广告，这是一种用户被动式的广告，对用户有强迫性质，是推的方法；另一种是基于免费 WAP 形式，通过手机上网，把互联网广告模式复制到手机广告中，其特点是强调为客户建立移动营销专区，再通过各种广告链导入，是拉的做法。

(3) 网络广告：又称在线广告、互联网广告，具有非常高的选择性，交互机会多，相对成本低。

(4) 其他：其他新兴的广告媒体形式还有超市购物袋广告、ATM 取款机广告、会议广告等。

（三）新创企业的广告策略选择要点

(1) 由于新创企业的流动资金不多，应注意节约广告成本，宣传单、各种展销会是一个不错的选择。

(2) 不同的产品广告内容的侧重点不同，所选用的媒体也应有所不同。不同的目标消费群往往有不同的媒体习惯，某些媒体更适合一些特定的人群。例如，针对大学生群体，通过在学校举行社团活动宣传产品，往往会产生很好的效果。

(3) 要善于利用微信、QQ 聊天工具、交友平台等广告发布平台来宣传自己的产品，这类广告成本比较低，传播速度很快，年轻人使用的频率比较高。

五、公共关系策略

（一）公共关系策略的含义

所谓公共关系策略，是指公关人员通过对公众进行系统分析，利用已经掌握的知识和手段对公关活动的整体战略和策略运筹规划，是对于提出公关决策、实施公关决策、检验公关决策的全过程做预先的考虑和设想。

对新创企业而言，要注意多与政府机关、消费者组织、所在社区、大众媒体等加强沟通和交流，取得它们的支持非常重要。在企业创业和产品引入阶段，公关营销应以树立企业和产品的形象为主，让消费者认识企业、接受产品。

（二）公共关系具体活动策划

企业要实现公关目标，就必须掌握各种公关活动方式，通常而言，有以下几种。

(1) 新闻发布会。新闻发布会又称为记者招待会，是企业为公布重大新闻或解释重要方针政策而邀请新闻记者集会，先将信息公告给记者，然后通过记者所属的大众传播媒介告知公众的一种公共关系专题活动。它是企业传播各类信息，吸引新闻界客观报道，处理好媒体关系的重要手段。特别是当企业遇到一些问题需要向社会公众解释时，借助新闻媒介向公众传递真相、澄清事实、引导舆论、树立或维护企业形象，及时召开新闻发布会便是一种有效的形式。

(2) 展销会。展销会是一种综合运用各种媒介、手段，推广产品、宣传企业形象和建立良好公关的大型活动。展销会是一种复合性的传播方式，提供了与公众进行直接双向沟通的机会，是一种高度集中和高效率的沟通方式，同时，作为综合性的大型公关专题活动，是新闻报道的好题材。而且一般来说，展销会带有娱乐性质，可以吸引大量公众。

(3) 专题活动。通过举办各种专题活动，扩大企业的影响。这方面活动包括：举办各种庆祝活动、开工典礼、开业典礼等；开展各种竞赛活动，如知识竞赛、劳动竞赛、有奖评优等。

(4) 赞助活动。赞助活动是企业无偿地提供资金或物质支持某一项社会事业或社会活动，以获得一定形象传播效益的公共关系专题活动。它是一种信誉投资和感情投资行为，也是一种积极有效的公共关系促销手段。通过参与各种公益活动和社会福利活动，协调企业与社会公众的关系。这方面活动包括安全生产和环境卫生、防治污染和噪声、赞助社会公益事业、为社会慈善机构募捐等。

(5) 对外开放参观。对外开放参观活动是企业为了让公众更好地了解企业，面向社会各界开放，及时组织和安排广大公众到企业内部来参观、考察，以提高组织的透明度，争取公众了解和支持的一个重要手段。

(6) 危机公关活动。企业面临公共关系危机的原因主要有三种，即自身行为不当、突发事件、失实报道。企业应根据具体情况，分析具体原因，及时开展卓有成效的危机公关活动。如果属于企业自身原因造成的危机，企业应真诚接受批评，立即采取善后措施，引以为戒；如果属于突发事件，则要把真相告知公众，争取谅解与支持，并积极处理突发事件引起的矛盾；如果属于失实报道引起的公关危机，则要坚持不失态、不失策、冷静处理的原则，及时消除不利影响，扭转不利舆论状态。

六、营业推广策略

(一) 营业推广的含义

营业推广是指企业在一定时期内，采用特殊方式对顾客进行强烈刺激，以激发顾客强烈的购买欲望，促成迅速购买的一种促销方式。在促销活动中，营业推广往往配合广告、公关等促销方式使用，使整个促销活动产生热烈的氛围和强烈的刺激作用。对初创企业而言，营业推广的效果往往比广告效果更好。

(二) 营业推广的具体方法

1. 针对消费者

(1) 赠送样品。向消费者赠送样品或试用品，是介绍新产品最有效的方法，缺点是费用高。样品可以选择在商店或闹市区散发，或在其他产品中附送，也可以公开广告赠送，或入户派送。这种方法适用于价格低廉的日用消费品。

(2) 折价券。折价券是给购买者的一个凭证，在购买某种商品时可凭此证免付一定金额的货款。这是一种刺激成熟品牌商品销路的有效工具，也可以鼓励买主早期试用新品牌。专家认为折价券至少要提供15%～20%折价才会有效。折价券可以通过广告或直邮的方式发送。

(3) 交易贴花。在营业过程中向顾客赠送印花，当购买者手中的印花积累到一定数量时，可兑换一定数量的商品或优惠购物(积点、积分两种)。这种方式可吸引顾客长期购买本企业的产品。

(4) 赠奖。赠奖是以相当低的费用出售或免费赠送商品作为购买某特定产品的刺激。它有三种形式：随附赠品，在顾客所购买商品包装内附送，可以给顾客一个惊喜；免费邮寄赠品，消费者凭购买凭证就可得到商店免费寄去的奖品；付费赠送，就是以低于通常零售的价格出售给需要此种商品的消费者。现有许多厂家和经销商给予消费者名目繁多的赠品，赠品上有些还印有公司的名字，既是赠奖又有利于宣传本企业。

(5) 产品陈列与示范。企业在零售店占据有利位置，将本企业的产品进行橱窗陈列、货架陈列、流动陈列，同时进行现场使用示范，以展示产品的性能与优越性。例如，某商场销售蒸汽电熨斗，其方法是把各种不同质地的布料揉皱，再用熨斗演示，从而打开销路。这种方法适用于新产品，以及在家电、化妆品等促销活动中广为应用。

(6) 有奖销售。在顾客购买商品后发给其奖券或号码以使其获得中奖机会，使顾客在购买时不仅得到产品，而且有额外收获，以此来刺激顾客的购买欲望。

(7) 特价包装。企业对其产品给予一定折扣优惠，并把原价、正常价格与限定优惠价格标明在商品包装或标签上。采用特价包装，可以将商品单独包装减价销售，也可以采用组合包装的形式，即将相应商品合并包装。特价包装对于刺激短期销售方面甚至比折价券更有效。这种方法适用于非耐用性消费品，短期效果明显。

(8) 会员销售。会员销售又称俱乐部营销，企业以某种利益或服务为主题，将各种消费者组成俱乐部形式，开展宣传、促销和销售活动。会员营销能培养消费者的品牌忠诚度，缩短厂商与消费者之间的距离，加强营销竞争力。

(9) 参加团购网站活动。当前团购网站的影响力越来越大，参加团购网站的活动有利于吸引消费者，扩大企业的影响力。

2. 针对中间商

(1) 价格折扣。为了促进中间商大量进货，生产商经常使用的方法就是价格折扣。有两种基本形式：一是给予中间商数量折扣，是指在一定时期进货达到一定数量就可享受一定价格折扣；二是给予中间商职能折扣，是指当中间商为产品做广告或特意陈列产品，生产商给予一定的费用补偿或给予相应津贴。

(2) 产品交易会和订货会。生产商利用交易会和订货会邀请中间商参会，在会上陈列产品，企业的推销人员介绍产品相关知识，同时进行现场操作演示。推销人员可以直接与客户代表进行洽谈，形成双向沟通，引导客户签订购货合同。

(3) 销售激励。为了激励中间商全力推销商品，完成或超额完成销售任务，在中间商中开展一系列竞赛活动，获胜者可以得到生产商的奖励。竞赛有一系列指标，通常以销售额、销售增长率、货款回笼速度、售后服务质量等一系列指标为标准进行评价。而奖励的形式也是多种多样，有财务支持、福利支持和促销支持等。

(4) 扶持零售商。生产商对零售商专柜装潢予以资助，提供 POP 广告，以强化零售网络，促使销售额增加；可派遣厂方信息员或代培销售人员进行经营指导。

(5) 采购折扣。采购折扣是厂家为了帮助中间商节省采购费用和库存费用而采取的一种销售促进方式，主要有：①网上自动订购系统，厂家向中间商提供订购的各种单据、表格，并通过计算机联网，一旦需要订购，厂家马上给予提供；②库存支持采购，为了在库存和存货管理上支持中间商，厂家负责产品的库存，一旦接到中间商要货通知，立即送货上门；③报销采购费用，厂家对中间商人员到本单位订购提货的差旅费、住宿费等给予报销，以吸引采购人员。

3. 针对推销人员

(1) 销售红利。为了鼓励推销人员积极推销，企业规定按销售额提成，或按所获利润提成。销售人员的报酬与其销售业绩挂钩，会使其更主动、积极地工作，销售绩效会不断地体现销售人员的潜力。

(2) 推销竞赛。为了刺激和鼓励推销人员努力推销商品，企业确定一些推销奖励的办法，对成绩优良者给予奖励。奖励可以是现金，也可以是物品或旅游等。

(3) 培训机会。"学习也是一种奖励"，推销人员非常重视企业提供培训机会，参加不同程度的培训学习，可以证明其受到肯定和重视。推销人员往往为了获得培训的机会而努力地工作，争取更多的销售业绩。

(4) 职位提拔。对业务做得出色的推销人员进行职务提拔，并将好的经验传授给一般推销人员。

(三) 新创企业的主要营业推广方式

新创企业开展营业推广活动，不仅有利于产品的销售，还有利于迅速打开市场，形成一定的知名度，但营业推广往往也就意味着要增加企业的成本。从企业本身和消费者两个方面来考虑，在创业实践中，可以采取以下营业推广方式。

(1) 加量不加价，如饮料、洗衣粉、食用油等商品。

(2) 优惠券，比较适合小型零售店采用。

(3) 附赠抽奖，每人购买一定金额的商品，可以进行抽奖活动。但要注意，抽奖必须符合法律规定。

(4) 赠送商品，如买一袋牙刷送一支牙膏，买一袋洗衣粉送一块香皂等。

(5) 有奖销售，如赠送保险单、体育奖券、福利彩票等。

(6) 集点优惠，如收集到规定的图案和商标，送一定的礼物。

(7) 明折降价，如现场打折、降价销售。

(8) 包装促销，如收集包装物后换取奖品，包装也可再利用。

(9) 团购，如美团网。

(10) 免费样品，如饮料免费品尝、健身器材免费试用。

(11) POP 广告，特别是在国家喜庆的日子，可通过 POP 广告吸引消费者。

(12) 明星签名，如消费后有机会获得明星签名。

(13) 回邮赠送，凭购物凭证(商品标签、条形码、价牌、商标或发票)获得赠品。

(14) 货到付款，如唯品会的网络购物平台。

(15) 限时特卖，不同时段不同价格，每日限量特价品。

(16) 分期付款，如汽车、房屋、电脑等商品。

(17) 成为指定产品，如各类重大活动或事件赞助商、运动会专用产品。

(18) 商品回收与以旧换新，如旧手机换新手机。

(19) 承诺售后服务，如质量三包、培训顾客、开通热线电话。

(20) 工厂旅游，通过工厂旅游提升企业的知名度和美誉度。

创业实例

王老吉凉茶

近年来王老吉凉茶在中国饮料市场销售中表现优异，其市场营销有其独到之处。红罐王老吉的定位是"预防上火的饮料"，围绕该定位企业的营销活动以此展开，具体如下。

产品：凉茶始祖，草本植物提取。

价格：上市的价格比普通饮料高，支持其能"预防上火"健康的观点。

分销：因为饮食是上火的一个重要原因，特别是"辛辣""煎炸"饮食，所以王老吉首先加大力度开拓餐饮场所，重点选择在湘菜馆、川菜馆、火锅店、烧烤场等。

广告："怕上火，喝王老吉"。

促销：向消费者派送"防上火宝典"；在炎夏举行"炎夏消暑王老吉，绿水青山任我行"刮刮卡活动，刮避暑胜地二日游。

【分析】

王老吉凉茶的成功在于完善的市场营销组合策略，在细分饮料市场上将具有地域的南方"凉茶文化"成功推向全国市场。围绕独特定位，打出营销组合拳，成功占领饮料市场。

(资料来源：http://www.chengmei-trout.com/viewpoint_detail.aspx?id=26&type_id=487)

第八节　课后习题

一、名词解释

宏观环境	微观环境	营销中间商	竞争者
市场调研	观察法	访问法	问卷设计
市场细分	无差异性市场营销战略	差异性市场营销战略	市场定位
产品整体概念	撇脂定价	渗透定价	满意定价
营销渠道	密集式分销	选择性分销	独家分销
促销	人员推销	广告策略	公共关系策略
营业推广			

二、简答

1. 企业的宏观环境包括哪些内容？其中经济环境对企业的市场营销行为有什么影响？

2. 企业的微观环境包括哪些内容？其中竞争者对企业的市场营销行为有什么影响？

3. 市场调研包括哪些主要内容？

4. 一份完整的问卷设计通常包含哪些主要内容？

5. 简述无差异性市场营销战略、差异性市场营销战略和集中性市场营销战略的特点和适用范围。

6. 创业企业的市场定位工作一般包括哪三个步骤？

7. 简述新产品的开发策略。

8. 简述影响产品定价的主要因素。

9. 简述营销渠道的设计需要考虑的主要因素。

10. 简述促销策略的基本程序。

11. 简述人员推销的工作步骤。

三、案例分析

小米如何在苹果等众多强势品牌的夹缝中获得成功

2010 年 4 月，小米科技悄悄成立，然后以第三方名义开发基于安卓的 MIUI 系统。在当时，国内智能手机市场主要有两种生态：一是高价格高性能，如苹果和三星；二是低价格低性能，如酷派等国产安卓机及众多山寨机。雷军心中已有一张大致的前进蓝图：手机定位是发烧友手机，坚持做顶级配置并强调性价比；手机销售不走线下，在网上销售；在商业模式上，不以手机盈利，借鉴互联网的商业模式，以品牌和口碑积累人群，把手机变成渠道……

(一) 组建创始团队

在 IT 圈深耕数年的雷军自然积累了大量的人脉资源，小米的联合创始人就达到七个，而且每个都不简单。另外，雷军还拥有其他强大的资源支撑。例如，小米手机 1 推出后的仓储物流就是由雷军投资的凡客诚品所支持。截至 2011 年 12 月，小米团队已扩充至 408 人。研发团队中有一半的人来自知名企业，其中包括谷歌、微软、摩托罗拉及金山等国内外知名 IT 公司。

(二) MIUI 系统先行

小米推出的第一款产品并非手机，而是基于安卓系统的 MIUI 手机操作系统。小米公司根据中国人习惯，将原生系统进行了深度优化、定制和开发，全面改进了其原生体验，让用户上手操作更容易、更贴心。

MIUI 开发时有意引入第三方民间团队合作。发布后，小米会随时响应尖端用户在小米论坛上的反馈，将最有发展前景的功能集成进正式版，在每周发布新版本的 MIUI。小米由此积累了大量的论坛粉丝，诞生了最早的一批忠实粉丝——"米粉"。截至 2011 年 7

月底，MIUI 拥有大约 50 万论坛粉丝，其中活跃用户超过 30 万，总共有 24 个国家的粉丝自发地把 MIUI 升级为当地语言版本，自主刷机量达到 100 万。

(三) 寻找供应商伙伴

由于决定智能手机成败的一个关键因素是芯片的品质，攻克长期居全球智能手机芯片市场份额第一位置的高通是小米的另一目标。在争取与高通的合作时，林斌为等待与高通客户代表会面用了两个月，等正式签约又是两个月。等到跟高通的产品部门对接、拿到产品规格，又花了三四个月时间，才确定下小米手机 1 的芯片授权。这只是一个开始，在之后的半年里，雷军、林斌等频繁地往来于中国台湾、日本。做小米手机 2 的时候，小米派了 6 名工程师在高通发布骁龙 APQ8064 芯片前的 6 个月进驻到高通总部圣地亚哥的研发中心，与高通的工程师一起调试芯片。小米在与高通的合作中逐渐赢得了对方的信任，随着它自身销量的不断提高，这种合作开始变得紧密。小米 2 后来成了高通 8064 芯片的首发机型。高通第一批生产出来的 8064 芯片有 100 万片，一半用在了米 2 上，一半用在了 LG 生产的谷歌 Nexus 4 上。

(四) 用"互联网思维"做手机

用"互联网思维"做手机，是雷军在反思自己的经历后所做出的创新。雷军将其总结成七个字，即"专注、极致、口碑、快"，号称"七字诀"。

(1) 专注。雷军高度认同"大道至简"，越简单的东西越难做。"我们只做了一款手机，也只有一个名字，就叫'小米手机'"。小米每年只推出一到两款手机型号，如 2011 年 8 月小米 1 推出，2012 年 5 月针对年轻群体的限量青春版问世，2012 年 8 月小米 2 上市，2013 年 7 月低端红米手机，以及 2013 年 9 月小米 3 发布。

(2) 极致。对小米来说，极致主要体现在硬件配置方面。雷军分析道："小米手机 1 上马时就是双核 1.5G 处理器，用的是高通、夏普、三星、LG 的元器件，还要找英华达、富士康代工。小米手机销售半年多了，在市面上也还是极少同等配置手机出现。"

(3) 口碑。口碑就是要超越用户的期望值。为避免因产品被打上"雷军"这一标签而带来高期望值，在创业初期，雷军要求所有人一定要保密，一定要足够低调。雷军谈道："当我们第一个产品出来的时候，我们就是在几个论坛里发了几个帖，之后是靠'米粉'口口相传，甚至传到全世界去了，被翻译到二十几个国家版本。为什么(是这样)？是因为他们没有期望，他们觉得这个产品好。如果他们有很高期望值的时候，他们就不可能说这个产品好了。"

(4) 快。雷军坚信"天下武功，唯快不破"，小米的速度主要体现在"快速反应、快速迭代、快速纠错"上，即在及时收集了用户意见后，坚持每周发布一个 MIUI 系统开发测试版给手机发烧友，随后发烧友会帮忙测试并提出建议，小米再给以反馈。

(资料来源：http://www.360doc.com/content/18/0517/09/55691477_754608995.shtml，笔者整理修改)

问题：

(1) 小米为什么能获得成功？

(2) 小米案例给你带来什么启示？

四、实训题

小明在学校附近开设了一家零食店，店面面积为 60 平方米，共有 200 个左右的零食品种，月销售额近 7 万元，他想做一下促销活动，请帮他写一份促销方案，填写在表 6-14 中。

表 6-14　促销方案设计

促销时间	促销地点	促销方式	促销效果	费用(元)

第七章

新创企业的财务管理

【本章提要】

通过对本章学习，了解新创企业财务管理的含义、存在的主要问题及重点内容，学会做财务预测，把握好销售预测、成本预测、利润预测及资金需求量预测几个方面的内容，编制出财务报表，有效进行财务管理。

【学习重点与难点】

学习重点：财务管理的基本概念，财务预测中对资金、成本、收入和盈利水平进行测算。

学习难点：财务报表的编制，包括资产负债表、损益表和现金流量表的编制。

引导案例

成本控制有张有弛

南京某电子公司是一家私营企业，注册资金 300 万元人民币。该电子公司的经营范围是代理国内和国际品牌的通信产品，属于商品流通单位，也负责对终端用户的安装服务。

成本控制是许多中小企业所普遍重视的，但成本的节约应该是一种有取舍有原则的节约。为了节约人员的开支，该公司对成本的控制采取了不同情况不同对待的方法。对于少量的终极用户安装业务，多采用临时聘请熟识的工程队的方法；对于机器的日常小规模维护，则采用对业务人员进行普及技术培训的方法；而针对高端机器的紧急修理，则采取和上游厂商签订维护协议的方法。

中小企业应树立不断通过技术创新来降低产品成本的观念。以技术创新促进成本管理，从短期看，技术改造需要投入，开发新产品也需要投入，这都是增加成本的因素。但从长期看，不仅可以获取更大的效益，而且有利于争取竞争的主动权，它所带来的增利因素要大于其投入的成本因素。

(一) 人人参与财务管理

该公司财务部有 4 名会计。虽然公司的会计人员很少，但他们的财务工作却对整体公司的运作起了强大的约束作用。公司推行的是"人人参与财务管理"的模式，在公司的走廊以板报的形式，由财务人员每天按照合同的具体条目更新现金回收状况。它的出现，引起了公司每个人的关注：业务人员经常来查对，通过它来跟进自己负责合同的收款进度；

主管也可以通过它来获得对二级经销商回款情况的估计。这样，每个人都可以从这里获得重要的信息。在公司，应收账款在收回前只不过被看成一项市场费用，如果还没有收到货款，就不能算销售已经完成，也没有客户满意度而言，当然也不会给相应的销售人员支付佣金。"人人参与财务管理"的模式，极大地调动了销售人员的积极性，杜绝了销售人员只管签订合同而不管实际收款的情况。

很多企业建立了销售收款责任制，销售人员不但要推销产品，还要负责收款，并把催讨货款与销售人员的奖金挂起钩来，这是防范应收账款风险的有效措施，但要注意激励和约束的平衡关系。如果企业的业务量较大，可以建立应收账款的计算机管理系统，利用计算机对客户实施适时监控。

(二) 重视存货管理

公司对每月的销量进行细致的统计记录，并设定了管理软件中的库存模式，一旦存货低于警戒线即立即补货，长期经营的经验使公司的存货占用资金非常低。因为公司的业务大多是定制的机器，所以和厂家的协调非常重要，公司和长期合作的生产企业均有详细的协议。对于设置的付款比例是按照与买方合同的收款比例同步的，这样就大大降低了由于付款时间差距引起的对现金大量占用的风险，也对厂家为机器设备安装期间提供的售后服务起到了一定的牵制作用。而对于小型设备突然出现的需求量浮动，公司采用向同行调货的方式实现，虽然比直接从供货商调货价高，但由于次数少，相比起来也比囤积大量库存占用流动资金要合算得多。

该公司规模不大，但却注重引进先进技术，运用管理软件进行库存管理，在保证存货供应的同时，节约了存货上占用的资金。目前大多数的贸易类企业采取零存货的方式，按单定制直接供应给客户，避免了存货因价格变动导致损失的风险。也有很多企业实施企业流程再造(BPR)、企业资源计划系统(ERP)，这些都是提高企业的运转速度的手段。

(资料来源：http://www.kuaiji.com/shiwu/2969390)

思考： 南京某电子公司在财务管理方面有哪些值得我们学习和借鉴的地方？

第一节 新创企业财务管理概述

财务信息是对企业营销、生产、运营、管理等环节的集中反映，是对业务判断及曾经的运营状况进行量化管理。在生存压力与日俱增的环境下，控制财务管理进而取得市场优势是现代企业的必然选择。这就要求初创企业者必须科学预测企业生产经营过程中所用到的材料成本，以及企业各方面费用和成本控制；学会利用财务报表这一管理工具，将预算过程转变为财务报表。

一、新创企业财务管理的含义

新创企业财务管理是指新创企业在企业整体经营战略和目标下，进行资产的购置、资本的融通和营运资金的经营，以及企业利润分配的管理。它是企业管理的一个重要组成部分，企业必须根据我国现有的财经管理制度，按照财务管理的基本原则，组织企业整体财务活动，处理好财务关系。

财务管理是初创企业管理的核心。它是企业管理活动的一项重要内容，是对资金进行的管理，主要解决企业资金的筹集、运用和分配等问题。财务管理讲求成本效益原则，通过对资金的管理，使企业资金更有效地为企业带来效益。创业企业要想生存和发展，就必须管好钱、算好账。创业企业的财务管理至关重要，因为创业最根本的目的就是实现企业盈利。如果不规范企业的财务管理，就有可能导致企业财务运行紊乱，资金周转不灵，企业没有收益和利润。

要对企业进行有效的财务管理，必须了解企业财务管理的现状、财务管理过程中存在的主要问题，并进行改进。

创业者对财务管理的认识容易产生两个大的偏差：第一，创业初期没什么好管理的，有一个会计、一个出纳就可以了，财务管理就是设立一个部门、制定一些规章管好这两个人；第二，财务管理的重要性只有完整的财务组织架构才能实现，必须创建庞大的机构，制定烦琐的规章和财务信息流通渠道。以上两种认识都没有领会企业初创期财务管理存在的问题及管理重心。

二、新创企业财务管理中存在的主要问题

在创业实践中，新创企业往往均属于小微企业，在财务管理方面，具有以下几个主要问题。

(1) 资金短缺，筹资能力差。很多初创企业缺乏运作资金，由于没有信用记录和担保，内部沟通和协调不畅，管理松散，企业具有高度的风险性，往往很难满足银行等金融机构的贷款条件，融资能力比较差。

(2) 资产管理松散，财务控制能力差。对企业现金的管理随意、资金周转率低下，几乎是新创企业的通病，普遍缺乏科学合理的成本控制体系，导致产品服务成本高，这直接影响到企业的经营效益。

(3) 抗风险能力较弱。初创企业资本规模较小，决定了其抗风险的能力先天不足，加上其内部管理基础薄弱，产品比较单一，市场风险很大，而市场风险很容易转变为企业的财务风险和银行的借贷风险，从而影响其经营管理。

(4) 岗位分工不明确，工作职责变动大。受成本效益原则的限制，新创企业人员少，职责分工往往不明确，人员流动性也比较高。一些单位对互不相容职位没能做到职责分离，出现一名财务人员身兼数职或者由其他部门的人兼职做会计的现象，这会造成资产管理的巨大风险。

(5) 财务管理人员的素质不高、人员少。大学生创办企业之初，往往自己决策、自己管理资金，在资金本身有限的情况下，由于过度自信或不愿意受阻于财务的约束等，导致企业的财务计划、决策、控制等功能丧失。又由于初创企业的投资者常常决策时过于自信、绩效又低，容易造成企业发展步履维艰的窘境。

(6) 只有短期打算，而无长远计划，更没有发展规划。在激烈的市场竞争环境中，企业发展不能只看眼前，还得放眼未来，给企业做一个长远的财务规划，统筹安排好企业的资金运营，加快资金周转速度，有效降低企业的财务风险，促进整个企业不断发展和壮大。

三、新创企业财务管理的目标

为了保障企业的财务运行稳健，降低财务风险，新创企业财务管理的目标可设定为"现金流量最大化"，财务管理一般采取以"负债低、重应收账款管理"为特征的稳健财务政策。

(1) 在融资方面，应重点采取内部融资的形式，尽可能争取到政策性贷款等。企业应保持良好的资本结构，在市场开发时，重视货款的及时回收，要防止企业在初始阶段出现现金流断裂的问题，使企业背上沉重的债务负担而陷入财务危机。

(2) 在投资方面，应采用集中型投资的收益策略。企业应将人、财、物等有限的资源集中使用在一个特定的市场、产品或技术上。

(3) 在营销方面，要采取集中化营销策略，尽可能降低企业的营销成本，稳扎稳打，切不可四处出击。

(4) 在分配方面，应采用不分配利润或者少分配利润战略。由于新创企业经营活动和投资活动净现金流量一般是负数，需要投资者不断地注入新的资金。因此，在利润分配方面，企业应贯彻利润重点用于企业发展的思想。

当然，这些财务管理目标的确立，也要多征询创业者、合伙人、企业高管及全体员工的意见，否则，财务管理目标难以实现。

四、新创企业财务管理的重点内容

面对市场环境的不断变化，企业的财务管理部门应具备高素质的财会人员，加强财务管理基础工作，健全财务管理制度。

(一) 加强内部管理

(1) 提高认识，强化资金管理。资金的周转使用牵涉企业内部的方方面面，企业经营者应懂得管好、用好、控制好资金不仅是财务部门的职责，还涉及企业的各部门、各生产经营环节，所以各部门配合要层层落实，共同为企业资金的管理努力。

(2) 提高资金的使用效率。首先，有效配合资金的来源和应用；其次，准确预测资金收回和支付的时间；最后，合理地进行资金分配，流动资产和长期资产的占用应合理。

(3) 加强财产的内部控制管理。建立健全财产物资管理的内部控制制度，在物资采购、领用、销售及产品管理上建立规范的操作程序，要定期检查、盘点，堵住漏洞，保护企业资产安全。

(4) 加强对存货和应收账款的管理。加强存货管理，压缩过时的库存物资，避免不合理资金占用，并以科学的方法确保存货资金的最佳结构。加强应收账款管理，对赊销客户的信用进行调查评定，定期核对应收账款，制定完善的收款管理办法，避免死账、呆账的发生。

(二) 加强资金回收管理

应收账款是造成资金回收风险的重要方面，有必要降低它的影响。应收账款的成本有机会成本、应收账款管理成本、坏账损失成本。应收账款可能使企业产生利润，然而并没有使企业的现金增加，反而还会使企业运用有限的流动资金垫付未实现的利税开支，加速现金流出。因此，对应收账款的管理应在以下方面强化：一是建立稳定的信用政策；二是确定客户的资信等级，评估企业的偿债能力；三是确定合理的应收账款比例；四是建立销售责任制；五是密切关心企业要账人员回收账款动态，避免私人暂时留存，用于个人利益。

(三) 做好财务记录

财务记录是做好财务管理的基础，缺乏完善的记录，将使所有的财务分析、财务决策成为一纸空文。财务记录的核心内容是凭证、账簿和报表。会计报表是会计工作的最终结果，即会计报表依据会计账簿来编制，而会计账簿又得依据会计凭证来登记。作为经营者或投资人，看财务资料时应更关注会计报表。要特别注意的是，各种经济业务发生的原始凭证(如销售单、出库单等)一定得保存完整，并及时转交会计记账，这是一切财务工作的基础，没有完整的原始凭证不可能做出真实的会计报表。账簿可以提供每笔业务发生情况的信息，通过账簿记录可以更详细地了解各类账户的发生额及余额等信息。

(四) 建立严谨的财务内部控制制度

企业管理层和会计人员要认真执行会计法律、法规、规章、制度，督促内部会计管理制度的贯彻实施，保证会计资料合法、真实、准确、完整，保障会计人员依法行使职权，对有突出贡献的会计人员给予奖励。在创业实践中，主要是做好以下几项工作。

(1) 提高会计人员的业务水平，规范会计工作秩序。

(2) 加强内部审计控制。

(3) 建立健全内控体系。

(4) 责权利结合，实行责任追究制度。

(5) 企业负责人必须高度重视内控制度并自觉接受监督。

第二节　财务管理中基本财务概念

为了进一步规范我国的财务制度，财务部在 2006 年 2 月 15 日制定了《企业会计准则》，对一些基本的财务概念进行了详细的说明。

一、资产

资产是指企业过去的交易或者事项形成的、由企业拥有或者控制的、预期会给企业带来经济利益的资源。

企业过去的交易或者事项包括购买、生产、建造行为或其他交易或者事项。预期在未来发生的交易或者事项不形成资产。

由企业拥有或者控制的，是指企业享有某项资源的所有权，或者虽然不享有某项资源的所有权，但该资源能被企业所控制。

预期会给企业带来经济利益，是指直接或者间接导致现金和现金等价物流入企业的潜力。

二、负债

负债是指企业过去的交易或者事项形成的、预期会导致经济利益流出企业的现时义务。

现时义务是指企业在现行条件下已承担的义务。未来发生的交易或者事项形成的义务，不属于现时义务，不应当确认为负债。

三、所有者权益

所有者权益是指企业资产扣除负债后由所有者享有的剩余权益。公司的所有者权益又称为股东权益。

所有者权益的来源包括所有者投入的资本、直接计入所有者权益的利得和损失、留存收益等。

直接计入所有者权益的利得和损失，是指不应计入当期损益、会导致所有者权益发生增减变动的、与所有者投入资本或者向所有者分配利润无关的利得或者损失。

利得是指由企业非日常活动所形成的、会导致所有者权益增加的、与所有者投入资本无关的经济利益的流入。

损失是指由企业非日常活动所发生的、会导致所有者权益减少的、与向所有者分配利润无关的经济利益的流出。

四、收入

收入是指企业在日常活动中形成的、会导致所有者权益增加的、与所有者投入资本无关的经济利益的总流入。

收入只有在经济利益很可能流入从而导致企业资产增加或者负债减少、且经济利益的流入额能够可靠计量时才能予以确认。

五、费用

费用是指企业在日常活动中发生的、会导致所有者权益减少的、与向所有者分配利润无关的经济利益的总流出。

费用只有在经济利益很可能流出从而导致企业资产减少或者负债增加、且经济利益的流出额能够可靠计量时才能予以确认。

六、利润

利润是指企业在一定会计期间的经营成果。利润包括收入减去费用后的净额、直接计入当期利润的利得和损失等。

直接计入当期利润的利得和损失，是指应当计入当期损益、会导致所有者权益发生增减变动的、与所有者投入资本或者向所有者分配利润无关的利得或者损失。

七、会计恒等式

在以上六个会计要素中，资产、负债和所有者权益是组成资产负债表的会计要素，也称资产负债表要素；收入、费用和利润是组成损益表的会计要素，亦称损益表要素。这六项会计要素相互之间存在着一定的数量关系，反映这种数量关系的恒等式就是会计恒等式：

$$资产=负债+所有者权益$$
$$收入-费用=利润$$

会计恒等式是会计核算中进行记账及编制会计报表的理论依据。

八、货币时间价值

创业者必须明白货币是有时间价值的，一定量的货币在不同时点上具有不同的经济价值。这种由于货币运动时间差异而形成的价值差异就是利息。创业者必须注重利息在财务决策中的作用，一个看似有利可图的项目，如果考虑货币的时间价值，很可能会变成一个得不偿失的项目，尤其是在通货膨胀的时期。

九、现金流量

现金流量是衡量企业经营质量的重要标准，在许多情况下，现金流量指标比利润指标更加重要。一个企业即使有良好的经营业绩，但由于现金流量不足造成财务状况恶化，照样会使企业破产。集团公司应特别重视现金流量的控制，加强对子公司现金收支的管理。

十、流动负债

流动负债是指在 1 年或者 1 年以内的一个营业周期内偿还的负债，包括短期借款、应付票据、应付账款、预收账款、应付工资、应付福利费、应付股利、应交税金、其他暂收应付款项、预提费用和一年内到期的长期借款等。

第三节 财 务 预 测

预测是科学决策的前提。财务预测是根据企业财务活动的历史资料，考虑现实的要求和条件，采用科学的方法，对企业未来一定时期的资金、成本、收入和盈利水平进行测算，对企业的财务预测进行估计。财务预测是企业进行正确的财务决策的前提条件。通过财务预测，测算收入、成本、现金流量等财务数据，为企业选择未来的筹资方案、投资方案、利润分配方案等提供必要的依据。财务预测有助于公司合理安排收支，提高资金使用效益。

财务预测主要包括销售预测、成本预测、利润预测及资金需求量预测几个方面的内容。从目前现有的资金需求量预测方法来看，都是基于已有经营业务或销售收入的企业，但对于创业初期的企业来说，没有关于这方面的资料，因此现有的销售百分比法、线性回归分析法、高低点法都不适用。对于初期的创业者来说，可以进行初步的销售预测、成本预测，从而确定最初的资金需求预测，如果企业运转了一年，到第二年就有利用销售百分比法的条件了。

一、销售预测

销售预测有定性预测和定量预测两种方法。定性预测法有全面调查法、典型调查法和专家调查法等。鉴于初创企业资金有限、精力有限，选择典型调查法比较好。典型调查法就是对某种或某几种产品，有意识地选取少数具有代表性的典型单位进行深入细致的调查研究，借以认识同类事物的发展变化规律的一种非全面调查，以推算市场需求及发展趋势。其主要内容包括对产品的数量需求、用户的购买能力等。典型调查的内容包括以下几个方面。

(1) 产品生命周期分析法。产品生命周期分析法就是利用在不同生命周期阶段上的产品销售量变化趋势，进行销售预测的一种定性分析方法。产品生命周期是指产品从投入市场到退出市场所经历的时间，一般要经过萌芽期、成长期、成熟期和衰退期四个阶段。判断产品所处的生命周期阶段，可根据销售增长率指标进行。一般地，萌芽期增长率不稳定，成长期增长率最大，成熟期增长率相对稳定，衰退期增长率为负数。如果创业者进入的是一个新兴行业，那产品大多数处于萌芽期或成长期；如果进入的是一个传统行业，大多数应该处于成熟期。对于创业者来说，了解拟经营的产品处于哪个生命周期是很关键的，因为这决定了后面的营销策略等。

(2) 消费者情况调查。这主要包括消费者的主要特征、经济条件、购买特点、风俗习惯及对产品的要求等因素，据此分析未来一定时期的市场情况。调查的目的主要是了解购买本企业产品或服务的团体或个人的情况，如民族、年龄、性别、文化、职业、地区等。购买行为调研法，是调研各阶层顾客的购买欲望、购买动机、兴趣爱好、购买习惯、购买时间、购买地点、购买数量、品牌偏好等情况，以及顾客对本企业产品和其他企业提供的同类产品的欢迎程度。该方法广泛应用于家电、食品、饮料、化妆品、洗涤品、日用品等快速消费品和耐用消费品等行业。

(3) 市场竞争情况调查。市场竞争情况调查的目的主要是支持企业营销的总体发展战略，做到知己知彼，发挥竞争优势。主要侧重于本企业与竞争对手的比较研究，以识别企业的优势和劣势，判断出本企业所具备的与竞争对手相抗衡的条件或可能性，确定企业的竞争策略，以达到以己之长、克他之短的功效。其内容主要有：了解行业的竞争结构和变化趋势；了解竞争者的战略目标、核心能力、市场份额、产品策略、价格策略、销售渠道策略、促销策略等。

(4) 营销渠道调查。现代企业的竞争，很大程度上取决于整条营销渠道效率的竞争，我们要了解同类商品生产厂家及其他进货渠道的分布状况，以及这些厂家所生产、经营商品的花色、品种、质量、包装、价格、运输等方面情况，并确定各种渠道因素对销售量的影响。调查内容主要包括商品销售区域和销售网点的分布、潜在销售渠道分析、销售点服务品质、铺货调研、商品运输线路、商品库存策略。

将上述四个方面的调查资料进行综合、整理、加工、计算，就可以对某种商品在未来一定时期内的销售情况进行预测。

创业贴士

预测销售和销售收入是准备创业计划中最重要和最困难的部分。大多数人都会过高估计自己的销售，因此，你在预测时不要过于乐观，要切合实际。千万要记住，在初创企业的头几个月里，你的销售收入不会太高。

二、成本预测

现有的成本预测方法，一般都是根据企业产品成本的历史资料，按照成本的主要构成要素，应用数学方法来预计和推测成本的发展变动趋势。但对于新创企业来说，如果提供的产品，市场上已经广泛存在，则可以使用现有的统计数据；如果市场上有相似的产品，可以参考相似产品的成本统计数据；如果没有相近或相似的产品，则需要对构成产品成本的各种因素进行全面的分析，充分考虑产品每个部件的成本及相应的人工费、加工费、其他的制造费、营销推广费用等，同时还要考虑库存、产品不良率等诸多因素，这样就可以初步确定产品的变动成本，再结合固定成本的预测，从而可以确定总成本。

三、利润预测

根据上面的销售预测，可以对销售收入进行预测；结合上面的成本预测，可以进行利润预测。为了验证利润是否合理，需要进行一个行业的比较。

一般情况下，各个不同的行业有一个平均的利润率，如果预测的结果是利润率高于行业平均数，说明企业的市场行情是比较好的，需要将企业的战略规划落到实处；反之，则说明企业的利润率偏低，企业需要采取措施扩大市场份额，增加企业营业收入，或者减少成本费用。

四、资金需求量预测

资金是企业进行生产经营活动的必要条件。企业的资金一般分为固定资金和流动资金。准确地进行资金需求预测，不仅能为企业生产经营活动的正常开展测定相应的资金需求量，而且能为经营决策、节约资金耗费、提高资金利用效果创造有效条件。

在销售预测、成本预测和利润预测的基础上，就可以对资金的需求进行预测。一般所讲的资金需求量指的是对外融资需求量，即根据企业的现实条件，确定企业的资金缺口，这个资金缺口就是资金需求量。但对于初期的创业者来说，在确定资金缺口之前，更重要的是对资金需求总量的预测。

对于资金需求，企业的资金可以通过现有的负债(如赊购原材料、借款等)、现有的自有资金及预计新增的收入来提供，如果现有的负债、自有资金及预计新增的收入不能满足资金需求总量时，要考虑新的借款或是吸收新的投资等。

$$对外资金需求量 = 资金需求总量 - 资金来源$$

对于初创企业，可以利用前两年的预计报表对第三年的资金需求量进行预测，企业在运行了一段时间后，对未来的资金需求进行预测，可以采用销售百分比法。

销售百分比法就是根据企业各个资金项目与销售收入总额之间的依存关系，按照计划期销售额的增长情况来预测需要相应追加多少资金的方法。那些与销售收入总额有依存关系的资产和负债项目称为敏感新项目。

销售百分比法的应用步骤如下。

(1) 根据企业的实际情况，确定企业的敏感性资产和敏感性负债。

(2) 计算销售百分比：

$$资产销售百分比 = 敏感性资产 / 销售收入$$

$$负债销售百分比 = 敏感性负债 / 销售收入$$

(3) 计算预计敏感性资产、负债。

(4) 计算预计总资产、总负债：

$$预计总资产 = 非敏感性资产合计 + 预计敏感性资产$$

$$预计总负债 = 非敏感性负债合计 + 预计敏感性负债$$

(5) 计算预计的存留收益。

(6) 计算预计的所有者权益总额：

$$预计所有者权益总额 = 原来的所有者权益 + 留存收益$$

(7) 计算外部融资额：

$$外部融资额 = 预计总资产 - 预计总负债 - 预计所有者权益$$

此方法的特点是假设资产和负债中有敏感性资产和敏感性负债，核心问题是看清哪些资产和负债属于敏感性的。

创业贴士

企业的资金一般分为固定资金和流动资金。固定资金是生产资金的一种形式，一般指价值较高、使用寿命较长的物品。流动资金指企业运转所需的日常开支。一般来说，在销售收入能够收回成本之前，微小企业事先至少要准备3个月的流动资金。为了预算更加准确，你必须制订一个现金流量计划。

第四节 财务报表

作为大学生创业者，必须加强财务管理知识学习，首先要了解财务管理方面的基本法规和财务管理的相关基础知识，只有懂规则、懂专业知识才能有效进行财务管理，也可避免因不懂财务知识而造成财务决策上的重大失误。在企业经营实践中，银行贷款要看企业的现金流量表，税务局征税要看纳税申报表，投资人投资要看资产负债表和利润表，这些文件都是要企业负责人签字，企业负责人是企业财务工作最终的责任人。虽然财务机构的职员能很好地处理财务事项，但作为企业经营者，至少学会明白这些报表所代表的具体含义，并能够根据这些报表找出企业财务中存在的主要问题，并进行科学的决策，确保企业财务资金运行安全和稳健。在实践中最为常见的报表主要有资产负债表、损益表和现金流量表。

为了编制会计报表，新创企业应加强日常会计的核算，坚持按照国家相关规定的原则，如实反映企业财务状况和经营成果。在编制财务报表之前，要做好以下主要工作。

(1) 检查是否把当期的经济业务登记完毕，整理和调整会计分录。

(2) 账证、账账核对，保证账证相符账账相符。

(3) 清查财产，进行账实核对，保证账实相符。

(4) 编制"工作底稿"，进行试算平衡。

(5) 结账，计算各账户的借方发生额、贷方发生额和余额。

一、资产负债表

(一) 资产负债表的含义

资产负债表是反映企业某一特定日期(月末、季末、半年末、年末)财务状况的会记报表。它是根据资产、负债和所有者权益三者之间的相互关系，按照一定的分类标准和顺序，对企业某一阶段工作进行数据汇总形成的报表。建立资产负债表的理论依据主要是"资产=负债+所有者权益"的平衡关系原理。

（二）资产负债表的作用

（1）编制资产负债表的目的，就是提供企业及与其股权上有联系的企业全部财务状况，据此进行企业生产经营能力和企业资产分布合理性的分析。

（2）资产负债表，可以反映企业在特定日期所掌握的资产及分布状况；可以反映企业债权人和所有者各自的权益，了解权益的结构情况。

（3）通过对资产负债表的分析，可以了解企业所承担的现有义务，据此分析出企业财务实力、短期偿债能力和支付能力，判断企业的财务风险。

（4）资产负债表是会计报表分析的主要信息来源，是创业进行各项经营活动分析的基础。创业者可以通过资产负债表了解以下内容：企业所掌握的资源及其结构；企业在资产、负债的构成比例方面是否合理；所有者权益及其结构；企业的财务趋向；通过前后期资产负债表的对比，可以从企业资产、负债的结构变化中，分析企业经营管理工作的绩效；企业投资者可以通过资产负债表，考核创业者是否有效地利用了经济资源，是否使资本得到保值、增值，是否存在财务风险，从而对创业者或企业经营管理人员的经营业绩，以及财务管理情况进行考核评价。

（三）资产负债表的内容、构成及编制

表 7-1 给出了××公司 20××年 12 月 31 日的资产负债表。

表 7-1　资产负债表

编制单位：××公司　　　　　　　20××年 12 月 31 日　　　　　　　单位：元

资产	年初数	期末数	负债及所有者权益	年初数	期末数
流动资产			流动负债		
货币资金	5 280	16 915	短期借款	6 600	11 000
交易性金融资产	—	—	应付账款	6 800	8 600
应收票据			预收账款	—	3 920
应收账款	22 200	28 720	应付职工薪酬——工资	1 600	2 000
其他应收账款	1 200	1 600	应付职工薪酬——福利费	2 600	3 200
预付账款	1 800	2 200	应交税费	3 800	2 600
存货	41 000	33 000	应付股利	1 400	—
待摊费用	1 600	2 600	其他应付款	1 400	1 200
流动资产合计	68 080	80 035	预提费用	3 800	4 200
			一年内到期的长期借款		
长期投资			负债	—	11 000
长期股权投资	7 800	23 800	流动负债合计	21 000	29 720
固定资产			长期负债		
固定资产原价	44 600	44 600	长期借款	25 000	9 000
减：累计折旧	13 000	17 000	应付债券	13 000	15 000

(续表)

资产	年初数	期末数	负债及所有者权益	年初数	期末数
固定资产净值	32 600	28 600	长期负债合计	37 000	23 000
			所有者权益		
无形资产及其他资产			实收资本	41 000	41 000
无形资产	1 400	3 800	资本公积	5 000	5 000
长期待摊费用	2 200	1 800	盈余公积	5 000	20 115
其他长期资产	—	—	未分配利润	4 080	10 200
无形资产及其他资产合计	2 600	4 600	所有者权益合计	52 080	73 315
资产总计	108 080	134 035	负债及所有者权益合计	108 080	134 035

通过观察表 7-1 可知。

(1) 一张完整的资产负债表应由"表首"和"表体"两个部分组成。表首列示表名、编制单位、编制日期和货币计量单位四个要素。表体列示资产、负债及所有者权益项目，可采用两种格式，即报告式资产负债表和账户式资产负债表。

(2) 资产负债表分为左右两方。左方为资产，反映资产的分布和存在的形态；右方为权益，代表企业经济资源的所有权的内容及其构成，包括债权人权益(负债)和所有者权益。由于全部资产的所有权总是属于投资人和债权人的，所以资产负债表左方的总计和右方的总计始终保持平衡关系，即"资产总额=负债总额+所有者权益总额"。

(3) 资产负债表左右两方内部项目的排列，严格区分为流动性项目与非流动性项目。其中，流动性项目是在一个正常经营周期内发生变化的资产和负债项目；非流动性项目是流动资产以外的资产，通常包括长期股权投资、固定资产、在建工程、长期待摊费用等。

(4) 左方资产内部各个项目按照各项资产的流动性的大小或实现能力的强弱来排列。流动性越大、变现能力越强的资产项目越往前排；流动性越小、变现能力越弱的资产项目越往后排。

(5) 右方所有者权益内容各个项目按照项目的稳定性程度或永久性程度排列。稳定性程度越好或永久性程度越好的实收资本和资本公积金项目越往前排，稳定性程度差或永久性程度差的盈余公积金和未分配利润项目则往后排。

(6) 右方的权益项目包括负债和所有者权益两项，它们是按照权益的顺序排列的。由于企业的资产首先要用来偿还债务，所以负债是第一顺序的利益，具有优先偿还的特点，列于所有者权益之前；而所有者权益则属于剩余权益，列于负债之后。

(7) 负债项目按照其偿还期限的长短顺序进行排列，偿还期限短的列前，偿还期限长的列后。

(8) 资产负债表中的许多项目，都可以根据有关账户的期末余额直接填列，例如"应收利息""应收股利""应付职工薪酬""实收资本""资本公积"等项目，都是根据总分类账户的期末余额直接填列的。

总体上说，资产负债表各项目的排列顺序，实质上是显示企业偿债能力的资料。左方资产项目是反映企业可以用于偿还债务的资产，越往上层的项目，其变化速度就越快。右方权益项目反映的是债权人及所有者的权益。这样，将左右双方对比，就可以揭示企业的偿债能力信息。

二、损益表

(一) 损益表的含义

损益表也叫利润表，是反映企业在一定期间的经营成果的财务报表，其编制的理论依据是"利润＝收入-费用"这一恒等式。损益表主要包括主营业务收入、主营业务成本、主营业务支出、主营业务税金及附加、营业费用(经营费用)、管理费用、财务费用、其他业务收入、其他业务支出、投资收益、营业外支出、营业外收入等，是企业会计中的主要报表。

(二) 损益表的作用

(1) 它把一定时期的营业收入与同一会计期间的相关费用相配比，计算出企业在该期间内的税后净利润。通过损益表可以考核企业利润计划的完成情况，分析企业的利润增减变化的原因，预测企业利润的发展趋势。

(2) 结合资产负债表，企业在生产、经营、投资、筹资等各项活动中的管理效率和效益都可以从利润数额的增减变化中综合地表现出来，据此可以分析企业资产的营运状况，为投资者及企业管理者等提供信息。

(3) 损益表是考核管理者管理绩效的依据，也是企业进行利润分配的依据，有利于企业扩大经营规模，增大后期盈利的能力。

(4) 损益表可用来分析企业的盈利水平，评估企业的获利能力，并预测企业未来的现金流量。

(三) 损益表的内容、构成及编制

表 7-2 给出了××公司 20××年 12 月的账户发生额。

表 7-2   账户发生额

编制单位：××公司　　　　　　　　　20××年 12 月　　　　　　　　　单位：元

账户名称	发生额	账户名称	发生额
主营业务收入	2 000 000	营业税金及附加	80 000
其他业务收入	500 000	销售费用	90 000
投资收益	50 000	管理费用	110 000
营业外收入	40 000	财务费用	120 000
公允价值变动收益	10 000	资产减值损失	20 000
主营业务成本	1 200 000	营业外支出	50 000
其他业务成本	40 000	所得税费用	15 130 000

通过表 7-2 可以看到。

(1) 一张完整的账户发生额表格形式分为表首和表体两部分内容。表首部分主要反映报表名称、报表编制单位名称、报表编制日期和货币计量单位四个要素；表体部分列示具体项目，即收入、费用和利润。

(2) 利润表是按照企业利润的构成内容，分层次、分步骤地逐步计算编制而成的报表。它是根据经营活动与非经营活动对企业利润的贡献情况排列编制，通常分为以下几个步骤。

① 计算营业利润。即以营业收入为基础，减去营业成本、营业税金及附加、销售费用、管理费用、财务费用、资产减值损失，加上公允价值变动收益和投资收益，计算出营业利润，以反映企业营业利润的形成情况。

② 计算利润总额，即以营业利润为基础，加上营业外收入，减去营业外支出，计算利润总额，以反映出企业利润总额的形成情况。

③ 以利润总额为基础，减去所得税，计算得出净利润，以反映出企业生产活动的最终财务成果的形成情况。

据此，我们可以根据表 7-2 进行如下分析：

(1) 营业收入项目，应根据主营业务收入和其他业务收入账户的发生额之和填列，应为 2 000 000+500 000=2 500 000(元)。

(2) 营业成本项目，应根据主营业务成本和其他业务成本账户的发生额之和填列，应为 1 200 000+400 000=1 600 000(元)。

根据上述资料，我们可以编制表 7-3 所示的损益表。

表 7-3　损益表

编制单位：××公司　　　　　　　　20××年 12 月　　　　　　　　单位：元

项目	本期金额	上期金额
一、营业收入	2 500 000	
减：营业成本	1 600 000	
营业税金及附加	80 000	
销售费用	90 000	
管理费用	110 000	
财务费用	120 000	
资产减值损失	20 000	
加：公允价值变动收益(损失以"-"填列)	10 000	
投资收益(损失以"-"填列)	50 000	
其中：对联营企业和合营企业的投资收益		
二、营业利润(亏损以"-"填列)	540 000	
加：营业外收入	40 000	
减：营业外开支	50 000	

(续表)

项目	本期金额	上期金额
其中：非流动资产处置损失		
三、利润总额(亏损以"-"填列)	530 000	
减：所得税费用	150 000	
四、净利润(亏损以"-"填列)	380 000	
五、每股收益		
（一）基本每股收益		
（二）稀释每股收益		

三、现金流量表

（一）现金流量表的含义

现金流量表是以现金为基础编制的财务状况变动表，是反映一定会计期间内(如月度、季度或年度)企业经营活动、投资活动和筹资活动对其现金及现金等价物所产生影响的财务报表。它是一种动态报表。

（二）现金流量表的作用

(1) 编制现金流量表的目的，就是提供企业在一定会计期间内现金等价物流入和流出的信息，通过这些信息可以了解企业一定期间内现金流入和流出的原因。

(2) 帮助投资者、债权人和其他报表使用者了解和评价企业获得现金和现金能力，并预测企业未来的现金流量。

(3) 通过经营活动现金流量、投资活动现金流量和筹资活动现金流量，可分析企业资金变化的具体原因，为改善企业的资金管理指明方向。

（三）现金流量表的内容、构成及编制

表 7-4 所示为××股份有限公司 20××年的现金流量表。

表 7-4　现金流量表

编制单位：××股份有限公司　　　　　　　20××年　　　　　　　　　单位：元

项目	本期余额	上期余额
一、经营活动产生的现金流量表		
销售商品、提供劳务得到的现金		
收到的税费返还		略
收到其他与经营活动有关的现金		
经营活动现金流入小计		
购买商品、接受劳务支付的现金		

(续表)

项目	本期余额	上期余额
支付给职工的现金		
支付的各项税费		
支付其他与经营活动有关的现金		
经营活动现金流出小计		
经营活动产生的现金流量净额		
二、投资活动产生的现金流量		
收回投资收到的现金		
取得投资收益收到的现金		
处置固定资产、无形资产和其他长期资产收回的现金净额		
处置子公司及其他营业单位收到的现金净额		
收到其他与投资活动有关的现金		
投资活动现金流入小计		
构建固定资产、无形资产和其他长期资产交付的现金净额		
投资支付的现金		
取得子公司及其他营业单位支付时现金净额		
支付其他与投资活动有关的现金		
投资活动现金流出小计		
投资活动产生的现金流量净额		
三、筹资活动产生的现金流量		
吸收投资收到的现金		
取得借款收到的现金		
收到其他与筹资活动相关的现金		
筹资活动现金流入小计		
偿还债务支付的现金		
分配股利、利润或偿付利息支付的现金		
支付其他与筹资活动有关的现金		
筹资活动现金流出小计		
筹资活动产生的现金流量净额		
四、汇率变动对现金及现金等价物余额		
五、现金及现金等价物净增加额		
加：期初现金及现金等价物余额		
六、期末现金及现金等价物余额		

通过表 7-4 可以看到，现金流量表主要来自以下三个方面。

(1) 来自经营活动的现金流量：经营活动是指企业投资活动或者筹资活动以外所有交

易和事项，反映公司为开展正常业务而引起的现金流入量、流出量和净流量，如商品销售收入、出口退税等增加现金流入量，购买原材料、支付税款和人员工资增加现金流出量等。经营活动产生的现金流量净额，指经营活动现金流入小计与经营活动现金流出小计之差。

(2) 来自投资活动的现金流量：投资活动是指企业长期资产的构建和不包括在现金等价物范围内的投资及其处置活动。投资活动流入的现金包括收回投资收到的现金，取得投资收益收到的现金，处置固定资产、无形资产和其他长期资产收到的现金净额，处置子公司及其他营业单位收到的现金净额，收到其他与投资有关的现金等。

(3) 来自筹资活动的现金流量：是指公司在筹集资金的过程中所引起的现金收支活动及结果，如分配股利或利润、偿付利息支付的现金、取得借款和归还借款等。

现金流量表可以帮助创业者分析公司的变动能力和支付能力，预测企业的财务风险，进而科学评价企业的生存能力、发展能力和适应市场的变化能力。

第五节　课后习题

一、名词解释

新创企业的财务管理　资产　负债　会计恒等式　货币时间价值　现金流量
流动负债　财务预测　资产负债表　损益表　现金流量表

二、简答

1. 新创企业财务管理中往往存在哪些主要问题？
2. 简述新创企业财务管理的重点内容。
3. 新创企业如何做好销售预测工作？
4. 新创企业如何做好现金流量预算与控制？
5. 新创企业如何做好应收账款控制？
6. 新创企业如何做好成本控制？
7. 资产负债表、损益表和利润表各自都有哪些重要作用？

三、实训题

1. 阅读下列文字并填写表格。

企业要开始运营，首先要有启动资金，启动资金用于购买企业运营所需的资产及支付日常开支。在估算启动资金时，最重要的是要保障启动资金能够满足企业正常运营的需求。创业之初，各项开支往往非常大，销售收入根本无法满足各项支出需求，因而常常低估对这部分资金的需求量，这样有可能导致企业现金流出现一些问题，影响企业正常运营。

设想你马上要创办一个企业，将预估的启动资金填写在表 7-5 中。

表 7-5　启动资金估算

支出项目	支出额度	计算依据
办公用品		
家具		
车辆		
企业房租		
员工工资		
员工保险		
员工的交通费、餐饮费等补助		
员工培训费		
厂房等固定支出		
购买原材料		
货物开支		
开业宣传		
广告费用		
水电接通费用		
水电费		
门店装修费		
营业执照/许可证		
其他费用		

2. 某公司的财务报表如表 7-6 所示，请根据报表回答相应问题。

表 7-6　某公司财务报表

项目	2015 年	2016 年	2017 年中期	平　均
每股收益(元)	0.209	0.222	0.225	—
净资产收益率(%)	10.836	7.293	4.263	
每股净资产(元)	1.949	3.525	3.909	3.13
股东权益比(%)	42.971	58.036	58.526	53.18
流动比	1.251	2.116	2.156	
速动比	0.852	1.517	1.532	
资产净利率(%)	4.578	3.656	2.555	
应收账款周转率(次)	2.499	3.988	2.773	
存货周转率(次)	1.638	2.182	2.548	
总资产周转率(次)	0.531	0.746	0.447	
销售净利率(%)	11.716	8.564	8.331	9.54
销售毛利率(%)	21.958	20.143	19.544	20.55

(续表)

项目	2015 年	2016 年	2017 年中期	平 均
主营收入增长率(%)	97.172	126.007	49.416	90.87
净利率增长率(%)	631.409	51.168	37.788	240.12
营业费用比例(%)	2.346	3.022	1.97	2.51
管理费用比例(%)	9.233	8.793	9.003	9.01
财务费用比例(%)	2.296	0.941	0.274	1.17
主营收入现金含量(%)	0.819	1.448	1.011	
净利润现金含量(%)	-0.128	1.887	-0.275	
每股经营性现金流(元)	-0.024	0.411	-0.038	

通过对以上财务指标分析，可以得出以下结论：

(1) 公司 2015 年以来的主营业务收入、净利润等指标都保持_____。

(2) 增发新股使得公司偿债能力明显_____，表现为_____、_____等指标改善。

(3) _____一直呈现增长态势，是公司产品销售看好的一种反映。

(4) 公司的销售毛利率、净利率等指标呈现缓慢下降趋势，说明_____。

(5) 公司近年的三项费用比例基本维持稳定水平，说明_____。

第八章

新创企业的成立

【本章提要】

通过对本章学习，了解企业选址的影响因素、策略与技巧；了解企业的法律形式，不同法律形式的优缺点；了解新创企业组织设计的原则与步骤；掌握企业注册的流程和所需提供的资料。

【学习重点和难点】

学习重点：新创企业的法律形式选择，新创企业注册的程序、步骤。

学习难点：新创企业的选址。

引导案例

90 后创业者的自述

2014 年 8 月，刚刚大学毕业的我，就和 4 个踌躇满志的朋友一起开始了我们的创业之路，因为看中了"喜事电商"平台的巨大前景，我们决定把这个定为自己今后的创业目标。

回忆这一年多来，用三个词形容特别合适："加班""累""兴奋"。创业初期，感觉自己终于找到了一个可以放手一搏的机会，内心激动不已。那段时间除了加班工作，几乎与外界隔绝，每天早晨 7：00 起床，凌晨 2：00 左右才回家，团队中每个人都很努力，只为了我们的软件可以早一天上线。

大家每天都加班到很晚，好像浑身有用不完的劲。有时候为了相互鼓励，我们还进行头脑风暴。望着这个有着 8000 亿的诱人市场，我们每天都在想什么时候可以拿到这其中的20%。刚开始经常接触一些创业者，和他们聊项目、谈方向，以及给他们一些指导的意见，还举办线下交流会。那段时间是全民的创业高潮期，是个公司如果不说自己是 O2O 或者是B 什么 C 的公司，都不好意思开口。每个人都有自己的想法，有做高端鞋子定制的，有做进口水果配送的，有从传统行业转向互联网的，当然还有一些满嘴创业经自以为是的投资人，生怕埋没了在人群中，一遍遍地讲着全民创业的未来。

路一步步地走，事情一件件地做。时间久了，公司却开始了迷茫，见的人多了，聊得多了，才知道做这个行业是多么的不容易。我是做技术的，主要负责 IOS 开发，每天起早贪黑地写代码，每天都有做不完的工作，几乎不知道什么是周六周日。我们五个人开发了一版又一版，系统也在不断地添加新的功能，每次看到自己开发的产品，内心是又激动又迷茫，软件虽然开发出来了，但是推广却迟迟未动。兄弟几个想放弃又不甘，毕竟当初开始创业的时候我们7个月没有谁领过一分钱的工资，即便拿到了天使轮融资，但是我们的资金也仅仅可以维持自己的日常生活开支。在北京打拼了一年，下一轮融资迟迟不能到位，"领头"大哥决定，把公司搬回郑州，一是为了降低运营成本，二是我们的主业务定位在河南。但是回到河南大家准备大干一场的时候，却又遇到难题了，我们的软件活跃度不高，使用我们支付功能软件的人几乎为零。

一条路，我们可以继续把自己的软件开发做下去，争取早日做出消费者喜欢并且满意的产品，可是这样公司终究会慢慢死去，因为我们不但暂时无法盈利，也无法拿到第二轮融资。另一条路，我们转型寻找新的项目，但是我们找了好几个新方向，都感觉有心无力。有人说我们是这个行业的先驱，注定会死在路上，除非我们非常的优秀。然而社会的现实却在一步步地笼罩着我们，在这期间团队之间的矛盾在不断升级：有人坚持我们现在的方向继续做下去，也许这就是别人说的"不忘初心，方得始终"，可是前进的道路却非常迷茫。

终于有一天，我们的一个合伙人，感觉这个环境不再适合他待了，那天晚上因为一点小的矛盾，他和团队"大哥"大吵了一架离开了这个团队。到了2015年年底为了降低成本，团队"大哥"找我说，我们要裁人，原因是我们现在做的APP不再更新了，只做维护。

一路走来，创业给了我一次自由发展的机会，也让我明白了很多问题。

(资料来源：张志宏，崔爱惠，刘轶群. 大学生创新与创业训练教程[M]. 北京：现代教育出版社，2017)

【分析】企业在不同的发展阶段有不同的管理规则。对于初创型的企业，要有一个统领全局的人，在做计划和决定时，要事先订好计划执行人，时间节点很重要，同时也要做到奖罚分明。员工福利是企业能不能长久留住员工的关键因素之一，答应给员工的福利，必须到位，否则很容易使员工丧失对企业的信任。每个企业都应该有自己的一套考核机制，企业不同发展阶段有不同的考核规则，但是大多初创企业对公共的考核没有大企业那么严格，相反初创企业每个人承担的工作不比大企业少，所以初创企业需要不断验证自己的想法和调整战术。对于股权分配则需要考虑多种因素，初创的互联网企业，大多需要融资，股权分配时要考虑到联合创始人的占股和期权池的分配，以及每轮的出资规则。同时，企业要有一个开放的交流氛围，每个员工可以表达自己的心声和诉求，这样才使员工感受到自己的存在价值，有很多的信心在企业工作。

第一节 新创企业的选址

在决定了自主创业也选好了项目之后，接下来最重要的恐怕就是企业的选址问题了。选址对于开办企业到底有多重要？许多专家的看法是：不论创立何种企业，地点的选择都是决定成败的第一大要素，尤其是以门店销售为主的餐饮、理发、零售等服务业。对新创企业而言，选址关系到企业的经济效益和未来的发展前景，直接决定着企业的成败。

在进行设施选址时,成本、市场、政府等都会影响到我们的选择决策。在创业实践中,因为选址的原因导致创业失败的案例是比较多的。在很多行业里,选址的重要性甚至处于首位。例如,开一家餐馆,厨师的手艺、员工的服务态度等还容易做些改进,以符合顾客的需要,但如果是选址错误,导致人流量过少,则很难想出办法来解决这个问题。在北京、上海等地,由于人们的消费水平高、人流量大,一般来说,开一家餐馆,只要环境和卫生做好,菜品做得也很符合消费者口味,然后认真经营、管理得当,基本上都能够实现盈利。

一、企业选址的主要考虑因素

具体而言,企业在选址时,重点要考虑以下几个因素。

(1) 企业生产运营所需具备的条件。企业生产运营需要具备一些基本条件,如水、电、场地面积及其他条件等。例如,我们要从事农村养殖业,就必须了解我们的生产基地是否符合养殖要求。如果创业养青蛙,但选择的养殖基地靠近马路,马路上车来车往,噪声很大,青蛙很不适应,造成大面积死亡,直接影响到企业经济效益。

(2) 企业产业特点。有些企业需要更多考虑成本因素,如运输成本、仓库成本等占据的比例大,则选址时要尽可能接近原材料产地或者生产燃料产地。例如,在荆州监利,有一家专门用秸秆做原料生产电厂燃料的企业,它的选址必须靠近农户田间,否则企业成本太大,影响企业经济效益。在现实中,大学生创业偏向于选择商业企业,如餐饮、水果店等,这就需要多考虑市场因素。选择地址时,一定要多考虑商圈的人流量,以及企业周围的人群密度、收入水平、交通条件等,切不可贪图租金便宜,选择一个人烟稀少的位置。例如,在高等院校附近开设水果店,在学生下课回宿舍的主干道做生意,往往会非常容易赚钱。一个好的位置将在很大程度上决定企业的经营收入。有些企业相对来说,对选址的要求不是很高,如快递业、开设网上营销店等,可以将租金等成本多加以考虑,以节约企业的成本。

(3) 聚焦效应。顾客在买东西时往往需要进行比较,他们更愿意到一些比较成熟的商圈进行消费,如买衣服,消费者一般不会在一个孤零零的服装店去购买。在创业实践中,聚焦于某地的几个公司的吸引下而来的顾客总数,会大于这几个公司分散在不同地方情况下的顾客。因此,在选址时,如果这个地方已经形成良好的商业环境或者是产业形成了集群,往往会比较容易吸引到顾客,并且可以少做广告和宣传,节约成本,企业重点放在产品质量和服务态度上。

(4) 租金因素。经营场地租金是创业企业的一项重要成本,有些企业的租金成本往往会抵销掉企业的一大部分利润。在创业实践中,位置好的门店往往租金是很高的。有些货品周转快、体积小而利润高的行业,如首饰店、高级咖啡厅、高档餐饮等,需要接近好的商圈,不用要过分计较租金,可以考虑设在高租金区;而家具店、旧货店等,对位置选择不需要过分苛刻,可以考虑设置在低租金区。

(5) 消费者的购买习惯和特点。例如,商店位于中心街道的右边,或位于下班的人们经过的路上,是有利的。但对大多数制造型企业而言,顾客一般不直接上门购买,因此,接近顾客不是企业选址的关键因素。

(6) 附近企业的相容性。例如，大型超市、购物商场和游乐场所是一个好邻居，在这些场所附近常吸引来许多餐馆、美容院、发廊、冷饮店等相容的企业。在选址时，要多考虑身边的企业性质和特点，力求使企业相互享有对方的顾客，实现互利共赢。

二、企业选址的具体工作

在申办企业之前，必须做好企业的选址工作。结合我国创业实践，为了给企业选择一个好的办公场所，重点要做好以下三项工作。

(1) 进行商圈调查。在开业之前，应对所选区域做精心细致的调查，如备选区域出入的人口流量是多少，附近有几家同类或不同类店，其采取的经营策略主要有哪些等。这个工作是最基础的工作，一定要调查清楚。例如，肯德基计划进入某城市，要先通过有关部门或专业调查公司收集这个地区的资料，把资料收集齐了，才开始规划商圈。商圈规划采取的是计分的方法，例如，这个地区有一个大型商场，商场营业额在1000万元算1分，5000万元算5分，有一条公交线路加多少分，有一条地铁线路加多少分。这些分值标准是多年平均下来的一个较准确经验值，通过打分把商圈分成几大类，肯德基在此基础上选择最适合的商圈开设门店。正因为肯德基非常重视商圈调查工作，所以它的门店总是处于非常有利的商业区，顾客非常多。

(2) 进行顾客调查。顾客调查包括顾客购买行为调查和市场容量调查。顾客购买行为调查要重点研究顾客的购买欲望、购买动机、兴趣爱好、购买习惯、购买时间、购买地点、购买数量、品牌偏好等情况。市场容量调查主要包括现有和潜在人口变化、收入水平、生活水平、本企业的市场占有率、购买力等。在选址时，要多考虑顾客的消费习惯，它会受到如民族、年龄、性别、文化、职业、地区等的影响。例如，在大学附近开设门店，该地区内的消费人群多是大学生，所以他们的消费习惯比较容易受到周围人的影响，愿意为新事物埋单，但消费金额普遍不高，不愿意专门花很多的时间去购买零食等，很多购买的行为主要就是顺道购买，因此在学生宿舍附近开设休闲食品、网吧等往往会有利可图。

(3) 多请教专家、家人或者有该行业创业经验的人。在创业实践中，因为选址非常重要，一定要多请教专家、家人和有从业经验的人，多比较、多观察，切不可盲目冲动，导致因选址失误造成损失。例如，有个大学生创业开餐馆，与房东签订了长达五年的合同，该学生准备大干一场，对餐馆进行了豪华装修，但后来经营一年后，因拆迁餐馆无法继续经营下去，所有的投资付诸东流。这样的例子还有很多，大学生在创业时要多向一些有创业经验的人学习，他们比较有实战经验，懂得如何规避风险，如何做到合理选址。

三、不同性质的新创企业选址思路

(一) 生产性质的新创企业选址

对于生产性质的新创企业，选址时要考虑以下适合的生产条件：交通方便，便于原材料和产品的运送，且尽量离企业不远；生产用电要满足，生产用水要保证；劳动力资源能够尽量就地解决；当地税收是否有优惠政策等。如果是一些对环境有影响的生产项目，还要考虑环保因素。

（二）商业性质的新创企业选址

对于商业性质的新创企业，在选址时应考虑创业地的实际情况，如客流量、店铺租金、竞争对手等。如在城市，多个商业圈往往能够带动圈内商业的规模效应，选择在商业圈内会较好经营。与繁华商圈寸土寸金的消费能力相应，店铺租金或转让费也是相对高昂，可以选择在商业圈内利用联合经营、委托代销等方式，或者在商业圈边缘选址，转向"次商圈"，把节约下来的资金用于货品升级、提升服务、人才战略等。此外，在选址时要有"借光"意识，如在体育馆、展览馆、电影院旁边选址等。如果选择商圈之外的经营场所，则要注意做出自己的特色，形成自己的风格，以达到"酒香不怕巷子深"的效果。

（三）服务性质的新创企业选址

对于服务性质的新创企业，在选址时要根据具体的经营对象灵活选址，但对客流量的要求较高，客流量在某种意义上等于财流。尤其在车水马龙、人流量大的地段经营，成功的概率往往比在人迹罕至的地段要高得多。但也应结合企业的目标消费群体特点，如针对居民的应设在居民社区附近，针对学生的则应设在学校附近。如果以订单为主，低成本、高效能的办公楼宇则为首选。目前，创业的年轻人多以从事服务性和知识性产品为主，集中在网络技术、电子科技、广告传媒、文化创意等产业，这些性质的公司可以选在行业聚焦区、较成熟的商务区或新兴的创意产业园区。

创业贴士

超市的选址

成功的选址是超市快速发展最为重要的关键因素。

(1) 地理位置：交通方便(公交车站和地铁车站不超出 80 米)、人口集中(3 公里范围内不少于 30 万)，且年龄结构以中青年为主，收入水平不低于当地平均水平；要求在两条城市道路的交叉口(至少其中一条为主干道)；与相同业态竞争商家距离不少于 2 公里，具备相当面积的停车场，如在北京至少要求 600 个以上的停车位，非机动车停车场地 2000 平方米以上，免费提供给顾客使用。

(2) 建筑物要求：占地面积 15 000 平方米以上，且最多不超过两层，总建筑面积 2 万～4 万平方米；层高不低于 5 米；柱距间要求 9 米以上；楼板承重在 800 千克/平方米以上；建筑物长宽比例 10:7 或 10:6；正门至少提供 2 个主出入口，免费外立面广告至少 3 个。

(3) 空间要求：可开在地下室，也可开在四五层，但最佳为地面一二层或地下一层和地上一层。

(4) 本地化与差异化服务：创建超市应详尽地调查当地商店有哪些本地商品出售，哪些产品的流通量大，然后与各类商品供应商进行谈判。如上海虹桥店的家乐福超市，由于周围的高收入人群及外国人群比较多，所以提供的外国商品相对比其他店都要多；如各类奶酪、葡萄酒、橄榄油、火腿肠等，都是家乐福为了特殊的消费群体特意从国外进口的。

第二节　新创企业的法律形式选择

创业者实现创业梦想的实体基础就是企业，创业者需要根据自己的资金规模、社会环境等因素综合考虑选择合适的企业形态。我国法律规定企业的形态有个体工商户、合伙企业、有限责任公司、股份有限公司。大学生创业者究竟是单干还是合伙，或者选择其他组织形式，主要取决于企业和创业者的目标，并考虑到企业经营和融资的灵活性、承担的法律责任及纳税地位。

一、企业法律形式的含义

企业法律形式主要是指企业在法律上的体现形式，即法人制度。法人是具有民事权利能力和民事行为能力、依法独立享有民事权利和承担民事义务的组织，是社会组织在法律上的人格化。在大学生自主创业实践中，分为团队创业与个人创业。可供大学生创业选择的企业法律形式一般包括有限责任公司、合伙企业、股份有限公司、个人独资企业、个体工商户五类。个体工商户的业主要以个人财产对个体工商户在经营中产生的债务承担法律责任。个体工商户在法律上属于自然人，不属于法人。股份有限公司由于成立要求高，审查标准严格，一般的创业者很难达到条件，因此采用股份有限公司的法律形式的创业者极为稀少。个人独资企业和合伙企业因创业者须承担无限责任，风险相对较大，选择这两种企业形式的也相对要少一些。有限责任公司因其承担有限责任，已成为绝大多数创业者比较乐意选择采用的组织形式。

二、企业法律形式选择依据

企业法律形式没有好坏之分，只有恰当与不恰当之分，必须根据实际情况选择。

(1) 如果准备开办的企业规模较小，投资人较少，没有合伙人，资金较少，市场规模不大且比较集中，风险小且易于控制，那么可以选择比较简单的企业形式，如个体工商户或个人独资企业。

(2) 如果准备开办的企业市场前景看好，需要大量的投资，投资人比较多，且经营目标一致，为避免较大的债务风险，可以选择有限责任公司这种企业形式。

(3) 如果企业本身债务不多，在预期时间内企业确保能够实现盈利，财务风险不高，就可以采取以一种灵活形式创办企业，这样也有利于企业快速做出决策，例如个人独资企业、合伙企业。若企业负债很多，则必须限制承担责任，选择有限责任公司较为合适。

(4) 如果企业启动资金不足，技术上也不够成熟，但有志同道合的朋友愿意一起干，合伙企业或有限责任公司是不错的选择。若不喜欢与他人合作，希望对企业有完全控制权，可选择个人独资企业。

(5) 如果所选择的是市场竞争激烈、需要大量投资的企业，为了降低创业者的经营风险，则可以选择有限责任公司或股份有限公司等企业形式。

(6) 若从事的创业活动主要以本人或家庭成员的劳动为基础的小商品零售及餐饮、理发、花店、报刊零售等社会服务业，可以考虑申请登记成为个体工商户。个体工商户资金没有法定要求，其经营收入归公民个人或家庭所有。但个体工商户不属于经济组织，不具有法人资格，要对自身债务负无限连带责任。其中，个人经营的，以个人财产偿还；家庭经营的，以家庭财产偿还。

三、企业不同法律形式的综合对照

在创业实践中，企业的法律形式主要有个人独资企业、合伙企业和有限责任公司三种，这三种法律形式的优点和缺点如表 8-1 所示。

表 8-1　企业不同法律形式的综合对照表

企业法律形式	法律依据	优点	缺点
个人独资企业	个人独资企业依据个人独资企业法设立，受个人独资企业法调整，由一个自然人投资设立	一般规模较小，设立条件较宽松，设立程序较简便，进入或者退出市场也较灵活，保密性好	由于受个人出资的限制，企业规模往往较小；承担无限责任，经营风险较大；往往只适合于小型超市、餐饮、理发、咨询、花店、报刊零售等行业
合伙企业	合伙企业依据合伙企业法设立，受合伙企业法调整，由两个或两个以上合伙人共同出资设立，合伙人一般为自然人	合伙人对执行合伙企业事务享有同等的权利，可以由全体合伙人执行合伙企业事务，也可以由合伙协议约定委托一名或者数名合伙人执行合伙企业事务；合伙企业相对公司来说最主要的优点是避免双重纳税	合伙人以其投入合伙企业的财产以外的其他财产对合伙企业债务负连带清偿责任，风险大；合伙人之间配合的紧密程度直接影响到企业生产运营，有时候决策很难达成一致
有限责任公司	公司制企业依据公司法设立，受公司法调整，由一个以上投资人共同出资设立，投资人可以是自然人，也可以是法人	股东以其出资额为限，对公司承担责任，即负有限责任；有利于募集资本，扩大生产规模；所有权与经营权可以分离，可以聘请专家对企业实施经营管理决策	税负相对较重，往往需要交纳双重所得税；组建程序复杂，费用较高；保密性较差；公司会有一系列的政府监管、程序等要求

案例

从有限责任公司到个体工商户

赖嘉宝同学就读于生物技术专业，毕业后与一家知名医药公司签约，但在试用期间总觉得现在的工作与自己的理想工作有一定的差距，最终决定以自己在大学创业实践中积累的资金和经验，与同学合伙创业。

由于大学期间参加创业大赛，荣获过大赛冠军，并获得东莞光大集团200万元的风险投资，考虑到投资方在东莞的资源优势，他决定创业项目选址在东莞地区发展。团队与投资方达成协议，共同注册成立怡可轩餐饮管理有限责任公司，注册资本300万元。工商局名称预核准通过后，银行开立验资户准备验资。就在这个时候，投资方财务顾问给出了一个避税方案，建议创业团队可以以个体工商户的形式先开设个体店，等事业做大，再注册成立公司，股东之间权利义务可以通过签协议来约束，这样可以避免沉重的税收及注册资金。最终他们选择了这个方案，并计划在今后进一步发展中，逐步让3个合伙人参与到企业法律登记所有人中，将企业由个体工商户变更为目标公司——"怡可轩餐饮管理有限责任公司"。

(资料来源：广东省大学生创业案例汇编，内部出版物)

【分析】

大学生团队创业多数首选企业法律形态是有限责任公司、股份制公司，想一步到位，将重点放在公司的做大做强上，很少从企业法律形态选择上考虑，将有限的资金用到最需要的地方。有限责任公司缴纳企业所得税、公积金等后，还需缴纳个人所得税，在公司有债务时，股东只根据他们各自的投资额承担有限责任，如当公司破产时，债权人不能剥夺股东的私有财产，如房产、汽车和存款等。有限责任公司注册资金要求不少于3万元，注册资金越多，验资时实缴纳的资本就越多(最开始缴纳注册资本的20%，剩下的部分在两年之内缴纳)。而个体工商户完全由个人拥有和营运企业，个体享有所有利润，但承担所有债务的责任和义务，负无限连带责任；个体户和合伙企业对注册资金没有限定，只需缴纳个人所得税。企业在发展过程中是可以随时变更法律形态的。创业者先期设立个体工商户，可以等企业有了一定发展，另一个投资者加盟，企业演变为合伙企业，仍然承担无限连带责任，等企业进一步发展壮大，随着资产和风险的增加，开始需要保护所有者的资产，企业可以变更为有限责任公司，以保护所有者的财产。如果企业继续发展壮大，还可以发展重组，创造一个股份制公司，不参与公司的经营，但可控制公司的经营。

大学生初次创业，资金有限，很多是通过家庭筹借、贷款和风投等筹集来的，自身没有资金积累，可以考虑承担无限责任。赖嘉宝创业团队申报注册资本300万元，为了节约大量的资金、获得更多优惠，可以按专家建议，先设立个体工商户，承担无限连带责任。等企业逐渐成熟，发展壮大了，可以变更企业法律形态，设立为公司，投资人各自承担有限责任。

第三节 新创企业组织设计

一个企业如同一栋楼房，没有合理的组织设计是不可能建立起来的。企业的组织设计是组织职能发挥作用的现实基础，是根据组织目标要求，通过选取合理的组织结构模式，规范组织的基本活动，确定组织基本类型的一个过程。新创企业的组织设计是以企业组织结构安排为核心的组织系统整体设计，是在组织理论指导下的一项操作性很强的工作。

一、新创企业组织设计的含义

新创企业组织设计是指创业者将企业组织内各种要素进行合理组合，建立和实施一种特定组织结构的过程。组织设计是创业者实施有效管理的一个重要手段。进行组织设计的根本目的是提高企业的运营效率，这里的运营效率在物质消耗上表现为投入产出比高，在时间上表现为节约时间成本，同时还表现在有益于提高企业决策的质量，最大限度地降低决策风险等。此外，在实践中，合理的企业组织设计有利于提高企业团队的凝聚力，增强员工的集体荣誉感和归属感。对新创企业而言，良好的组织设计才能使各部门各岗位的职责和关系清晰，员工的工作效率也会明显提高。在创业实践中，影响企业组织设计的因素非常多，如企业的宏观环境、市场竞争情况、企业的发展规划、物流系统、商业模式、员工素质、企业所处的生命周期等，都会影响企业的组织变化。

企业的组织设计是根据企业发展的需要进行的设计，必须首先明确公司目标及工作需要，认真分析每一个部门的功能，按照权力、责任"既无重叠，又无空白"的原则设置部门和岗位，按"权责对应，统一指挥"的原则考虑管理幅度及层次，建立较为完善的组织结构。新创企业由于规模小，以生存为根本，需要在决策上具有强大竞争力和灵活性，企业的组织设计重点放在业务和执行上。

二、新创企业组织设计的主要原则

在创业实践中，新创企业的组织设计需要考虑以下几个原则。

(1) 人本原则。设计企业组织结构前要综合考虑企业的发展规划，根据现有的人力资源状况及市场需求，以人为本进行设计，要充分尊重员工的建议，切忌生搬硬套，更不能因人设岗、因岗找事。

(2) 精干原则。组织精干是企业有效运行的保障。这一原则的基本要求是：部门尽量减少，各种业务尽量实行职能归类管理。一般商业企业，有以下部门就基本足够：采购部门、质量管理部门、广告管理部门、营销管理部门、财务部门、人事行政部门(包括办公室在内)，其他如物流、信息收集等职能，要么归并上面某个职能部门内，要么只设岗位，不设部门，指定某个领导兼职就行。

(3) 直线型为主的原则。在企业初创期，为了能在一个地区扩大市场份额，采用数量扩大战略。这个阶段组织简单，故采用直线型组织结构，它的优点主要是：结构简单，指挥系统清晰、统一；责权关系明确；横向联系少，内部协调容易；信息沟通迅速，解决问题及时，管理效率较高。主要缺点是要求企业领导人必须是全才，不利于集中精力研究重大问题。随着规模扩大，企业会采用地域扩展战略，把产品辐射到其他市场，这样对组织部门协调和专业化要求会更高，企业便会采用分工协调的职能组织结构。

(4) 扁平化原则。本着高效的原则，管理层级能够尽量缩减最好。一般设三个层级基本就已足够：总裁—部门经理(主管)——一般员工。指令下达或者报告审批，如果需要很多程序，往往贯彻起来速度比较慢，造成企业决策不利于快速占领市场。

三、新创企业组织设计的框架

新创企业刚创立时，往往成员不是很多，也难以提供丰厚的报酬来招聘到非常优秀的人才，组织结构设置应以市场导向为准则进行设计，确保组织能够高效面对激烈的市场竞争环境。新创小型企业的组织结构一般可直接按职能式组织结构设置，也就是把企业的人员按照工作职责分成若干部门，并为每个部门设立一个领导职务，然后明确各部门之间的关系，有些临时性的工作可以委派相关人员负责，给予一定的报酬。这种组织结构使企业内部从上到下实行垂直领导，下属部门只接受一个上级的领导，部门领导对所属部门的一切问题负责，如图 8-1 所示。

图 8-1　新创企业的组织设计框架

对于创业初期的企业管理，常常是处于同一个层次，即总经理与各部门中间没有沟通障碍，在经理与员工之间不设置组织结构的障碍，创业者或经理不仅面对部门负责人，而且和部门负责人一起面对企业的全体员工及其岗位。创业者或核心管理者常常既是管理者又是技术或市场等部门负责人。曾有很多创业初期的公司，总经理、财务经理、市场部经理等都是创业者身兼多职，这样有利于创业者了解员工的真实想法，也有利于决策者深入了解市场，快速做出企业决策。创业者在创业初期，由于要考虑人力成本，常常是一人多职；但有些职位是不能兼顾的，比如说，出纳与采购或销售人员不能由一个人担任，出纳与会计不能由一个人担任，出纳与仓管不能由一个人担任。在创业实践中，因为财务制度不健全，导致企业蒙受损失的案例是比较多的。伴随着企业的成长，组织结构本身的病症逐渐显露，如决策迟缓、指挥不灵、信息不畅、机构臃肿、管理跨度过大、"扯皮"增多、人事纠纷增加等，这需要在认真研究市场变化对企业人力资源要求的基础上，对企业的组织机构进行适当调整。

四、新创企业组织设计的步骤

新创企业的组织设计一般有以下步骤。

(1) 确立组织工作目标。通过市场分析，结合企业的实际，进行设计前的评估，以确定组织工作目标。

(2) 划分业务工作。根据企业的工作性质和内容，以及工作之间的联系，将企业在经营管理过程中的各项活动进行分类，并组合成具体的管理部门，确定各管理部门职能范围，进行部门的工作划分。

(3) 设计出组织结构的基本框架。在前两项工作的基础上，设计出组织结构的基本框架，确定组织的管理层次及管理幅度，形成层次化的管理体系。

(4) 确定各岗位的职责和权力。对新创企业而言，由于人手相对较少，在确定岗位职责时，不要设计得过于狭窄，可以通过用职位说明书或岗位职责等文件形式来加以明确。

(5) 设计组织的运作方式，包括工作的衔接、企业管理规范文件的制定和各类运行制度的设计。

(6) 在岗位上进行人员配备。按职务、岗位及技能要求，结合企业的人力资源规划，招募并配备恰当的管理人员和工作员工。

(7) 通过一定的程序，正式确立组织结构。对组织结构进行综合审查、评价及修改，确定正式组织结构及组织运作程序，并颁布实施。

(8) 调整组织结构。随着企业的不断发展，必要时，根据企业发展情况及企业营销环境的变化，对企业组织结构进行合理的调整，使之能够较好地适应企业的发展需要。

第四节　新创企业的申办程序

大学生自主创业可采用的市场主体类型主要有个体工商户、个人独资企业、合伙企业、有限责任公司等。创办不同类型的市场主体，需要准备的材料和办理流程如下。

一、个体工商户申办程序

(一) 须准备的材料

(1) 经营者签署的《个体工商户注册登记申请书》。

(2) 委托代理人办理的，还应当提交经营者签署的《委托代理人证明》及委托代理人身份证明。

(3) 经营者身份证明。

(4) 经营场所证明。

(5)《名称预先核准通知书》(设立申请前已经办理名称预先核准的须提交)。

(6) 申请登记的经营范围中有法律、行政法规和国务院决定规定必须在登记前报经批准的项目，应当提交有关许可证书或者批准文件。

(7) 申请登记为家庭经营的，以主持经营者作为经营者登记，由全体参加经营家庭成员在《个体工商户开业登记申请书》经营者签名栏中签字予以确认，提交居民户口簿或者结婚证复印件作为家庭成员亲属关系证明，同时提交其他参加经营家庭成员的身份证复印件。

(8) 国家工商行政管理总局规定提交的其他文件。

(二) 办理流程

1. 申请

(1) 申请人或者委托的代理人可以直接到经营场所所在地登记机关登记。

(2) 登记机关委托其下属工商所办理个体工商户登记的，到经营场所所在地工商所登记。

(3) 申请人或者其委托的代理人可以通过邮寄、传真、电子数据交换、电子邮件等方式向经营场所所在地登记机关提交申请。通过传真、电子数据交换、电子邮件等方式提交申请的，应当提供申请人或者其代理人的联络方式及通信地址。对登记机关予以受理的申请，申请人应当自收到受理通知书之日起五日内，提交与传真、电子数据交换、电子邮件内容一致的申请材料原件。

2. 受理

(1) 对于申请材料齐全、符合法定形式的，登记机关应当受理。申请材料不齐全或者不符合法定形式，登记机关应当当场告知申请人需要补正的全部内容，申请人按照要求提交全部补正申请材料的，登记机关应当受理。申请材料存在可以当场更正的错误的，登记机关应当允许申请人当场更正。

(2) 登记机关受理登记申请，除当场予以登记的外，应当发给申请人受理通知书。对于不符合受理条件的登记申请，登记机关不予受理，并发给申请人不予受理通知书。申请事项依法不属于个体工商户登记范畴的，登记机关应当即时决定不予受理，并向申请人说明理由。

3. 审查和决定

登记机关对决定予以受理的登记申请，根据下列情况分别做出是否准予登记的决定。

(1) 申请人提交的申请材料齐全、符合法定形式的，登记机关应当当场予以登记，并发给申请人准予登记通知书。根据法定条件和程序，需要对申请材料的实质性内容进行核实的，登记机关应当指派两名以上工作人员进行核查，并填写《申请材料核查情况报告书》。登记机关应当自受理登记申请之日起十五日内做出是否准予登记的决定。

(2) 对于以邮寄、传真、电子数据交换、电子邮件等方式提出申请并经登记机关受理的，登记机关应当自受理登记申请之日起十五日内做出是否准予登记的决定。

(3) 登记机关做出准予登记决定的，应当发给申请人《准予个体工商户登记通知书》，并在十日内发给申请人营业执照。不予登记的，应当发给申请人《个体工商户登记驳回通知书》。

二、个人独资企业申办程序

(一)须准备的材料

(1) 投资人签署的《个人独资企业登记(备案)申请书》。

(2) 投资人身份证明。

(3) 投资人委托代理人的,应当提交投资人的委托书原件和代理人的身份证明或资格证明复印件(核对原件)。

(4) 企业住所证明。

(5) 《名称预先核准通知书》(设立申请前已经办理名称预先核准的须提交)。

(6) 从事法律、行政法规规定须报经有关部门审批的业务的,应当提交有关部门的批准文件。

(7) 国家工商行政管理总局规定提交的其他文件。

(二)办理流程

1. 申请

由投资人或者其委托的代理人向个人独资企业所在地登记机关申请设立登记。

2. 受理、审查和决定

登记机关应当在收到全部文件之日起十五日内,做出核准登记或者不予登记的决定。予以核准的,发给营业执照;不予核准的,发给企业登记驳回通知书。

三、合伙企业申办程序

(一)须准备的材料

(1) 全体合伙人签署的《合伙企业登记(备案)申请书》。

(2) 全体合伙人的主体资格证明或者自然人的身份证明。

(3) 全体合伙人指定代表或者共同委托代理人的委托书。

(4) 全体合伙人签署的合伙协议。

(5) 全体合伙人签署的对各合伙人缴付出资的确认书。

(6) 主要经营场所证明。

(7) 《名称预先核准通知书》(设立申请前已经办理名称预先核准的须提交) 。

(8) 全体合伙人签署的委托执行事务合伙人的委托书;执行事务合伙人是法人或其他组织的,还应当提交其委派代表的委托书和身份证明复印件(核对原件) 。

(9) 以非货币形式出资的,提交全体合伙人签署的协商作价确认书或者经全体合伙人委托的法定评估机构出具的评估作价证明。

(10) 法律、行政法规或者国务院规定设立合伙企业须经批准的,或者从事法律、行政法规或者国务院决定规定在登记前须经批准的经营项目,须提交有关批准文件。

(11) 法律、行政法规规定设立特殊的普通合伙企业需要提交合伙人的职业资格证明的，提交相应证明。

(12) 国家工商行政管理总局规定提交的其他文件。

（二）办理流程

1. 申请

由全体合伙人指定的代表或者共同委托的代理人向企业登记机关申请设立登记。

2. 受理、审查和决定

申请人提交的登记申请材料齐全、符合法定形式，企业登记机关能够当场登记的，应予当场登记，发给合伙企业营业执照。

除上面规定情形外，企业登记机关应当自受理申请之日起二十日内，做出是否登记的决定。予以登记的，发给合伙企业营业执照；不予登记的，应当给予书面答复，并说明理由。

四、有限责任公司申办程序

（一）须准备的材料

(1) 公司法定代表人签署的设立登记申请书。

(2) 全体股东指定代表或者共同委托代理人的证明。

(3) 公司章程。

(4) 股东的主体资格证明或者自然人身份证明。

(5) 载明公司董事、监事、经理的姓名、住所的文件以及有关委派、选举或者聘用的证明。

(6) 公司法定代表人任职文件和身份证明。

(7) 企业名称预先核准通知书。

(8) 公司住所证明。

(9) 国家工商行政管理总局规定要求提交的其他文件。

(10) 法律、行政法规或者国务院决定规定设立有限责任公司必须报经批准的，还应当提交批准文件。

（二）办理流程

1. 申请

由全体股东指定的代表或者共同委托的代理人向公司登记机关申请设立登记。

2. 受理

公司登记机关根据下列情况分别做出是否受理的决定：

(1) 申请文件、材料齐全，符合法定形式的，或者申请人按照公司登记机关的要求提交全部补正申请文件、材料的，决定予以受理。

(2) 申请文件、材料齐全，符合法定形式，但公司登记机关认为申请文件、材料需要核实的，决定予以受理，同时书面告知申请人需要核实的事项、理由以及时间。

(3) 申请文件、材料存在可以当场更正的错误的，允许申请人当场予以更正，由申请人在更正处签名或者盖章，注明更正日期；经确认申请文件、材料齐全，符合法定形式的，决定予以受理。

(4) 申请文件、材料不齐全或者不符合法定形式的，当场或者在五日内一次告知申请人需要补正的全部内容；当场告知时，将申请文件、材料退回申请人；属于五日内告知的，收取申请文件、材料并出具收到申请文件、材料的凭据，逾期不告知的，自收到申请文件、材料之日起即为受理。

(5) 不属于公司登记范畴或者不属于本机关登记管辖范围的事项，即时决定不予受理，并告知申请人向有关行政机关申请。

(6) 公司登记机关对通过信函、电报、电传、传真、电子数据交换和电子邮件等方式提出申请的，自收到申请文件、材料之日起五日内做出是否受理的决定。

3. 审查和决定

公司登记机关对决定予以受理的登记申请，分别视情况在规定的期限内做出是否准予登记的决定：

(1) 对申请人到公司登记机关提出的申请予以受理的，当场做出准予登记的决定。

(2) 对申请人通过信函方式提交的申请予以受理的，自受理之日起十五日内做出准予登记的决定。

(3) 通过电报、电传、传真、电子数据交换和电子邮件等方式提交申请的，申请人应当自收到《受理通知书》之日起十五日内，提交与电报、电传、传真、电子数据交换和电子邮件等内容一致并符合法定形式的申请文件、材料原件；申请人到公司登记机关提交申请文件、材料原件的，当场做出准予登记的决定；申请人通过信函方式提交申请文件、材料原件的，自受理之日起十五日内做出准予登记的决定。

(4) 公司登记机关自发出《受理通知书》之日起六十日内，未收到申请文件、材料原件，或者申请文件、材料原件与公司登记机关所受理的申请文件、材料不一致的，做出不予登记的决定。

(5) 公司登记机关需要对申请文件、材料核实的，自受理之日起十五日内做出是否准予登记的决定。

4. 发照

公司登记机关做出准予公司设立登记决定的，出具《准予设立登记通知书》，告知申请人自决定之日起十日内，领取营业执照。

公司登记机关做出不予登记决定的，出具《登记驳回通知书》，说明不予登记的理由，并告知申请人享有依法申请行政复议或者提起行政诉讼的权利。

新创企业的十大管理陷阱

有关新创企业的大量研究揭示出很多可以避免的管理陷阱，一项有关失败企业的研究指出了新创企业失败的具体原因。

(1) 缺乏经验。很多企业破产的原因只是因为缺乏经验。

(2) 超越资源的扩张。很多公司的成长速度很快，而其簿记系统却不能应对这种急速成长。在很多情况下，新创企业所有者试图通过走捷径来节省簿记系统的成本，而这种做法最终会产生灾难性的后果。

(3) 缺少客户信息。失败的企业一般都缺少客户信息，如一家公司向未进行信用调查的客户运送商品，结果货款回笼时间长达90~120天，甚至更长。

(4) 没有将市场多元化。流失一位客户会对企业的整体效益产生极大影响，如一些公司全部产品都出售给一个买家，一旦买家取消购买合同，公司就会面临破产。

(5) 缺乏市场调研。大部分新创企业在创办时并未进行充分的市场调研。市场条件的变化使企业深陷困境，缺乏对市场的分析评估会导致企业没有应对危机的心理准备和能力。

(6) 法律问题。节约法律费用是一种目光短浅的做法。一旦遭遇"马拉松式"的诉讼，企业则无力应对。若企业所有者从一开始就拥有寻求法律建议的远见，也会避免很多纠纷。

(7) 裙带关系。偏袒家庭成员会导致企业失败。最致命的是企业为对整体运营贡献很少的家庭成员提供高薪待遇。

(8) 个人管理。个人管理会导致企业失败，一个人的技术才华可以成为企业成功的原因，但没有了那个人，企业可能就会遭遇灭顶之灾。

(9) 缺乏技术能力。当所有者对基本的技术知识一无所知，或者其管理团队中无一人掌握基本技术知识时，企业会蒙受损失。

(10) 缺勤管理。当所有者长期不在企业时，企业运营就会逐渐恶化。企业内会出现忽视财务记录、纳税额下降、忽视顾客等情况，若长此以往，企业必将遭遇失败。

(资料来源：唐纳德·F. 库拉特科，杰弗里·S. 霍恩斯比. 新创企业管理：创业者的路线图[M].

北京：机械工业出版社，2009)

第五节　课后习题

一、名词解释

| 企业法律形式 | 法人 | 个人独资企业 |
| 合伙企业 | 公司制企业 | 新创企业组织设计 |

二、简答

1. 企业选址考虑的主要因素有哪些？

2. 在创业实践中，新公司的组织设计需要考虑哪几个基本原则？

3. 简述企业不同法律形式的区别。

4. 简述新创企业组织设计的步骤。

5. 有限责任公司申办程序有哪些？

三、案例分析

我需要一份属于自己的事业

杨志成是东莞理工学院的毕业生，在同学眼中，他是在大学生创业滩头少数几个敢于"吃螃蟹"的人之一。

杨志成是广东省河源人，父母和妹妹都是教师，家人都希望他毕业后找一份稳定的工作。但他说自己不想过那种朝九晚五的生活，向往的是开创一份属于自己的事业。

当年还在读大三的杨志成就着手筹建自己的公司。他觉得，办公司离自己并不遥远，因为他从大一就开始在校外做兼职，其中包括在东莞32个镇街派送传单，还在百事可乐等知名公司实习过，已经积累了一定的人脉资源和社会经验。

毕业后，杨志成成立了"东理文化传播有限公司"，合伙人是同届校友。谈及为什么要开设一家文化传播公司，杨志成说，自己点子多，善于策划和推广，而且广告行业门槛相对较低，所以"一头闯进来碰碰运气"。

杨志成的运气似乎并不像想象的那样好。"运气不会因为你是创业学生而特别眷顾。"他感慨地说。在企业起步阶段，各种艰难困苦接踵而至——缺钱、缺项目、缺客户资源。此外，由于个人失误和其他原因，他先后损失了几十万元，打击几乎是毁灭性的。

"既然踏上了创业这条路，我就要经历风雨、挑战失败！"杨志成说。谈起创业这些年来的酸辣苦甜，杨志成还是认为甜比苦多，因为"得到的比失去的多得多"，而且最重要的是"一直在做自己喜欢做的事情"。

杨志成把公司从寮步迁往华凯广场，这里被称为"东莞最豪华的写字楼"，虽然租金翻了几倍，但提升了公司形象；也是在这时，他拿到了CCTV移动传媒在东莞的独家代理权。如今，东莞市大多数公交车内的移动电视业务都由他代理销售。

公司逐步走向了正轨，员工人数从最初的2人增加到10人(其中有6人是他的师弟师妹)，业务也发展到活动策划、平面设计、品牌推广、媒体购买等。眼下，杨志成思考的是如何降低运营成本、提升公司品牌，怎样做强做精相关业务。但这还不是最重要的，杨志成说："最重要的是，把自己的同龄人带上路，为着一个个目标一起打拼，这是比赚钱还要重要的事情！"

(资料来源：陈德明，陈少雄，朱国华.大学生创业规划[M].广东：广东高等教育出版社，2014)

问题：

1. 杨志成为什么要开公司？文化传播公司符合他本人的特点和优势吗？

2. 杨志成为什么要将公司地址迁到租金较高的地段？你认为什么类型的企业选址适

合在闹市区？

3. 经营新公司最常见的有哪些问题？杨志成遇到了哪些？有哪些问题是开公司前可以准备的？有哪些是新出现的？

4. 你如何理解"运气不会因为你是创业学生而特别眷顾"这句话？

四、实训题

查阅相关法律文献资料，将表8-2填写完整。

表8-2　三种企业法律形式

项目	有限责任公司	合伙企业	个人独资企业
法律依据			
责任形式			
投资者			
注册资本			
出资形式			
出资评估			
成立日期			
章程协议生效条件			
财产权性质			
财产管理使用			
出资转让			
经营主体			
事务决定权			
事务执行			
利亏分担			
解散程序			
解散后义务			

第九章

创业计划书

【本章提要】

本章分为四个小节：创业计划书概述、创业计划书编写、创业计划书检查与评估、创业计划书模板。认真学习本章节，将对创业计划书有一个整体清晰的了解，从最初的创业计划，到学习创业计划书撰写，最后学习检查与评估创业计划书。

【学习重点和难点】

学习重点：创业计划的内容、创业计划书的评估与检查。

学习难点：创业计划书的撰写。

引导案例

一份好的创业计划书带来的机会

长江大学小符是一名毕业研究生，本来可以在银行系统找到一份好工作的他，出于对创业的热爱，毅然决定留在荆州创业。在创业初期，他考虑到对学校的环境比较了解，选择了做校园广告媒体发放。在经过一年多的努力后，事业有了长足的进步，企业规模也越做越大，在荆州的知名度也越来越高。

虽然事业上有了起色，但不满足于现状的小符决定开辟新的战场，从事校园文化产品的开发与设计，这需要一笔不菲的资金，正在小符为资金短缺而苦恼的时候，一个机会到来了。

原来，在 2015 年，湖北省荆州市为了鼓励青年人才创新创业，特举办一次创新创业大赛，赞助商是荆州市农商银行。小符作为实践组的选手参加了比赛，比赛的一个重要内容就是撰写创业计划书。

为了写好创业计划书，小符废寝忘食，不断推敲，从市场调研、市场分析到撰写创业计划书，小符都亲力亲为，有不懂的地方就向长江大学的创业指导教师请教，花费了近半年的时间，一份创业计划书方写成。

综观这份计划书，结构和内容都很完整，基本上涵盖了企业经营管理的方方面面，市场调查内容翔实、分析到位，目标客户群明确，财务分析也很到位，在创业计划书中对企业如何发展有明确的规划和具体实施方案。整个创业计划书近 200 页，包装也很精美。

最后在近 200 份作品中，小符的作品获得了比赛第二名，除了得到 2 万元的现金资助外，他还得到了荆州市农商银行 50 万元的授信额度。

赛后，小符同学说，本来只是想写好创业计划书，为自己企业的发展提供一个参考，然后通过参加比赛，增长一下见识，为企业做下宣传，没想到不但获了奖，还得到了银行的青睐。看来，一份好的创业计划书是多么的重要啊！

（资料来源：笔者收集整理）

问题：创业计划书应包括哪些内容？撰写计划书有什么重要意义？

第一节　创业计划书概述

本节重点是了解创业计划，认识创业计划书，初步掌握将创业想法向实体化、项目化方向转化的概念，为形成整体商业计划及撰写商业计划书提供思路。

一、创业计划书的含义

创业计划书，又称商业计划书，是创业者将有关创业的想法最终落实在书面上的内容，是对构建一个企业的基本思想及对企业创建有关的各种事项进行总体安排的文件。创业计划书是吸引投资者以获得资金的一个基本性文件，为了达到融资的目的或者其他发展目标，在经过前期项目调研、项目分析、盈利模式设计后搜集与整理有关资料，全面展示公司和项目目前状况、未来发展潜力及投入产出计划的书面材料。创业计划书的质量，往往会直接影响创业发起人能否找到合作伙伴、获得资金及获得其他政策的支持。创业计划书是创业者叩响投资者大门的"敲门砖"，一份优秀的创业计划书往往会使创业者达到事半功倍的效果。

创业计划书主要探讨以下问题。

(1) 分析创业环境，确定创业所面临的主要机遇。

(2) 分析和确定企业发展目标，明确相关的营销发展策略和商业模式。

(3) 分析确定企业产品或服务相比竞争者所具有的优势。

(4) 确定企业实现发展目标所需的资源及其获取方式。

(5) 确定企业的财务管理和资本运营模式，分析企业控制经营风险的主要措施。

(6) 展示出色的管理团队和优秀的企业文化。

创业计划书有别于项目建议书或者项目可行性报告，它要求对项目进行全面阐述，更具有操作可能性，更需要突出市场空间和投资回报。

二、创业计划书的分类

(一) 根据创业目标

根据创业目标的不同，可以将创业计划书分为个体经营创业计划书和公司企业创业计划书。

个体经营创业计划书的内容构成可相对简单一些，侧重于介绍产品或服务、分析区域内的市场需求、厘清经营思路及竞争战略、制定店铺经营发展规划等几个方面。它不以融资为主要目的，而是用于帮助自主经营店铺或加盟连锁店铺的创业者科学、理智地投资，提高创业成功的概率。

公司企业创业计划书的首要作用是获得风险投资，因此，其内容构成应该详尽、真实、完备。这既是实现融资目的的需要，也是法律法规的要求。按照证券法等相关法律规定，风险企业必须以书面形式披露与企业业务有关的全部重要信息，如果披露不完全或不客观，当投资失败时，风险投资人有权收回其全部投资并起诉企业家。

(二) 根据创业计划书的受理对象

根据创业计划书的受理对象，可以将创业计划书分为以下四类。

1. 申请银行贷款类

如果撰写创业计划书，是为了申请到银行贷款，那么在撰写此类创业计划书时，内容除了要涵盖普通计划书基本的内容之外，还要重点写好以下几点。

(1) 说明产品和服务具有良好的市场前景，企业的经营管理制度规范。

(2) 明确创业项目具有较高的盈利水平，资金运营是安全的，风险是可以控制的。

(3) 强化说明创业者具有较好的还款能力，并制订详细的还款计划。

2. 寻求风险投资类

目前，国内外风投资金充裕，寻求风险投资一直是大学生创业者寻求资金援助的最佳途径。在撰写此类创业计划书时，首先要了解风险投资人的投资重点领域，了解风险投资基金的相关资金和具体内容。在撰写创业计划书时，最主要的是要让风险投资人通过创业计划书看到创业者的项目具有良好的市场前景。

3. 参加创业计划赛类

目前，为了提高大学生的创业意识，培养大学生的创业精神，国家和地方政府、企业往往会举办各种创业计划竞赛，重点是要考察大学生的创新精神。这类创业计划书首先条理要清楚，结构要规范，内容要丰富，产品必须具有良好的创新性，最好有专利技术，市场调查要很翔实，市场分析与预测要精准。当然，从目前创业计划竞赛来看，也有很多风投关注，因此在写此类创业计划书时，要有良好的市场竞争意识，争取能够得到风投的支持，让创业计划竞赛能够有更多的收获。

4. 自主创业类

对于自己创业、自己投资的创业者来说，在撰写创业计划书时，可以把自己的所有设想写到计划书里。为了便于实践，这类创业计划书往往会借助各种各样的表格，创业步骤一目了然，以成为创业者今后创业的依据蓝本。

三、创业计划书的作用

创业计划书具有两个最基本的功能：一是为创业者、创业管理团队和企业雇员提供一份清晰的关于新创企业发展目标和发展战略的说明书；二是为潜在顾客、商业银行和风险投资家提供一份推销新创企业的报告。在制订创业计划书的过程中，创业者会对产品(或服务)、市场、财务、管理团队等进行详细分析和调研，这有助于创业者及早发现问题，进行事前控制，帮助创业者找出那些影响新创企业成败的关键因素，这是创业者对新创企业进行再认识的一个重要过程。创业计划书发展至今，已经由单纯地面向投资者转变为企业向外部推销宣传自己的工具和企业对外部加强管理的依据。其作用具体表现在以下几个方面。

(1) 使创业者整体把握创业思路、明确经营理念。创业计划书是创业者为自己开拓事业而量身定制的一面镜子，在撰写过程中，创业者必须理性分析和全面审视自己的创业计划和思路，明确经营理念，以避免因企业破产或失败而可能导致的巨大损失。另外，在研究和编写创业计划书的过程中，经常会发现经营机会并不完全与所期望的一样，此时，创业者会根据实际情况采用不同的策略使创业活动更加可行。只有对创业前景拥有清晰认识，才能更好地开展创业活动。

(2) 帮助创业者有效管理新创企业。在创业过程中，各种生产要素是分散的，信息是凌乱的，创业者在撰写计划书的过程中，可以厘清思路，更好地找到企业运行各个程序的连接点，实现资源的有效整合和利用，形成完整流畅的商业运作计划。创业计划书既提供了企业全部现状及其发展方向，又提供了良好的效益评价体系及管理监控标准，使创业者在管理企业的过程中对企业发展中的每一步都能做出客观的评价，并及时根据具体的经营情况调整经营目标，完善管理方法，最终达到创造和形成商业利润。

(3) 宣传本企业，聚集人才。书面的创业计划是新创企业的象征和代表，它使创业者与外部企业的组织及人员得以良好的沟通，是企业进行对外宣传的重要工具。通过一份优秀的计划书，能让投资者看到企业发展潜力，也能吸引志同道合的人一起加入创业的团队中。一份优秀的创业计划书的功能具体表现在：①寻求战略性合作伙伴和签订大规模的合同；②吸收优秀管理人员；③吸引对创业计划感兴趣的单位赞助和支持。

(4) 实现创业计划的融资需求。创业计划书是创业者寻求资金来源的名片，一份准备充分的创业计划书能够帮助新创企业获得商业银行的信任，从而有助于新创企业得到优厚的信贷条件。各类投资者和债权人通过创业计划书能够了解新创企业的产品(或服务)、管理策略、市场规划、盈利预测等，增进对新创企业产品或服务的类型、市场性质，以及对创业者及其管理团队素质的认同，从而决定是否有必要进行合作。因此，创业计划书对于在新创企业与各类投资者及商业银行之间建立起良好的关系具有重要作用，创业者须在新创企业项目启动的初期使用创业计划书来激起投资者的兴趣。

刘星的创业计划

刘星毕业于某著名大学的设计学专业，经过多年的研究，他在老人的绿色辅助产品设计方面取得了一定的研究成果，该系列产品如果在市场中得到推广，前景将会非常广阔。于是他便辞职准备自己创业，做自主品牌的老人绿色产品。但是，由于多年的积蓄都用在了产品研发上，在注册完公司组建完团队后，发现实际的产品推广营销需要庞大资金，同时也需要有一定的产品储备。无奈之下，刘星想到了融资，希望通过引入风险投资解决最大的推广营销及产品储备问题。

为了做好融资的相关工作，刘星联系了不少中介机构。在多次洽谈中，刘星不断强调他的产品核心竞争力与市场需求，无法回答投资人所关注的一些问题(如目标市场容量有多大，具体的目标客户是谁，投资后年回报比有多高等)，同时作为一个技术型创业人才，刘星对这些不屑一顾，自然也无法提供相关数据。因此经过多轮下来，尽管他有着自己的核心技术与一定的市场前景，但始终没有获得投资意向。

失望的刘星在一次偶然的机会回到了母校参与创业分享会，其中一位创业大咖的一句话点醒了他："创业讲究的是商业逻辑，而产品或者项目的核心技术、市场、竞争这些都只是逻辑中的一部分，因此项目只要是符合投资人的商业逻辑、创业逻辑，就有一定的机会获得融资。而逻辑的体现就是商业计划书，因此，商业计划书应该是洽谈融资或者说创业的第一步。"于是，刘星在咨询了专业的风投公司后，从公司的发展宗旨与目标出发，对公司的核心技术、系列产品、市场情况、营销推广、财务与融资等方面进行了调研分析，完成了商业计划书的撰写。三个月后，他带着创业计划书与产品样机参与了几次风投洽谈会，在不久后与一家风险投资公司达成了投资协议，产品顺利进入市场。

目前，刘星的系列老人产品年销售利润已达到 500 万元。回想往事，刘星感慨地说："如果在一开始就明白创业计划书的重要性，我一定可以避免资金不足导致的产品推广营销及库存的问题，那么就可以更快地获得融资抢占市场。在撰写商业计划书的过程中，我不断梳理自己的商业逻辑。现在我已经彻底从一个技术男、设计男变成了一个创业者、一个真正的创客。"

【分析】

在本案例中，刘星作为一个具有非常好的市场前景的产品开发者，具备自己的核心技术，其创业优势明显。但是，由于他的认知不足，没有正确认识创业计划书，导致他在两个阶段出现了问题：一是创业初期由于缺乏商业逻辑，创业预算严重不足，导致了面临资金困境；二是在寻求融资阶段，无法令投资者信服，错过了不少融资机会，间接延长了产品周期。

在现实生活中，像刘星这样的"工科男"其实很多，他们有过硬的专业本领，有自己的专业技术，有火一样的创业热情，但对如何创办企业，如何吸引风险投资，却缺乏起码的了解，对创业计划书也缺乏应有的重视。

刘星后期的创业成功证明，他的创业项目是可行的，他初期融资屡屡受挫折的原因，就是因为他缺少一份像样的创业计划书。对大多数创业者来说，一份具有可行性的创业计划书，是融资最起码的条件。而创业计划书的撰写过程，也是创业者了解市场和对创业项目进行更深入思考的过程。

结合本节所学知识回答下述问题：

1. 通过本案例，刘星初期融资屡屡受挫的原因是什么？
2. 你认为创业计划书会对创业者融资有哪些帮助？

第二节　创业计划书的编写

本节重点是创业计划书编写，学习计划书的编写原则与基本内容，了解编写过程中的注意事项，从而掌握创业计划书的编写技巧。

一、创业计划书的编写原则

一份好的创业计划书必须呈现竞争优势与投资者的利益，同时也要具体可行，并提出尽可能多的客观数据来加以佐证。而如何避免计划书"石沉大海"，必要的原则是需要掌握和运用的。

(1) 市场导向。利润来自于市场的需求，没有对市场进行深入的调查和分析，所编写的创业计划书将会是空泛的。创业计划书应该以市场导向的观点来撰写，充分体现对市场现状的掌控和对未来发展趋势的预测能力。

(2) 开门见山。创业计划书应该避免那些与主题无关的内容，要开门见山、直切主题。风险投资家没有时间，也不愿意花过多的时间来阅读一些对他来说毫无意义的东西。这种开门见山的写法比较容易引起投资者的注意和兴趣，提高融资成功的把握。

(3) 清晰明了。创业计划书应该把自己清晰明了的观点亮出来。如果读完整份计划书都没有发现创业者明确的观点，整个方案模糊不清，那么别人是不可能产生兴趣的。

(4) 观点客观。不要用大量的形容词来吹嘘，计划书中所有内容必须实事求是，特别是财务计划，不能夸大其词，必须事先进行大量的调查和科学分析。

(5) 通俗易懂。计划中应该尽量避免技术性很强的专业术语，毕竟专业术语不是谁都可以看得明白的，而且风险投资者更关心计划能为企业创造多少价值。过多的专业术语会影响到读者的兴趣，让他们觉得太深奥。即使不得已要使用专业术语，也应该在附录中加以解释和说明。因为创业计划的内容复杂繁多，容易出现前后不一、自相矛盾的现象，一旦出现这种情况，则让人很难明白，甚至对计划产生怀疑。所以，列出的数据和事实一定要前后一致，互相之间没有冲突。

(6) 突出优势。突出创业计划书的卖点，这需要在计划书中呈现企业的竞争优势、创业者强烈的企图心、目标一致的管理团队、独一无二的技术优势、对市场的清晰认识等，但同时也应该说明可能遇到的风险或威胁，不能只是强调优势和机遇而忽略不足与风险。

(7) 循序渐进。创业计划书不是一个简单的计划书，它是指导企业运行的管理工具。在创业初期，计划书主要的功能是吸引投资者和顾客，但这并不意味着计划书只是用来吸引到投资者和顾客，还要在计划书中确定企业的目标和具体措施，以指导企业未来的工作。创业计划书的内容非常繁多，编写时应该注意逻辑性，遵循循序渐进的原则，不能奢求一气呵成，更不能杂乱无章。

二、创业计划书的编写注意事项

那些既不能给投资者以充分的信息，也不能使投资者产生投资想法的创业计划书，其最终结果只能是被扔进垃圾箱里。为了确保创业计划书能"击中目标"，编写创业计划书时应注意以下几个方面。

(1) 创业计划书的语言要简练、规范、专业；财务分析要形象直观，尽可能采用图标描述；创业计划书要有索引和目录，使投资者可以很容易地查阅每个章节。

(2) 每一份创业计划书都应有自己的特点，要突出创业项目的独特优势及竞争力。另外，要注意创业计划书中所使用资料的时效，制订周期长的创业计划应及时更新有关资料。

(3) 创业计划书包含内容多、涉及面广，因此，创业小组要分工协作，最后由组长统一定稿，以免在创业计划书中出现零散、不连贯、风格不一致等问题。

三、创业计划书的关键要素

创业者提供的产品和服务千差万别，创业环境也变幻莫测，因此创业计划书不可能一成不变，但出色的计划书有相似的核心内容，以便投资者和其他创业者快速获得有效信息。一般来说，出色的创业计划书主要有以下六个关键要素，可以用 6C 概括。

(1) 概念(concept)。说明自己创业的主体是什么，明确企业所提供的产品或服务的特性及未来的市场发展前景。

(2) 顾客(customers)。明确企业产品或服务所适合的客户群体类型，了解客户的需求和购买特点，并对潜在的客户群体特征做出判断，预测市场销售情况。

(3) 竞争者(competitors)。明确所选择的创业项目有哪些竞争者，例如该项目是否有人从事，若有从事者，要充分了解其情况，做到知己知彼，百战不殆。

(4) 能力(capabilities)。创业者本人的能力从根本上决定了企业的发展态势，因此在创业初期，创业者必须进行深入客观的自我分析，以便构建互补型的团队以弥补个人能力的欠缺，同时设定能力成长目标，通过自身的进步带动企业的良性发展。

(5) 资本(capital)。资本可以是现金，也可以是资产，或者是可以换成现金的东西。资本在哪里，有多少，自有的部分有多少，可以借贷的有多少，创业者要很清楚。当拥有充足的启动资金时，要如何合理使用这些资源，以最大限度地发挥资源的整合效益。

(6) 永续经营(continuation)。当事业在起步阶段良性发展时，创业者要为进一步的持续发展做出规划，同时，也要学会处理和面对风险，避免将过多的经历耗散在非关键风险上面。

创业贴士

创业计划书的基本结构

创业计划书作为与利益相关者沟通的桥梁和媒介，需要一步一步地向投资人证明项目的可行性、盈利性。因此，创业计划书在结构上必须层次分明、环环相扣，让投资人能够很清楚地看到：你为何要冒风险，花精力、时间、资源、资金去创办这个企业?你为什么需要这么多资金? 为什么投资人值得为此注入资金?要实现上述目的,创业计划书在基本结构上需要具备 6M 和 6C。

6M 指的是以下几点。

- 商品(merchandise)：所要卖的商品与服务最重要的那些利益是什么？
- 市场(markets)：要影响的人们是谁？
- 动机(motives)：他们为何要买，或者为何不买？
- 信息(messages)：所传达的主要想法、信息与态度是什么？
- 媒介(media)：怎样才能达到这些潜在顾客？
- 测定(measurements)：以什么准则测定所传达的成功和所要预期达成的目标？

6C 指的是以下几点。

- 概念(concept)：在计划书里能让阅览者很了解企业生产的物品或服务。
- 顾客(customers)：明确顾客的范围，即是产品的市场定位。
- 竞争者(competitors)：利用波特五力模型分析。
- 能力(capabilities)：强调的是创业团队的能力。
- 资本(capital)：资本可以是现金也可以是资产，这部分计划需要详细制订。
- 永续经营(continuation)：未来计划的制订，随时检查、随时更正。

四、创业计划书的编写步骤

(一) 资料准备

以创业计划书总体的框架为指导，针对创业目的和宗旨，搜寻内部与外部资料，包括创业企业所在行业的发展趋势、产品市场信息、产品测试和实验资料、竞争对手信息、行业同类企业财务报表等。资料收集分为实地调查和二手资料收集两种方式。与此同时，也要搜集和整理其他创业成功者的创业计划书案例，借鉴他人的成功经验，有针对性地准备自己的创业计划书。

(二) 创业构思

在分析自身条件和了解创业计划的基础上，创业者可对创业项目做初步的构思和选择，即选择创业的切入点。

(1) 环境分析。环境分析主要包括宏观环境分析和微观环境分析。宏观环境指的是能对企业活动产生强制性、不定性和不可控因素的影响因素，如要充分了解国家政策是鼓励发展，还是限制发展。微观环境是实际上直接制约和影响企业活动的力量和因素，如供应商、企业内的各个部门。创业者必须学会规避风险，找到发展的机遇，获得创业的先机。

(2) 产品和服务定位。好的企业建立在好的创业构思上，而好的创业构思则建立在市场需求和服务开发上，所以创业者在开拓自己的事业前，需要明确产品或服务的定位，根据市场的需求设计开发具有价值的产品或服务，才能牢牢把握住市场的发展趋势。

(三) 市场调研

确定创业构思之后，要详细调查和论证产品或服务是否符合市场需求，从而明确市场需求和自我定位。可以尝试思考并回答如下问题。

(1) 如何向顾客提供有价值的产品或服务？
(2) 给顾客提供的商品会被其他商品轻易代替吗？
(3) 市场上确定有这种需求吗？竞争对手的情况如何？
(4) 产品或服务处于什么样的阶段？市场前景如何？
(5) 确定本企业是最适合的产品或服务的提供者吗？

(四) 方案起草

根据创业构思和市场调研的结果，对企业信息、产品或服务信息、管理团队、商业模式、营销策略、市场分析及风险管理、发展规划、财务规划、融资需求及资金用途等内容进行全面编写，初步形成比较完整的创业计划方案。

(五) 检查更新

对计划书的格式、文字、内容进行检查和修改，使其更加符合创业计划书的规范，并对计划书进行提升和提炼，从而进一步厘清创业思路，夯实创业准备工作。

完成一份创业计划书并不意味着一劳永逸，在实际操作过程中，由于环境、市场的变动，要经常对计划书进行更新，确保计划书的时效性、真实性和完备性，以备不时之需。

五、创业计划书的内容

对于一个新创办的企业来说，创业计划书所反映的是企业的现实需要和需求，体现的是创业者及其经营团队的创业理念和创业目标，表明的是企业的发展方向和产品或服务的市场潜力等。因此，创业计划书是汇集整个经营团队的思想和智慧而写出的真实想法，对创业企业将来的发展起指导作用。创业计划书一般包括如下内容。

(一) 封面

封面中包括创办企业的名称、地点、性质及创办者的姓名、电话等内容。封面是客户或投资者最先看到的,因此要从审美和艺术的角度去设计,力求达到最佳的视觉冲击。当然也要兼顾内容,不能因为漂亮的封面而忽视了封面上的文字。好的封面会使阅读者产生亲近感,使之有兴趣继续看下去。

一般排版格式如下:

编号:××-××-××

密级:秘密(或机密、绝密)

标题:××××创业计划书

创业团队及分工:(一般来说创业团队包括总负责人、技术人员、市场营销人员、财务人员等。)

时间:××××年××月××日

标题体现核心主体,密级体现项目的保密程度和策划者的保密意识,编号体现档案管理水平。建议封面单独成页。根据项目的内容和对象不同,封面可进行适当包装(如硬皮面、塑料皮封面等),以体现计划书的质量、实力和风格。一般来讲,封面上无图案是比较好的。但对于承接工程建设项目类的商业计划书,也可把设计的造型或已有的成果作为背景,以突出主题。

(二) 目录

封面下面有必要做一个目录表,这样可以使创业计划书条理更清晰,也便于阅读者查找相关内容。当做好创业计划书以后,要重新编排页码。

(三) 计划摘要

摘要是整个计划书最前面的部分,它浓缩了整个创业计划书的精华,是阅读者了解整个计划书最直接的部分。所以,它必须涵盖计划书的全部要点,内容上要简洁、一目了然,使阅读者在最短的时间内评审计划并做出判断。

摘要一般包括以下内容:企业介绍、产品或服务范围、市场概貌、营销策略、生产管理计划、管理者及管理方式、财务计划、资金需求状况等。

在计划摘要中,创业者必须回答以下问题。

(1) 企业所处的行业、企业经营的性质和范围是什么?

(2) 企业主要产品的内容是什么?

(3) 企业的市场在哪里?谁是企业的顾客?他们有哪些需求?

(4) 企业的合伙人、投资人是谁?

(5) 企业的竞争对手是谁?竞争对手对企业的发展有何影响?

大学生创业计划书的摘要内容应有鲜明的特点。例如,在介绍企业时,首先要介绍创办企业的思路、思想等,要让阅读者感受到大学生创业的独特之处,并通过对市场的调查,说明企业产品或服务的市场价值及潜在市场，结合现有市场产品或服务的市场环境，用自己的创新思想使阅读者对产品或服务感兴趣。摘要内容还应尽量简明、生动，特别要说明本企业的不同之处及企业获取成功的市场因素。

(四) 产品或服务介绍

在进行投资项目评估时，投资人最关心的问题之一就是企业的产品、技术或者服务能否，以及在多大程度上解决现实生活中的问题，企业的产品或者服务能否帮助顾客节约开支、增加收入。因此，产品介绍是创业计划书中不可缺少的一项内容。

一般而言，产品介绍应包括以下内容：产品的概念、性能及特性，产品的市场竞争力，产品的研究和开发过程，发展新产品的计划和成本分析，产品的市场前景预测，产品的品牌和专利。在这一部分，创业者要对产品或服务进行详细、准确的说明，同时也要通俗易懂，使非专业的投资者也能看明白。产品介绍一般都要附上产品原型、照片或其他介绍，可以主要围绕以下问题展开。

(1) 企业的产品或服务能为顾客解决什么问题？

(2) 与竞争对手的产品或服务相比具有哪些优劣势？顾客为什么要选择本企业的产品或服务？

(3) 企业为自己的产品采取了何种保护措施？拥有哪些专利、许可证，或已与申请专利的厂家达成了哪些协议？

(4) 企业的产品或服务定价如何保证企业的利润？

(5) 企业采取何种方式去改进产品的质量、性能？对开发新产品有哪些计划？

(五) 市场分析

这部分的内容是创业计划书中比较重要的部分，也是阅读者比较关注的内容，一般情况下，要占据较多的篇幅。市场分析重点要做好以下工作。

(1) 市场环境分析。主要明确产品或服务市场的现有情况及态势，详细了解竞争对手情况及顾客和供应商特征等。

① 市场情况分析。主要是通过对目标市场的调查，明确这一市场的规模、增长趋势和特点，确定新创企业在这一市场是否有足够大的发展潜力、发展空间，是否会吸引其他企业大批加入而导致竞争进一步加剧。

② 竞争情况分析。从竞争对手的现状，包括数量、构成等数据，显示新创企业在这一行业立足的可能性，以及通过何种途径闯出立足之地。分析自己的优劣势分别在哪里，如何保持优势和弥补劣势，保持优势的资本是什么。

③ 顾客分析。确定企业产品或服务的目标市场顾客，即分析企业的产品或服务会被哪些人所接受，这些人数量有多大，潜在消费群有多大，这些分析将为企业制订营销计划提供依据。

④ 供应商分析。这里的供应商是指与新创企业有联系的关系单位或长期合作单位，要对其进行实力、信用、价格等方面的评估，在此基础上选择合适的供应商。

在介绍市场环境时，要充分体现大学生对市场调查结果的综合运用，不但要分析调查数据，更要从数据中分析出自己企业的潜在优势，让数据为企业服务。

(2) 企业的市场定位、目标市场及市场细分分析。必须明确了解自身企业和产品，清楚企业的市场定位，知道企业将要达到一个什么样的高度，树立一定的目标才能激发自己更好地前进。

(3) 企业自身的优势、劣势、机会、威胁分析。为了便于理解，一般情况下使用 SWOT 分析工具进行企业优势、劣势、机会、威胁分析，以便于制定企业的发展策略，也使得创业计划书更具有实践操作性。

(4) 消费者购买行为分析。明确消费者的主要特点及他们的购买动机、购买方式和购买渠道，这有利于企业开发相应的产品和服务和制定相应的营销策略。

(六) 企业和团队介绍

这部分主要包括企业目标、经营团队及创建后企业的基本情况等。

(1) 企业目标及形态。企业目标即通过对市场的了解，确定新创企业的市场目标，也就是产品或服务的领域、目标顾客、企业所要达到的预期目标等。企业形态也就是企业的法律形态，如合伙制、股份制或是个体工商户。

(2) 经营团队。计划书中对经营团队的介绍要包括团队的构成(包括成员的年龄、学历、经历、业绩和专业特长等)、各自所承担的任务、每个成员对自己的客观评价、如何弥补团队中可能存在的不足等。对团队成员的介绍，一定要真实、客观，特别要突出各成员在前期市场调查中所做出的成绩，以表明个人和团队的工作能力。创业者的素质和技能是投资者评价创业计划的一个重要内容，因为创业者是新创企业能否在市场竞争中生存的关键。

(3) 创建后企业的基本情况。企业的基本情况包括名称、法律形式、注册资本、经营场所、资本结构等内容，这些内容旨在使阅读者对成立后的企业有个基本了解。除此之外，还有以下三个方面值得注意。

① 在明确企业生产目的后，将各部门的职权划分及负责人基本情况通过一定方式(如组织结构图)描绘出来，并表明其相互关系，应尽可能明确研发、生产、营销、财务等职能部门的划分及其职权与职责。

② 规定企业组织制度和企业文化。通过企业组织制度和企业文化，可以规范企业员工的行为，明确相互之间的分工合作关系。特别是在市场经济环境下成长起来的企业，更应特别注重对企业文化的培养，好的企业文化对于企业的发展方向和企业员工的凝聚力以及保持创新、创业的精神都具有十分重要的作用。

③ 明确企业人力资源管理和发展计划。人力资源是企业的生存之本，企业要为其提供良好的发展空间，为其能力的发展提供广阔的平台，为其进一步深造提供机会。这一切都要在计划书中体现出来，既要为吸引优秀人才打下坚实的基础，又要为留住优秀人才做好充分的准备。

（七）营销策略

在确定产品或服务的目标市场和目标顾客以后，创业者就要制订营销计划。营销是企业最富挑战性的环节，现代社会中，制订营销计划是在对市场进行全面分析的情况下完成的，一般采用态势分析法，即 SWOT 分析法。

SWOT 分析法是指与机会(opportunities)和风险(threats)相关的优势(strengths)和劣势(weaknesses)。优势和劣势是针对企业及其产品而言的，而机会和风险则通常指企业难以控制的外部因素。SWOT 分析法主要是把握企业及其产品或服务的优势和劣势，明确所存在的风险及在市场上获取成功的机会。在此基础上，考虑如何努力发掘优势，克服劣势，把握机会，规避风险。

一般而言，营销策略主要包括以下几个方面。

(1) 营销环境分析，进行 SWOT 分析。

(2) 确定目标市场客户，进行 STP 战略分析。

(3) 制定产品决策，包括相应的服务策略。

(4) 制定价格决策。

(5) 制定销售渠道决策。

(6) 制订促销计划，制定广告策略。

（八）生产运作计划

生产运作计划应该包括以下内容：产品制造和技术设备现状；原材料、工艺、人力等安排；新产品投产计划；技术提升和设备更新要求；质量控制和质量改进计划等。

(1) 生产资源需求。确定创办企业的相关资源，如土地、厂房、设备、技术、管理团队等，并且根据实际情况的改变进行追加或者减少，需要列出拟创企业的生产资源需求计划及相应的资金需要计划。

(2) 生产活动过程。创业计划书需要对整个生产流程进行介绍，并明确企业的着重点——拟创企业是包揽所有环节还是只是从事部分环节，员工是否具备生产所需的技能，以及拟创企业是否已经掌握成熟的生产工艺。

(3) 生产目标控制。不仅包括产量目标，还包括企业为保持竞争优势应达到的质量控制目标和成本控制目标。

（九）财务计划

财务计划是创业计划书中最为重要的部分，一份好的经营计划概括地提出了在筹资过程中创业者需要做的事情，而财务计划是对经营计划的支持和说明。在创业初期，资金的筹措是非常关键的，也是验证创业计划可行性的关键步骤。创业项目的经济效益是衡量投资回报的重要依据，同时要对企业未来的财务状况做出分析与预测，并提供足够的证据对所做的计划和分析予以支持。

财务计划需要花费大量的时间和精力做具体分析，包括现金流量表、资产负债表及损益表等。作为创业企业来说，现金流量表是投资者最为看重的，因为资产负债表和损益表都是企业创办并经营一段时间后的运营情况反映。一般来说，财务计划包括以下内容。

(1) 成本项目构成及预测。对大学生来说，预测成本不是一件容易的事。最好的办法是参照同类企业的成本，再根据自己企业的实际情况计算。一般来说，新创企业都要把成本分为不变成本和可变成本两大类，其中不变成本是指那些在一定时期、一定业务量范围内固定不变的成本，包括固定场所的租金、企业的开办费、保险费、工商管理费、折旧费等。可变成本是指那些随着生产或销售量的变动而变动的成本，包括原材料费、水电费、燃料费、销售费用等。预测成本时，可以先按类别划分预算，然后相加求得总成本。

(2) 预测现金流量计划表。现金流量计划是以收付实现制为原则，综合反映一定期间企业现金流入、流出和结余情况的一种财务计划。预测现金流量表，搞好资金调度，可以最大限度地提高资金使用效率，避免出现现金短缺的威胁。在市场经济条件下，现金流量情况在很大程度上决定着企业的生存和发展能力。预测现金流量计划表，还可以使潜在投资人据以评价新创企业或拟投资项目未来的现金生成能力、偿还债务能力和支付投资报酬的能力。投资者最为关心的是资金如何使用；企业经营一段时间后，是否有足够的流动资金支付日常生产经营和扩大生产规模所需的费用，是否有资金支付投资者的股利等。现金流量计划提供的信息恰好能满足潜在投资人的这些需求。

着眼于一项新技术或创新产品的企业不可能参考现有市场的数据、价格和营销方式。因此，它要自己预测所进入市场的成长速度和可能获得的纯利，并把它的设想、管理队伍和财务模型推销给投资者。而准备进入一个已有市场的风险企业则可以很容易地说明整个市场的规模和改进方式。风险企业可以在获得目标市场信息的基础上，对企业头一年的销售规模进行规划。

企业的财务规划应保证和创业计划书的假设相一致。事实上，财务规划和企业的生产计划、人力资源计划、营销计划等都是密不可分的。要完成财务规划，必须明确下列问题：①产品在每一个期间的发出量有多大；②什么时候开始产品线扩张；③每件产品的生产费用是多少；④每件产品的定价是多少；⑤使用什么分销渠道，所预期的成本和利润是多少；⑥需要雇用哪几种类型的人；⑦雇用何时开始，工资预算是多少等。

(十) 风险与风险管理

创业是一个风险活动，良好的风险管理是创业初期能否成功和创业能否成熟的重要内容。风险管理中包括对风险的度量、评估和应变策略。理想的风险管理，是一连串排好优先次序的过程，使可以引致最大损失及最可能发生的事情优先处理，而相对风险较低的则押后处理。

创业计划书通常从市场风险、管理风险、技术风险和财务风险这四个方面展开，最常见的风险因素有以下几个方面：①经营期限短；②资源不足；③管理经营不足；④市场不确定因素；⑤生产不确定因素；⑥清偿能力不足；⑦对企业核心人物的依赖；⑧其他可能出现问题的地方。

一般来说，投资者最关心的问题主要有两点：一是创业者的商业创意、产品或服务是否具有唯一性；二是该公司的管理层能否胜任。因此，创业者在编写创业计划书的时候，一定要从这两方面着力分析。另外，获取利益是投资者的根本目的，及早收回资金是投资的前提，所以对未来收益的财务预测及设计风险资金的退出之路也是计划书分析的重点。

（十一）附件

创业计划书的附件是创业计划书非常重要的组成部分，切不可掉以轻心。附件的内容往往关系到创业计划书是否真实可信。完备且具有说服力的附录，是支持创业计划书观点的重要论据，也是增强投资者信心的重要武器。一般而言，附录主要包括以下内容。

(1) 专利及专利授权书，专利可以反映出你的产品或服务具有技术上的优势。
(2) 市场调查表和调查报告，用于证明你的产品或服务是具有市场前途的。
(3) 获奖证书，反映出你的产品和服务在市场上具有良好的形象和口碑。
(4) 订货合同书，反映出你的产品和服务已经具有了一定的客户基础。
(5) 支持本团队创业证明，反映出创业环境对你而言是非常有利的。

六、创业计划书的编写技巧

一台戏如果情节生动有趣，剧本却拙劣苦涩，那么这台戏真正上演时也会索然无味。创业计划书的写作也是如此，唯有形象有趣才能吸引更多的人参与和支持。

要使创业计划书引人入胜，在写作时可以想象一下剧本所采用的有关手法。剧本为了使读者一开始就进入入迷的状态，常常开始就制造一个悬念或描述一件使读者感兴趣的事件，一气呵成地提高观众的情绪，并且将这种气氛贯穿全剧。在这种气氛中，随着故事情节的进展，将剧情蕴含的意义及主题传达给观众。在创业计划书的写作中同样也可以运用这种技巧。

可信性、可操作性及说服力是创业计划书的生命力所在，也是创业计划所追求的目标。因此，在编写创业计划书时应十分注重可信性、可操作性及说服力。

下面介绍在创业计划书编写过程中，常用的一些基本技巧。

（一）要有一个精彩的开头

好的创业计划书都有一个共同的特点，就是有一个精彩的开头。在创业实践中，一个风险投资公司往往都要收到数以百计的、各式各样的创业计划书，其中，往往只有几份能够激发他们继续读下去的兴趣，所以，你的开头部分必须引人注目。对整个策划书而言，最重要的是摘要部分，具体介绍到每一章。此外，引言部分也很重要，要用简洁的语言，对本章所写内容有一个精彩的概述。

（二）合理使用理论依据

要提高创业计划内容的可信性，更好地说服阅读者，就要为创业策划书的观点寻找理论依据。在适当的时候，使用理论依据，可以显示出作者良好的理论知识储备，以及将理论知识应用于实践的能力，会给阅读者留下非常专业的印象，这是一个事半功倍的有效办法。但在实践中，要防止纯粹的理论堆砌。

(三) 适当举例说明

在创业计划书中，加入适当成功与失败的例子既可以充实内容，又能增强说服力。在具体使用时一般以多举成功的例子为宜，多选择一些与本创业项目相类似的创业事例，以印证自己的观点，效果非常明显。为了说明自己的产品具有良好的市场发展前景和良好的口碑，在创业计划书的附件上可多提供一些产品用户使用情况的证明材料。

(四) 充分利用数字说明问题

创业计划书是为了指导企业创业实践，必须保证其具有高度的可靠性。创业计划书的内容应有理有据，任何一个论点最好都有依据，而数字就是最好的依据。在创业计划书中，利用各种绝对数和相对数来进行比较对照是绝对不可少的，而且各种数字都要有可靠的出处。因此，在创业计划书中，尽可能要多注明数据的具体来源。

(五) 运用图表，使内容视觉化

图表有着强烈的直观效果，并且比较美观，有助于阅读者理解策划的内容，用其进行比较分析、概括归纳、辅助说明等非常有效。创业计划书要形象生动，最好还应视觉化。所谓视觉化，就是将创业计划书中的内容尽量用各种图表、实物照片来表示，从而给阅读者以直观的印象。阅读者可能对整段整篇的文字没什么记忆，却容易理解各种图案、流程图、箭头及图形边的简短说明，而且记忆也深刻。

(六) 突出重点，切勿面面俱到

在计划过程中，过分贪求是要不得的，那样往往使一个创业计划书里面包含太多的构想。对于一个善于思考的人来说，就某个问题产生很多的想法是一个很大的优点，但如果把这些想法全都纳入计划之中，则是一件十分危险的事情。创业计划书中观点和想法太多，容易造成分不清创业策划的焦点和主体。同时，创业计划书中对市场规模的描绘不能过于宽泛。"我们想做市场规模的时候，一定要想到只有小的地方做好，将来才有拓展的可能。"因此，一个优秀的创业策划书编写人员一定不会贪心，他们会把构想浓缩。即使有很好的方案，只要与主题无关，就会删除。要记住：适当地舍弃是重要的技巧。

(七) 准备若干方案，未雨绸缪

当拟订创业计划书时，并没有硬性规定一次只能做一个方案。对于同一个主题，同时做出两个或三个创业计划书也是可以的。当然，有时编写者会过于自信，认为自己的工作是完美无缺的，但从企业的实践而言，在对创业策划书进行审查时，一定会有种种的意见出现，所以事先准备替代方案是明智的。

有经验的编写者会预测审查者可能提出的反对意见，或者了解他们的习惯，然后准备第二方案、第三方案。首先把第一方案提出，当反对意见出现时，你就可以马上说："事实上我也认为这有缺点，所以我还准备了第二套方案。"由于第二套方案已经改进了对第一套方案提出的意见，所以审查人员不得不赞成。更周到的编写人员还往往准备第三套方案，以防万一。总之，与其因第一方案遭否决而使自己全军覆没，倒不如事先准备好后备方案，使成功的概率大为提高。

（八）多站在读者的角度思考问题

在编写创业计划书的时候，一个重要目的就是要得到投资者的青睐，就是要适应别人阅读创业计划书的心理。过于自我，或者没有经过市场论证的创业计划书不容易打动投资者。

创业者的创业计划书要打动投资人，首先要在创业计划中给投资者留下一个自己对创业企业非常有信心的印象，创业团队在创业计划书当中应该占有一定的出资比例。如果连创业者自己都不出钱，那么也很难得到投资者的好感，这也是为什么提倡大学生创业者选择低成本或零成本创业的重要原因。

考虑到投资者非常关注商业模式和投资期的问题，我们建议在编写这些创业计划书时，对商业模式和投资期有一个明确的介绍。

（九）有效利用版面设计，增强感染力

创业计划书视觉效果的优劣在一定程度上取决于版面设计，故有效利用版面安排也是创业计划书撰写的技巧之一。版面设计包括打印的字体、字的大小、字与字的空隙、行与行的间隔、黑体字的采用以及插图和颜色等。优秀的版面设计能使创业计划书显得生气、突出重点、层次分明、严谨而又不失活泼。下面为大家介绍几个版面设计时常用的技巧。

(1) 标题可以分为主标题、附标题、小标题、标题解说等。通过这种简练的文字，可使创业计划书的内容与层次一目了然。

(2) 用空白突出重点。用空白处将某一部分分开以示强调，这是使创业计划书易懂的常用版面设计方法之一。在正文中调整段落的长度，使用列举等方法留出更多的空白处。

(3) 限制同一版面出现字体的数目。绝大多数的策划文案只使用 3 种或更少的字体，因为过于纷繁的字体会使版面显得过于花哨、喧宾夺主，且影响阅读速度。通常中文文字使用"宋体""黑体""楷体"等字体，英文文字使用 Times Roman、Palatino、Elite 等字体。字号使用"五号""小四号""11 号"等。

(4) 使用阴影突出、适度着色和其他点缀方式。色彩可以有效地突出重点，蓝色、绿色、紫色深受年轻读者的喜爱。但如果计划书方案只在普通打印机上输出，就不必着色，因为无法看出效果。另外，着色过多也会适得其反。

(5) 若使用识别符号来增加创业计划书版面的美感，最好在标题前加上统一的识别符号或图案，而不致给人以杂乱的感觉。

(6) 版面的排列、设计不应该一成不变。为了防止刻板老套，可以多运用图表、图片、插图、曲线图及统计图表等，并辅之以文字说明，增加可读性。

(7) 重视细节，完善创业计划书。细节往往被人忽视，但是对于创业计划书来说这些细节却十分重要。因此，在书写创业计划书时还应注意下面几个问题：①封面设计问题。

创业计划书封面包含的元素、色彩、排版往往体现了项目的特质与执笔者的审美素养，原则上以简约、清新的大众风格为主，但不同类型创业项目也可以选取不同风格的版式设计。②图、文、表搭配问题。由于创业计划书体现着创业者商业思维，因此在撰写关键内容过程中要通过合理的图、文、表搭配排版，让阅读者清晰理解创业者思路，切忌单纯使用长篇文字进行叙述。③基本语法问题。在撰写计划书过程中，应避免基本语法及词性使用错误问题，在描述核心内容或重要部分时可多用各类修辞手法加强展示效果。

(8) 避免出现错字、漏字。创业计划书中的错字、漏字会影响阅读者对策划者的印象。企业的名称、专业术语更不能出现错误。

(9) 一些专门的英文单词，差错率往往是很高的，在检查时要特别予以注意。如果出现差错，阅读者往往会以为是由于编写人本身的知识水平不高所致，这会影响其对创业计划书内容的信任度。

案例

只有一页纸的创业计划书

一、背景

在许多大咖投资人及专业风投机构看来，创业需要考察的是创业团队，更是创业领导者；是项目核心技术，更是项目核心竞争力；是市场需求，更是市场容量。总体而言，投资人需要通过了解创业计划书中的商业逻辑，去判断项目的可发展性。因此，在创业计划制订完成后，还需要创业者提炼商业逻辑与项目特色，形成一页纸的创业计划书，让投资人可以在最短的时间内看到商业逻辑。在一次投资洽谈会上，河北创业者李鹏凭着一份只有一页纸的创业计划书，吸引了在场所有投资人的眼球。在看了李鹏的创业计划书后，Lu. Hayes & Lee 合伙人公司(纽约的一家私募基金)的陆东先生等投资人，在会后都主动与李鹏交流，并纷纷表示对该项目很有兴趣。

二、案例(李鹏创业计划书内容)

(一) 产品名称

"发酵罐气液能量回收"

(二) 产品关键词

专利产品　　国内空白　　年节电 100 亿度　　政府强力推广

(三) 公司简介

我公司成立于 2005 年 8 月，从事节能节电业务，拥有自己的技术与知识产权，包括电机节电技术、发酵罐排放气液压差发电的多项专利。

(四) 项目简介

发酵罐排放气液压差发电与能量回收：发酵罐是药厂与化工厂企业普遍使用的生产工具，用量非常大，如华北制药、石药、哈药这样的企业，每家企业使用的大型(150 吨以上)发酵罐均在 200 台以上。因生产需要，发酵罐前端需要压气机给罐内压气，压气机功率一般为 2000～10000 千瓦，必须 24 小时运转，每年电费为 900 万～4000 万元，如果要满足发酵罐生产，需要多台压气机工作。所以，压气机耗电通常是这些企业很大的一项费用支出。经发酵罐排放的气流仍含有大量的压力能浪费在减压阀上，如安装我公司研制的"发酵罐排放气液压差发电与能量回收"装置，可以回收压气机耗费电能的 1/3 左右。

(五) 同行简介

目前该技术国际统称 TRT，应用于钢厂的高炉煤气压力能量回收。主要的供货商有日本的川崎重工、三井造船，德国的 GHH，国内的陕西鼓风机厂，年销售均达到 20 亿元以上。

(六) 进展简介

本项目关键技术成熟并已经掌握，我公司已经与某制药集团达成购买试装与推广协议，项目完成时，预计可以在该集团完成 5000 万元以上的销售。

(七) 优势简介

1. 我公司已申请该项目的多项专利。

2. 市场中先行一步，属市场空白阶段。

3. 符合国家产业政策，温家宝亲自担任节能减排小组组长，要求各地政府落实节能减排指标。该项目属于节能减排项目。

各地方政府有节能奖励：如"三电办"有 1/3 的投资补贴，制药集团可获得约 1600 万元政府补贴。

4. 可以申请联合国 CDM(清洁生产)资金(每减排 1 吨二氧化碳可以申请 10 美元国际资金，连续支付 5 年)。制药集团可每年节能 6000 万度，减排二氧化碳 6 万吨，可获得国际资金支持 300 万美元。

(八) 用户利益

1. 减少电力费用支出。以某制药集团为例，如全部安装该装置，一年可以节约电费 3000 万～3600 万元，收回投资周期少于 2 年。

2. 很少维护，无须增加人员，寿命在 30 年以上，可以为用户创造 15 倍以上的价值。

3. 降低原有噪声 20 分贝以上，符合环保要求。

4. 其他政府奖励。

(九) 目标用户与市场前景

本项目目前主要针对国内药厂、化工厂。从和某集团达成的初步协议看，集团内需求量约 100 套，而全国存在同样状况的有多家药厂，再加上许多化工企业也采用了相同或类似的生产工艺，均为我公司的目标市场。总市场预计在 100 亿元以上。

(资料来源：https://wenku.baidu.com/view/f81972b96294dd88d1d26b18.html)

【分析】

一个创业项目被认同的因素有很多，也很复杂，但离不开三个要素：一是有需求，二是有价值，三是有特点。在一般情况下，结构完整、内容翔实、数据准确的创业计划书更容易给投资者以信任感。但这样的商业计划书也存在一定问题，由于内容过细、篇幅较长，往往无法很精准地展现项目核心特色与优势。因此，在一些特殊情况下，简洁明了的一页纸的创业计划书，也许更容易吸引投资者的眼球，更容易给人留下深刻的印象。当然，最终决定能否获得投资的还是项目、团队及创业者在前期所做的准备工作。可是，如果在投资者没有足够的时间去看所有的创业计划书时，谁的计划书能够进入其法眼，谁才会有后面的机会。

为了加深对本案的理解，请回答下面两个问题：

1. 你认为一页纸的创业计划书具有哪些优势？
2. 看完本案例后，你对如何准备创业计划书有哪些新的想法？

创业贴士

XX 大学 XX 学院在创业大赛中积累的取胜诀窍

(1) 确定一个具备组织领导能力及人格魅力的项目负责人，组建一个包括掌握核心技术、企业内部管理、熟悉行业推广营销的人才团队；组建起来的团队成员每人都具备某一方面的能力，同时又能灵活、协调、有效地工作。

(2) 设计一个创业故事，从中贯穿项目的创业逻辑，说清楚项目背景是什么，为什么创业，团队怎么组建起来的，创业的宗旨、愿景、目标、价值观等问题。

(3) 开发出一种盈利模式，而不仅仅是一项产品与服务。"仅仅说明你的产品或服务的性质还不够，还要清楚地阐明谁、为什么、在哪里、什么时候、如何这些关键问题。技术方面的东西不论如何具体，都不能取代清楚明确的市场营销方案。"这是往届胜者的经验之谈。"你这是一件技术发明，而不是一种盈利模式"，评审专家在淘汰一项创意时如是说。

(4) 讲核心竞争力时，要注意从用户的角度分析痛点及项目价值，切勿只讲产品或者项目的核心技术与功能；讲市场分析时，要明确产品目标市场、目标用户及客户、市场容量及竞争情况。

(5)展示你有能力获得一种持续的、有竞争力的优势，如你能够设立市场进入障碍，或是拥有自主知识产权，使得对手无法夺取你的市场。"千万记住告诉评审专家们，哪些人是你的顾客，他们如何能够从你的产品或服务中得到好处。"一位往届评审专家如是说。

(6) 写作的文字要直接、中肯，记住评审专家会认真阅读你提交的文字。"要花费足够的时间和精力来撰写你的创业方案提要和创业方案全文，要竭尽全力，要严肃认真对待。"这是另一名往届胜出者的体会。

(7) 制定你的创业方案和时间安排时一定要实事求是、有根有据，注意避免好高骛远、不着边际。

(8) 评审专家如同潜在投资者，能够吸引他们的是你如何分析出一大片市场空间，他们喜欢的是潜力巨大、增长快速的业务。"如果你正在学到的是如何创造一项业务，那你就已获胜了。"

创业实训

一、实训导航

通过本节的学习，我们已经了解了创业计划的作用、基本结构、内容及信息搜集的方法。请根据所学来完成以下实训项目，建议项目 1 可在课堂上先由小组讨论，再集体讨论，而项目 2~5 可作为课后团队作业，在下一次上课时再进行汇报。

二、实训项目

1. 阅读本节所附的案例，围绕案例后的问题进行讨论并给出答案。
2. 根据本团队的创业构思，进一步开展市场调查，并撰写一份市场调查报告。
3. 围绕本节所介绍的创业计划的基本结构，思考本团队创业计划的 6M 和 6C。
4. 根据本节所介绍的创业计划的内容，撰写一份完整的创业计划书。
5. 将创业计划书拿给同学、家人、朋友、老师、专家们看，认真倾听他们浏览创业计划书之后的真实想法和建议。

三、方法策略

1. 深刻理解创业计划的内容，分析研究阅读对象，以便于更好地掌握创业计划书的写作目的。
2. 实地调查本团队创业项目的目标市场，进一步验证目的的可行性。
3. 撰写创业计划书前做好充分的背景资料调查，并向有经验的专家请教。

第三节　创业计划书的检查与评估

本节重点是掌握创业计划书的检查与自我评估办法，通过对计划书的自我审查反思创业计划中的不足，从而为修正创业实践提供依据。

一、创业计划书的检查

在创业计划书写完之后，创业者最好再对计划书检查一遍，一方面可以检查是否有些关键的内容遗漏，创业计划书是否准确表达自己的真实想法和意图；另一方面可以站在投资者的角度来看该计划书是否能准确回答投资者的疑问，争取投资者对本企业的信心。通常，我们可以按表 9-1 来检查我们的创业计划书。

表 9-1　创业计划书检查的内容

创业计划书的检查内容	具体内容分析
是否能够显示出经营管理经验	明确说明自己具有丰富的经营管理经验，即使我们缺乏，也要有相关的解决方法

(续表)

创业计划书的检查内容	具体内容分析
是否有完整的市场调查、市场分析与预测	让投资人相信你的市场分析是很扎实的，你的产品需求是真实可信的
是否有良好的资金运营方案和风险控制	让投资者相信你的资金运营是稳健的，风险是可控的
是否有技术创新、产品创新和市场创新	让投资者相信你的产品或服务有竞争对手所没有的核心优势
附件上的材料是否完备	附件上的材料是为了证明我们的计划书是可信赖的
是否在排版、文案写作上有瑕疵	排版、文案写作上的瑕疵会给投资者留下不快

创业计划书撰写人在检查创业计划书时，还要避免那些让投资者(或阅读者)感到担心或者不快的错误。以下是创业计划书中常见的错误(见表9-2)。

表9-2　创业计划书中常见的错误

序　号	错误表现	投资者(或阅读者)反应
1	创业计划书凌乱，不专业，逻辑性不强	他们就是一群业余人，不要多做指望
2	创业计划书花里胡哨	他们可能更重视表面工作，或许想隐瞒说明
3	产品说不清楚，好像哪里都能用	产品可能没有研发出来，也没有特色
4	市场环境分析很少，没有支撑材料	可能他们根本就没有调查，或者天性乐观
5	团队成员工作说不清楚，好像都是万能的	可能这个团队就是临时拼凑的
6	财务预期上夸大其词，不合逻辑	可能他们认为天上会掉馅饼，或者根本就不懂财务
7	错字连篇，排版随意	可能他本身就是一个随意和马虎的人

创业案例

未完成的计划

一、背景

毕业于某知名大学设计专业的李洪，经过多年的刻苦研发在软件开发及 UI 设计方面有了一定的科研成果，于是他准备成立软件设计服务企业。在专业机构帮助下，他花了大量时间制订了一本15万字的创业计划书，每次看到自己撰写的各项内容，都有一份自豪感，相信这份详细的创业计划书一定能得到投资人的青睐。

二、案例

李洪希望自己成立的公司为各行业提供 IT 技术与 UI 设计服务，他的团队包括 IT 技术人才、UI 设计人才、行业知名业务人才、行政管理人才等，团队目标是以热情的企业文化与技术服务感染每一位客户，专业化地为每一位顾客提供更高更优质的设计服务。

公司的服务主要针对企业计算机外包维护、UI 设计、网页设计、专业数据恢复、服务器局域网组建、中小企业网站建设等。

李洪的商业计划书包括六个部分：概要、企业描述、技术、管理、推广营销、里程碑时间表和附录。一位资深投资人在看过他的计划书后，在邮件中委婉地拒绝了他，投资人写道："你的计划书很详细，尤其是在技术及推广营销部分，但这份计划缺少基本的社会知识，整个项目运作有很多不符合社会实际情况，就像你的市场推广部分，财务预算是不准确的，营销方案有着较大的人性漏洞，整体而言财务部分及风险管控是不完整的，同时我没看到你的项目最大特点在哪部分。"

三、分析

对大多数投资人来说，创业计划书是了解创业项目最便捷的方式。当然，对陌生的创业者，除了要看其创业计划书外，投资人通常还要通过其他方式对创业者及其创业项目进行考察。本案例中，投资人之所以拒绝李洪，是因为透过创业计划书，看到了他对将要从事的创业项目还缺少必要的准备，同时详尽的计划书并没有展现出他的项目特点。

请结合本模块所学知识回答如下问题：

1. 在营销部分应当加入哪些内容？李洪需要什么类型的信息？

2. 在主要风险评估部分，李洪主要应关注哪些方面？他需要了解哪些信息？

3. 在财务部分，你建议李洪应关注哪些信息？

二、创业计划书的评估

完成计划书后，可以按照一定的指标对创业计划书进行评估，根据得分可以看出自己薄弱的环节在哪里，方便改进。不同的策划书的评分标准和要求也不同，表 9-3 所示的创业计划书评估表包含了大多数企业在进行计划书评估的时候都会用到的指标。

表 9-3　创业计划书评估表

评估指标	指标内涵	满分	实际得分	说明
市场需求	市场需求调查充分，产品或服务有明显需求	15		
竞争分析	清楚地了解竞争对手，自身具有明显竞争优势	15		
市场营销计划	市场营销计划合理	20		
财务分析	项目收支预算合理，有防风险能力，预计净利润较高	20		
创业者的个人情况	创业者具有社会实践活动经历，并取得成效	15		
管理团队	管理团队分工合理、优势互补	15		
	合计	100		

创业贴士

撰写创业计划书常见的错误

撰写创业计划书常见错误有如下几个：

(1) 低估竞争，高估市场回报。

(2) 不陈述预测报表的建立依据。

(3) 混淆利润和现金流。

(4) 不陈述最好、最坏和最可能发生的状况。

(5) 产品或服务对客户带来的影响——提高顾客收益、降低客户成本、减少客户的流动资本和成本支出——不加以量化。

(6) 仅分析整体市场，忽略部分市场。

(7) 不讨论战略伙伴。

(8) 不理解市场进入壁垒夺取客户所需要的成本。

(9) 对产品和服务、渠道选择、销售人员和销售模式的定位不清晰。

(10) 不讨论运营效率，不分析产能。

第四节　创业计划书的模板

本节重点是进一步学习撰写创业计划书，提高计划书的针对性与时效性。学会根据实际情况调整计划书结构与内容，从而根据需要撰写创业计划书。

一、竞赛适用的创业计划书模板

近几年来，面向大学生的创业计划竞赛非常多，大学生参与竞赛的积极性也非常高，比较有影响力的比赛是每两年一届的"挑战杯"全国大学生创业计划竞赛，参与面基本覆盖全国各高校。一份出色的计划书，可以吸引观众，激发评委的兴趣，对提高比赛成绩起决定性作用。笔者根据近几年的比赛情况，参考了一些获奖作品，制订了以下的模板。当然，由于创业项目不尽相同，模板的内容也应该做相应的调整。

案例

创业书的主要内容结构

1. 保密协议

2. 执行总结(2.1 公司概述　2.2 产品介绍　2.3 市场分析与营销　2.4 生产运作管理 2.5 组织与人力　2.6 投资与财务)

3. 产品介绍(3.1 产品概述　3.2 产品优点　3.3 产品研发与延展)

4. 市场分析(4.1 宏观环境分析　4.2 微观环境分析　4.3 市场竞争分析　4.4 STP 分析　4.5 SWOT 分析图解　4.6 产品市场总结和应对策略　4.7 发展趋势预测　4.8 问卷调查数据整理及分析)

5. 营销策略(5.1 营销目标　5.2 4P 策略组合及具体措施　5.3 前期市场进入策略

5.4 成熟期市场扩大化策略　5.5 服务营销(service)　5.6 阶段性创意营销活动)

6. 商业模式(6.1 商业模式概述　6.2 公司商业模式　6.3 商业模式的创新途径)

7. 公司战略(7.1 总体战略　7.2 技术创新战略　7.3 人才培养战略)

8. 公司体系(8.1 组织形式　8.2 企业文化　8.3 管理方式及创新机制)

9. 生产运营管理(9.1 公司选址及布局　9.2 产品研发与生产　9.3 产品前景规划 9.4 运营管理　9.5 物流管理　9.6 质量管理)

10. 创业团队(10.1 团队简介　10.2 团队成员分工　10.3 团队顾问)

11. 投融资分析(11.1 投资估算　11.2 资金筹措方案　11.3 股本结构与规模　11.4 重要生产销售指标　11.5 预计生产销售趋势　11.6 总成本费用及营运资金估算)

12. 财务评价(12.1 财务指标分析　12.2 财务报表分析)

13. 风险分析及其应对方案(13.1 政策风险及其应对方案　13.2 市场竞争风险及其应对方案　13.3 技术风险及其应对方案　13.4 公司运营风险及其应对方案　13.5 财务风险及其应对方案　13.6 管理风险及其应对方案)

14. 法律问题(14.1 各方责任与义务　14.2 公司设立与注册　14.3 知识产权设防)

15. 附录1 专利(两项)　附录2 专利授权书　附录3 资质计量认证证书　附录4 业绩证明　附录5 安全运行证明　附录6 与其他仪器对比分析表　附录7 获奖证书　附录8 订货合同书　附录9 支持本团队创业证明　附录10 调查报告

创业贴士

VC 眼中的创业计划

—— 吴明华(方创资本合伙人)

"VC(即 venture capital，风险投资，亦称创业投资)的投资标准无外乎 3 个：未来的市场是不是够大，是否有成长性？企业的商业模式是否可行，或者部分已被证明可行？企业的团队是否优秀，执行力够不够强？"

商业模式是项目成败的核心之一，也是投资者最关心的。在计划书中，商业模式部分主要是说明你的企业是怎么赚钱的，主要包括你向谁提供产品或服务，你的产品或服务的主要内容是什么，你怎么收钱，以及你的产品或服务是如何制造与提供的等。"这一部分最好简单明了，让所有人一看就知道你是怎么赚钱的。"

创业计划书减分因素

- **求多求全**：商业计划书并不要求必须在 20 页以上，不是写得越厚就越好。
- **空话太多**：很多创业者的商业计划书一开头就是大话连篇，从宏观经济说到世界形势。
- **呆板不生动**：商业计划书最需要数字与图表，而不是像本小说。
- **CEO 闭门造车**：商业计划书要公司全体团队来写，绝对不应该是 CEO 一个人的闭门造车。

创业计划书加分因素

如何退出是投资商最关心的问题，很多创业者只想到了如何拿到投资人的钱，而没有想到投资人应该怎么退出，以及创业者如何在企业运营过程中保障投资者的利益。这一点若想到了，商业计划书将得到更高的分。

二、企业适用的创业计划书模板

一份好的创业计划书不仅是企业行为的指南，也能够吸引投资者的关注。为了写一份好的创业计划书，首先这份计划书必须是结构完整的，在创业实践中，存在各种创业计划书的模板，我们要根据创业计划书的目的、意义和作用来确定创业计划书的具体内容。表 9-4 所示是一份常见的比较适用于企业的创业计划书模板。

表 9-4　企业适用的创业计划书模板

一、经营计划概要	1. 企业名称与经营团队介绍
	2. 市场细分、目标市场与定位
	3. 资金需求的时机与运用方式
	4. 未来融资需求及时机
	5. 财务计划
	6. 人力资源和组织机构设计
	7. 整份计划书重点摘要
二、企业简介	1. 企业成立时间、法律形式与发起人
	2. 企业股东结构，包括股东背景资料、股权结构
	3. 企业发展战略
	4. 企业主要产品与经营范围
	5. 企业核心竞争力
三、组织与管理	1. 经营管理团队的构成
	2. 企业拥有的成功经营经验与优势的组织管理能力
	3. 企业的组织结构，以及未来组织结构的可能演变
	4. 人力资源发展与培训计划
	5. 薪酬管理
四、产品与行业	1. 整个行业的发展状况
	2. 产品的发展阶段(包括创意、原型、量产)、开发过程，是否已具有专利
	3. 产品的主要功能、特性、附加价值，以及具有的竞争优势
	4. 企业产品与其他竞争性产品的优劣势比较
五、市场分析	1. 市场调查情况分析
	2. 过去、现在及未来的市场需求与市场成长潜力
	3. 企业可能占有的市场份额
	4. 过去、现在及未来的公司销售量、市场发展情形、市场占有率变化情形

(续表)

五、市场分析	5. 主要目标顾客的消费特征
	6. 说明市场上的主要竞争者，包括竞争者的市场占有率、销售量、排名等
	7. 说明其他替代性产品的情形，以及未来因新技术发明而威胁到现有产品的可能性与后果，并提出对策
六、营销策略	1. 产品策略，包括新产品研发、品牌和包装策略
	2. 定价策略，包括定价目标、定价方法、价格调整等
	3. 渠道策略，包括渠道的长度和宽度设计、渠道评价与管理等
	4. 促销策略，包括人员推销、广告、公共关系、营业推广等
七、生产制造计划	1. 建厂计划，包括厂房地点、设计，以及所需时间与成本
	2. 制造与加工工艺
	3. 物料需求结构、主要原料及零配件的来源和成本控制
	4. 产品的质量管理
	5. 委托其他厂家进行外制与外包管理
	6. 制造设备的需求，包括设备厂商与规格功能要求
	7. 产品各项固定成本与变动成本，以及详细生产成本的预估
	8. 生产计划，包括工序、开工率、人力资源需求等
八、财务计划与投资报酬分析	1. 公司过去财务状况，包括过去三年期间的资产负债表、利润表的比较，以及过去融资来源与用途，并提供财务分析统计图表，指出统计图表异常处，同时也应说明所使用的会计方法
	2. 提供融资后的财务预估。编制的原则是第一年的财务预估须按月编制；第二年则按季编制；第三年则按年编制；最后三年则按年编制。并且应说明每一项财务预估的基本假设和会计方法
	3. 上述财务预估应包含：资产负债表、利润表、现金流量表、销货收入和销货成本预估表(包括销售数量、价格与总成本、收入金额)
	4. 提供未来五年损益平衡分析(或敏感性分析)和投资报酬率预估
	5. 说明未来融资计划，包括融资时机、金额与用途。
	6. 说明投资者回收资金的可能方式、回收期等
九、风险评估	此部分旨在列出企业在经营过程中可能的风险因素，主要是管理风险、市场风险和财务风险等，以数据方式衡量风险对投资计划的影响，并提出控制风险的对应策略
十、结论	此部分综合前面的分析与计划，说明企业整体竞争优势，并指出整个经营计划的利基所在，尤其强调投资方案可预期的远大市场前景，以及对于投资者可能产出的显著回报
十一、证明资料	1. 附上能够证实前述各项计划的资料(市场调查表、报告等)
	2. 附上详细的制造流程与技术方面资料
	3. 附上各种参考体的佐证资料。(用户使用证明、资信证明等)

第五节 课后习题

一、简答

1. 什么是创业计划书？它有哪些重要作用？它与营销策划书有什么区别和联系？
2. 你觉得创业计划书中最核心的部分应该包括哪些内容？
3. 要写出一份高质量的创业计划书，你认为有哪些写作技巧？
4. 你是如何推销你的创业计划书的？

二、实训题

1. 小张是一名在校大学生，他向国家成功申请到了 10 万元的创业基金，经过调查，他想在学校周边开设一家快递公司，专门面对大学生提供服务。请帮他写一份创业计划书，要求条理清楚，结构合理，措施可行性高，评分标准如表 9-5 所示。

表 9-5　评分标准

作品名称(编号)				
	项目	满分	要求/说明	得分
1	创意	20	产品/服务如何满足用户需求，是否处于领先地位，是否满足市场需求	
2	市场分析	15	市场竞争分析，市场容量、市场份额估计	
3	竞争分析	15	商业目的、竞争优势分析、全盘战略方案	
4	营销分析	15	合理营销渠道和市场驱动力分析，如何提高市场占有率	
5	组织管理	10	公司组织结构情况、人力资源安排分析	
6	资本管理	10	融资分析、资本结构、盈利能力、投资退出机制	
7	综合评价	15	是否清晰表达公司思想	

2. 王华是一名具有创业思想的大学生，经过调研，他发现学校附近的餐馆普遍档次比较低，利润比较薄，而随着经济发展，学生的消费能力越来越强。于是，他想在学校附近开设一家比较高档的餐馆。餐馆可以承接学生生日宴会、学生毕业餐等活动，共需要投资 60 万元，其中转让费 15 万元、装修费 20 万元、其他费用 25 万元；地点选择在学校宿舍附近，环境优越；年估计可以实现盈利 50 万元。但王华没有足够的资金去完成创业，自有资金只有 10 万元。为了将餐馆做起来，他想到了通过众筹向有志于创业的大学生来募集资金。为了更好地筹集资金，他需要写一份众筹商业计划书。请你帮他写一份众筹商业计划书，要求：①原始股东和管理层必须投资，但比例不能过大；②考虑到学生股东越多，顾客群体越大，需要吸引更多的股东，每个股东的股权份额不能过大；③必须在众筹商业计划书中明确各种管理制度(包括财务制度、监事会制度等)。

3. SYB 的全称是 Start Your Business，意为"创办你的企业"。它是"创办和改善你的企业"(SIYB)系列培训教程的一个重要组成部分，由联合国国际劳工组织开发，为有愿望开办自己中小企业的朋友量身定制的培训项目。写好创业计划书是 SYB 的一项重要工作，结合你所学的知识，并查阅相关资料，按照 SYB 提供的计划书模板，写一份 SYB 创业计划书。

第十章

大学生创业政策与法律法规

【本章提要】

通过对本章学习，了解当前国家出台的鼓励大学生创业的政策，以及本市出台的鼓励大学生创业的政策；了解涉及大学生创业的法律法规，避免误入法律禁区。

【学习重点和难点】

学习重点：了解当前国家、省市的大学生创业政策，并用好政策。

学习难点：了解并理解涉及大学生创业的法律法规。

引导案例

政策走群众路线　让创业的蘑菇自己长起来

"创业创新走群众路线，将更多地激发经济活力。"财政部财政科学研究所所长刘尚希在谈到国务院常务会议最新推出的支持创业创新政策时评价道。他认为，从近两年的创业创新政策来看，"众创"的思路非常清晰，政策具有更强的普惠性，只要你有创业的意愿、有能力，就可以享受政策优惠。

今天的国务院常务会议再次聚焦"大众创业、万众创新"，推出了五项措施。一要鼓励地方设立创业基金，对众创空间等的办公用房、网络等给予优惠；对小微企业、孵化机构和投向创新活动的天使投资等给予税收支持；将科技企业转增股本、股权奖励分期缴纳个人所得税试点推至全国。二要创新投贷联动、股权众筹等融资方式，推动特殊股权结构类创业企业在境内上市，鼓励发展相互保险；发挥国家创投引导资金的种子基金作用，支持国有资本、外资等开展创投业务。三要取消妨碍人才自由流动的户籍、学历等限制，营造创业创新便利条件；为新技术、新业态、新模式成长留出空间，不得随意设卡。四要盘活闲置厂房、物流设施等，为创业者提供低成本办公场所；发展创业孵化和营销、财务等第三方服务。五要简政放权、放管结合、优化服务，更好发挥政府作用，以激发市场活力、推动"双创"；加强知识产权保护，通过打造信息、技术等共享平台和政府采购等方式，为创业创新加油添力。

刘尚希表示："过去的创业创新政策更多的是针对精英群体的，比如各地给高新技术园区企业的优惠及招商引资的支持政策等，这种做法更像是栽蘑菇。而现在鼓励创业创新更像是长蘑菇。提供适合生长的环境，让蘑菇自己长出来。这两种政策思路产生的效率是不一样的。政策变化是形成长蘑菇的环境，有了这个环境，蘑菇就自己长出来了，创客就多起来了。"

其实，为支持大学生创业，国家和各级政府出台了许多优惠政策，涉及融资、开业、税收、创业培训、创业指导、产品孵化等诸多方面。对有志于创业的大学生来说，了解这些政策，利用好这些政策，可以让我们的创业之路走得更快，也更加稳健。

(资料来源：http://chinadxscy.csu.edu.cn/news/html/20150901192510.html)

思考：国家对大学生创业的扶持政策主要包括哪些内容？大学生创业应如何利用好这些政策因素？

第一节 大学生创业政策

随着我国经济发展进入新常态，我国的就业总量压力依然存在，结构性矛盾更加凸显。大众创业、万众创新是富民之道、强国之举，有利于产业、企业、分配等多方面结构优化。面对就业压力加大的形势，必须着力培育大众创业、万众创新的新引擎，实施更加积极的就业政策，把创业和就业结合起来，以创业创新带动就业，催生经济社会发展新动力，为促进民生改善、经济结构调整和社会和谐稳定提供新动能。

综观世界各国的经济发展，我们会发现，创业本身就是最积极、最主动的就业，它不仅能解决创业者自身就业，还能通过带动就业产生倍增效应。

与此同时，创业往往伴随着新产品、新技术、新工艺、新方法进入市场。科研成果转化型的创业企业，往往伴随着新的技术或工艺的产生与发展。成功的创业企业必然会为社会经济注入新鲜活力，有利于形成良好的市场竞争环境，促进企业不断改进生产工艺和管理方法，为消费者提供更优质的产品、更优质的服务，促进整个社会资源的合理流动及经济的可持续发展。

在我国经济发展的关键时期，我国的自主创业的空间是非常大的。发达国家和地区平均每一千人口拥有 40～50 个企业，发展中国家为 20～30 个，而中国仅为 10～15 个。

我们正加紧实施"大众创业、万众创新"的战略部署，全国人民的创业热情空前高涨，创业对促进社会发展的作用日益显现。大学生代表着知识、素质、能力和美好的未来，寄托着家长和社会的期望，肩负着国家和社会向前发展的使命，所以这个群体的创业受到国家的高度关注。

近年来我国出台的一系列鼓励创业创新措施已在实践中生根，让广大的大学生创业者从中受益。例如，2015 年发布的《国务院办公厅关于发展众创空间推进大众创新创业的指导意见》明确提出：推进实施大学生创业引领计划，鼓励高校开发开设创新创业教育课程，建立健全大学生创业指导服务专门机构，加强大学生创业培训，整合发展国家和省级高校毕业生就业创业基金，为大学生创业提供场所、公共服务和资金支持。

大学生在创业时，除了要了解国家的一些关于大学生创业的政策性文件外，还要重点关注注册地的省级、市级或者县级的创业扶持政策，各地因实际情况不同，创业政策、创业扶持力度也不尽相同。

要了解这些政策，可以通过以下渠道来获取：①登录全国大学生创业服务网(http://cy.ncss.org.cn)、各地大学生创业网等网站；②登录创业企业注册地省级、市级或者县级的政府网站，或者政府人力资源与社会保障局部门网站，在这些网站中往往会有一些当地关于大学生创业扶持政策的宣讲；③可以咨询创业所在地的就业局部门，这些部门都会有当地的大学生创业扶持政策的宣讲材料；④到所在学校的创新创业服务中心咨询，现在许多高校为了鼓励大学生创业，都设立有专门负责大学生创业的机构和部门，这些部门的老师会提供一些政策的解读。

一、近年来国家出台的鼓励大学生创业的政策

国家为了鼓励大学生创业，自 2015 年相继出台了《国务院关于进一步做好新形势下就业创业工作的意见》《国务院办公厅关于深化高等学校创新创业教育改革的实施意见》《国务院关于大力推进大众创业万众创新若干政策措施的意见》《国务院办公厅关于发展众创空间推进大众创新创业的指导意见》《国务院关于强化实施创新驱动发展战略进一步推进大众创业万众创新深入发展的意见》《国务院关于做好当前和今后一段时期就业创业工作的意见》等一系列的文件，这些政策措施包括以下几个方面。

(一) 优化工商登记制度，降低创业创新门槛

《国务院办公厅关于加快推进"三证合一"登记制度改革的意见》中明确提出了"三证合一"登记制度。"三证合一"登记制度是指将企业登记时依次申请，分别由工商行政管理部门核发工商营业执照、质量技术监督部门核发组织机构代码证、税务部门核发税务登记证，改为一次申请、由工商行政管理部门核发一个营业执照的登记制度。2015 年年底前，在全国全面推行"一照一码"登记模式。

深化商事制度改革，针对众创空间等新型孵化机构集中办公等特点，鼓励各地结合实际，简化住所登记手续，采取一站式窗口、网上申报、多证联办等措施为创业企业工商注册提供便利。有条件的地方政府可对众创空间等新型孵化机构的房租、宽带接入费用和用于创业服务的公共软件、开发工具给予适当财政补贴，鼓励众创空间为创业者提供免费高带宽互联网接入服务。

(二) 拓宽大学生创业融资渠道

《国务院关于进一步做好新形势下就业创业工作的意见》明确提出：要运用财税政策，支持风险投资、创业投资、天使投资等发展；运用市场机制，引导社会资金和金融资本支持创业活动，壮大创业投资规模；按照政府引导、市场化运作、专业化管理的原则，加快

设立国家中小企业发展基金和国家新兴产业创业投资引导基金，带动社会资本共同加大对中小企业创业创新的投入，促进初创期科技型中小企业成长，支持新兴产业领域早中期、初创期企业发展；鼓励地方设立创业投资引导等基金；发挥多层次资本市场作用，加快创业板等资本市场改革，强化全国中小企业股份转让系统融资、交易等功能，规范发展服务小微企业的区域性股权市场；开展股权众筹融资试点，推动多渠道股权融资，积极探索和规范发展互联网金融，发展新型金融机构和融资服务机构，促进大众创业。

（三）培育创业创新公共平台

抓住新技术革命和产业变革的重要机遇，适应创业创新主体大众化趋势，大力发展技术转移转化、科技金融、认证认可、检验检测等科技服务业，总结推广创客空间、创业咖啡、创新工场等新型孵化模式，加快发展市场化、专业化、集成化、网络化的众创空间，实现创新与创业、线上与线下、孵化与投资相结合，为创业者提供低成本、便利化、全要素、开放式的综合服务平台和发展空间。落实科技企业孵化器、大学科技园的税收优惠政策，对符合条件的众创空间等新型孵化机构适用科技企业孵化器税收优惠政策。有条件的地方可对众创空间的房租、宽带网络、公共软件等给予适当补贴，或通过盘活商业用房、闲置厂房等资源提供成本较低的场所。可在符合土地利用总体规划和城乡规划前提下，利用原有经批准的各类园区，建设创业基地，为创业者提供服务，打造一批创业示范基地。鼓励企业由传统的管控型组织转型为新型创业平台，让员工成为平台上的创业者，形成市场主导、风投参与、企业孵化的创业生态系统。

（四）支持创业担保贷款发展

将小额担保贷款调整为创业担保贷款，针对有创业要求、具备一定创业条件但缺乏创业资金的就业重点群体和困难人员，提高其金融服务可获得性，明确支持对象、标准和条件，贷款最高额度由针对不同群体的 5 万元、8 万元、10 万元不等统一调整为 10 万元。鼓励金融机构参照贷款基础利率，结合风险分担情况，合理确定贷款利率水平，对个人发放的创业担保贷款，在贷款基础利率基础上上浮 3 个百分点以内的，由财政给予贴息。简化程序，细化措施，健全贷款发放考核办法和财政贴息资金规范管理约束机制，提高代偿效率，完善担保基金呆坏账核销办法。

（五）加大减税降费力度

实施更加积极的促进就业创业税收优惠政策，将企业吸纳就业税收优惠的人员范围由失业一年以上人员调整为失业半年以上人员。高校毕业生、登记失业人员等重点群体创办个体工商户、个人独资企业的，可依法享受税收减免政策。抓紧推广中关村国家自主创新示范区税收试点政策，将职工教育经费税前扣除试点政策、企业转增资本分期缴纳个人所得税试点政策、股权奖励分期缴纳个人所得税试点政策推广至全国范围。全面清理涉企行政事业性收费、政府性基金、具有强制垄断性的经营服务性收费、行业协会商会涉企收费，落实涉企收费清单管理制度和创业负担举报反馈机制。

(六) 完善创新创业资金支持和政策保障体系

各地区、各有关部门要整合发展财政和社会资金，支持高校学生创新创业活动。各高校要优化经费支出结构，多渠道统筹安排资金，支持创新创业教育教学，资助学生创新创业项目。部委属高校应按规定使用中央高校基本科研业务费，积极支持品学兼优且具有较强科研潜质的在校学生开展创新科研工作。中国教育发展基金会设立大学生创新创业教育奖励基金，用于奖励对创新创业教育做出贡献的单位。鼓励社会组织、公益团体、企事业单位和个人设立大学生创业风险基金，以多种形式向自主创业大学生提供资金支持，提高扶持资金使用效益。深入实施新一轮大学生创业引领计划，落实各项扶持政策和服务措施，重点支持大学生到新兴产业创业。有关部门要加快制定有利于互联网创业的扶持政策。

(七) 强化公共就业创业服务

健全覆盖城乡的公共就业创业服务体系，提高服务均等化、标准化和专业化水平。完善公共就业服务体系的创业服务功能，充分发挥公共就业服务、中小企业服务、高校毕业生就业指导等机构的作用，为创业者提供项目开发、开业指导、融资服务、跟踪扶持等服务，创新服务内容和方式。健全公共就业创业服务经费保障机制，切实将县级以上公共就业创业服务机构和县级以下(不含县级)基层公共就业创业服务平台经费纳入同级财政预算。将职业介绍补贴和扶持公共就业服务补助合并调整为就业创业服务补贴，支持各地按照精准发力、绩效管理的原则，加强公共就业创业服务能力建设，向社会力量购买基本就业创业服务成果。创新就业创业服务供给模式，形成多元参与、公平竞争格局，提高服务质量和效率。

(八) 优化财税政策，强化创业扶持

(1) 加大财政资金支持和统筹力度。各级财政要根据创业创新需要，统筹安排各类支持小微企业和创业创新的资金，加大对创业创新支持力度，强化资金预算执行和监管，加强资金使用绩效评价。支持有条件的地方政府设立创业基金，扶持创业创新发展。在确保公平竞争前提下，鼓励对众创空间等孵化机构的办公用房、用水、用能、网络等软硬件设施给予适当优惠，减轻创业者负担。

(2) 完善普惠性税收措施。落实扶持小微企业发展的各项税收优惠政策。落实科技企业孵化器、大学科技园、研发费用加计扣除、固定资产加速折旧等税收优惠政策。对符合条件的众创空间等新型孵化机构适用科技企业孵化器税收优惠政策。按照税制改革方向和要求，对包括天使投资在内的投向种子期、初创期等创新活动的投资，统筹研究相关税收支持政策。修订完善高新技术企业认定办法，完善创业投资企业享受70%应纳税所得额税收抵免政策。抓紧推广中关村国家自主创新示范区税收试点政策，将企业转增股本分期缴纳个人所得税试点政策、股权奖励分期缴纳个人所得税试点政策推广至全国范围。落实促进高校毕业生、残疾人、退役军人、登记失业人员等创业就业税收政策。

(3) 发挥政府采购支持作用。完善促进中小企业发展的政府采购政策，加强对采购单位的政策指导和监督检查，督促采购单位改进采购计划编制和项目预留管理，增强政策对

小微企业发展的支持效果。加大创新产品和服务的采购力度，把政府采购与支持创业发展紧密结合起来。

（九）普及和完善创新创业教育，实现新一轮大学生创业引领计划

（1）强化创新创业实践。各高校要加强专业实验室、虚拟仿真实验室、创业实验室和训练中心建设，促进实验教学平台共享。各地区、各高校科技创新资源原则上向全体在校学生开放，开放情况纳入各类研究基地、重点实验室、科技园评估标准。鼓励各地区、各高校充分利用各种资源建设大学科技园、大学生创业园、创业孵化基地和小微企业创业基地，作为创业教育实践平台，建好一批大学生校外实践教育基地、创业示范基地、科技创业实习基地和职业院校实训基地。完善国家、地方、高校三级创新创业实训教学体系，深入实施大学生创新创业训练计划，扩大覆盖面，促进项目落地转化。举办全国大学生创新创业大赛，办好全国职业院校技能大赛，支持举办各类科技创新、创意设计、创业计划等专题竞赛。支持高校学生成立创新创业协会、创业俱乐部等社团，举办创新创业讲座论坛，开展创新创业实践。

（2）改革教学和学籍管理制度。各高校要设置合理的创新创业学分，建立创新创业学分积累与转换制度，探索将学生开展创新实验、发表论文、获得专利和自主创业等情况折算为学分，将学生参与课题研究、项目实验等活动认定为课堂学习。为有意愿、有潜质的学生制订创新创业能力培养计划，建立创新创业档案和成绩单，客观记录并量化评价学生开展创新创业活动情况。优先支持参与创新创业的学生转入相关专业学习。实施弹性学制，放宽学生修业年限，允许调整学业进程、保留学籍休学创新创业。设立创新创业奖学金，并在现有相关评优评先项目中拿出一定比例用于表彰优秀创新创业的学生。

（3）改进学生创业指导服务。各地区、各高校要建立健全学生创业指导服务专门机构，做到"机构、人员、场地、经费"四到位，对自主创业学生实行持续帮扶、全程指导、一站式服务。健全持续化信息服务制度，完善全国大学生创业服务网功能，建立地方、高校两级信息服务平台，为学生实时提供国家政策、市场动向等信息，并做好创业项目对接、知识产权交易等服务。各地区、各有关部门要积极落实高校学生创业培训政策，研发适合学生特点的创业培训课程，建设网络培训平台。鼓励高校自主编制专项培训计划，或与有条件的教育培训机构、行业协会、群团组织、企业联合开发创业培训项目。各地区和具备条件的行业协会要针对区域需求、行业发展，发布创业项目指南，引导高校学生识别创业机会、捕捉创业商机。

（4）完善创新创业资金支持和政策保障体系。各地区、各有关部门要整合发展财政和社会资金，支持高校学生创新创业活动。各高校要优化经费支出结构，多渠道统筹安排资金，支持创新创业教育教学，资助学生创新创业项目。部委属高校应按规定使用中央高校基本科研业务费，积极支持品学兼优且具有较强科研潜质的在校学生开展创新科研工作。中国教育发展基金会设立大学生创新创业教育奖励基金，用于奖励对创新创业教育做出贡献的单位。鼓励社会组织、公益团体、企事业单位和个人设立大学生创业风险基金，以多

种形式向自主创业大学生提供资金支持，提高扶持资金使用效益。深入实施新一轮大学生创业引领计划，落实各项扶持政策和服务措施，重点支持大学生到新兴产业创业，有关部门要加快制定有利于互联网创业的扶持政策。

此外，国务院相关部门(人力资源与社会保障部、科技部、财政部、教育部、税务总局、工商总局等)出台了一系列的大学生创业扶持政策文件，共青团中央、全国妇联等部门也出台有相关政策文件。正是有了党和政府的高度重视，以及社会各部门的大力支持，我国的大学生创业迎来了最好的时期，大学生创业也有了坚强的制度保障和支持。

二、各地常见的鼓励大学生创业政策一览表

近几年，为了鼓励大学生创业，各地结合本地实际情况制定了大学生创业优惠政策，如表 10-1 所示。

表 10-1　创业政策的常见分类表

项目	内容和说明
简化工商登记程序	全面推行企业注册登记"同城通办""三证合一"。进一步推进登记注册便利化，在县(市、区)范围内，实施企业名称预先核准、设立、变更(备案)和注销登记等在局所之间、区局之间、所与所之间"同城通办"。申请人可就近到县(市、区)所在地任何一个工商所(分局)办理登记，不再受辖区限制。全面推行"一照三号"，实行"一次申请、一口受理、一套材料、一表登记"，统一将营业执照、组织机构代码证、税务登记证"三证"编号共同加载在营业执照上，实现"三证合一、一照通用"
放宽住所(经营场所)登记条件	放宽企业住所登记要求，简化住所登记手续，允许"一址多照"和集群注册。落实企业工商登记注册零收费，免费办理各类企业设立登记、变更登记、注销登记、备案登记和动产抵押、股权质押、户外广告等登记事项
实施"先照后证"改革	建立市场准入等负面清单，凡法律法规未明确禁止准入的行业和领域都允许小微企业经营，除国务院决定保留的工商登记前置审批项目，其他一律不作为企业登记前置审批项目
企业登记注册全程电子化	建立企业登记申请材料网上自助服务系统，形成以电子营业执照为支撑的网上申请、网上受理、网上审核、网上公示、网上发照等新的登记服务模式，实现全程电子化登记和电子营业执照应用
开辟企业登记绿色通道	全面落实首办责任制、限时办结制、服务承诺制，为企业提供引导服务、上门服务、跟踪服务、预约服务、延时服务
创业资金补贴政策	各地政府为了扶持创业者，对初期创业者给予一定额度小额贴息或低息贷款，为创业初期的小微企业提供资金支持和帮助
帮助降低初创成本	主要包括一次性创业补贴、一次性求职创业补贴、水电场租补贴，并可根据创业项目经营状况和创业带动就业效果，逐步提高水电场租补贴标准、延长补贴期限。有条件的地方，可对众创空间的房租、宽带网络、公共软件等给予适当补贴。在电商平台创业并进行创业登记的，可相应享受扶持创业相关补贴

项目	内容和说明
自主创业享受税收优惠	关于税收优惠政策可以通过对《财政部 国家税务总局关于支持和促进就业有关税收政策的通知》《中华人民共和国增值税暂行条例》《中华人民共和国企业所得税法》等相关政策文件和法规条例进行解读；也可以通过各地方人社部门、税务部门了解最新的大学生创业税收优惠政策。以上海为例，主要有：①高新技术企业的优惠政策；②商贸型、服务型企业的优惠政策；③高校毕业生创业方面的税收优惠政策；④失业、协保人员、农村富余劳动力从事个体经营的优惠政策；⑤劳动就业服务企业的税收优惠政策等
减免行政事业类收费	达到一定条件的大学生创业者可以免收属于管理类、登记类、证照类的各项行政事业性收费。可以通过各地方人社部门、工商部门了解最新政策
对高层次人才的创业以及"互联网+"创业的特殊优惠政策	主要包括大学生科技创业基金政策、科技型中小企业创业基金政策和高新技术成果转化相关政策等。对高科技创业者，政府会给予更加优惠的创业政策，通过创业奖励、提供场地以及担保贷款等各种优惠措施吸收高层次人才的创业
开展创业教育、技能培训和实训	把创业精神和创业素质教育纳入国民教育体系，实现创业教育和培训制度化、体系化，重点指导各高校完善创业课程体系，支持学校结合地方实际，开设电子商务、现代物流、体育保健、社会体育等新兴和特色专业，满足市场对人才的现实需求。加强校企合作，实行订单培养、企业冠名班、现代学徒制、产教研结合等多种形式开展人才培养，促进学生就业创业和技术创新。建立创业培训实训基地，鼓励创业实训基地接纳有创业愿望人员参加实训，根据开展实训情况按每人给予创业实训补贴
创业创新辅导制度	培育一批专业创业辅导师，采取多种方式，为大学生创业人员提供一对一的个性化服务。各类创业指导服务机构为创业者提供有针对性的指导服务，根据创业项目稳定经营及带动就业情况，给予创业服务补贴。目前全国人社部门均展开了针对大学生等群体的免费培训
创业培训支持政策	创业培训可以有效地提高创业者在创业知识、方法、技巧等方面的创业能力
政府部门提供的人才中介服务	主要包括免费为自主创业毕业生保管人事档案(包括代办社保、职称、档案工资等有关手续)；提供免费查询人才、劳动力供求信息，免费发布招聘广告等服务；减免参加人才集市或人才劳动交流活动收费等
落户政策	许多地方为了鼓励大学生创业，放宽了对大学生创业者的落户条件，例如杭州市为鼓励高校毕业生自主创业，在杭州市区(上城、下城、拱墅、江干、西湖、滨江区)自主创业的普通高校应届毕业生，可申请办理落户手续

三、佛山市鼓励大学生创业的政策

作为佛山市属高校的创业者，除了应了解国家和广东省对大学生创业的扶持政策外，还应重点掌握佛山市鼓励大学生的创业政策。

佛山市十分重视创业工作，最早的创业扶持政策可追溯到 2002 年 11 月，随着时代的发展，创业扶持对象不断扩大、扶持项目范围不断增加、扶持款项的额度不断提高。近年来，按照国家和省的规定，佛山市加大了创业扶持政策的力度。2015 年 10 月，佛山市人民政府下发了《佛山市人民政府关于进一步促进创业带动就业的实施意见》(佛府〔2015〕66 号)。该《实施意见》规定佛山市创业扶持政策的主要内容有以下方面。

(1) 加大创业教育和培训力度。大力加强创业培训(实训)，支持有条件的高等学校、职业学校、技工院校、教育培训机构等申请设立创业培训定点机构。

(2) 降低企业登记门槛。深化企业登记制度改革，实施企业登记联合审批制度，推进工商营业执照、组织机构代码证、税务登记证"一站申请、三证同发"及后续"三证合一"。对应届大中专毕业生、失业人员、残疾人等群体投资创业提供登记注册"绿色通道"服务。

(3) 落实有关收费减免政策。对初创企业(包括在佛山市登记注册 3 年内的小微型企业、个体工商户、民办非企业单位和农民专业合作社、家庭农场等)免收登记类、证照类、管理类行政事业性收费和工会费。

(4) 给予创业培训补贴。具有创业要求和培训愿望并具备一定创业条件的城乡各类劳动者(非毕业学年的普通高等学校、职业学校、技工院校全日制在校生除外)，可参加创业培训机构组织的免费创业培训，取得合格证书后，创业培训机构可向所在地人力资源社会保障部门申请相应补贴，其中创办企业培训每人最高 1000 元。支持有关创业服务机构、行业协会开发创业培训(实训)项目，对经省人力资源社会保障厅会同相关部门组织评审纳入补贴范围的创业培训(实训)项目，按每人最高 2500 元给予补贴。

(5) 给予一次性创业资助。普通高等学校、职业学校、技工院校学生(在校及毕业 5 年内)和出国(境)留学回国人员(领取毕业证 5 年内)、军转干部、复员转业退役军人及登记失业人员、就业困难人员成功创业(在佛山市领取工商营业执照或其他法定注册登记手续)的，正常经营 6 个月以上，可申请 5000 元的创业资助。

(6) 给予租金补贴。对入驻佛山市各级政府和人力资源社会保障、科技、经济和信息化等有关部门主办的创业孵化基地(创业园区)初创企业，按照第一年不低于 80%、第二年不低于 50%、第三年不低于 20%的比例减免租金。普通高等学校、职业学校、技工院校学生(在校及毕业 5 年内)和出国(境)留学回国人员(领取毕业证 5 年内)、军转干部、复员转业退役军人，以及登记失业人员、就业困难人员租用经营场地创业(含社会资本投资的孵化基地)创办初创企业并担任法定代表人或主要负责人的，可申请每年最高 6000 元的租金补贴，补贴期限累计不超过 3 年。

(7) 给予创业担保贷款(小额担保贷款)贴息。劳动者自主创业(国家限制行业除外)自筹资金不足的，可申请创业担保贷款(小额担保贷款)。其中个人贷款额度最高 20 万元，合伙经营或创办小企业的可按每人不超过 20 万元、贷款总额不超过 200 万元的额度实行"捆绑性"贷款；符合贷款条件的劳动密集型和科技型小微企业，贷款额度不超过 300 万元。在规定的贷款额度内，个人贷款和捆绑性贷款可按照贷款基准利率最高上浮 3 个百分点据实给予贴息；劳动密集型和科技型小微企业贷款，按贷款基准利率的 50%给予贴息。

(8) 给予创业带动就业补贴。初创企业吸纳就业并按规定缴纳会保险费的，按其吸纳就业(签订 1 年以上期限劳动合同)人数给予创业带动就业补贴。招用 3 人(含 3 人)以下的按每人 2000 元给予补贴；招用 3 人以上的每增加 1 人给予 3000 元补贴，总额最高不超过 3 万元。

(9) 对优秀创业项目给予资助。各区可结合产业发展规划，每年在新能源、新材料、生物医药、高端新型电子信息、半导体照明、新能源汽车、高端装备制造、节能环保等战略性新兴产业，以及文化产业、现代服务业、电子商务、互联网、物联网、现代农业、家庭服务业等领域中，遴选一批优秀创业项目并给予重点扶持。市从各区推荐的优秀创业项目中评选一批市级优秀项目，由市财政给予每个项目 5 万～20 万元资助，并支持其申报省级优秀项目。对获得佛山市市级创业大赛(市政府组成部门、直属机构主办)前三名(或相当奖级)，并于获奖之日起两年内在佛山市行政区域内登记注册的创业项目，由市财政给予每个项目 5 万～20 万元资助。

(10) 给予创业孵化补贴。孵化基地按规定为创业者提供创业孵化服务的(不含场租减免)，按实际孵化成功(注册登记并搬离基地)户数每户不超过 3000 元标准给予创业孵化补贴。对达到市级示范性基地评选标准的，由市财政按每个 30 万元的标准给予一次性奖补。

(11) 完善创业服务体系。各区要依托公共就业人才服务机构，为创业者提供政策咨询、项目推介、风险评估、开业指导、融资服务、补贴发放等"一站式"创业服务，及时发布创业扶持政策、办事流程、创业信息、服务资源等公共信息。

(12) 充实创业导师团队。聘请企业家、创业成功人士、职业经理人、专家学者及熟悉创业政策的政府工作人员，组建行业面广、业务精通、责任感强的创业导师团队。建立创业导师结对帮扶创业工作机制，对创业者分类、分阶段进行帮扶和指导。

(13) 放宽创业者入户、子女入学等条件。初创企业正常经营 1 年以上并依法纳税和缴纳社会保险费的，其法定代表人可申请将户口迁入创业地；适当增加创业者随迁子女入读公办学校的积分分值。

大学生在创业前，一定要认真研究国家、省、市及大学生创业所在地的创业政策并充分利用好这些政策，国家的这些政策一定会为你的创业之路提供巨大的动力支持，也会帮助你成就创业梦想。

链接

大学生创业优惠政策

2015 年 10 月，教育部高校学生司、工商总局个体司联合印制《大学生自主创业宣传手册》，在该手册中，明确了大学生创业主要享有如下优惠政策。

(1) 税收优惠。持人社部门核发《就业创业证》(注明"毕业年度内自主创业税收政策")的高校毕业生在毕业年度内(指毕业所在自然年，即 1 月 1 日至 12 月 31 日)创办个体工商户、个人独资企业的，三年内按每户每年 8000 元为限额，依次扣减其当年实际应缴纳的营业税、城市维护建设税、教育费附加和个人所得税。对高校毕业生创办的小型微利企业，按国家规定享受相关税收支持政策。

(2) 创业担保贷款和贴息。对符合条件的大学生自主创业的，可在创业地按规定申请创业担保贷款，贷款额度为 10 万元。鼓励金融机构参照贷款基础利率，结合风险分担情况，合理确定贷款利率水平，对个人发放的创业担保贷款，在贷款基础利率基础上上浮 3 个百分点以内的，由财政给予贴息。

(3) 免收有关行政事业性收费。毕业 2 年以内的普通高校学生从事个体经营(除国家限制的行业外)的，自其在工商部门首次注册登记之日起 3 年内，免收管理类、登记类和证照类等有关行政事业性收费。

(4) 享受培训补贴。对大学生创办的小微企业新招用毕业年度高校毕业生，签订一年以上劳动合同并交纳社会保险费的，给予一年社会保险补贴。对大学生在毕业学年(即从毕业前一年 7 月 1 日起的 12 个月)内参加创业培训的，根据其获得创业培训合格证书或就业、创业情况，按规定给予培训补贴。

(5) 免费创业服务。有创业意愿的大学生，可免费获得公共就业和人才服务机构提供的创业指导服务，包括政策咨询、信息服务、项目开发、风险评估、开业指导、融资服务、跟踪扶持等"一条龙"创业服务。

(6) 取消高校毕业生落户限制。高校毕业生可在创业地办理落户手续(直辖市按有关规定执行)。

(7) 创新人才培养。创业大学生可享受各地各高校实施的系列"卓越计划"、科教结合协同育人行动计划等，同时享受跨学科专业开设的交叉课程、创新创业教育实验班等，以及探索建立的跨院系、跨学科、跨专业交叉培养创新创业人才的新机制。

(8) 开设创新创业教育课程。自主创业大学生可享受各高校挖掘和充实的各类专业课程和创新创业教育资源，以及面向全体学生开发开设的研究方法、学科前沿、创业基础、就业创业指导等方面的必修课和选修课，享受各地区、各高校资源共享的慕课、视频公开课等在线开放课程，以及在线开放课程学习认证和学分认定制度。

(9) 强化创新创业实践。自主创业大学生可共享学校面向全体学生开放的大学科技园、创业园、创业孵化基地、教育部工程研究中心、各类实验室、教学仪器设备等科技创新资源和实验教学平台。参加全国大学生创新创业大赛、全国高职院校技能大赛和各类科技创新、创意设计、创业计划等专题竞赛，以及高校学生成立的创新创业协会、创业俱乐部等社团，提升创新创业实践能力。

(10) 改革教学制度。自主创业大学生可享受各高校建立的自主创业大学生创新创业学分累计与转换制度，学生开展创新实验、发表论文、获得专利和自主创业等情况折算为学分，将学生参与课题研究、项目实验等活动认定为课堂学习的新探索；同时也享受为有意愿、有潜质的学生制订的创新创业能力培养计划，创新创业档案和成绩单等系列客观记录并量化评价学生开展创新创业活动情况的教学实践活动，优先支持参与创业的学生转入相关专业学习。

(11) 完善学籍管理规定。有自主创业意愿的大学生，可享受高校实施的弹性学制，放宽学生修业年限，允许调整学业进程、保留学籍休学创新创业等管理规定。

(12) 大学生创业指导服务。自主创业大学生可享受各地各高校对自主创业学生实行的持续帮扶、全程指导、一站式服务，以及地方、高校两级信息服务平台，为学生实时提供的国家政策、市场动向等信息和创业项目对接、知识产权交易等服务；可享受各地在充分发挥各类创业孵化基地作用的基础上，因地制宜建设的大学生创业孵化基地和相关培训、指导服务等扶持政策。

(资料来源：http://qmcy.dqdaily.com/zhengwufuwu/yizhanshifuwu/baoxianyanglao/8937.html)

第二节　大学生创业法律法规

创业能够改变创业者的命运，使创业者的人生更加精彩。目前，创业活动已经成为我国社会的普遍现象，各种创业活动的蓬勃发展，组成了中国特色社会主义建设的一道美丽的风景。但不容忽视的是，在人们的创业实践中，仍然存在着大量不规范行为，严重地影响着创业者的形象与声誉。比如：有的制假贩假、偷税漏税，发不义之财；有的投机取巧、违章经营，靠侥幸成功；有的利用关系，贿赂政府官员，进行不公平竞争。这些行为都与西方资本的原始积累过程没有本质的区别，这显然不利于创业活动的健康发展。上述现象的产生要求我们对创业者进行必要的道德教育和法律教育，大学生必须掌握相关的创业法律知识，使创业活动走上理性化、科学化、规范化的道路，朝着健康有序的方向发展。

一、创业者需要了解的涉及企业主体的法律法规

创业者需要了解的法律甚多，其中比较重要的有《中华人民共和国个人独资企业法》《中华人民共和国合伙企业法》等。以下将列出这些法律中比较主要的一些条款，大学生创业者可以查阅相关法律的详细条款和说明。

(一)《中华人民共和国个人独资企业法》中相关条款

第二条　本法所称个人独资企业，是指依照本法在中国境内设立，由一个自然人投资，财产为投资人个人所有，投资人以其个人财产对企业债务承担无限责任的经营实体。

第三条　个人独资企业以其主要办事机构所在地为住所。

第八条　设立个人独资企业应当具备下列条件：

(一) 投资人为一个自然人；

(二) 有合法的企业名称；

(三) 有投资人申报的出资；

(四) 有固定的生产经营场所和必要的生产经营条件；

(五) 有必要的从业人员。

第十三条　个人独资企业的营业执照的签发日期，为个人独资企业成立日期。

在领取个人独资企业营业执照前，投资人不得以个人独资企业名义从事经营活动。

第十六条　法律、行政法规禁止从事营利性活动的人，不得作为投资人申请设立个人独资企业。

第十八条　个人独资企业投资人在申请企业设立登记时明确以其家庭共有财产作为个人出资的，应当依法以家庭共有财产对企业债务承担无限责任。

第十九条　个人独资企业投资人可以自行管理企业事务，也可以委托或者聘用其他具有民事行为能力的人负责企业的事务管理。

投资人委托或者聘用他人管理个人独资企业事务，应当与受托人或者被聘用的人签订

书面合同，明确委托的具体内容和授予的权利范围。

受托人或者被聘用的人员应当履行诚信、勤勉义务，按照与投资人签订的合同负责个人独资企业的事务管理。

投资人对受托人或者被聘用的人员职权的限制，不得对抗善意第三人。

第二十六条　个人独资企业有下列情形之一时，应当解散：

(一) 投资人决定解散；

(二) 投资人死亡或者被宣告死亡，无继承人或者继承人决定放弃继承；

(三) 被依法吊销营业执照；

(四) 法律、行政法规规定的其他情形。

第二十七条　个人独资企业解散，由投资人自行清算或者由债权人申请人民法院指定清算人进行清算。

投资人自行清算的，应当在清算前十五日内书面通知债权人，无法通知的，应当予以公告。债权人应当在接到通知之日起三十日内，未接到通知的应当在公告之日起六十日内，向投资人申报其债权。

第二十八条　个人独资企业解散后，原投资人对个人独资企业存续期间的债务仍应承担偿还责任，但债权人在五年内未向债务人提出偿债请求的，该责任消灭。

第二十九条　个人独资企业解散的，财产应当按照下列顺序清偿：

(一) 所欠职工工资和社会保险费用；

(二) 所欠税款；

(三) 其他债务。

(二) 《中华人民共和国合伙企业法》中相关条款

第二条　本法所称合伙企业，是指自然人、法人和其他组织依照本法在中国境内设立的普通合伙企业和有限合伙企业。

普通合伙企业由普通合伙人组成，合伙人对合伙企业债务承担无限连带责任。本法对普通合伙人承担责任的形式有特别规定的，从其规定。

有限合伙企业由普通合伙人和有限合伙人组成，普通合伙人对合伙企业债务承担无限连带责任，有限合伙人以其认缴的出资额为限对合伙企业债务承担责任。

第十条　申请人提交的登记申请材料齐全、符合法定形式，企业登记机关能够当场登记的，应予当场登记，发给营业执照。

除前款规定情形外，企业登记机关应当自受理申请之日起二十日内，做出是否登记的决定。予以登记的，发给营业执照；不予登记的，应当给予书面答复，并说明理由。

第十一条　合伙企业的营业执照签发日期，为合伙企业成立日期。

合伙企业领取营业执照前，合伙人不得以合伙企业名义从事合伙业务。

第十二条　合伙企业设立分支机构，应当向分支机构所在地的企业登记机关申请登记，领取营业执照。

第十三条 合伙企业登记事项发生变更的，执行合伙事务的合伙人应当自做出变更决定或者发生变更事由之日起十五日内，向企业登记机关申请办理变更登记。

第十四条 设立合伙企业，应当具备下列条件：

(一) 有二个以上合伙人。合伙人为自然人的，应当具有完全民事行为能力；

(二) 有书面合伙协议；

(三) 有合伙人认缴或者实际缴付的出资；

(四) 有合伙企业的名称和生产经营场所；

(五) 法律、行政法规规定的其他条件；

第十五条 合伙企业名称中应当标明"普通合伙"字样。

第十六条 合伙人可以用货币、实物、知识产权、土地使用权或者其他财产权利出资，也可以用劳务出资。

合伙人以实物、知识产权、土地使用权或者其他财产权利出资，需要评估作价的，可以由全体合伙人协商确定，也可以由全体合伙人委托法定评估机构评估。

合伙人以劳务出资的，其评估办法由全体合伙人协商确定，并在合伙协议中载明。

第二十条 合伙人的出资、以合伙企业名义取得的收益和依法取得的其他财产，均为合伙企业的财产。

第二十一条 合伙人在合伙企业清算前，不得请求分割合伙企业的财产；但是，本法另有规定的除外。

合伙人在合伙企业清算前私自转移或者处分合伙企业财产的，合伙企业不得以此对抗善意第三人。

第二十二条 除合伙协议另有约定外，合伙人向合伙人以外的人转让其在合伙企业中的全部或者部分财产份额时，须经其他合伙人一致同意。

合伙人之间转让在合伙企业中的全部或者部分财产份额时，应当通知其他合伙人。

第二十三条 合伙人向合伙人以外的人转让其在合伙企业中的财产份额的，在同等条件下，其他合伙人有优先购买权；但是，合伙协议另有约定的除外。

第二十四条 合伙人以外的人依法受让合伙人在合伙企业中的财产份额的，经修改合伙协议即成为合伙企业的合伙人，依照本法和修改后的合伙协议享有权利，履行义务。

第二十五条 合伙人以其在合伙企业中的财产份额出质的，须经其他合伙人一致同意；未经其他合伙人一致同意，其行为无效，由此给善意第三人造成损失的，由行为人依法承担赔偿责任。

第三十一条 除合伙协议另有约定外，合伙企业的下列事项应当经全体合伙人一致同意：

(一) 改变合伙企业的名称；

(二) 改变合伙企业的经营范围、主要经营场所的地点；

(三) 处分合伙企业的不动产；

(四) 转让或者处分合伙企业的知识产权和其他财产权利；

(五) 以合伙企业名义为他人提供担保；

（六）聘任合伙人以外的人担任合伙企业的经营管理人员。

第三十二条　合伙人不得自营或者同他人合作经营与本合伙企业相竞争的业务。

除合伙协议另有约定或者经全体合伙人一致同意外，合伙人不得同本合伙企业进行交易。

合伙人不得从事损害本合伙企业利益的活动。

第三十三条　合伙企业的利润分配、亏损分担，按照合伙协议的约定办理；合伙协议未约定或者约定不明确的，由合伙人协商决定；协商不成的，由合伙人按照实缴出资比例分配、分担；无法确定出资比例的，由合伙人平均分配、分担。

合伙协议不得约定将全部利润分配给部分合伙人或者由部分合伙人承担全部亏损。

第三十四条　合伙人按照合伙协议的约定或者经全体合伙人决定，可以增加或者减少对合伙企业的出资。

第三十七条　合伙企业对合伙人执行合伙事务以及对外代表合伙企业权利的限制，不得对抗善意第三人。

第三十八条　合伙企业对其债务，应先以其全部财产进行清偿。

第三十九条　合伙企业不能清偿到期债务的，合伙人承担无限连带责任。

第四十条　合伙人由于承担无限连带责任，清偿数额超过本法第三十三条第一款规定的其亏损分担比例的，有权向其他合伙人追偿。

第四十三条　新合伙人入伙，除合伙协议另有约定外，应当经全体合伙人一致同意，并依法订立书面入伙协议。

订立入伙协议时，原合伙人应当向新合伙人如实告知原合伙企业的经营状况和财务状况。

第四十四条　入伙的新合伙人与原合伙人享有同等权利，承担同等责任。入伙协议另有约定的，从其约定。

新合伙人对入伙前合伙企业的债务承担无限连带责任。

第四十五条　合伙协议约定合伙期限的，在合伙企业存续期间，有下列情形之一的，合伙人可以退伙：

（一）合伙协议约定的退伙事由出现；

（二）经全体合伙人一致同意；

（三）发生合伙人难以继续参加合伙的事由；

（四）其他合伙人严重违反合伙协议约定的义务。

第四十六条　合伙协议未约定合伙期限的，合伙人在不给合伙企业事务执行造成不利影响的情况下，可以退伙，但应当提前三十日通知其他合伙人。

第六十一条　有限合伙企业由二个以上五十个以下合伙人设立；但是，法律另有规定的除外。

有限合伙企业至少应当有一个普通合伙人。

第六十二条　有限合伙企业名称中应当标明"有限合伙"字样。

第六十四条　有限合伙人可以用货币、实物、知识产权、土地使用权或者其他财产权利作价出资。

有限合伙人不得以劳务出资。

第六十八条 有限合伙人不执行合伙事务，不得对外代表有限合伙企业。

第七十条 有限合伙人可以同本有限合伙企业进行交易；但是，合伙协议另有约定的除外。

第七十一条 有限合伙人可以自营或者同他人合作经营与本有限合伙企业相竞争的业务；但是，合伙协议另有约定的除外。

第七十三条 有限合伙人可以按照合伙协议的约定向合伙人以外的人转让其在有限合伙企业中的财产份额，但应当提前三十日通知其他合伙人。

第七十五条 有限合伙企业仅剩有限合伙人的，应当解散；有限合伙企业仅剩普通合伙人的，转为普通合伙企业。

第八十一条 有限合伙人退伙后，对基于其退伙前的原因发生的有限合伙企业债务，以其退伙时从有限合伙企业中取回的财产承担责任。

第八十二条 除合伙协议另有约定外，普通合伙人转变为有限合伙人，或者有限合伙人转变为普通合伙人，应当经全体合伙人一致同意。

第八十三条 有限合伙人转变为普通合伙人的，对其作为有限合伙人期间有限合伙企业发生的债务承担无限连带责任。

第八十四条 普通合伙人转变为有限合伙人的，对其作为普通合伙人期间合伙企业发生的债务承担无限连带责任。

二、创业者需要了解的《中华人民共和国合同法》

签署合同是与一切企业都息息相关的，鉴于合同和要约、承诺密切相关及要约、承诺对于一切合同的重要性，以下着重介绍要约、承诺和合同的一些法律知识以及合同有效性等，帮助大家更好地理解《中华人民共和国合同法》，并更好地运用它来经营管理企业。

第二条 本法所称合同是平等主体的自然人、法人、其他组织之间设立、变更、终止民事权利义务关系的协议。

婚姻、收养、监护等有关身份关系的协议，适用其他法律的规定。

第三条 合同当事人的法律地位平等，一方不得将自己的意志强加给另一方。

第八条 依法成立的合同，对当事人具有法律约束力。当事人应当按照约定履行自己的义务，不得擅自变更或者解除合同。

依法成立的合同，受法律保护。

第九条 当事人订立合同，应当具有相应的民事权利能力和民事行为能力。

当事人依法可以委托代理人订立合同。

第十条 当事人订立合同，有书面形式、口头形式和其他形式。

法律、行政法规规定采用书面形式的，应当采用书面形式。当事人约定采用书面形式的，应当采用书面形式。

第十一条 书面形式是指合同书、信件和数据电文(包括电报、电传、传真、电子数据交换和电子邮件)等可以有形地表现所载内容的形式。

第十二条 合同的内容由当事人约定,一般包括以下条款:

(一) 当事人的名称或者姓名和住所;

(二) 标的;

(三) 数量;

(四) 质量;

(五) 价款或者报酬;

(六) 履行期限、地点和方式;

(七) 违约责任;

(八) 解决争议的方法。

第十三条 当事人订立合同,采取要约、承诺方式。

第十四条 要约是希望和他人订立合同的意思表示,该意思表示应当符合下列规定:

(一) 内容具体确定;

(二) 表明经受要约人承诺,要约人即受该意思表示约束。

第十五条 要约邀请是希望他人向自己发出要约的意思表示。寄送的价目表、拍卖公告、招标公告、招股说明书、商业广告等为要约邀请。

商业广告的内容符合要约规定的,视为要约。

第十六条 要约到达受要约人时生效。

采用数据电文形式订立合同,收件人指定特定系统接收数据电文的,该数据电文进入该特定系统的时间,视为到达时间;未指定特定系统的,该数据电文进入收件人的任何系统的首次时间,视为到达时间。

第十七条 要约可以撤回。撤回要约的通知应当在要约到达受要约人之前或者与要约同时到达受要约人。

第十八条 要约可以撤销。撤销要约的通知应当在受要约人发出承诺通知之前到达受要约人。

第十九条 有下列情形之一的,要约不得撤销:

(一) 要约人确定了承诺期限或者以其他形式明示要约不可撤销;

(二) 受要约人有理由认为要约是不可撤销的,并已经为履行合同作了准备工作。

第二十条 有下列情形之一的,要约失效:

(一) 拒绝要约的通知到达要约人;

(二) 要约人依法撤销要约;

(三) 承诺期限届满,受要约人未作出承诺;

(四) 受要约人对要约的内容作出实质性变更。

第二十一条 承诺是受要约人同意要约的意思表示。

第二十二条 承诺应当以通知的方式作出,但根据交易习惯或者要约表明可以通过行为作出承诺的除外。

　　第二十三条　承诺应当在要约确定的期限内到达要约人。

　　要约没有确定承诺期限的，承诺应当依照下列规定到达：

　　(一) 要约以对话方式作出的，应当即时作出承诺，但当事人另有约定的除外；

　　(二) 要约以非对话方式作出的，承诺应当在合理期限内到达。

　　第二十四条　要约以信件或者电报作出的，承诺期限自信件载明的日期或者电报交发之日开始计算。信件未载明日期的，自投寄该信件的邮戳日期开始计算。要约以电话、传真等快速通讯方式作出的，承诺期限自要约到达受要约人时开始计算。

　　第二十五条　承诺生效时合同成立。

　　第二十六条　承诺通知到达要约人时生效。承诺不需要通知的，根据交易习惯或者要约的要求作出承诺的行为时生效。

　　采用数据电文形式订立合同的，承诺到达的时间适用本法第十六条第二款的规定。

　　第二十七条　承诺可以撤回。撤回承诺的通知应当在承诺通知到达要约人之前或者与承诺通知同时到达要约人。

　　第二十八条　受要约人超过承诺期限发出承诺的，除要约人及时通知受要约人该承诺有效的以外，为新要约。

　　第二十九条　受要约人在承诺期限内发出承诺，按照通常情形能够及时到达要约人，但因其他原因承诺到达要约人时超过承诺期限的，除要约人及时通知受要约人因承诺超过期限不接受该承诺的以外，该承诺有效。

　　第三十条　承诺的内容应当与要约的内容一致。受要约人对要约的内容作出实质性变更的，为新要约。有关合同标的、数量、质量、价款或者报酬、履行期限、履行地点和方式、违约责任和解决争议方法等的变更，是对要约内容的实质性变更。

　　第三十一条　承诺对要约的内容作出非实质性变更的，除要约人及时表示反对或者要约表明承诺不得对要约的内容作出任何变更的以外，该承诺有效，合同的内容以承诺的内容为准。

　　第三十二条　当事人采用合同书形式订立合同的，自双方当事人签字或者盖章时合同成立。

　　第三十三条　当事人采用信件、数据电文等形式订立合同的，可以在合同成立之前要求签订确认书。签订确认书时合同成立。

　　第三十四条　承诺生效的地点为合同成立的地点。

　　采用数据电文形式订立合同的，收件人的主营业地为合同成立的地点；没有主营业地的，其经常居住地为合同成立的地点。当事人另有约定的，按照其约定。

　　第三十五条　当事人采用合同书形式订立合同的，双方当事人签字或者盖章的地点为合同成立的地点。

　　第三十六条　法律、行政法规规定或者当事人约定采用书面形式订立合同，当事人未采用书面形式但一方已经履行主要义务，对方接受的，该合同成立。

第三十七条 采用合同书形式订立合同，在签字或者盖章之前，当事人一方已经履行主要义务，对方接受的，该合同成立。

第四十二条 当事人在订立合同过程中有下列情形之一，给对方造成损失的，应当承担损害赔偿责任：

（一）假借订立合同，恶意进行磋商；

（二）故意隐瞒与订立合同有关的重要事实或者提供虚假情况；

（三）有其他违背诚实信用原则的行为。

第四十三条 当事人在订立合同过程中知悉的商业秘密，无论合同是否成立，不得泄露或者不正当地使用。泄露或者不正当地使用该商业秘密给对方造成损失的，应当承担损害赔偿责任。

第四十五条 当事人对合同的效力可以约定附条件。附生效条件的合同，自条件成就时生效。附解除条件的合同，自条件成就时失效。

第五十二条 有下列情形之一的，合同无效：

（一）一方以欺诈、胁迫的手段订立合同，损害国家利益；

（二）恶意串通，损害国家、集体或者第三人利益；

（三）以合法形式掩盖非法目的；

（四）损害社会公共利益；

（五）违反法律、行政法规的强制性规定。

第五十三条 合同中的下列免责条款无效：

（一）造成对方人身伤害的；

（二）因故意或者重大过失造成对方财产损失的。

第五十四条 下列合同，当事人一方有权请求人民法院或者仲裁机构变更或者撤销：

（一）因重大误解订立的；

（二）在订立合同时显失公平的。

一方以欺诈、胁迫的手段或者乘人之危，使对方在违背真实意思的情况下订立的合同，受损害方有权请求人民法院或者仲裁机构变更或者撤销。

当事人请求变更的，人民法院或者仲裁机构不得撤销。

第五十五条 有下列情形之一的，撤销权消灭：

（一）具有撤销权的当事人自知道或者应当知道撤销事由之日起一年内没有行使撤销权；

（二）具有撤销权的当事人知道撤销事由后明确表示或者以自己的行为放弃撤销权。

第五十六条 无效的合同或者被撤销的合同自始没有法律约束力。合同部分无效，不影响其他部分效力的，其他部分仍然有效。

第六十条 当事人应当按照约定全面履行自己的义务。

当事人应当遵循诚实信用原则，根据合同的性质、目的和交易习惯履行通知、协助、保密等义务。

三、创业者需要了解的涉及企业经营管理及知识产权的法律法规

(一)《中华人民共和国反不正当竞争法》中相关条款

第一条 为了促进社会主义市场经济健康发展,鼓励和保护公平竞争,制止不正当竞争行为,保护经营者和消费者的合法权益,制定本法。

第二条 经营者在生产经营活动中,应当遵循自愿、平等、公平、诚信的原则,遵守法律和商业道德。

本法所称的不正当竞争行为,是指经营者在生产经营活动中,违反本法规定,扰乱市场竞争秩序,损害其他经营者或者消费者的合法权益的行为。

本法所称的经营者,是指从事商品生产、经营或者提供服务(以下所称商品包括服务)的自然人、法人和非法人组织。

第六条 经营者不得实施下列混淆行为,引人误认为是他人商品或者与他人存在特定联系:

(一) 擅自使用与他人有一定影响的商品名称、包装、装潢等相同或者近似的标识;

(二) 擅自使用他人有一定影响的企业名称(包括简称、字号等)、社会组织名称(包括简称等)、姓名(包括笔名、艺名、译名等);

(三) 擅自使用他人有一定影响的域名主体部分、网站名称、网页等;

(四) 其他足以引人误认为是他人商品或者与他人存在特定联系的混淆行为。

第七条 经营者不得采用财物或者其他手段贿赂下列单位或者个人,以谋取交易机会或者竞争优势:

(一) 交易相对方的工作人员;

(二) 受交易相对方委托办理相关事务的单位或者个人;

(三) 利用职权或者影响力影响交易的单位或者个人。

经营者在交易活动中,可以以明示方式向交易相对方支付折扣,或者向中间人支付佣金。经营者向交易相对方支付折扣、向中间人支付佣金的,应当如实入账。接受折扣、佣金的经营者也应当如实入账。

经营者的工作人员进行贿赂的,应当认定为经营者的行为;但是,经营者有证据证明该工作人员的行为与为经营者谋取交易机会或者竞争优势无关的除外。

第八条 经营者不得对其商品的性能、功能、质量、销售状况、用户评价、曾获荣誉等作虚假或者引人误解的商业宣传,欺骗、误导消费者。

经营者不得通过组织虚假交易等方式,帮助其他经营者进行虚假或者引人误解的商业宣传。

第九条 经营者不得实施下列侵犯商业秘密的行为:

(一) 以盗窃、贿赂、欺诈、胁迫或者其他不正当手段获取权利人的商业秘密;

(二) 披露、使用或者允许他人使用以前项手段获取的权利人的商业秘密;

(三) 违反约定或者违反权利人有关保守商业秘密的要求，披露、使用或者允许他人使用其所掌握的商业秘密。

第三人明知或者应知商业秘密权利人的员工、前员工或者其他单位、个人实施前款所列违法行为，仍获取、披露、使用或者允许他人使用该商业秘密的，视为侵犯商业秘密。

本法所称的商业秘密，是指不为公众所知悉、具有商业价值并经权利人采取相应保密措施的技术信息和经营信息。

第十条　经营者进行有奖销售不得存在下列情形：

(一) 所设奖的种类、兑奖条件、奖金金额或者奖品等有奖销售信息不明确，影响兑奖；

(二) 采用谎称有奖或者故意让内定人员中奖的欺骗方式进行有奖销售；

(三) 抽奖式的有奖销售，最高奖的金额超过五万元。

第十一条　经营者不得编造、传播虚假信息或者误导性信息，损害竞争对手的商业信誉、商品声誉。

第十二条　经营者利用网络从事生产经营活动，应当遵守本法的各项规定。

经营者不得利用技术手段，通过影响用户选择或者其他方式，实施下列妨碍、破坏其他经营者合法提供的网络产品或者服务正常运行的行为：

(一) 未经其他经营者同意，在其合法提供的网络产品或者服务中，插入链接、强制进行目标跳转；

(二) 误导、欺骗、强迫用户修改、关闭、卸载其他经营者合法提供的网络产品或者服务；

(三) 恶意对其他经营者合法提供的网络产品或者服务实施不兼容；

(四) 其他妨碍、破坏其他经营者合法提供的网络产品或者服务正常运行的行为。

(二)　《中华人民共和国产品质量法》中相关条款

第一条　为了加强对产品质量的监督管理，提高产品质量水平，明确产品质量责任，保护消费者的合法权益，维护社会经济秩序，制定本法。

第二十六条　生产者应当对其生产的产品质量负责。

产品质量应当符合下列要求：

(一) 不存在危及人身、财产安全的不合理的危险，有保障人体健康和人身、财产安全的国家标准、行业标准的，应当符合该标准；

(二) 具备产品应当具备的使用性能，但是，对产品存在使用性能的瑕疵作出说明的除外；

(三) 符合在产品或者其包装上注明采用的产品标准，符合以产品说明、实物样品等方式表明的质量状况。

第二十七条　产品或者其包装上的标识必须真实，并符合下列要求：

(一) 有产品质量检验合格证明；

(二) 有中文标明的产品名称、生产厂厂名和厂址；

(三) 根据产品的特点和使用要求，需要标明产品规格、等级、所含主要成分的名称和含量的，用中文相应予以标明；需要事先让消费者知晓的，应当在外包装上标明，或者预先向消费者提供有关资料；

(四) 限期使用的产品，应当在显著位置清晰地标明生产日期和安全使用期或者失效日期；

(五) 使用不当，容易造成产品本身损坏或者可能危及人身、财产安全的产品，应当有警示标志或者中文警示说明。

裸装的食品和其他根据产品的特点难以附加标识的裸装产品，可以不附加产品标识。

第二十八条 易碎、易燃、易爆、有毒、有腐蚀性、有放射性等危险物品以及储运中不能倒置和其他有特殊要求的产品，其包装质量必须符合相应要求，依照国家有关规定作出警示标志或者中文警示说明，标明储运注意事项。

第二十九条 生产者不得生产国家明令淘汰的产品。

第三十条 生产者不得伪造产地，不得伪造或者冒用他人的厂名、厂址。

第三十一条 生产者不得伪造或者冒用认证标志等质量标志。

第三十二条 生产者生产产品，不得掺杂、掺假，不得以假充真、以次充好，不得以不合格产品冒充合格产品。

第四十一条 因产品存在缺陷造成人身、缺陷产品以外的其他财产(以下简称他人财产)损害的，生产者应当承担赔偿责任。

生产者能够证明有下列情形之一的，不承担赔偿责任：

(一) 未将产品投入流通的；

(二) 产品投入流通时，引起损害的缺陷尚不存在的；

(三) 将产品投入流通时的科学技术水平尚不能发现缺陷的存在的。

第四十二条 由于销售者的过错使产品存在缺陷，造成人身、他人财产损害的，销售者应当承担赔偿责任。

销售者不能指明缺陷产品的生产者也不能指明缺陷产品的供货者的，销售者应当承担赔偿责任。

第四十三条 因产品存在缺陷造成人身、他人财产损害的，受害人可以向产品的生产者要求赔偿，也可以向产品的销售者要求赔偿。属于产品的生产者的责任，产品的销售者赔偿的，产品的销售者有权向产品的生产者追偿。属于产品的销售者的责任，产品的生产者赔偿的，产品的生产者有权向产品的销售者追偿。

四、创业者需要了解的《中华人民共和国劳动合同法》

第一条 为了完善劳动合同制度，明确劳动合同双方当事人的权利和义务，保护劳动者的合法权益，构建和发展和谐稳定的劳动关系，制定本法。

第三条 订立劳动合同，应当遵循合法、公平、平等自愿、协商一致、诚实信用的原则。

依法订立的劳动合同具有约束力，用人单位与劳动者应当履行劳动合同约定的义务。

第七条 用人单位自用工之日起即与劳动者建立劳动关系。用人单位应当建立职工名册备查。

第八条　用人单位招用劳动者时，应当如实告知劳动者工作内容、工作条件、工作地点、职业危害、安全生产状况、劳动报酬，以及劳动者要求了解的其他情况；用人单位有权了解劳动者与劳动合同直接相关的基本情况，劳动者应当如实说明。

第九条　用人单位招用劳动者，不得扣押劳动者的居民身份证和其他证件，不得要求劳动者提供担保或者以其他名义向劳动者收取财物。

第十条　建立劳动关系，应当订立书面劳动合同。

已建立劳动关系，未同时订立书面劳动合同的，应当自用工之日起一个月内订立书面劳动合同。

用人单位与劳动者在用工前订立劳动合同的，劳动关系自用工之日起建立。

第十一条　用人单位未在用工的同时订立书面劳动合同，与劳动者约定的劳动报酬不明确的，新招用的劳动者的劳动报酬按照集体合同规定的标准执行；没有集体合同或者集体合同未规定的，实行同工同酬。

第十二条　劳动合同分为固定期限劳动合同、无固定期限劳动合同和以完成一定工作任务为期限的劳动合同。

第十三条　固定期限劳动合同，是指用人单位与劳动者约定合同终止时间的劳动合同。

用人单位与劳动者协商一致，可以订立固定期限劳动合同。

第十四条　无固定期限劳动合同，是指用人单位与劳动者约定无确定终止时间的劳动合同。

用人单位与劳动者协商一致，可以订立无固定期限劳动合同。有下列情形之一，劳动者提出或者同意续订、订立劳动合同的，除劳动者提出订立固定期限劳动合同外，应当订立无固定期限劳动合同：

（一）劳动者在该用人单位连续工作满十年的；

（二）用人单位初次实行劳动合同制度或者国有企业改制重新订立劳动合同时，劳动者在该用人单位连续工作满十年且距法定退休年龄不足十年的；

（三）连续订立二次固定期限劳动合同，且劳动者没有本法第三十九条和第四十条第一项、第二项规定的情形，续订劳动合同的。

用人单位自用工之日起满一年不与劳动者订立书面劳动合同的，视为用人单位与劳动者已订立无固定期限劳动合同。

第十五条　以完成一定工作任务为期限的劳动合同，是指用人单位与劳动者约定以某项工作的完成为合同期限的劳动合同。

用人单位与劳动者协商一致，可以订立以完成一定工作任务为期限的劳动合同。

第十六条　劳动合同由用人单位与劳动者协商一致，并经用人单位与劳动者在劳动合同文本上签字或者盖章生效。

劳动合同文本由用人单位和劳动者各执一份。

第十七条　劳动合同应当具备以下条款：

（一）用人单位的名称、住所和法定代表人或者主要负责人；

（二）劳动者的姓名、住址和居民身份证或者其他有效身份证件号码；

（三）劳动合同期限；

（四）工作内容和工作地点；

（五）工作时间和休息休假；

（六）劳动报酬；

（七）社会保险；

（八）劳动保护、劳动条件和职业危害防护；

（九）法律、法规规定应当纳入劳动合同的其他事项。

劳动合同除前款规定的必备条款外，用人单位与劳动者可以约定试用期、培训、保守秘密、补充保险和福利待遇等其他事项。

第十八条　劳动合同对劳动报酬和劳动条件等标准约定不明确，引发争议的，用人单位与劳动者可以重新协商；协商不成的，适用集体合同规定；没有集体合同或者集体合同未规定劳动报酬的，实行同工同酬；没有集体合同或者集体合同未规定劳动条件等标准的，适用国家有关规定。

第十九条　劳动合同期限三个月以上不满一年的，试用期不得超过一个月；劳动合同期限一年以上不满三年的，试用期不得超过二个月；三年以上固定期限和无固定期限的劳动合同，试用期不得超过六个月。

同一用人单位与同一劳动者只能约定一次试用期。

以完成一定工作任务为期限的劳动合同或者劳动合同期限不满三个月的，不得约定试用期。

试用期包含在劳动合同期限内。劳动合同仅约定试用期的，试用期不成立，该期限为劳动合同期限。

第二十条　劳动者在试用期的工资不得低于本单位相同岗位最低档工资或者劳动合同约定工资的百分之八十，并不得低于用人单位所在地的最低工资标准。

第二十一条　在试用期中，除劳动者有本法第三十九条和第四十条第一项、第二项规定的情形外，用人单位不得解除劳动合同。用人单位在试用期解除劳动合同的，应当向劳动者说明理由。

第二十二条　用人单位为劳动者提供专项培训费用，对其进行专业技术培训的，可以与该劳动者订立协议，约定服务期。

劳动者违反服务期约定的，应当按照约定向用人单位支付违约金。违约金的数额不得超过用人单位提供的培训费用。用人单位要求劳动者支付的违约金不得超过服务期尚未履行部分所应分摊的培训费用。

用人单位与劳动者约定服务期的，不影响按照正常的工资调整机制提高劳动者在服务期期间的劳动报酬。

第二十三条　用人单位与劳动者可以在劳动合同中约定保守用人单位的商业秘密和

与知识产权相关的保密事项。

对负有保密义务的劳动者，用人单位可以在劳动合同或者保密协议中与劳动者约定竞业限制条款，并约定在解除或者终止劳动合同后，在竞业限制期限内按月给予劳动者经济补偿。劳动者违反竞业限制约定的，应当按照约定向用人单位支付违约金。

第二十四条 竞业限制的人员限于用人单位的高级管理人员、高级技术人员和其他负有保密义务的人员。竞业限制的范围、地域、期限由用人单位与劳动者约定，竞业限制的约定不得违反法律、法规的规定。

在解除或者终止劳动合同后，前款规定的人员到与本单位生产或者经营同类产品、从事同类业务的有竞争关系的其他用人单位，或者自己开业生产或者经营同类产品、从事同类业务的竞业限制期限，不得超过二年。

第二十五条 除本法第二十二条和第二十三条规定的情形外，用人单位不得与劳动者约定由劳动者承担违约金。

第二十六条 下列劳动合同无效或者部分无效：

(一) 以欺诈、胁迫的手段或者乘人之危，使对方在违背真实意思的情况下订立或者变更劳动合同的；

(二) 用人单位免除自己的法定责任、排除劳动者权利的；

(三) 违反法律、行政法规强制性规定的。

对劳动合同的无效或者部分无效有争议的，由劳动争议仲裁机构或者人民法院确认。

第二十七条 劳动合同部分无效，不影响其他部分效力的，其他部分仍然有效。

第二十八条 劳动合同被确认无效，劳动者已付出劳动的，用人单位应当向劳动者支付劳动报酬。劳动报酬的数额，参照本单位相同或者相近岗位劳动者的劳动报酬确定。

第三十九条 劳动者有下列情形之一的，用人单位可以解除劳动合同：

(一) 在试用期间被证明不符合录用条件的；

(二) 严重违反用人单位的规章制度的；

(三) 严重失职，营私舞弊，给用人单位造成重大损害的；

(四) 劳动者同时与其他用人单位建立劳动关系，对完成本单位的工作任务造成严重影响，或者经用人单位提出，拒不改正的；

(五) 因本法第二十六条第一款第一项规定的情形致使劳动合同无效的；

(六) 被依法追究刑事责任的。

第四十条 有下列情形之一的，用人单位提前三十日以书面形式通知劳动者本人或者额外支付劳动者一个月工资后，可以解除劳动合同：

(一) 劳动者患病或者非因工负伤，在规定的医疗期满后不能从事原工作，也不能从事由用人单位另行安排的工作的；

(二) 劳动者不能胜任工作，经过培训或者调整工作岗位，仍不能胜任工作的；

(三) 劳动合同订立时所依据的客观情况发生重大变化，致使劳动合同无法履行，经用人单位与劳动者协商，未能就变更劳动合同内容达成协议的。

第四十一条 有下列情形之一，需要裁减人员二十人以上或者裁减不足二十人但占企业职工总数百分之十以上的，用人单位提前三十日向工会或者全体职工说明情况，听取工会或者职工的意见后，裁减人员方案经向劳动行政部门报告，可以裁减人员：

（一）依照企业破产法规定进行重整的；

（二）生产经营发生严重困难的；

（三）企业转产、重大技术革新或者经营方式调整，经变更劳动合同后，仍需裁减人员的；

（四）其他因劳动合同订立时所依据的客观经济情况发生重大变化，致使劳动合同无法履行的。

裁减人员时，应当优先留用下列人员：

（一）与本单位订立较长期限的固定期限劳动合同的；

（二）与本单位订立无固定期限劳动合同的；

（三）家庭无其他就业人员，有需要扶养的老人或者未成年人的。

用人单位依照本条第一款规定裁减人员，在六个月内重新招用人员的，应当通知被裁减的人员，并在同等条件下优先招用被裁减的人员。

第四十二条 劳动者有下列情形之一的，用人单位不得依照本法第四十条、第四十一条的规定解除劳动合同：

（一）从事接触职业病危害作业的劳动者未进行离岗前职业健康检查，或者疑似职业病病人在诊断或者医学观察期间的；

（二）在本单位患职业病或者因工负伤并被确认丧失或者部分丧失劳动能力的；

（三）患病或者非因工负伤，在规定的医疗期内的；

（四）女职工在孕期、产期、哺乳期的；

（五）在本单位连续工作满十五年，且距法定退休年龄不足五年的；

（六）法律、行政法规规定的其他情形。

第四十三条 用人单位单方解除劳动合同，应当事先将理由通知工会。用人单位违反法律、行政法规规定或者劳动合同约定的，工会有权要求用人单位纠正。用人单位应当研究工会的意见，并将处理结果书面通知工会。

第四十四条 有下列情形之一的，劳动合同终止：

（一）劳动合同期满的；

（二）劳动者开始依法享受基本养老保险待遇的；

（三）劳动者死亡，或者被人民法院宣告死亡或者宣告失踪的；

（四）用人单位被依法宣告破产的；

（五）用人单位被吊销营业执照、责令关闭、撤销或者用人单位决定提前解散的；

（六）法律、行政法规规定的其他情形。

第四十五条 劳动合同期满，有本法第四十二条规定情形之一的，劳动合同应当续延至相应的情形消失时终止。但是，本法第四十二条第二项规定丧失或者部分丧失劳动能力劳动者的劳动合同的终止，按照国家有关工伤保险的规定执行。

第四十六条　有下列情形之一的，用人单位应当向劳动者支付经济补偿：

(一) 劳动者依照本法第三十八条规定解除劳动合同的；

(二) 用人单位依照本法第三十六条规定向劳动者提出解除劳动合同并与劳动者协商一致解除劳动合同的；

(三) 用人单位依照本法第四十条规定解除劳动合同的；

(四) 用人单位依照本法第四十一条第一款规定解除劳动合同的；

(五) 除用人单位维持或者提高劳动合同约定条件续订劳动合同，劳动者不同意续订的情形外，依照本法第四十四条第一项规定终止固定期限劳动合同的；

(六) 依照本法第四十四条第四项、第五项规定终止劳动合同的；

(七) 法律、行政法规规定的其他情形。

第四十七条　经济补偿按劳动者在本单位工作的年限，每满一年支付一个月工资的标准向劳动者支付。六个月以上不满一年的，按一年计算；不满六个月的，向劳动者支付半个月工资的经济补偿。

劳动者月工资高于用人单位所在直辖市、设区的市级人民政府公布的本地区上年度职工月平均工资三倍的，向其支付经济补偿的标准按职工月平均工资三倍的数额支付，向其支付经济补偿的年限最高不超过十二年。

本条所称月工资是指劳动者在劳动合同解除或者终止前十二个月的平均工资。

第四十八条　用人单位违反本法规定解除或者终止劳动合同，劳动者要求继续履行劳动合同的，用人单位应当继续履行；劳动者不要求继续履行劳动合同或者劳动合同已经不能继续履行的，用人单位应当依照本法第八十七条规定支付赔偿金。

第四十九条　国家采取措施，建立健全劳动者社会保险关系跨地区转移接续制度。

第五十条　用人单位应当在解除或者终止劳动合同时出具解除或者终止劳动合同的证明，并在十五日内为劳动者办理档案和社会保险关系转移手续。

劳动者应当按照双方约定，办理工作交接。用人单位依照本法有关规定应当向劳动者支付经济补偿的，在办结工作交接时支付。

用人单位对已经解除或者终止的劳动合同的文本，至少保存二年备查。

第六十二条　用工单位应当履行下列义务：

(一) 执行国家劳动标准，提供相应的劳动条件和劳动保护；

(二) 告知被派遣劳动者的工作要求和劳动报酬；

(三) 支付加班费、绩效奖金，提供与工作岗位相关的福利待遇；。

(四) 对在岗被派遣劳动者进行工作岗位所必需的培训；

(五) 连续用工的，实行正常的工资调整机制。

用工单位不得将被派遣劳动者再派遣到其他用人单位。

第八十八条　用人单位有下列情形之一的，依法给予行政处罚；构成犯罪的，依法追究刑事责任；给劳动者造成损害的，应当承担赔偿责任：

(一) 以暴力、威胁或者非法限制人身自由的手段强迫劳动的；

（二）违章指挥或者强令冒险作业危及劳动者人身安全的；

（三）侮辱、体罚、殴打、非法搜查或者拘禁劳动者的；

（四）劳动条件恶劣、环境污染严重，给劳动者身心健康造成严重损害的。

第九十条　劳动者违反本法规定解除劳动合同，或者违反劳动合同中约定的保密义务或者竞业限制，给用人单位造成损失的，应当承担赔偿责任。

第九十一条　用人单位招用与其他用人单位尚未解除或者终止劳动合同的劳动者，给其他用人单位造成损失的，应当承担连带赔偿责任。

第三节　课 后 习 题

一、名词解释

三证合一　独资企业　合伙企业

二、案例分析

农村天地广阔，大有可为

近些年来，农村的面貌发生了巨大变化。研究显示，截至 2016 年底，农业行业企业数量已达 148.97 万户。我国农村劳动力正在从农村向城市的单向流动转为城乡互动。"三农"创业，让农业发展呈现新气象、新格局，有了新生力量。

"农村的'大众创业、万众创新'才刚刚开始"，新希望集团掌门人刘永好认为，当城里竞争非常激烈的时候，农村是一片广阔天地。

新气象——农业是一个"万岁"产业

"不管生活水准怎么样，人总是要吃饭。"刘永好说，"不管吃什么，都离不开农业，所以从这个角度来讲，农业是一个'万岁'产业，是一个蓝海。"

看好农业发展，并非刘永好一家之言。《人民日》、报中央厨房、中央电视台第七套农业节目和农业部农村创业创新办公室联合发布的《2016 年度中国"三农"创富报告》显示，涉农企业快速增长，新进入企业明显增多，资本投入显著增加，种植业成为企业进入农业行业的主战场，农业大省更成为涉农资本投资的主阵地。

新格局——农村创业大有可为

涉农企业数量增加的背后，是资本实力的显著增强。据统计，截至 2016 年 12 月，涉农企业注册资本累计达 87103.24 亿元，是 2010 年的 3.11 倍。

这是城市经济倒逼的结果，刘永好认为，农村必须通过土地流转、规模化的粮食生产和养殖达到新格局。为了适应新格局，农产品包装要小，要创新口味，还要通过移动互联网销售。他说，在农村，互联网营销刚刚起步，从种植到食品加工、销售，创新创业大有可为。

"年轻人创业不要只看到城市，还要看到农村。"刘永好表示，"与其冲击城市市场，不如到农村广阔的天地去创一番事业。"

新力量——带头人引领乡村发展

在"三农"创业的浪潮中，涌现出一批带头人，带动乡亲脱贫致富。《2016 年度中国"三农"创富报告》称，一批受过工业化和城市化洗礼的农民工回乡创业，成为复活乡村、改造乡村与引领乡村创业与发展的新生力量。

第七届 CCTV"三农"创业致富榜样的名单中，就有不少这样的带头人。他们有的身体残疾，却靠养殖肉牛带动周边 20 多户残疾人致富，年销售额超 200 万元;有的大学毕业后返乡创业，种植的水果玉米远销国外，现已身家上亿……

创业创新需要新力量，更需要新思路，"三农"创业必将迎来新未来。

（资料来源：http://www.chinanews.com/life/2017/01-18/8127821.shtml）

问题：

1. 阅读有关资料，了解国家对大学生投身农业领域创业都有哪些优惠政策？
2. 为什么说大学生投身农业领域进行创业具有非常广阔的前景？

三、实训题

1. 阅读下列材料并回答相应的问题。

小王是一名大三学生，通过市场调查，他认为定位中高档的男士精品店会很受学生欢迎。他和另外三位有创业想法的同学一拍即合，每人投资 4000 元准备开店。

校园附近的孙老板有三间紧挨着的店面，其中一个门面闲置着。孙老板同意以 1.2 万元转让这个门面两年的使用权。当时孙老板说她有这个门面三年的使用权，但不要让房东知道房子已经转租给他们，就说几个大学生是帮她打工的，以此避免房东找麻烦。"我们虽然知道孙老板不是房东，只是租用了房东的房子，但我们不知道一定要经过房东的同意才能租房。"涉世未深的几名大学生和孙老板签下了门面转让协议书，并支付了 7000 元钱。

当他们开始对门面进行装修时，房东闻讯赶来。房东表示，他和孙老板签订的合同上明确写了该房子只允许做理发店，并且不允许转租。房东阻止他们装修，并和孙老板发生了冲突。1.6 万元创业资金已经花光，门面却无法开张。

问题：

(1) 小王在与孙老板签合同时，犯了什么样的错误？该如何寻找法律救济？
(2) 根据上述案例，谈谈大学生掌握创业法律知识的重要性。

2. 阅读下列材料并回答相应的问题。

大学毕业后，小林去了一家上市公司工作。小林坦言，工作的这两年，让自己适应了社会，对以后的创业也有很大的帮助。

2017 年春天，小林在一次聚会中和一位学风景园林的同学聊起了国内的环境问题，两个人一拍即合，决定成立一家景观规划公司。2017 年 5 月，公司正式注册成立。

谈到自己的创业经验，小林认为还是应该从学校入手。"大学生有学校的母体文化，老师、校友都是非常重要的人脉资源。比如国外的校友会把一些经典案例和信息传回国内一起探讨；学校创业学院、团委对我们的创业也非常支持和关注；我们也代表学校正在参加全国'挑战杯''互联网+'创新创业大赛，让我们的项目得到推广。"

同时小林也指出，社会资源对大学生创业也有很大的帮助。比如一些科技园区会对入驻企业有房租补贴等一些优惠政策。一些创业孵化器也会提供场地、资金、财务、法律等一系列的支持。小林和他的创业团队还通过引荐，获得了当地政府的五万元的无息贷款。"我觉得一些孵化机构存在宣传不足的问题，像我就是和团委老师聊天之后才了解学校附近就有孵化器。"

问题：

(1) 你是如何了解这些大学生创业政策的？

(2) 咨询相关部门、老师或查询资料，填写你所在城市的大学生创业政策一览表(见表 10-2)。

表 10-2　所在城市的大学生创业政策一览表

项目	内容和说明
简化工商登记程序	
放宽住所(经营场所)登记条件	
实施"先照后证"改革	
企业登记注册全程电子化	
开辟企业登记绿色通道	
创业资金补贴政策	
帮助降低初创成本	
自主创业享受税收优惠	
减免行政事业类收费	
对高层次人才的创业以及"互联网+"创业的特殊优惠政策	
开展创业教育、技能培训和实训	
创业创新辅导制度	
创业培训支持政策	
政府部门提供的人才中介服务	
落户政策	

3. 阅读下列材料并回答相应的问题。

(1) 小王是一个刚毕业的大学生，他借了父母 20 万元在学校附近租了间门面开了家餐馆，由于价格公道，饭菜口味好，生意一直很好。经营一年后，为了扩大规模、提升档次，小王拿出 5 万元对餐馆进行了装修。可是，刚装修完，门面面临政府的统一拆迁，小王拿着租期三年的合同和装修的凭证，找房东要求赔偿，却遭到房东拒绝。

(2) 小张大学毕业后加盟了一家零食连锁店，专门在学校学生宿舍卖零食，在加盟时，连锁店就明确小张必须卖他们提供的产品，合同签了两年。经过装修后，零食店开张了。

可是好景不长，小张发现连锁店总部提供的零食质次价高而导致生意不好，小张几次想要自己找渠道进货都遭到了总部的拒绝。对此，小张非常苦恼。

(3) 小李大学毕业后开了家高科技公司，聘请了计算机专业毕业的小陈做技术研发，公司发展也一直比较顺利。到了第三年，公司业绩出现下滑，小李也觉得小陈工作不积极主动，于是他找小陈谈话，说出了自己的想法，结果遭到小陈的拒绝并提出赔偿要求。后来，小陈向劳动监察部门进行了投诉，劳动监察部门调查后发现，小李成立的公司还存在没有与员工签订劳动合同、没有为员工买保险等问题，于是，劳动监察部门对小李的公司进行了严厉的处罚。

问题：

(1) 小王、小张和小李在创业之初以及创业过程中犯了什么样的错误，导致自己陷入不利局面？

(2) 谈谈这三件事给你什么样的启示。

(3) 你觉得作为一名创业者，应如何去规避或降低企业的法律风险？

第十一章

教育部 "互联网+" 大学生创新创业大赛纲要

近年来，"互联网+"大学生创新创业大赛受到广泛关注，参赛人数之多、参赛面之广和影响力之大都是前所未有的，大赛已经成为各高校深化创新创业教育改革的新载体，是培养大学生创新精神、创业意识和创新创业能力的重要抓手，以赛促教、以赛促学、以赛促改、以赛促建的"重实践、强能力"人才培养模式基本形成。本章将简要解读"互联网+"大学生创新创业大赛的情况，为进一步实现大赛目标提供一些参考意见。

一、赛事背景

深化高等学校创新创业教学改革，是国家实施创新驱动发展战略、促进经济提高增效升级的迫切需要，是推进高等教育综合改革、促进高校毕业生更高质量创业就业的重要举措。党的十八大对创新创业人才培养做出重要部署，国务院对加强创新创业教育提出明确要求，如图 11-1 所示。《国务院办公厅关于深化高等学校创新创业教育改革的实施意见》(国办发〔2015〕36 号，下面简称《意见》)提出，2015 年起全面深化高校创新创业教育改革。2017 年取得重要进展，形成科学先进、广泛认同、具有中国特色的创新创业教育理念，形成一批可复制可推广的制度成果，普及创新创业教育，实现新一轮大学生创业引领计划预期目标。到 2020 年建立健全课堂教学、自主学习、结合实践、指导帮扶、文化引领融为一体的高校创新创业教育体系，人才培养质量显著提升，学生的创新精神、创业意识和创新创业能力明显增强，投身创业实践的学生显著增加。实施弹性学制，放宽学生修业年限，允许调整学业进程、保留学籍休学创新创业。

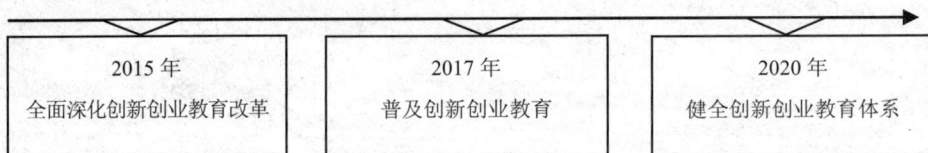

2015 年	2017 年	2020 年
全面深化创新创业教育改革	普及创新创业教育	健全创新创业教育体系

图 11-1　国务院关于创新创业教育的明确要求

近年来，高校创新创业教育不断加强，取得了积极进展，对提高高等教育质量、促进学生全面发展、推动毕业生创业就业、服务国家现代化建设发挥了重要的作用。为了贯彻落实《意见》，进一步激发高校学生创新创业热情，展示高校创新创业教育成果，搭建大学生创新创业项目与社会投资对接平台，教育部从 2015 年起每年定期举办 "互联网+" 大学生创新创业大赛。大赛旨在深化高等教育综合改革，激发大学生的创造力，培养造就"大众创业、万众创新"的生力军；推动赛事成果转化，促进"互联网+"新业态形成，服务经济提质增效升级；以及创新引领创业、创业带动就业，推动高校毕业生更高质量创业就业。重在把大赛作为深化创新创业教育改革的重要抓手，引导各地高校主动服务创新驱动发展战略，创新人才培养机制，切实提高高校学生的创新精神、创业意识和创新创业能力。

二、赛事简介

"互联网+"时代给人才培养搭建了更为广阔而又自由的创新舞台，鼓励更多的学生积极创新学习和实践，让优秀的人才脱颖而出，造就更多的创新创业型人才。新时期，"互联网+"浪潮在全世界迅速发展，我国也大力推进"互联网+"产业发展升级，高校大学生应围绕"互联网+"行动计划，积极响应国家"大众创业、万众创新"的号召，主动参与创新创业大赛。

(一)"互联网+"大赛参赛项目类型

参赛项目要求能够将移动互联网、云计算、大数据、人工智能、物联网等新一代信息技术与经济社会各领域紧密结合，培育基于互联网新时代的新产品、新服务、新业态、新模式；发挥互联网在促进产业升级以及信息化和工业化深度融合中的作用，促进制造业、农业、能源、环保等产业转型升级；发挥互联网在社会服务中的作用，创新网络化服务模式，促进互联网与教育、医疗、交通、金融、消费生活等深度融合。参赛项目主要包括以下类型，如图 11-2 所示。

(1)"互联网+"现代农业，包括农林牧渔等。

(2)"互联网+"制造业，包括智能硬件、先进制造、工业自动化、生物医药、节能环保、新材料、军工等。

(3)"互联网+"信息技术服务，包括工具软件、社会网络、媒体门户、企业服务等。

(4)"互联网+"文化创意服务，包括广播影视、设计服务、文化艺术、旅游休闲、艺术品交易、广告会展、动漫娱乐、体育竞技等。

(5)"互联网+"商务服务，包括电子商务、消费生活、金融、财经服务、房产家居、高效物流等。

(6)"互联网+"公共服务，包括教育培训、医疗健康、交通、人力资源服务等。

(7)"互联网+"公益创业，以社会价值为导向的非营利性创业。

从创新创业地图外面可以看出，"互联网+"创新创业大赛为学生提供了 34 个细分行业，6 个"互联网+"新技术，204 个创新创业空间，816 个创新创业焦点。在"互联网+"

大赛的项目引导下，为大学生创新创业提供了更多的思考空间，给大学生的创新创业指引了方向，也为他们提供了更多的可能性。

经济社会各领域			新一代信息技术							
			移动互联网	云计算	大数据	人工智能	物联网	虚拟现实		
"互联网+"现代农业	1	农								
	2	林								
	3	牧								
	4	渔								
"互联网+"制造业	5	智能硬件							新产品	
	6	先进制造								
	7	工业自动化							新服务	
	8	生物医药								
	9	节能环保							新业态	
	10	新材料								
	11	军工							新模式	
"互联网+"信息技术服务	12	工具软件								
	13	社交网络								
	14	媒体门户								
	15	企业服务								
"互联网+"文化创意服务	16	广播影视								
	17	设计服务								
	18	文化艺术								
	19	旅游休闲								
	20	艺术品交易								
	21	广告会展								
	22	动漫娱乐								
	23	体育竞技								
"互联网+"商务服务	24	电子商务								
	25	消费生活								
	26	金融								
	27	财经法务								
	28	房产家居								
	29	高效物流								
"互联网+"公共服务	30	教育培训								
	31	医疗健康								
	32	交通								
	33	人力资源服务								
"互联网+"公益创业	34	公益创业								

图 11-2 "互联网+"创新创业项目地图

根据参赛项目所处的创业阶段、已获投资情况和项目特点，大赛分为创意组、初创组、成长组合就业型创业组。其中，初创组、成长组和就业型创业组中已经完成工商登记注册参赛项目的股权结构中，参赛成员合计不得少于 1/3；对于高校科技成果转化的项目，允许将拥有科研成果的老师的股权合并计算，合并计算的股权不得少于 50%，其中参赛成员合计不得少于 15%。

(二)"互联网+"大赛初显成效

"互联网+"大学生创新创业大赛，相对其他大赛来说，赛程、规模、参与人数是史无前例的。以"互联网+"大学生创新创业大赛的为契机，各高校积极开展实施修订人才培养方案、健全课程体系、改进教学方法、加强创新创业实践等一系列改革措施，培养学生创新创业能力，催生创新创业成果方面初显成效。

(1) 创新创业百万大军已经形成，并仍有继续增长的趋势。第一届"互联网+"大学生创新创业大赛参赛项目数为 36508 个，参赛院校 1878 所，参与学生超过 20 万；第二届大赛参赛项目数量为 12 万个，参赛院校 2110 所，参与学生超过 54 万人；第三届"互联网+"大赛参赛项目数达到 31.9 万个，参与高校 2241 所，参赛人数更是突破了百万，达到 150 万人，是上届的 2.7 倍，呈现出"井喷式"增长，如图 11-3 所示。"创新创业百万大军"已经形成，并仍有持续增长的趋势。

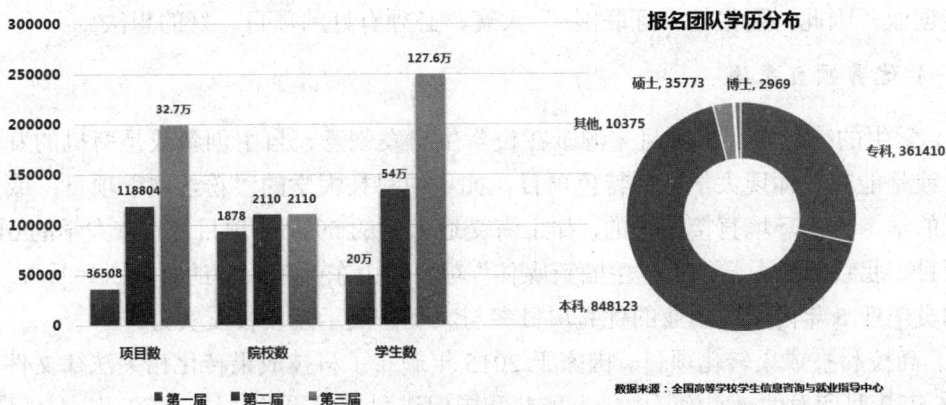

图 11-3　前三届"互联网+"大赛参赛队伍情况

(2)"互联网+"大赛和中国创新创业教育的国际影响开始显现。中国"互联网+"大学生创新创业大赛不仅激发了国内高校双创教育"热"起来，而且引起了国际高等教育界高度关注。第三届"互联网+"大赛首次设置了国际赛道，美、加、英、日、澳等 25 个国家和地区的 116 个大学团队报名参赛。中国的创新创业教育正在走出国门，产生国际影响，形成中国品牌。

(3)"互联网+"大赛在人才培养和创造社会价值方面呈现创新性特点。"互联网+"大赛与其他类别的创新创业大赛最显著的区别是，从省赛到国赛，均聘请大量的投资人和企业家做项目评审，打破了教育圈内同质化评判的规则与方式，更加注重参赛项目的经济价值、市场转化以及服务社会程度，为项目真正落地提供了更客观、更接地气的指导与评判，有助于高校借助社会评价反思现行的人才培养与教育实施情况。同时，以大赛为主线，各高校积极开展创新创业教育成果展、创新创业论坛、产学研合作项目研究、投资机构对接洽谈会、优秀团队事迹汇编、获奖项目巡演等系列活动，形成竞赛氛围营造不断线的良好局面，以竞赛思维为带动的工作联动能够切实推进创新创业内涵建设和育人改革工作。

值得一提的是，习近平总书记在第三届"互联网+"大赛给"青年红色筑梦之旅"活动的大学生回信，所以从第四届"互联网+"大赛开始，首次提出了红色赛道——"青年红色筑梦之旅"，鼓励广大青年扎根中国大地，了解国情民情，用创新创业成果服务乡村振兴战略、助力精准扶贫；推动创新创业教育与思想政治教育相融合，打造全国最大的思政课堂，引导青年走进革命老区、贫困地区，接受思想洗礼、学习革命精神、传承红色基因，重温革命前辈伟大而艰辛的创业史，走好新时代青年的新长征路，为中国特色社会主义事业培养更多全面发展的合格建设者和可靠接班人。

三、培育优秀双创项目

一个成功的创业项目，要有好的想法、创新的产品、优秀的团队和强有力的执行力，这是项目的四要素。其中，想法决定了方向，代表着需求，是开始创业的第一步，有了想法才能创业。因此，要做好"互联网+"大赛，必须有好的项目，好的想法。

（一）优秀项目来源

(1) 学生的奇思妙想。项目来源于在校学生自发创意、自主创新或是商机的发现。这些项目或是能充分体现大学生的特色项目，如华中科技大学的"粉丝网"项目；或是与学生熟悉的学习生活环境直接相关的，如上海交通大学的 59store 项目、北京大学的 ofo 共享单车项目、北京邮电大学的"学生圈新媒体"项目、山东师范大学的"大川乒乓"。高校应该多动员毕业 5 年内学生创业的优秀项目参与大赛，展示院校校友实力。

(2) 高校科技成果转化项目。国家于 2015 年颁布了科技成果转化相关法律文件，国务院 2016 年 2 月印发的《实施〈中华人民共和国促进科技成果转化法〉若干规定》提出了更为明确的操作措施，强调要打通科技与经济结合的通道，促进大众创业、万众创新，鼓励研究开发机构、高等院校、企业等创新主体及科技人员转移转化科技成果，推进经济提质增效升级。在"互联网+"大赛中，越来越多的院校师生同创，将老师的科研项目转化为大学生创新创业项目，形成了大学生高质量创新创业项目的重要来源。通过教学、科研与大学生创新创业三合一，在促进大学生创新创业的同时，进行科研成果产业化，创造出更大的价值。第二届"互联网+"大赛金奖项目中，科技成果转化项目占 1/3 以上，如西北工业大学的"微小卫星"项目、福州大学的"北斗"技术民用项目、华中科技大学的"慧淬"铁轨延寿项目等。

(3) 产教融合协同创新项目。构建基于产教融合、校企合作、协同创新背景下创新创业人才培养体系，探索创新创业型人才培养模式，是推动地方本科院校创新创业教育深化改革、提高人才培养质量、主动融入区域社会产业转型升级、服务于国家创新驱动发展。产教融合协同创新育人模式，使学校和当地的产业更加紧密地结合，能快速获得产业需求信息并实现资源对接。产教融合协同创新的大学生创新创业项目，会成为越来越多地方性本科院校与职业院校在创新创业工作中重点关注的发力点。通过大学生创新创业项目帮助当地企业转型升级，帮助当地产业实现"互联网+"，如山东商业职业技术学院的"无水保活"项目、沈阳农业大学的"大果榛子"项目、内蒙古农业大学"犇牛"项目、贺州学院的"瑶蓝之旅行"等。

(4) 特色专业+优势学科。如何将一流学科与创新创业结合，是学校未来规划的重点方向，也是一流大学建设的要求。通过"互联网+"大学生创新创业大赛，促进高校特色专业打造，促进优势学科建设，如西北农林大学的"侍酒师"项目、四川大学的"云病理共享平台"项目、北京航空航天大学"航空航天与智能装备制造"项目、河北师范大学的"子衿教育"项目、云南大学的"律品"项目等。

(5)"互联网+"新技术。"互联网"是人类在技术领域的巨大进步，将重新构建世界的连接方式，重新配置社会资源。在往届的"互联网+"大赛中，出现了很多与 VR(虚拟现实)、AI(人工智能)、物联网、大数据、云计算深入结合的创新创业项目。不断涌现的新技术将大大激发大学生创新创业的热情，大大促进基于"互联网+"的技术创新与应用创新，如 Insta360 全景相机、浙江大学云象"区块链"项目、北京大学的 ofo 共享单车项目、华中科技大学的"诸葛IO"项目等。

(6) 政府公共采购与社会公益服务。随着中国政府的简政放权，越来越多的政府职能将通过面向社会采购服务的方式进行，这存在着巨大的创新创业空间。通过创新与创意极大地提升政府公共服务质量与效益，实现双赢的局面。此类市场受众群体范围广，市场空间大，且极易得到快速普及。第二届"互联网+"大赛中，陕西理工大学的"含氟水净化"项目、山东师范大学的"雨点公益"项目等，都是这方面很好的代表。随着国民经济增长，追求更高生活品质成为人们广泛需求。

(7) 民营经济二次创业项目。中国越来越多的家族产业与拥有的知识产权面临传承接班问题，需要创二代们更好地发展家族事业。尤其是在民营经济发达的江浙地区，越来越多的家庭企业新生代——"创二代"实现了家庭产业与"互联网"的对接，让企业升级跨越发展。而基于家族产业与产权传承的大学生创新创业项目，也会成为未来大学生创新创业项目的来源之一。如第二届"互联网+"大赛中，桂林电子科技大学的"减速机"等项目就是很好的代表。

(8) 就业型创业项目。创新创业，创业是很重要的一部分，好的创业项目带动就业甚至比很多高科技项目还要强。第三届大赛中新增设了"就业型创业组"，目的是通过这一组别的设置，引导学生通过创业带动就业。当下，众多的共享经济平台、电子商务平台等丰富的资源可以为大学生提供更多的创新创业机会，包括"淘宝与天猫""京东商城""微信微店"等。基于"电子商务平台"的创新创业，适合小微创业，成就更多"小而美"的企业，并能够较好地实现"通过创业带动就业"。在第三届"互联网+"创业大赛中，云南大学滇池学院的"罗小馒"项目，以小小的红糖馒头为 1312 名员工创造了就业岗位。此类项目还有南开大学的"农梦成真"项目、西藏职业技术学院的"圣地天堂"项目等。

(9) "一带一路"与全球经济一体化。我国大学生的创新创业，在立足中国的同时，一定要面向世界。我国倡导的"一带一路"会带来巨大的商机，世界经济的深度融合会带来更多全球资源整合创新创业的机会。越来越火的跨界电商就是一个很好的缩影，一些具有语言与区域优势的学校可以把握这一的机会。如对外经贸大学的"一带一路"留学生项目，多所大学的"跨境电商"项目已经有所体现；新疆大学的"语言+"项目，采用大数据技术与手机智能交互，实现信息检索，完成语音转换，搭建语音的"一带一路"。

(10) 师生同创+大手拉小手。建校 20 年以上的大学有着丰富的校友及社会资源，这些都是大学生创新创业所需要的重要条件。已毕业的校友已经在社会各个行业中走上了重要的岗位，且与母校有着较深厚的情感，通过校友"大手拉小手"，也会成为一个重要的大学生创新创业项目与校外导师来源。对于有创新精神和创新意识并有创业意愿的优秀学生和校友，我们要重点跟踪和服务，依托学校的科技成果和专业背景，为他们搭建好对接服务，让他们可以站在更高起点上。同时，高校老师也有很多好的想法，有着丰富的社会资源，也会成为大学生创新创业项目的重要来源。在当前，老师很难走出体制去创立公司的情况下，师生共创将是教育部鼓励和引导的方向，也是在实际中可体系化快速提高科技成果转化和大学生创新创业的数量和质量的有效手段。如武汉工程大学的"秋叶PPT"项目，最初来自老师创业的想法与实践，通过师生同创，成了优秀的大学生创业项目。

当然，我们在评价一个项目是否优秀，除了要有好的想法以外，还需要有好的产品和具有强有力执行力的优秀团队，才能成就一个成功的创业项目。

（二）优秀创业导师的来源

创业导师的帮扶是大学生初创者成功的关键，是正确选择创业项目的重要参谋、是进行项目培育的中坚力量、是创业成果推向市场的关键人物、是天使投资的重要组成部分。据数据统计表明，创业辅导与创业成果率有着密切的关系，在美国接受过创业辅导的小企业创业失败率为20%，但未接受过创业辅导的在4~6年内有高达55%的失败率。由此可见，创业导师是深化高校创新创业教育改革、学生创新创业实践指导的核心主导要素。

当前，各高校的创业导师主要是对校内师资的挖掘以及对校外导师的聘请。有志于创新创业教育并参加"高校创业导师培训班"的一线辅导员、行政管理人员，聘请的专业教师主要为在企业管理、战略咨询、财务分析等方面有较深研究或者在某些专业技术领域方面有着较深造诣的教师。而聘请的校外导师主要以成功企业家和创业成功者为主，且多数为该校校友，熟悉学校情况，对学校有着深厚的情感。

(1) 专业教师。他们有着系统科学的专业理论知识，在自身的研究领域有着较深的造诣，能为创业学生提供专业知识方面的服务。在选拔校内专业教师作为创业导师的过程中，要尽可能涵盖不同学科、专业和类别。

(2) 一线辅导员。辅导员群体是高校最接近学生的教师人群，在多数高校，辅导员是职业生涯规划课程的老师，能帮助大学生树立创业意识、丰富创业知识，协助学生组建团队等。但是他们需要接受KAB、SYB、GCDF、TTT等专业培训。

(3) 成功企业家。成功企业家有着丰富的创业实践经验和企业运营管理经验，有着丰富的资金、市场、技术、人脉等资源，熟悉市场运作、行业发展、技术创新，能为大学生提供多方面的支持，是最受学生欢迎的创业导师。

(4) 创业成功者。创业者在面对创业过程中出现的艰辛、挫折等问题，需要强大的精神动力支撑下去。创业成功者在创业初期有着类似的经历，能为大学生创业提供强大的精神动力，分享创业经验。

(5) 创业实务专家。创业实务专家在企业管理、战略咨询、财务金融、专利技术、法律事务、人力资源等等方面有着较深的研究，能为创业企业在经营管理的各个阶段提供服务。

(6) 风险投资专家。风险投资专家有着金融投资实战经验，对科技、市场以及经济发展有着敏锐的判断力，善于把握时机，决策果断，能为大学生创业提供资金支持。

（7）政府公职人员。政府公职人员熟悉国家和省里的创业政策，能为创业大学生提供创业政策咨询服务。

创业导师在指导学生参加"互联网+"大学生创新创业大赛等创新创业竞赛中，不仅仅需要有丰富的专业知识与领域知识，更需要有基于信息化的资源整合能力、以学生为中心的引导能力、面向成果的项目管理能力。尤其是引导学生团队解决问题的能力，他必须是学习过程的专家，帮助团队在解决问题过程中达成学习目标。

四、大赛的思考

通过"互联网+"大赛的实践，各高校深刻领会到大学生的创新创业绝不是开设一门创新创业教育课程那么简单，应该把它视为一个教育系统工程，应该涵盖从创新思维的形成、创新项目的实现、创新项目的市场化到创新项目的落地和普及等各阶段各环节的教育，创新不能成为空中楼阁。此外，创新创业教育仅仅依靠学校的力量难以达到预期的效果，还需要国内外各种社会资源的参与，同时各高校还要构建起创业孵化、创业基金、创业服务、创业政策等内在的支撑体系，为创新创业教育提供保障。

（一）广泛统筹借力——抓好大赛为引线的教育合力

首先，大赛能够引聚各界能量共同致力于高校人才的培养，其主要合力有政府部门、产业界、投资界、创新创业联盟力量、科技园区、众创空间、高校间成果交流与经验借鉴等，借助社会优势力量强化高校育人效果，形成"融内联外"的机制。其次，还要积极进行教师成果转化，对于学校中的特色项目、特色教师、特色科研成果，可以作为参赛项目的理论支撑，把教师的科研成果转化为创业项目，这为大学生创业项目的理论提供了支持，也为教师的理论成果进行了现实检验，互利互惠，合作共赢。

（二）夯实基础培育——做好实践与认知的基础循环

从育人到竞赛再从竞赛反观育人，其实是一个实践与认知互相作用与促进的过程，每一个创新创业教育环节应该环环相扣、相辅相成，如思政引领、专创融合、教学设计、人才培养方案调整等，不能割裂地工作，只有通过基础循环全带动，才能展示出整体的培养效果以及提升高水平的竞技成绩。作为高校，基础教育实施者更应具备全局的战略和发展的眼光，方能准确而有效地走出一条"对外有成绩、对内重基础"的强校育人之路。

（三）重视竞赛反馈——构建项目到教育的应答机制

创新创业竞赛作为推动创新创业教育改革的引擎，参与对象不仅限于学生，更应该有主管创新创业工作的教师，将竞赛问题及时做出反应并调整合适的教育手段，建立起教学反馈机制尤为重要。竞赛是一面镜子，根据问题及时重构课程体系、调整人才培养方案是最大的根本，不断迭代教育方法与手段，直到与社会需求和社会适应相符的程度，最终形成竞赛到教育的应答机制。

因此，创新创业教育在新形势下，认真挖掘"互联网+"大学生创新创业大赛的深度和质量，灵活集结各项资源和力量，盘活新时期创新创业教育开展，是促进高等教育改革的良好契机。对于有创新精神和创业意识并有创业意愿的优秀学生和校友，我们要重点跟踪和服务，依托学校的科技成果和专业背景，为他们搭建好对接服务，让他们可以在更高起点上进行创新创业，扶上马送一程，解决质的问题。我们坚信：青年兴则国家兴，青年强则国家强！让我们一起，搏击"互联网+"新时代，壮大创新创业生力军！

参考文献

[1] 李时椿，常建坤. 创业学：理论、过程与实践[M]. 2 版. 北京：中国人民大学出版社，2016.

[2] 李家华，张玉利，雷家骕. 创业基础[M]. 2 版. 北京：清华大学出版社，2015.

[3] 吴晓义. 创业基础：理论、案例与实训[M]. 北京：中国人民大学出版社，2013.

[4] 徐俊祥，徐焕然. 创未来：大学生创业基础知能训练教程[M]. 2 版. 北京：现代教育出版社，2017.

[5] 张志宏，崔爱惠，刘轶群. 大学生创新与创业训练教程[M]. 北京：现代教育出版社，2017.

[6] 孙桂生. 从 0-1 创新型创业实践方法[M]. 北京：现代教育出版社，2017.

[7] 陈德明，陈少雄，朱国华. 大学生创业规划[M]. 广州：广东高等教育出版社，2014.

[8] 张福建. 大学生创业基础教程[M]. 北京：现代教育出版社，2013.

[9] 贺俊英. 大学生创业基础与实训教程[M]. 北京：高等教育出版社，2010.

[10] 张耀辉，朱锋. 创业基础[M]. 广州：暨南大学出版社，2013.

[11] 李秋斌. 大学生创业指导[M]. 北京：北京大学出版社，2013.

[12] 曹德欣，祝木伟. 创业学概论[M]. 北京：中国矿业大学出版社，2013.

[13] 谭俊华，李明武. 大学生创业教程——基础与实践[M]. 北京：清华大学出版社，2016.

[14] 王艳茹，王兵. 创业资源[M]. 北京：清华大学出版社，2014.

[15] 方伟，王少浪. 大学生创新创业实务指导[M]. 西安：世界图书出版公司，2015.

[16] 饶扬德，刘万元，邓辅玉. 创业学[M]. 北京：中国人民大学出版社，2016.

[17] 卢福财. 创业通论[M]. 北京：高等教育出版社，2012.

[18] 褚汉杰. 企业家人力资本对集群企业创新绩效的影响研究[D]. 杭州：浙江理工大学，2014.

[19] 陈文华. 国际新创企业国际化过程特征研究[D]. 合肥：安徽大学，2010.

[20] 王冬青，严翠玲，王伟毅. 大企业如何保持创业精神[J]. 商场现代化，2006(23)：83-85.

[21] 谷力群. 论大学生创业精神的培养[D]. 沈阳：辽宁大学，2013.

[22] 徐宪红. 简析大学生创业风险意识的提高途径[J]. 黑龙江畜牧兽医(综合指导版)，2013(16)：24-25.

[23] 傅强. 大学生创业风险及其防范对策研究[J]. 辽宁行政学院学报，2011，13(2)：153-155.

[24] 程艳林，周勇炜. 大学生网络创业的困境与对策[J]. 中国青年研究，2007(11):75-77.

[25] 关勇. 当代大学生创业教育浅析[J]. 中国成人教育，2007(24):172-173.

[26] 梁爱君，张启龙. 高校思想政治教育功能由再生性向创新性拓展的思考[J]. 昌吉学院学报，2008(2):76-77.

[27] 吴和清，涂国平，黄晓辉. 试论大学生创业意识的培养——基于大学生创业意识的实证研究[J]. 中国大学生就业，2014(2):23-27.

[28] 刘丁慧. 新时期大学生创新创业存在的问题与对策研究[J]. 兰州教育学院学报，2015，31(11):67-68.

[29] 陈晶. 浅谈企业家精神与内源发展[J]. 中外企业家，2011(5):20-22.

[30] 王香丽. 我国高校创业教育存在问题及改进措施[J]. 社会工作与管理，2016，16(5):94-98.

[31] 伍刚. 企业家创新精神与企业成长[D]. 武汉：华中科技大学，2012.

[32] 韩宇. 马斯洛需要层次理论下关于大学生就业价值取向的现状分析及引导机制研究[J]. 现代职业教育，2017(34):238-239.

[33] 张进宝. 社会资本视角下的大学生创业研究[D]. 南京：南京师范大学，2012.

[34] 刘学忠. 大学生创新精神与创新能力的培养路径[J]. 教育研究，2008(1):103-105.

[35] 韩娟美. 浅谈在校大学生创业团队建设[J]. 广东外语外贸大学学报，2014(2):105-108.